JN251495

ドイツ
GERMANY
進出企業の
税制と実務

池田 良一［著］

ビジネス展開に必須の
法人税・付加価値税・個人所得税について
その基本的構造と実務上の留意点を解説

税務経理協会

はじめに

　ドイツの税制・税金を対象にした本書は，前著「ドイツ進出企業の会計・税務・会社法・経営」の姉妹編である。「ドイツ進出企業の会計・税務・会社法・経営」においても，ドイツの税制を取り扱っている。そして，他の分野（会計経理・会社法・経営［労働法］）についての基本的知識と同様に，ドイツの税制について，ビジネス活動を展開する上で最低限必要となる事項・テーマは網羅されている。その一方で，前著の執筆時に既に，私の日常のコンサルタント活動の経験からして，在独日系企業の税務面での実務のためには，背景情報も含めて，ドイツの税制・税金についてはより突っ込んだ解説が必要だとの認識も芽生えていた。本書は，それを実現するものである。

　在独日系企業がビジネス活動を展開し，日本からの駐在員も派遣するという場合，法人税（＋営業税）・付加価値税・個人所得税（賃金税）の３つの税目（グループ）の基本知識は，絶対不可欠であり，その知識を欠いていては，何も始まらないというほど重要である。そして，その３つの税目（グループ）の税収合計は，ドイツ国家（連邦・州・地方自治体）の税収全体の80％前後を占めており，ドイツの国においても，大変重要なものとなっている。本書の章立て構成からいうと，第2章から第4章までが，その３つの税目（グループ）についての解説である。できる限り，なぜそのような規定になっているかも分かるような解説を加えている。

　他方で，ドイツの税制の概要：税制方針・税収・徴税制度の話（第1章），あるいは，その他の税目の話（第5章ⅠとⅡ）にも，それなりの紙幅を割いている。特に第1章は，日常的な実務とは直接的に関連のない話である。日常の実務に忙殺されている方にとっては，そのような話には関心がない，結論さえ分かればいい，とおっしゃる方もいるかもしれない。しかしながら，ドイツの税制の方向性や位置づけを理解していると，日常的な細々とした案件についての意思決定や決断においても，それがポジティブなものになっている事例には事欠かない。その意味において，第1章や第5章を包括した本書全体が，ビジネス関係者にとっての「ドイツ税制概説」ともなっている。

予備交渉・数年間の正式交渉を経て，2015年12月17日に（新）日独租税条約の調印が行われた。2016年中に発効し，具体的な規定は，2017年1月1日から適用される予定である。その（新）日独租税条約の内容で，本書に関わってくるものはすべて考慮している。また，数年前から議論されていたOECDの「BEPSアクションプログラム」の最終報告書が2015年10月に公表されている。そのドイツ国内法への導入は，2016年〜2017年にかけて行われる予定である。これも本書の一部分に関わってくるが，その関係する箇所において，変更の方向性だけは示唆している。

　これは前著の場合にもそうであったが，本書においても，税法上の様々な基準値・閾値・税率が引用されている。特に税法上の基準値や閾値の中には，若干ではあるものの，毎年変更されているものもある。そして税法は，細かいものが多いが，最も頻繁に改正が行われる分野でもある。そのような理由から，特に具体的なプロジェクトの実施に際しては，場合によっては，日常の税務処理に際しても，基準値・閾値等の確認ならびに対象となる税法規定の変更の有無を，その都度（あるいは時折），コンサルタントを依頼している会計事務所・税理士事務所に確認することをお願いしなくてはいけない。これは税法について書かれた著作の運命なのかもしれない。

　他方で，本書の基本コンセプトは，税法規定の細かい内容まで踏み込んで解説しているところはあるものの，あくまで，税法規定・制度の背後にある「原理原則」を背景情報も含めて解説する，というものである。すなわち，細かい規定の変更があったとしても，あるいは，具体的な実務において，様々なバリエーションが付随する個別案件に遭遇した場合でも，それに対応できる知識を読者に獲得してもらうことである。ここのところは，読者のご批評を請いたい。

　　2016年3月

池田　良一

目　次

第3章　付加価値税 ——売上に対する課税

第4章　個人所得税と賃金税 ——個人所得と給与に対する課税

第5章　その他の税金と税務調査

第 **1** 章

ドイツの税制の概要

税制方針・税収・徴税制度

世界中で公表されている税法関連の出版本・論文のうち、「70％以上がドイツ語でドイツの税法について書かれたものである」という自嘲を込めたコメントが、ドイツの税制専門家からよく聞かれる。60％というのも80％というのも聞いたことがある。その数値の信憑性はともかくも、このようなコメントには、ドイツ語でドイツの税法について書かれた関連出版物・研究文献はかなり膨大なものであることが示唆されており、そしてそれは、ドイツの税法の複雑さを象徴しているのではないか、ということも含意されている。

　もし、それほどに複雑だとしたら、ドイツでビジネスを展開する者にとって困ったことである。そして、そのドイツの税法が障害であることは間違いない。しかし、ドイツの市場がビジネス戦略上欠くべからざるものである限り、その複雑な税法は、克服すべきハードルであろう。

　その複雑さに翻弄されないようにするためには、基本的構造を理解し、基礎的知識をしっかり把握しておくことが重要である。

ビジネスの世界に身を置き，日常の税務処理・税務問題に忙殺されてしまっていると，国家（政府）の税制に関する「基本方針（基本的傾向）」などといった抽象的な話は，関係がないと思いがちである。しかしながら，日常の税務処理・税務問題に関して，たとえ小さな細々した案件であれ，そのつど判断を下して，物事を決めながら先に進めていかなくてはいけない立場の人間（在独日系企業の日本人駐在員・日本人現地スタッフならびに日本本社のドイツビジネス担当者）にとって，その日常の税務問題の背景にある「国家・政府の税制基本方針（基本的傾向）」について，若干であれ知識があることで，後で振り返って見た場合，より前向きな判断になっている事例には事欠かない。

1　25年単位の税制の基本的傾向

　税制（税法）に限らず他の政策分野の話においても，数年単位では，紆余曲折を辿っているように見える場合でも，10年あるいは20年単位では，そこに一定の方向性が見出せる時がある。1990年の東西ドイツの統一あるいは1993年の「EU（欧州連合）」レベルでの「域内市場の統合」以降のドイツでは，現在までに合計4回の政権交代があった。①コール首相のもとで1982年から16年間続いた保守・中道政党の連立政権からシュレーダー首相率いる左派政党の連立政権への1998年の政権交代，②2005年のメルケル首相をトップとする保守・左派2大政党の大連立政権の成立，③2009年のメルケル首相続投での保守・中道政党の連立政権の復活，そして，④2013年のメルケル首相を首班とする再度の保守・左派2大政党の大連立政権の成立の4回である。ドイツの「税制改正」の場合，そのような政権交代にも拘わらず，そこにはいくつかの断続していない一定した方向性，すなわち，党派党略を超えた一貫した「基本的傾向」が確認できる。

2 東西ドイツ統一（1990年）以降の税制改正の基本的方向性

　ここでは，ドイツでビジネス活動を展開するに際して重要な3つの税目（グループ），すなわち，①法人税（＋営業税・連帯付加税），②付加価値税，③個人所得税（賃金税）のそれぞれに分けて，その税目（グループ）ごとの基本的方向性を解説する。ここでいう基本的方向性（基本方針）は，ドイツの有力な政党の党綱領あるいは党選挙プログラム等に明確に打ち出されているといった類のものではない。あくまで，過去を振り返ってみて認識できるものである。しかし同時に，将来に向かってドイツの税制を見ていく時に，重要な示唆を提示しているものである。

① 法人税：ドラスティックな税率引下げと課税ベースの拡大

　過去25年以上のドイツの税制において，法人税は，「ドラスティックな税率引下げと課税ベースの拡大」で特徴づけられている。「ドラスティックな税率引下げ」と「課税ベースの拡大」は，これまでの個別の年度の税制改正において，ワンセットになっていることがほとんどであった。また，ドイツの場合，会社がビジネス活動を行なって利益を計上した場合，法人税（＋連帯付加税）だけではなく，営業税という市町村自治体の税収となる税目が課されている。日本の「法人事業税」に対応しているものである。市町村自治体に最終的な税率の決定権限が委ねられていることもあり（連邦レベルの「基準税率」と市町村自治体の「乗率」の二段階税率），営業税の税率の決定には，少し複雑な要因が絡み，法人税率のような明確な動きを示すには至っていない。

　結論を簡単に言うと，営業税の税率は，必ずしも引き下げられてはいない。すなわち，ここで「ドラスティックな税率の引下げ」と言う場合，ドイツの収益課税の2つの柱である法人税と営業税のうち，法人税に限定されている。ここのところは，第2章における営業税の解説のところで詳細に明らかにしたい。

1 過去25年間のドラスティックな法人税率の引下げの具体的内容

　1990年のドイツ再統一以降の過去25年間余りの「法人税のドラスティックな税率引下げ」というのは，1977年から2015年までの法人税率の推移を表した下の**表1－1**の中に明確に読み取れる。以前は，「内部留保利益」・「配当利益」・「支店利益」というように，利益を3つの種類に区分し，それぞれにおいて異なる法人税率が設定されていた。それは，「2001年税制大改革」により撤廃された。

（1） 法人税率の引下げ度合い

　その３つの利益の種類のどれを見るかによって，若干そのドラスティックさの度合いは変わってくる。一番ドラスティックなのは，内部留保利益に対する法人税率の引下げである。1977年の56％から2008年には15％への，引下げ幅にして41％の引下げで，現在に至っている。「４分の１」近くまでに引き下げられた。最もドラスティックに引き下げられた1990年以降でみると，1990年の50％から2008年の15％への35％の引下げである。一番ドラスティックさの度合いが低い配当利益の場合でも，1990年の36％から2008年の15％への，引下げ幅にして21％の引下げで，「２分の１」以下への引下げである。

表１−１　法人税・連帯付加税の税率の推移

	1977	1990	1991	1992	1993	1994	1995	1998	1999	2001	2003	2004	2008	2015
内部留保利益	56%	50%	50%	50%	50%	45%	45%	45%	40%	25%	26.5%	25%	15%	15%
配当利益	36%	36%	36%	36%	36%	30%	30%	30%	30%	25%	26.5%	25%	15%	15%
支店利益	50%	50%	50%	50%	46%	42%	42%	42%	40%	25%	26.5%	25%	15%	15%
連帯付加税	−	−	3.75%	3.75%	−	−	7.5%	5.5%	5.5%	5.5%	5.5%	5.5%	5.5%	5.5%

　表１−１の意味をより深く理解してもらうために，今は存在していない内部留保利益・配当利益・支店利益の３種類の利益に対する異なる法人税率と連帯付加税について，少し解説を加えておきたい。

（2） 内部留保利益と配当利益に対する法人税率

　内部留保利益と配当利益についての法人税率は，ワンセットになっている。もし，利益を計上した事業年度について，それ以前の事業年度からの繰越利益がないという前提で考えて，決算・会計監査終了後にすぐに当該年度利益を配当する場合には，内部留保利益に対する法人税率は，まったく意味がなかった。その場合には，すぐに配当利益に対する法人税率を適用していた。逆に，利益を計上した事業年度について，すぐには配当せずに内部留保する場合，まずは内部留保利益に対する法人税率を適用して法人税を納付し，その納付後の内部留保利益に「何％」の法人税率で課税されたかの名称を付けておき，税務上管理していた。

　たとえば1998年の場合，45％で課税されていたことから，その事業年度からの内部留保利益は，課税後「EK45」と名づけられていた。「EK」は「Eigenkapitalanteil」（自己資本部分）の略称である。そして，後日配当する時に，内部留保利益に対する法人税率と配当利益に対する法人税率の差額分は，税務署から還付されていた。すなわち，1998年度の内部留保利益「EK45」については，配当利益に対する法人税率30％との差額部分，すなわち15％分が配当時に税務署から還付されていた

のである。このような2000年までの「二段階税率システム」のもとでは，内部留保する場合，会社（納税義務者）は，内部留保利益に対する法人税率と配当利益に対する法人税率との差額部分を，配当時まで税務署に対して無利子で預金していたようなものである。

（3） 2001年における法人税収マイナス事件

　2001年における「二段階税率システム」の廃止に際して，その改正案の中に，EK45（1998年以前からの内部留保利益）を2001年12月31日までに配当しないと，強制的にEK40と見なしてしまうという規定が盛り込まれた。EK45であれば，配当利益に対する法人税率は30％であることから，15％分が還付されるが，EK40と見なされてしまうと，10％分しか還付されない。すなわち，5％分が税務当局に召し上げられることになってしまう。その結果，特に2001年に，在独日系企業の現地法人も含めて，1999年以降分の内部留保利益（EK40）を含めて大規模に配当が行なわれ，法人税税収がマイナスになるという前代未聞の事象が発生した。後述するように，ドイツの法人税税収の税収全体に占める比率は，平均して5％前後とかなり低く，そのような前代未聞のことが発生してしまう理由はそこにあったとも言える。しかしそれ以上に，この「2001年法人税税収マイナス事件」は，二段階税率システムのもとでの会社（納税義務者）の「無利子預金」がどれだけのものだったのかをまざまざと見せ付けることになった。そして，この2001年のエピソードは，あるいくつかの会社においては，今なおその年度決算書に痕跡を残している。この点については，別途，第2章の「法人税と営業税」「（4）法人税還付未収金」（106頁）においてその詳細を解説したい。

（4） 支店利益に対する法人税率を巡るEU法抵触問題

　支店利益に対する法人税率は，外国法人のドイツ国内支店の課税所得に対する税率である。以前，ドイツ国内の会社（税法上の定義では，ドイツ国内に登記所在地または管理所在地が存在する会社）と外国法人のドイツ国内支店の課税所得に対して，別途の法人税率が設定されていた。上の**表1－1**を見て分かるとおり，内部留保利益に対する税率と支店利益に対する税率が一時的に一致していた時期はあった。しかしながら，2000年以前は，配当利益に対する税率と支店利益に対する税率は，常に異なっていた。「2001年税制大改革」において，2001年度から内部留保利益と配当利益に対する税率の相違が撤廃されると同時に，支店利益に対する税率も同一にされた。このような税率の統一の背景にあるのは，欧州司法裁判所の判決あるいはそれを巡る議論である。

欧州司法裁判所は，1999年4月29日付の判決で，ギリシャの法人税法（所得税法）において，外国企業のギリシャ支店の支店利益とギリシャ国内の上場会社の利益に対する税率に格差が存在しているのは「EU法抵触」であるとの判断を明確にした。そこで対象とされていたのは，1994年10月1日から1995年9月30日までの事業年度である。その当時，ギリシャで上場している会社の利益は35％で課税されていたのに対して，外国企業の支店の利益を含むその他の会社（ギリシャ国内の非上場の会社等）の利益は，40％の税率で課税されていた。その意味で，そこでの直接的な論点は，ギリシャ国内の会社の利益と外国企業のギリシャ支店の利益との税率の相違だけに限定されていたわけではない。しかしながら結果として，外国企業（他のEU加盟国）のギリシャ支店の利益の課税とギリシャ国内の会社の利益の課税に差別を設けていることには変わりはない。それに対して欧州司法裁判所は，ビジネス拠点の形態（支店であるか現地法人であるか）に基づく異なる取り扱いを禁じている欧州共同体設立条約第52条（当時：現在のEU機能条約第49条）の「営業地選択の自由の原則」に抵触するという，EU法抵触の根拠付けを行なっている。

　上の話はあくまでギリシャの法人税法（所得税法）のEU法抵触の話ではあったものの，ドイツ連邦政府は，1999年4月29日に公表された同判決を受けて，同様の区別（差別）を設けているドイツの法人税法の該当箇所もEU法抵触であるとの考えから，2000年年初から開始された2001年税制大改革の議論・審議において，「統一法人税率」への改正案を盛り込み可決させている（2001年から施行）。正確を期して言うならば，実はこのギリシャ法人税法（所得税法）のEU法抵触を巡る欧州司法裁判所での審理とほぼ並行して，ドイツの法人税法のEU法抵触を直接的に問題にしているEU法抵触審査が欧州司法裁判所で進められていた。ドイツの1994年事業年度についての支店利益と配当利益に対するEU法抵触審査である。但し，それについての判決が公表されたのは2006年2月23日であった（「CLT－UFA支店判決」）。

（5）　連帯付加税による増税と大洪水被災地救済のための一時的増税

　連帯付加税〈Solidaritätszuschlag〉は，法人税額（ならびに個人所得税額）に付加的に課されるものであり，本来的には一時的増税措置として導入された。当初，1991年1月に開始された「対イラク湾岸戦争」の財政的支援・1990年の東西ドイツ統一後の旧東ドイツ地域の復興支援を目的として，1991年7月1日から1992年6月30日までの1年間に亘り，7.5％の税率で課された。これを一暦年に換算する

と，1991年3.75％，1992年3.75％となっている。1993年と1994年は徴収されず，1995年から7.5％で再度徴収されるようになったが，1998年には5.5％に引き下げられて現在に至っている。また，2002年8月のドナウ川・エルベ川を中心とした大洪水被害の被災地の復興のためということで，2003年の法人税率は，1年限りで1.5％だけ引き上げられて26.5％であった。

　後者の2003年の大洪水被災地救済の法人税増税は，あくまで1年限りであった。翌年2004年には再び25％に引き下げられている。その意味で，「ドラスティックな法人税率の引下げ」という過去25年間の期間の基本的傾向（方向性）に修正を加えるものではない。前者の連帯付加税の導入も増税ではあるが，この連帯付加税は，現在の形で継続的に徴収されるようになった1995年でみると，「法人税額の7.5％」であった。この連帯付加税の負担は，内部留保利益の法人税率でみると，税引前所得を100として見た場合，当時の法人税率45％（内部留保利益）のもとでは，3.38％（45％×7.5％）である。この「3.38％」という増税は，1999年の内部留保利益に対する45％から40％への引下げでまったく帳消しにされている。また，連帯付加税の税率が同じであったとしても，法人税率が引き下げられると，自動的に連帯付加税の負担も引き下げられるようになっていることから，この連帯付加税による増税も，結局のところ，同様に，「ドラスティックな法人税率の引下げ」という過去25年間の期間の基本的傾向（方向性）に修正を加えるものではない。

2　過去25年間のドイツのドラスティックな法人税率引下げの理由

　1990年の東西ドイツ統一以降，1年あるいは数年単位で見た時に，一時的な増税の事業年度があった。それにも拘わらず，あるいは，その間の何度かの政権交代にも拘わらず，「法人税率のドラスティックな引下げ」が一貫した基本的傾向（方向性）であった。その最も大きな理由は，「EU加盟国間の法人税率引下げ競争」のプレッシャーである。下の**表1-2**は，ほぼ過去25年間の期間のドイツを含めたEU加盟国における「企業収益課税」（法人税等）の名目税率の推移である。

表1-2　EU加盟国における企業収益課税（法人税等）の税率の引下げ傾向

国　　名	1995	1998	2000	2008	2009	2010	2011	2012	2013	2014
ベルギー	40.2%	40.2%	40.2%	34.0%	34.0%	34.0%	34.0%	34.0%	34.0%	34.0%
ブルガリア	40.0%	37.0%	32.5%	10.0%	10.0%	10.0%	10.0%	10.0%	10.0%	10.0%
チェコ	41.0%	35.0%	31.0%	21.0%	20.0%	19.0%	19.0%	19.0%	19.0%	19.0%
デンマーク	34.0%	34.0%	32.0%	25.0%	25.0%	25.0%	25.0%	25.0%	25.0%	24.5%
ドイツ	56.8%	56.0%	51.6%	30.2%	30.2%	30.2%	30.2%	30.2%	30.2%	30.2%
エストニア	26.0%	26.0%	26.0%	21.0%	21.0%	21.0%	21.0%	21.0%	21.0%	21.0%
アイルランド	40.0%	32.0%	24.0%	12.5%	12.5%	12.5%	12.5%	12.5%	12.5%	12.5%

ギリシャ	40.0%	40.0%	40.0%	35.0%	35.0%	24.0%	20.0%	20.0%	26.0%	26.0%
スペイン	35.0%	35.0%	35.0%	30.0%	30.0%	30.0%	30.0%	30.0%	30.0%	30.0%
フランス	36.7%	41.7%	37.8%	34.4%	34.4%	34.4%	34.4%	36.1%	36.1%	38.0%
クロアチア	25.0%	35.0%	35.0%	20.0%	20.0%	20.0%	20.0%	20.0%	20.0%	20.0%
イタリア	52.2%	41.3%	41.3%	31.4%	31.4%	31.4%	31.4%	31.4%	31.4%	31.4%
キプロス	25.0%	25.0%	29.0%	10.0%	10.0%	10.0%	10.0%	10.0%	12.5%	12.5%
ラトビア	25.0%	25.0%	25.0%	15.0%	15.0%	15.0%	15.0%	15.0%	15.0%	15.0%
リトアニア	29.0%	29.0%	24.0%	15.0%	20.0%	15.0%	15.0%	15.0%	15.0%	15.0%
ルクセンブルク	40.9%	37.5%	37.5%	29.6%	28.6%	28.6%	28.8%	28.8%	29.2%	29.2%
ハンガリー	19.6%	19.6%	19.6%	21.3%	21.3%	20.6%	20.6%	20.6%	20.6%	20.6%
マルタ	35.0%	35.0%	35.0%	35.0%	35.0%	35.0%	35.0%	35.0%	35.0%	35.0%
オランダ	35.0%	35.0%	35.0%	25.5%	25.5%	25.5%	25.0%	25.0%	25.0%	25.0%
オーストリア	34.0%	34.0%	34.0%	25.0%	25.0%	25.0%	25.0%	25.0%	25.0%	25.0%
ポーランド	40.0%	36.0%	30.0%	19.0%	19.0%	19.0%	19.0%	19.0%	19.0%	19.0%
ポルトガル	39.6%	37.4%	35.2%	26.5%	26.5%	29.0%	29.0%	31.5%	31.5%	31.5%
ルーマニア	38.0%	38.0%	25.0%	16.0%	16.0%	16.0%	16.0%	16.0%	16.0%	16.0%
スロベニア	25.0%	25.0%	25.0%	22.0%	21.0%	20.0%	20.0%	18.0%	17.0%	17.0%
スロヴァキア	40.0%	40.0%	29.0%	19.0%	19.0%	19.0%	19.0%	19.0%	23.0%	22.0%
フィンランド	25.0%	28.0%	29.0%	26.0%	26.0%	26.0%	26.0%	24.5%	24.5%	24.5%
スウェーデン	28.0%	28.0%	28.0%	28.0%	26.3%	26.3%	26.3%	26.3%	22.0%	22.0%
イギリス	33.0%	31.0%	30.0%	30.0%	28.0%	28.0%	26.0%	24.0%	23.0%	21.0%
EU平均	35.0%	34.2%	32.0%	23.8%	23.8%	23.2%	23.0%	22.9%	23.2%	23.2%

(European Commission：Taxation trends in the European Union 2014から作成)

　上の表から見て取れることは，まったく変更がないか，あるいは，ごく僅かの引下げという加盟国も確かにいくつかあるのだが，多数派は，ドイツ同様に，「ドラスティックな引下げ」を行なっているということである。

（1）　1993年の「域内市場」の統合

　EU〈欧州連合〉の誕生は，正確に言えば1993年11月１日であったものの，1986年からの準備段階を経て，実質的には1993年１月１日に「EU域内市場」が統合されたことによる。これにより，EU域内の「モノ（商品）の物理的国境」は取り払われた。そして，カネ・ヒト・サービスも，政治的国境を越えてクロスボーダーで自由に動ける，あるいは，動かしてよいことになった。この1993年の域内市場の確立は，現在のドイツあるいは欧州（ヨーロッパ）を見ていく上で，極めて重要な歴史的事件である。この域内市場の統合以降，ある１つの加盟国のビジネス拠点（子会社・支店等）から，他の加盟国の市場でビジネスを展開すること，あるいは，他の加盟国の市場を制覇することがより簡単になった。その結果，ビジネス拠点（企業・外資）の誘致競争が活発化し，加盟国各国の政府も，税制上の優遇措置を講じる形で，その企業・外資誘致競争に積極的に参加せざるを得ない状況に追

い込まれた。税制上の優遇措置の中で最も分かりやすいのは，「低い税率」である。「法人税率の引下げ競争」は，それ以前にも存在していたものの，1993年の域内市場の統合により加速化された。

（2） アイルランドのサクセス・ストーリー

　企業・外資誘致競争のEU域内における最も明確な「サクセス・ストーリー」は，アイルランドの成功である。アイルランドは，1973年にイギリス・デンマークと共に当時の「欧州経済共同体〈EEC〉」に加盟した。しかしながら，当時の同国は，「欧州の貧民街」と呼ばれ，西ヨーロッパの最貧国の１つに数えられていた。それが東西ドイツの統一があった1990年前後から，アメリカ企業を初めとして，他のEU加盟国の大手企業の「研究開発拠点」・「ファイナンス会社」・「IT産業の欧州本部」等を積極的に誘致することで，同国の経済全体を活性化することに成功した。その成功をもってして，アイルランドは「ケルトの虎」と称されるようになった。すなわち，アイルランドは，１人当たりの国内総生産〈GDP〉で見ると，ルクセンブルクに次ぐEU加盟国中第２位となったのである。その時のアイルランドの企業・外資誘致競争の手段となっていたのが，「ダブリン・ドックス〈Dublin Docks〉」と呼ばれる「経済（税制）特区」である。これは，首都ダブリンに位置する同市の港湾の倉庫施設跡地等を再開発して建設したオフィス街の総称である。このダブリン・ドックスの中では，法人税率10%を始めとする様々な税制上の優遇措置が保証されていた。

　欧州委員会は，ダブリン・ドックスのような経済特区を「域内市場の公正な競争」を歪める「国家的補助金」（国家的補助行為）と見なして，原則として，特定の場合にのみ認めるというスタンスを取っている。このダブリン・ドックスは，その欧州委員会の認可を受け，幾度となく延長されていたものである。その認可も2005年には期限切れとなった。しかしながら，ダブリン・ドックスの消滅後も，法人税の低税率は，特定地域のものとしてではなくアイルランド全体に拡充され（12.5%），その結果，今現在でも，アイルランドに対する「法人税が低税率の企業立地に有利なEU加盟国」という評価は変わっていない。

　法人税低税率による企業・外資誘致の成功は，「アイルランド・モデル」として，特に2004年５月１日にEU加盟を果たした「旧東欧諸国」の模倣するところとなった。EUにおける法人税率引下げ競争は，その時以降，さらに加速化されたと言える。ドイツは，このようなEU加盟国間の法人税率引下げ競争のプレッシャーに晒されていた。このEU加盟国間の法人税率引下げ競争は，ドイツが，その何度かの

政権交代にも拘わらず，継続的に法人税率の引下げを実施してきた「外的促進要因」と言えるであろう。

（3）　ドイツ国内における「過去の企業収益課税システム」に対する見直し

　EU加盟国間の法人税率引下げ競争は，ドイツにおける「（継続的な）法人税率引下げ」の大きな外的促進要因である。しかしながら，それと連動しつつも，ドイツ国内に「企業収益課税システム」の見直し機運があったことも過小評価してはならない。表1－1において分かるように，1977年から1990年まで内部留保利益に対する税率は56％であり，それに営業税の負担が加わる。その時でも，配当利益に対する税率は36％であり，20％も低くなっていたわけであるが，営業税負担を加えたら，結局のところ，50％前後の企業収益税負担になってしまう。ところが，その1990年以前のドイツ企業が実際に支払った企業収益に対する税負担（法人税＋営業税）を見てみると，実際には利益に対して20％から30％の間に収まることがよく指摘されていた。「名目税率と実効税率の乖離」と呼ばれているものである。特に1970年代後半から1980年代のドイツは，名目税率と実効税率の乖離の大きい国と見なされていた。

　名目税率と実効税率の大きな乖離は，当時（1970年代後半から1980年代）のドイツ企業が，現在のアメリカ企業のように，グローバルな「税務プランニング」を駆使して，企業収益課税の負担が高い本国アメリカ（あるいは，重要なビジネス拠点が位置する他の先進工業国）での税負担を回避していることにその理由が求められるものではなかった。そういうケースもあったかも知れない。どちらかというと，それは例外的であり，多くの場合，単純に当時のドイツの「企業収益課税システム」の内部に，様々な「例外規定」や特定業種あるいはビジネス・モデルに対する「優遇措置」が内包されており，それを十分知り尽くしてそのメリットを駆使できる企業にとっては，「高い名目税率」と「低い実効税率」は，並存し得たということである。以前から，ドイツの大手企業の税務部門は，豊富な人材を抱え，ドイツ税法の様々な「例外規定」や「優遇措置」を実務的に適用していく術を研究し，実際にそのメリットを活用していた。そのようなドイツの税法・税制の例外規定や優遇措置のメリットを駆使できない企業（日系企業を含む多くの外資系企業）にとって，「高い名目税率」だけが目立つものとなり，あるいは，「不透明な税制の国：ドイツ」となり，ビジネス拠点の新たな設立・拡充を敬遠される国として位置づけられることになっていたのである。

　以上のような外国から見た場合のドイツの「（過去の）企業収益課税システム」

の難点は，1980年代の後半から，ドイツ国内でも盛んに議論されていた。その結論として，企業収益課税の規定（所得税法・法人税法・営業税法）の中の例外規定や優遇措置を撤廃して，税制規定を簡素化するという方向性が明確にされている。これは，1990年と1994年の税率引下げを決定した「一括改正法案」（「1990年税制改正法」・「企業立地保全施策法」）の提案根拠理由の中に明確に読み取れる。この例外規定や特定業種への優遇措置を撤廃する「税制の簡素化」は，後述の「課税ベースの拡大」と表裏一体のもの，あるいは，自動的に「課税ベースの拡大」に繋がるものである。

3　課税ベース拡大の具体的事例

　1990年の東西ドイツの統一以降の過去25年間の期間に限ってみても，「課税ベースの拡大」は，実に多岐に亘る。また，この課税ベースの拡大は，法人税に限定されたものばかりではなく，ドイツのもう1つの重要な企業収益課税の税目である営業税にも及ぶものである。その名称を聞いただけでは，まったく想像がつかないような例外措置や優遇措置の撤廃も数多く行なわれてきた。ここでは，主要なもので在独日系企業にとっても関係の深いものを中心にして年度別に挙げてみる。

　　1990年：鉱山業における特別償却措置の撤廃
　　　　　　飲食接待費の損金算入金額の80％への制限
　　　　　　圧縮記帳の条件の制限
　　　　　　省エネのための特別償却措置の撤廃
　　　　　　企業買収後の繰越欠損金の使用制限規定の導入
　　　　　　勤続記念支給金引当金の計上の否認
　　1994年：過少資本税制の導入
　　　　　　建物減価償却率の引下げ
　　　　　　飲食接待費の損金算入要件の厳格化
　　　　　　スポンサー費用の損金算入の明確化
　　　　　　車両の減価償却年数の引上げ
　　1996年：リベート等の損金算入のための前提条件の厳格化
　　1997年：会社更生再建時の債務償却益の非課税措置の撤廃
　　　　　　未実行契約などから発生する予見損失に対する引当金計上の廃止
　　1999年：資産評価の厳格化（長期的価値下落時のみの評価減の損金算入の許容）
　　　　　　引当金計上の前提条件の厳格化・特定業種のための特定引当金計上の前提条件の厳格化

引当金ならびに（無利子の）債務の5.5％の利率に基づく現在価値割引計上

買換え資産の圧縮記帳の制限

欠損繰戻を2年から1年への制限ならびに金額をDM10百万からDM2百万に制限

不動産取得税の課税要件の強化（出資者の変更が95％でも課税：従来は100％）

先物取引による為替差損の損金不算入（リスクヘッジ目的で行なわれる場合ならびに金融業の場合を除く）

賄賂・リベートの損金不算入の強化

追加納付利子の損金不算入

在外国支店損失の取込み制度の廃止

外国会社の株式・出資持分の売却損の損金不算入

2001年：タックスヘイブン税制の強化（低税率基準値の30％から25％への引下げ）

減価償却率の引下げ

過少資本税制の厳格化（自己資本：外部資本比率の引下げ）

欠損繰戻の金額をDM2百万からDM1百万に制限

2003年：移転価格税制記録文書の作成義務の導入

2004年：最低課税制度の導入（1事業年度時に相殺できる繰越欠損金を1百万ユーロまでに制限，残額については60％までのみ相殺可能）

過少資本税制の厳格化（ドイツ国内親会社の場合にも適用拡大等）

非課税扱いの受取配当収益／株式・出資持分売却益に関する5％損金算入否認規定の拡大

生命保険会社等における株式配当収益・株式売却益を全額課税対象（但し，売却損・評価減は損金算入可）

オルガンシャフトの締結前の繰越欠損金の考慮否認

営業税の地方自治体設定の乗率に200％の最低税率を設定

飲食接待費の損金算入可能額の80％から70％への引下げ

2006年：解雇補償金の損金算入の否認

従業員への結婚祝金・子女誕生祝金の非課税措置の撤廃

2007年：メリット供与に対する分離課税処理の拡大適用（所得税法第37b条）

2008年：移転価格税制の厳格化（機能移転課税の強化）

利子損金算入制限の導入（1994年導入の過少資本税制の撤回）

営業税の加算規定の厳格化

営業税の損金算入制度の廃止

逓減率減価償却法の廃止

出資者交代時の繰越欠損金の利用制限の強化

有価証券貸し制度の変更

営業税の軽減基準税率の廃止

少額資産基準額の引下げ

出資者貸付金関連費用の損金不算入

在外国支店の欠損の振戻し課税の無期限化

　上の年度別列挙項目からもすぐ見て取れるように，直近の最後の大きな改正は，「2008年企業収益税改革」である。この改正において，税率引下げ等による負担軽減（減税）が290億ユーロ，課税ベースの拡大による負担増加（増税）が240億ユーロで，差し引き50億ユーロの減税であった。2010年に課税ベースの拡大措置に対する緩和措置が講じられているが，その2008年の課税ベースの拡大措置は，今現在ドイツでビジネス活動を展開する在独日系企業に直接関わってくるものである。他方で，今現在のドイツの法人税・営業税の企業収益課税システムを見ていく時に，どうしても見過ごしてはならないのが，大きなシステム転換が実施された「2001年税制大改革」である。この大改革は，課税ベースの拡大にのみ関わるものではないが，ここでまとまった解説を加えておきたい。

4　2001年税制大改革：法人税法上の改革

　「2001年税制大改革」は，1990年の東西ドイツ統一後の最大の税制改革であった。個人所得税の領域にも及ぶものであり，ここで問題にしている企業収益課税に限定されたものではなかった。しかしながら，企業収益課税システムに関して最も大きな改革が加えられた。1982年から1998年までの16年間に亘るコール首相率いる保守・中道連立政権を1998年9月の連邦議会選挙で打ち破った，シュレーダー首相のもとでの「税制大改革」であった。正確に言うと，1998年9月の政権交代後に可決された「1999年税制改正」との一連の改正と見なすべきである。そして，保守・中道連立政権（キリスト教民主・社会同盟／自由民主党）から左派連立政権（社会民主党／緑の党）への政権交代にも拘わらず，（法人税）税率の引下げと課税ベースの拡大という基本的方向に変更がなかったことには注目すべきである。

（1） 統一税率ならびに受取配当非課税扱いシステムへの転換

　既に「税率の引下げ」のところで言及したように，それまで内部留保利益・配当利益・支店利益ごとに法人税率が異なっていたものが，この時に統一された。さらに，法人企業（日系企業の現地法人等の会社）のもとでの受取配当収益ならびに株式・出資持分売却益（キャピタルゲイン）の税務処理に関して，大きな「システム転換」が行なわれている。すなわち，受取配当収益に関して，1977年税制改正時に導入された「インピュテーション・システム」に代わり，法人企業のもとでは，国内子会社からであるか外国子会社からであるかを問わず，「受取配当非課税方式」（但し，外国子会社からの受取配当に関しては，「5％の直接関連費用の損金算入否認」）が導入された。

　また，法人企業のもとでの「株式・出資持分売却益（キャピタルゲイン）」に関しても，それまでドイツから見た外国子会社の「株式・出資持分の売却益」に適用されていた「株式・出資持分売却益非課税方式」が，ドイツ国内子会社の「株式・出資持分の売却益」にも拡大適用されることとなった。ちなみに，「5％の直接関連費用の損金算入否認（実質的に95％が非課税扱い）」は，この2001年時点では，外国子会社からの受取配当についてのみであったが，2004年の税制改正において，国内子会社からの受取配当，そして，外国子会社ならびに国内子会社の株式・出資持分の売却益にも拡大され，現在に至っている。

（2） ドイツ株式会社体制の崩壊

　この法人企業のもとでの2001年以降の受取配当収益ならびに株式・出資持分売却益の非課税扱いという税制上の「システム転換」により，それまで銀行等の金融機関ならびに保険会社が一般事業会社の株式を保有するという「ドイツ企業社会構造」が，数年の期間を経て崩壊したと言われている。すなわち，銀行等の金融機関ならびに保険会社のもとで，株式・出資持分の大量売却が起こった。

　このようなドイツ企業社会構造は，「ドイツ株式会社〈Deutschland AG〉」と呼ばれていた。このドイツ株式会社という概念は，（かつての）日本の大手企業における「株式持合い構造」を彷彿させるものがある。しかしながらドイツの場合，ドイツ銀行とアリアンツ保険との間というように，金融機関・保険会社相互の「株式持合い」は見られたものの，一般事業会社が金融機関・保険会社の株式を保有することはほとんどなかった。

　銀行・保険会社等における一般事業会社の株式の大量売却という現象は，ドイツの金融機関・保険会社が置かれた当時の国際的な状況の中で，一般事業会社の株式

を保有することの意味が喪失していたからという指摘もある。その意味で，税制上の「システム転換」だけに帰すことはできない。しかしながら，この税制上のシステム転換がそれを加速させたこと，あるいは，それを決定的なものにしたことは間違いない。この「ドイツ株式会社の崩壊」と「法人税収マイナス事件」（6頁）は，「2001年税制大改革」により引き起こされた「二大事件」だったと言える。

5 法人税（＋連帯付加税）と営業税の税収ならびに税収比率の推移

会社（納税義務者）の関係者にとって，税率と課税ベースの話は，日常の税務処理に直接的に関わりを持ってくることから，関心が高いものであろう。しかしながら，国家財政における個別の税目の「税収」あるいは「税収比率」の話は，それほど関心を惹起するテーマではないかもしれない。しかしながら，「ドラスティックな法人税率引下げ」と「課税ベースの拡大」の話のより深い理解のためには，法人税（＋連帯付加税）と営業税の税収あるいは税収比率がどのような推移を辿っているのか，あるいは，その具体的内容はどんなものかについても見ておくことも重要である。

表1−3　暦年別の税収実績

	1990	1991	1992	1993	1994	1995	1996	1997
税収総額	281,041	338,434	374,128	383,017	401,957	416,337	409,047	407,577
法人税額	15,385	16,216	15,944	14,230	10,005	9,273	15,062	17,009
税収比率	5.5%	4.8%	4.3%	3.7%	2.5%	2.2%	3.7%	4.2%
営業税額	19,836	21,115	22,930	21,610	22,541	21,552	23,447	24,849
税収比率	7.1%	6.2%	6.1%	5.6%	5.6%	5.2%	5.7%	6.1%
連帯付加税額	−	608	598	−	−	649	1,054	1,191
税収比率	−	0.18%	0.16%	−	−	0.16%	0.26%	0.29%
収益課税合計	35,221	37,331	39,472	35,840	32,546	31,474	39,563	43,049
合計比率	12.6%	11.2%	10.6%	9.3%	8.1%	7.6%	9.7%	10.6%
法人税率	50%	50%	50%	50%	45%	45%	45%	45%

	1998	1999	2000	2001	2002	2003	2004	2005
税収総額	425,913	453,068	467,252	446,247	441,705	442,238	442,838	452,079
法人税額	18,509	22,359	23,575	−426	2,864	8,275	13,123	16,333
税収比率	4.3%	4.9%	5.0%	−0.1%	0.6%	1.9%	3.0%	3.6%
営業税額	25,825	27,060	27,025	24,533	23,489	24,139	28,373	32,129
税収比率	6.1%	6.0%	5.8%	5.5%	5.3%	5.5%	6.4%	7.1%
連帯付加税額	1,018	1,230	1,297	0	158	455	722	898
税収比率	0.23%	0.27%	0.28%	0	0.04%	0.10%	0.16%	0.20%
収益課税合計	45,352	50,649	51,897	24,107	26,511	32,869	42,218	49,360
合計比率	10.6%	11.2%	11.1%	5.4%	5.9%	7.5%	9.6%	10.9%
法人税率	45%	40%	40%	25%	25%	26.5%	25%	25%

	2006	2007	2008	2009	2010	2011	2012	2013
税収総額	488,444	538,243	561,182	524,000	530,587	573,351	600,046	611,925
法人税額	22,898	22,929	15,868	7,173	12,041	15,634	16,934	19,508
税収比率	4.7%	4.3%	2.8%	1.4%	2.3%	2.7%	2.8%	3.2%
営業税額	38,369	40,116	41,037	32,421	35,711	40,424	42,345	38,209
税収比率	7.9%	7.5%	7.3%	6.2%	6.7%	7.1%	7.1%	6.2%
連帯付加税額注)	1,259	1,261	873	395	662	860	931	1,073
税収比率	0.26%	0.23%	0.16%	0.08%	0.12%	0.15%	0.16%	0.18%
収益課税合計	62,526	64,306	57,778	39,989	48,414	56,918	60,210	58,790
合計比率	12.9%	12.0%	10.3%	7.7%	9.1%	10.0%	10.1%	9.6%
法人税率	25%	25%	15%	15%	15%	15%	15%	15%

（税額の通貨単位はすべて百万ユーロ）
（ドイツ連邦財務省資料：Kassenmäßige Steuereinnahmen nach Steuerarten から作成）
注釈）　法人税のみに対する連帯付加税額は統計上明らかにされていない。法人税額に連帯付加税率を乗じて算出したものであり，あくまで参考値である。

　以上のデータは，「当該暦年度において」，どれだけ「税収」があったか（現金収入ベース）を示すものであり，「当該暦年事業度について」，どれだけの「税収」があったか（発生年度ベース）を示すものではない。すなわち，どの事業年度からの「税収」なのかという点は考慮されていない。そしてそれと相俟って，ドイツの税務申告の期限は，かなり緩やかに設定してあるために，税率の引下げや課税ベースの拡大といった事業年度を限って施行される税制改正の影響は，実際に出るとしても，１年以上遅れて現れる。あるいは，欠損繰越や欠損繰戻のために，税収の帰属年度と実際の納付年度（還付年度）が数年にわたって暦年を跨ぐことが多々あり，影響の確定が非常に難しい。またさらに，法人税（＋連帯付加税）ならびに営業税といった収益に対する税金は，景気動向による個別企業の収益実績あるいは企業活動の活発さ（企業数の増減）に著しく左右される。

　上の表１－３でも明確に見て取れる「2001年法人税税収マイナス事件」は，既に言及した通りである。2001年12月31日までに，1998年以前の事業年度についての内部留保利益（45%で課税されていたもの）を配当しないと，40%で課税された内部留保利益と同じに見なされてしまうことになった。その結果，配当利益に対する法人税率との差額５％が税務当局によって召し上げられてしまうことで，「駆け込み配当」が殺到したためである。これについては，その原因と具体的な「税収」ならびに「税収比率」の推移（減少）との因果関係が明確に分かる。しかしながら，通常の税率の引下げや課税ベースの拡大といった個々の事業年度ごとの税制改正については，上のような複数の要因が絡み合うために，その影響が税収の絶対額（税収比率）に対してどのようなものであったのか，個別に明確に見て取る

ことは非常に難しい。

（1）　企業活動全体に対する法人税のネット減税

　それにも拘わらず，上の表１－３にあるデータからも，その約25年間弱の期間の中期的な「基本的傾向」ははっきりと読み取れる。それは以下のようになる。法人税の税収比率（あるいは税収額）は，「2001年法人税税収マイナス事件」と2009年から数年間の大幅な落ち込みという大きな変動に晒されていた。この25年間弱の期間に明確な減少傾向にある。上の表には記載されていないが，1977年から1990年までの税収比率は，５％～７％の間を推移していた。それが，上の1990年～2013年までの期間の最後の方には，３％前後になっている。法人税の税収額は，名目額ベースでは増加しているものの，1.5倍を上回ることはなく，インフレ率（物価上昇率）が54％（1.54倍）であることを考慮すると，実質ベースで減少している。但し，実質ベースでの減少の程度は，内部留保利益の法人税率の引下げ幅である50％から15％（３分の１以下への引下げ），あるいは，配当利益の法人税率の引下げ幅である36％から15％へ（２分の１以下への引下げ）から想定されるほどには減少していないことから，課税ベースの拡大の措置の増税効果は，やはり明確に現れていると言える。しかしながら，法人税に限れば，ドイツにおける企業活動全体に対する税負担は軽減されたと言えるであろう。

（2）　営業税の増税

　それに対して，営業税の税収比率は，過去25年間弱の期間において，ほぼ５％～８％の間を推移している。また，営業税の税収額の伸びは，過去25年間弱の期間で約２倍強で，税収総額の伸びとほぼ同じ歩調で推移しており，その期間のインフレ率（物価上昇率）54％（1.54倍）を考慮しても，実質ベースで増加している。営業税の税率は，ドイツ全体で共通の「基準税率」と実際に営業税をその税収としている市町村自治体が決定する「乗率」の二段階税率になっており，その税率の引下げについても引上げについても，この25年間の期間での統一的な傾向を見て取ることはできない。他方で，営業税の課税ベースは，「加算」・「減算」の手続きが加えられることから，法人税のそれとまったく同じではないが，法人税の課税ベースに準拠している。その結果，法人税の課税ベースの拡大は，概ね営業税の課税ベースの拡大に繋がる。以上のような状況を踏まえると，過去25年間弱の期間で，営業税の側から見ると，税率引下げと課税ベースの拡大の施策の内の課税ベースの拡大の増税効果だけを享受できたと言えるであろう。すなわち，ドイツの企業活動全体について言うと，増税となっていた。

（3） 収益課税（法人税・営業税）全体の動向

　ここまでの話は，個別企業の企業活動の税負担ではなく，あくまでドイツ国内の企業活動全体における負担の話であるが，以上をまとめると次のようになる。1990年の東西ドイツ統一以降，ドイツ政府は，その間の政権交代にも拘わらず一貫して，企業収益課税の２本柱の１つである法人税の税率をドラスティックに引き下げてきた。それと同時に増税措置である課税ベースの拡大も並行して行なってきた。しかしながら，その「（ドラスティックな）税率引下げ」の減税効果の方が大きく，ドイツ国内の企業活動全体に対してみた場合，法人税に関しては，最終的に「ネット減税」になっていたと考えられる。他方で，企業収益課税のもう１つの柱である営業税については，税率引下げは行なわれず，営業税の課税ベースは法人税の課税ベースに原則として準拠していることから，課税ベースの拡大の増税効果のみが見られた。その結果，ドイツの企業活動全体に対して見ると，営業税は増税の状況にあったと言える。

　他方で，収益課税の全体（法人税・営業税・連帯付加税の合計）の「（合計）税収比率」は，確かに若干とはいえ減少しているものの，（合計）税収額は，名目額ベースでもインフレ率（物価上昇率）54％（1.54倍）を考慮した実質額ベースでも増加している。すなわち，ドイツ国内の企業活動全体に対して見た場合，収益課税の合計でも「増税」（税収額の実質増加）になっている。但し，この増税は，あくまで推測でしかないが，個別企業にとってのネット増税にはなっていないと思われる。後述の付加価値税の税収が税率引上げによる予想増収額をはるかに上回って増加し，売上額が大幅に増加していることから推定できるように，この1990年の東西ドイツの統一以降の25年間弱の期間に，企業活動の拡大が想定される。具体的には，ドイツ国内の納税する企業数が増加したか，一個別企業のビジネス活動対象範囲が拡大したのではないかということである。収益課税全体の税収増は，その企業活動の拡大の結果，ドイツ国内の企業活動全体の法人税（＋連帯付加税）・営業税の合計負担額が増加したことに起因すると考えられる。

　本書においては，残念ながらそこのところの定量的な確認はできないが，１つ確実に言えるのは，以下のことである。「税率引下げ」と「課税ベースの拡大」は，法人税（連帯付加税）と営業税において，一様に行なわれたのではなく，税率引下げは法人税（連帯付加税）のみについて行なわれ，課税ベースの拡大は双方において行なわれた。その結果，法人税（連帯付加税）だけを見れば，「ネット減税」になっているものの，営業税を含めた収益課税全体で見ると，法人税（連帯付加税）

の税率引下げは，かなりの程度，営業税の課税ベースの拡大の増税効果で相殺されてしまっているということである。

② 付加価値税：税率の引上げ

ドイツの現在の付加価値税（売上税）のシステムは，1968年の改革によって現在の形になっている。この1968年の「付加価値税改革」は，当時の「欧州経済共同体〈EEC〉」の他の加盟国との共同歩調を取った改革であった。その1968年以降の付加価値税率を示すと以下のようになる。

表1－4　付加価値税率の推移

	標準税率	軽減税率
1968年1月1日～1968年6月30日	10%	5.0%
1968年7月1日～1977年12月31日	11%	5.5%
1978年1月1日～1979年6月30日	12%	6.0%
1979年7月1日～1983年6月30日	13%	6.5%
1983年7月1日～1992年12月31日	14%	7.0%
1993年1月1日～1998年3月31日	15%	7.0%
1998年4月1日～2006年12月31日	16%	7.0%
2007年1月1日以降	19%	7.0%

1992年までは，「軽減税率」は「標準税率」の半分というのが原則であった。しかしながら，1993年の標準税率の引上げに際して，低所得者層への逆累進性の緩和というか点から，軽減税率は据え置かれて，その後の標準税率の引上げに際しても同様の配慮が行なわれ，現在に至っている。既に1968年以降から（標準）税率引上げという基本的傾向は明確である。ここで問題にしている東西ドイツの統一の1990年から現在まで，付加価値税（売上税）の標準税率は，1993年1月1日付の引上げ（14%から15%へ），1998年4月1日付の引上げ（15%から16%へ），2007年1月1日付の引上げ（16%から19%へ）の合計3回に亘って引上げが行なわれた。

他方で，法人税あるいは営業税とは異なり，付加価値税については，1968年に現行システムが構築された時に，課税ベースがその時点で既に現行のものにかなり近い形になっていた。確かに，細かいものを含めると，その後の課税ベースの変更もなくはない。しかし，大筋のところでは，税率引上げはあるものの，課税ベースは一定と考えて間違いはない。

1 付加価値税の「税収比率」と「税収額」の推移

　上の「3回の税率引上げ」により，インフレ率（物価上昇率）を考慮した後の税収額は，ビジネス活動が一定であると仮定し，1990年の東西ドイツの統一以降から2013年までに，消費性向が同一と仮定した場合（税率引上げに起因する買控えがないと仮定した場合），最低でも「1.36倍（19％÷14％）」にはなるはずである。単純に名目ベースの1990年の税収額（75,459百万ユーロ）と2013年の税収額（196,843百万ユーロ）を比較すると，それどころか「2.6倍」になっている。この「2.6倍」という増加率は，その間のインフレ率（物価上昇率）（54％＝1.54倍）を考慮したとしても「1.68倍」となり，税率引上げで単純に増加すると予想される「1.36倍」をはるかに上回るものになっている。この「増加率1.68倍」は，上述のように，付加価値税については課税ベースは一定と考えてよいことから，消費活動の拡大を背景とした「企業活動の拡大（売上の増大）」に帰することができるだろう。また，法人税あるいは営業税とは異なり，付加価値税率の引上げは，その徴収形態から引き上げられた暦年度の税収額にすぐに反映される。その結果，税率引上げの影響が明確に見て取れる。

表1－5　付加価値税の「税収比率」と「税収額」の推移

	1990	1991	1992	1993	1994	1995	1996	1997
税収総額	281,041	338,434	374,128	383,018	401,957	416,337	409,047	407,577
付加価値税額	75,459	91,865	101,088	110,595	120,511	119,960	121,283	123,170
税収比率	26.8%	27.1%	27.0%	28.9%	30.0%	28.8%	29.7%	30.2%
付加価値税率	14%	14%	14%	15%	15%	15%	15%	15%

	1998	1999	2000	2001	2002	2003	2004	2005
税収総額	425,913	453,068	467,252	446,247	441,705	442,238	442,838	452,079
付加価値税額	127,932	137,156	140,871	138,935	138,195	136,996	137,366	139,712
税収比率	30.0%	30.3%	30.1%	31.1%	31.3%	31.0%	31.0%	30.9%
付加価値税率	15／16%	16%	16%	16%	16%	16%	16%	16%

	2006	2007	2008	2009	2010	2011	2012	2013
税収総額	488,444	538,243	561,182	524,000	530,587	573,351	600,046	611,925
付加価値税額	146,688	169,636	175,989	176,991	180,042	190,033	194,635	196,843
税収比率	30.0%	31.5%	31.4%	33.8%	33.9%	33.1%	32.4%	32.2%
付加価値税率	16%	19%	19%	19%	19%	19%	19%	19%

（税額の通貨単位はすべて百万ユーロ）

（ドイツ連邦財務省資料：Kassenmäßige Steuereinnahmen nach Steuerarten から作成）

もう１つ重要な点は，税収総額に占める付加価値税の税収比率が，明確に上昇していることである。単純に1990年の税収比率の26.0％と2013年の税収比率の31.7％とを比較すると約６％の上昇が見られる。最も高かった2010年には33.9％となっており，1990年と比較すると約８％の上昇である。約６％の上昇にしろ約８％の上昇にしろ，これは，付加価値税の税収を最も重要な税収の１つとして位置づけ，個人所得税・法人税といった「直接税」の税収よりも，付加価値税やその他の消費税といった「間接税」の税収に重きを置くという「財政政策」（「基本的方向」）の明確な表現である。また，この付加価値税の税収比率の増加は，後述するように（42頁），1990年から2013年までの間における「直間比率」の変化，すなわち，一時的には間接税収入が直接税収入を上回り，2013年には，まだ若干直接税収入が多いが，ほぼ均衡している状況までの変化に，大きく寄与している。

2　付加価値税率の引上げ

（1）　EU全体の基本的傾向

　付加価値税の税収を国家財政の重要な柱と位置づけ，場合によっては，その税率を引き上げて，税収比率を増加させていくという「基本方針（基本的方向性）」は，何もドイツに限られたことではない。他のEU加盟国においても，多かれ少なかれ確認できるものである。他の加盟国の付加価値税の標準税率の推移を示すと以下のようになる。

表1−6　EU加盟国における付加価値税の標準税率の推移

国　　名	1990	1995	2000	2005	2010	2011	2012	2013	2014	2015
ベルギー	19%	20.5%	21%	21%	21%	21%	21%	21%	21%	21%
ブルガリア	−	18%	20%	20%	20%	20%	20%	20%	20%	20%
チェコ	−	22%	22%	19%	20%	20%	20%	21%	21%	21%
デンマーク	22%	25%	25%	25%	25%	25%	25%	25%	25%	25%
ドイツ	14%	15%	16%	16%	19%	19%	19%	19%	19%	19%
エストニア	−	18%	18%	18%	20%	20%	20%	20%	20%	20%
アイルランド	23%	21%	21%	21%	21%	21%	23%	23%	23%	23%
ギリシャ	16/18%	18%	18%	18/19%	19/21/23%	23%	23%	23%	23%	23%
スペイン	12%	16%	16%	16%	16/18%	18%	18/21%	21%	21%	21%
フランス	18.6%	18.6/20.6%	20.6/19.6%	19.6%	19.6%	19.6%	19.6%	19.6%	20%	20%
クロアチア	−	−	22%	22%	23%	23%	23/25%	25%	25%	25%
イタリア	19%	19%	20%	20%	20%	20/21%	21%	21/22%	22%	22%
キプロス	−	8%	8/10%	15%	15%	15%	15/17%	17/18%	18/19%	19%

ラトビア	–	18%	18%	18%	21%	22%	22/21%	21%	21%	21%
リトアニア	–	18%	18%	18%	21%	21%	21%	21%	21%	21%
ルクセンブルク	12%	15%	15%	15%	15%	15%	15%	15%	15%	17%
ハンガリー	25%	25%	25%	25%	25%	25%	27%	27%	27%	27%
マルタ	–	15%	15%	18%	18%	18%	18%	18%	18%	18%
オランダ	18.5%	17.5%	17.5%	19%	19%	19%	19/21%	21%	21%	21%
オーストリア	20%	20%	20%	20%	20%	20%	20%	20%	20%	20%
ポーランド	–	22%	22%	22%	22%	23%	23%	23%	23%	23%
ポルトガル	17%	17%	17%	19/21%	20/21%	23%	23%	23%	23%	23%
ルーマニア	–	18%	19%	19%	19/24%	24%	24%	24%	24%	24%
スロベニア	–	–	19%	20%	20%	20%	20%	20/22%	22%	22%
スロヴァキア	–	25%	23%	20%	19%	20%	20%	20%	20%	20%
フィンランド	–	22%	22%	22%	22/23%	23%	23%	24%	24%	24%
スウェーデン	23.46/25%	25%	25%	25%	25%	25%	25%	25%	25%	25%
イギリス	15%	17.5%	17.5%	17.5%	17.5%	20%	20%	20%	20%	20%

（Die Mehrwertsteuer in den Mitgliedsstaaten der Europäischen Union 2015〔EU〕から作成）
注釈1）：上の表は，2010年以降は各年，それ以前は1990年から5年間隔での当該年の付加価値税率を示したものであり，その5年の間にあった変更は表現されていない場合がある。
注釈2）：2つの税率が記載されている場合は，当該年度の年度途中で税率の変更があった場合である。

　EU（欧州連合）の付加価値税の標準税率は最低15％ということが，「EU付加価値税法」とも言える「付加価値税システム指令」の第97条に明確に定められている。他方で，標準税率の最高税率は，実質的に25％と長らく見なされていた。しかしながら，明確にEU法レベルで明記されていたわけではなかった。2012年にハンガリー政府は，2008年9月の「リーマン・ショック」に端を発する「世界大不況」ゆえ，国家財政収支の悪化から脱出するという考えから25％から27％に引き上げた。その結果，現在，EU加盟国の標準税率は15％〜27％の間になっている。オーストリアのように，この全期間を通じて一定の税率（20％）を貫徹している国もあるが，基本的な傾向としては引上げである。また，ハンガリーに限らず，2008年9月の「リーマン・ショック」以降の「世界大不況」の中での国家財政収支の悪化を契機として，付加価値税率を引き上げた国が多い。

（2）　他のEU加盟国の付加価値税率：圧力ではなく参照値

　EU法レベルの標準税率の最低税率を15％とする規定により，2004年5月1日付のEU新規加盟のキプロスのように，加盟に際して付加価値税率を引き上げなく

てはならない国もあった。しかしながら，引下げと引上げの相違は別にして，付加価値税に関して加盟国各国は，法人税の場合のような「競争圧力」に晒されているわけではない。他方で，2007年にドイツが2006年までの標準税率16％を現行の19％に引き上げるに際して，「EU全体の付加価値税率の平均は20％前後だから，引き上げたとしても，EU平均により近づくだけだ」という主張がなされていた。もちろん，これが税率引上げ（増税）の直接的な根拠にされていたわけではない。しかし，ドイツ政府の担当者が，「他の加盟国においてはもっと税率が高いのだから，ドイツはまだ大丈夫だ」と，他の加盟国の税率レベルと引上げ傾向を見て，引上げ案を提示したことは間違いないであろう。恐らく他のEU加盟国においても，EU全体の税率レベルと引上げ傾向を引き合いに出して，国内有権者の増税反対意識を抑えることが行なわれていると思われる。

③ 個人所得税：緩やかな税率の引下げ

　法人税の「ドラスティックな税率引下げ」とは比較にならないものの，少なくとも名目税率ベースで，同様に引下げ傾向にあるのが個人所得税の税率である。個人所得税は，現地法人あるいは支店のビジネス活動からの収益に対する課税（法人税・連帯付加税・営業税）とは直接的には関係がない。しかし，特に日本から駐在員が派遣されている場合，「ネット給与保証」に服していることがほとんどであり，個人所得税負担の多寡は，経理・税務部門の関係者だけではなく，日本本社（あるいは欧州統括本部）の人事部・経営企画部門の関係者にとっても，駐在員派遣費用の多寡の問題として重要なものとなっている。

1　個人所得税：最高税率と最低税率の推移

　ドイツの個人所得税は，日本の個人所得税と同様に，所得が増えれば税率も高くなるという「累進課税システム」のもとにある。その適用される税率の上限と下限を表す個人所得税の最高税率と最低税率が，個人所得税自体の税額負担の多寡をどこまで表しているかについては，様々な見解があろう。最高税率と最低税率の引上げ・引下げに関わらず，その間の税率が適用される所得額については，まったく税負担が変わらないこともあり得るからである。その意味において，個人所得税の最高税率と最低税率は，原則として課税所得額の多寡に関わらず一定の税率が適用される先の法人税や営業税の税率ほどには，その税負担のレベルを明確には表現していないかもしれないが，間違いなく1つの税負担の重さの指標にはなるであろう。

　東西ドイツ統一の1990年以降の個人所得税の最高税率と最低税率ならびに連帯

付加税の税率の推移を示すと以下のようになる。法人税の場合と同様に，個人所得税額に対しても連帯付加税が賦課されており，その税率も法人税の場合とまったく同じである。

表1－7　個人所得税の最高税率・最低税率の推移

	1990	1991	1992	1993	1994	1995	1996	1997	1998
最高税率	53%	53%	53%	53%	53%	53%	53%	53%	53%
最低税率	19%	19%	19%	19%	19%	19%	25.9%	25.9%	25.9%
課税最低所得	2,871	2,871	2,871	2,871	2,871	2,871	6,184	6,184	6,332
連帯付加税	－	3.75%	3.75%	－	－	7.5%	7.5%	7.5%	5.5%

	1999	2000	2001	2002	2003	2004	2005	2006	2007
最高税率	53%	51%	51%	48.5%	48.5%	45%	42%	42%	45%
最低税率	23.9%	22.9%	19.9%	19.9%	19.9%	16%	15%	15%	15%
課税最低所得	6,681	6,902	7,206	7,235	7,235	7,664	7,664	7,664	7,664
連帯付加税	5.5%	5.5%	5.5%	5.5%	5.5%	5.5%	5.5%	5.5%	5.5%

	2008	2009	2010	2011	2012	2013	2014	2015
最高税率	45%	45%	45%	45%	45%	45%	45%	45%
最低税率	15%	14%	14%	14%	14%	14%	14%	14%
課税最低所得	7,664	7,634	8,004	8,004	8,004	8,130	8,354	8,354
連帯付加税	5.5%	5.5%	5.5%	5.5%	5.5%	5.5%	5.5%	5.5%

（Handbuch der Steuerveranlagungen ESt・KSt・GewSt・USt の各年度版〔1990－2015〕から作成）
注釈）：課税最低所得〈Grundfreibetrag〉の金額はすべてユーロである。2001年以前の数値は，本来的にはドイツ・マルクの値であったが，1ユーロ＝1.95583マルクの為替レートで換算している。

　最高税率は，2005年と2006年の2年間だけ，2004年の45％から42％にまで引き下げられたが，富裕層への課税強化という観点から，2007年からは再度45％に引き上げられて現在に至っている。現在，45％の最高税率の適用は，独身・単身の場合で250,731ユーロ以上，夫婦合算の場合で501,462ユーロ以上の所得がある場合で，それらの金額を超える分に対して適用される。この2007年以降の45％が適用される所得税課税は，「富裕税〈Reichensteuer〉」という別称が付けられており，少し特殊なものという位置づけがなされている。しかしながら，東西ドイツ統一の1990年以降を通して見ると，いずれにせよ「引下げ傾向」にあると言えるであろう。

2　平均税率の推移

　ドイツの個人所得税の税率の基本となっている「累進税率システム」のもとでは，上述の最低税率と最高税率の他にもいくつかの「税率の種類」がある。この個人所得税の税率の種類あるいはそれらの相互の関係は，ドイツの個人所得税の理解のためのキーポイントになる。その詳細については，「第4章　個人所得税と賃金税：

個人所得・給与に対する課税」において解説する。ここでは，1990年の東西ドイツ統一以降の個人所得税の税負担の推移をより深く理解するという観点から，「平均税率〈Durchschnittssteuersatz〉」の推移を見ておきたい。「平均税率」は，上のいくつかあるという税率の種類の中のひとつであるが，一定の期間（課税年度・暦年度）において収入・所得（課税所得）があった場合，その収入・所得（課税所得）全体に何％の税率が課されるかというものである。一般的に個人所得税の税率と言う場合，多くの人は，無意識的にこの「平均税率」を意図していることが多い。比較のために，最高税率・最低税率・連帯付加税税率も併記しておく。

表1-8　個人所得税の平均税率の推移

（課税所得の通貨単位はすべてユーロ）

課税所得	1990	1991	1992	1993	1994	1995	1996	1997
10,000	14.6%	14.6%	14.6%	14.6%	14.6%	14.6%	10.2%	10.2%
20,000	20.0%	20.0%	20.0%	20.0%	20.0%	20.0%	19.5%	19.5%
30,000	23.8%	23.8%	23.8%	23.8%	23.8%	23.8%	23.8%	23.8%
40,000	27.2%	27.2%	27.2%	27.2%	27.2%	27.2%	27.2%	27.2%
50,000	30.4%	30.4%	30.4%	30.4%	30.4%	30.4%	30.4%	30.4%
60,000	33.5%	33.5%	33.5%	33.5%	33.5%	33.5%	33.5%	33.5%
70,000	36.3%	36.3%	36.3%	36.3%	36.3%	36.3%	36.3%	36.3%
80,000	38.4%	38.4%	38.4%	38.4%	38.4%	38.4%	38.4%	38.4%
90,000	40.0%	40.0%	40.0%	40.0%	40.0%	40.0%	40.0%	40.0%
100,000	41.3%	41.3%	41.3%	41.3%	41.3%	41.3%	41.3%	41.3%
120,000	43.3%	43.3%	43.3%	43.3%	43.3%	43.3%	43.3%	43.3%
150,000	45.2%	45.2%	45.2%	45.2%	45.2%	45.2%	45.2%	45.2%
180,000	46.5%	46.5%	46.5%	46.5%	46.5%	46.5%	46.5%	46.5%
200,000	47.2%	47.2%	47.2%	47.2%	47.2%	47.2%	47.2%	47.2%
課税最低所得	2,871	2,871	2,871	2,871	2,871	2,871	6,184	6,184
最高税率	53%	53%	53%	53%	53%	53%	53%	53%
最低税率	19%	19%	19%	19%	19%	19%	25.9%	25.9%
連帯付加税	－	3.75%	3.75%	－	－	7.5%	7.5%	7.5%

課税所得	1998	1999	2000	2001	2002	2003	2004	2005
10,000	9.8%	8.7%	7.6%	6.2%	6.1%	6.1%	4.2%	4.0%
20,000	19.4%	18.9%	17.9%	16.2%	16.2%	16.2%	14.5%	14.3%
30,000	23.8%	23.7%	23.1%	21.4%	21.4%	21.4%	19.9%	19.4%
40,000	27.2%	27.1%	26.9%	25.4%	25.4%	25.4%	23.9%	23.1%
50,000	30.4%	30.3%	30.3%	28.9%	28.9%	28.9%	27.3%	26.2%
60,000	33.5%	33.5%	33.5%	32.1%	32.0%	32.0%	30.3%	28.8%
70,000	36.3%	36.3%	36.0%	34.4%	34.4%	34.4%	32.4%	30.7%
80,000	38.4%	38.4%	37.8%	36.2%	36.2%	36.2%	33.9%	32.1%
90,000	40.0%	40.0%	39.3%	37.5%	37.5%	37.5%	35.2%	33.2%
100,000	41.3%	41.3%	40.5%	38.6%	38.6%	38.6%	36.2%	34.1%
120,000	43.3%	43.2%	42.2%	40.3%	40.3%	40.3%	37.6%	35.4%

150,000	45.2%	45.2%	44.0%	41.9%	41.9%	41.9%	39.1%	36.7%
180,000	46.5%	46.5%	45.2%	43.0%	43.0%	43.0%	40.1%	37.6%
200,000	47.2%	47.1%	45.7%	43.6%	43.6%	43.6%	40.6%	38.0%
課税最低所得	6,332	6,681	6,902	7,206	7,235	7,235	7,664	7,664
最高税率	53%	53%	51%	51%	48.5%	48.5%	45%	42%
最低税率	25.9%	23.9%	22.9%	19.9%	19.9%	19.9%	16%	15%
連帯付加税	5.5%	5.5%	5.5%	5.5%	5.5%	5.5%	5.5%	5.5%

課税所得	2006	2007	2008	2009	2010	2011	2012	2013
10,000	4.0%	4.0%	4.0%	3.5%	3.2%	3.2%	3.2%	2.9%
20,000	14.3%	14.3%	14.3%	14.3%	13.5%	13.5%	13.5%	13.4%
30,000	19.4%	19.4%	19.4%	19.4%	18.8%	18.8%	18.8%	18.7%
40,000	23.1%	23.1%	23.1%	23.1%	22.5%	22.5%	22.5%	22.5%
50,000	26.2%	26.2%	26.2%	26.2%	25.7%	25.7%	25.7%	25.6%
60,000	28.8%	28.8%	28.8%	28.8%	28.4%	28.4%	28.4%	28.3%
70,000	30.7%	30.7%	30.7%	30.7%	30.3%	30.3%	30.3%	30.3%
80,000	32.1%	32.1%	32.1%	32.1%	31.8%	31.8%	31.8%	31.8%
90,000	33.2%	33.2%	33.2%	33.2%	32.9%	32.9%	32.9%	32.9%
100,000	34.1%	34.1%	34.1%	34.1%	33.8%	33.8%	33.8%	33.8%
120,000	35.4%	35.4%	35.4%	35.3%	35.2%	35.2%	35.2%	35.2%
150,000	36.7%	36.7%	36.7%	36.7%	36.6%	36.6%	36.6%	36.5%
180,000	37.6%	37.6%	37.6%	37.6%	37.5%	37.5%	37.5%	37.4%
200,000	38.0%	38.0%	38.0%	38.0%	37.9%	37.9%	37.9%	37.9%
課税最低所得	7,664	7,664	7,664	7,634	8,004	8,004	8,004	8,130
最高税率	42%	45%	45%	45%	45%	45%	45%	45%
最低税率	15%	15%	15%	14%	14%	14%	14%	14%
連帯付加税	5.5%	5.5%	5.5%	5.5%	5.5%	5.5%	5.5%	5.5%

（Handbuch der Steuerveranlagungen ESt・KSt・GewSt・USt の各年度版〔1990−2013〕から作成）
注釈）：課税対象所得〈zu versteuerndes Einkommen〉の金額はすべてユーロである。2001年以前の
　　　数値は，本来的にはドイツ・マルクの値であったが，１ユーロ＝1.95583マルクの為替レートで
　　　換算している。

　課税所得が年間所得10,000ユーロ，年間所得20,000ユーロ，場合によっては，
年間所得30,000ユーロのところの「平均税率」が，当該年度の最低税率を下回っ
ているのは，「課税最低所得」額を超えた所得額に対してはじめて，最低税率が適
用されることによる。まったく非課税扱いの部分と最低税率またはそれに続く税率
で課税される部分が混じっていて，非課税扱い部分が大きな比率を占めている場合，
当該課税所得全体の税率（「平均税率」）は，最低税率より小さくなってしまうので
ある。ちなみに，「平均税率」の「平均」の意味は，１人の納税義務者の課税所得
の中に，色々な税率が適用される課税所得が混じっていて，その異なる税率を平均
したという意味である。

（1）　1990年以降２回の納税義務者全体に及ぶ税率引下げ

　1990年の東西ドイツ統一以降，２回ほど税率面での明確な個人所得税負担の軽減が図られている。１回目は，法人税法上の大きなシステム転換が行なわれた「2001年税制大改革」（ないしはそれを含む1999年～2002年前後の一連の税制改革）に際してであり，２回目は，2010年の税制改正時である。逆に言うと，1996年に最低税率の大幅な引上げと課税最低所得の２倍以上への引上げが行なわれているが，税負担の軽減が行なわれたのは，課税最低所得前後の所得だけである。すなわち，それ以上の課税所得を有する納税義務者の場合には大きな変更がない。また，その1996年以降，定期的に課税最低所得の見直しがなされ，実際にその引上げが行なわれているが，その場合でも，税負担の軽減は，課税最低所得前後の納税義務者に限定されている。

　実際には，２回（2001年前後と2010年）の納税義務者全体に及ぶ税負担の軽減であるが，いずれにせよ，1990年の東西ドイツ統一以降の25年間弱の期間において，個人所得税においても，税率面での「引下げ傾向」は明らかである。それをより分かりやすくするために，次の**表１－９**において，当該期間の最初と最後の年度の「平均税率」を並べ，その変動幅（変動幅〔１〕）を表にした。さらには，その25年間弱の間のインフレ率（物価上昇率）である1.54倍を考慮すると，1990年の20,000ユーロの所得は，名目額ベースでは同じであっても，実質額ベースでは2013年の20,000ユーロの所得と同じものではない。そこで，1.54倍の2013年の課税所得（課税所得(2)）の「平均税率」を並べて比較できるようにした。さらに，インフレ率（物価上昇率）を考慮した場合の課税所得〔２〕（課税所得〔１〕×1.54）の変動幅（変動幅〔２〕）も並べて比較している。連帯付加税〔１〕と連帯付加税〔２〕は，「2013〔１〕」と「2013〔２〕」のそれぞれに2013年の連帯付加税率5.5％を乗じたものである。

表１－９　1990年と2013年との間の名目ベースと実質ベースの変動の比較

課税所得〔１〕	1990	2013〔１〕	変動幅〔１〕	連帯付加税〔１〕	課税所得〔２〕	2013〔２〕	変動幅〔２〕	連帯付加税〔２〕
10,000	14.6%	2.9%	11.7%	0.16%	15,400	9.6%	5.0%	0.53%
20,000	20.0%	13.4%	6.6%	0.74%	30,800	19.0%	1.0%	1.05%
30,000	23.8%	18.7%	5.1%	1.03%	46,200	24.5%	−0.7%	1.35%
40,000	27.2%	22.5%	4.7%	1.24%	61,600	28.7%	−1.5%	1.58%
50,000	30.4%	25.6%	4.8%	1.41%	77,000	31.4%	−1.0%	1.72%
60,000	33.5%	28.3%	5.2%	1.56%	92,400	33.1%	0.4%	1.82%
70,000	36.3%	30.3%	6.0%	1.67%	107,800	34.4%	1.9%	1.89%

80,000	38.4%	31.8%	6.6%	1.75%	123,200	35.4%	3.0%	1.94%
90,000	40.0%	32.9%	7.1%	1.81%	138,600	36.1%	3.9%	1.98%
100,000	41.3%	33.8%	7.5%	1.86%	154,000	36.7%	4.6%	2.02%
120,000	43.1%	35.2%	7.9%	1.94%	184,800	37.7%	5.4%	2.07%
150,000	45.2%	36.5%	8.7%	2.01%	231,000	38.5%	6.7%	2.11%
180,000	46.5%	37.4%	9.1%	2.06%	277,200	39.3%	7.2%	2.16%
200,000	47.2%	37.9%	9.3%	2.08%	308,000	39.9%	7.3%	2.19%

　以上の25年間弱の期間の個人所得税の税率面での推移を見ると，法人税のようなドラスティックなものではないものの，確かに名目額ベースでは明確な「引下げ傾向」が見て取れる。そしてそれは，**表1－9**の変動幅(1)に明確に表れている。連帯付加税の増税分（連帯付加税〔1〕）を考慮したとしても，引き下げられていると言える。

（2）　引下げメリットの享受者

　しかしながら，インフレ率（物価上昇率）を考慮した実質額ベース（2013〔2〕）で見ると，その引下げ幅は小さくなり，それどころか，1990年時の年間所得30,000ユーロ，40,000ユーロ，50,000ユーロといった所得額レベルにおいては，それに実質額ベースで対応する2013年時の所得レベル（46,200ユーロ，61,600ユーロ，77,000ユーロ）の「平均税率」を見ると，連帯付加税を考慮しない所得税率だけで見ても，逆に税率が引き上げられている。また，その前後の所得レベル（20,000ユーロ，60,000ユーロ，70,000ユーロの場合）においても，確かに1990年から2013年までの間に引き下げられてはいるものの，引下げ幅は小さく，連帯付加税の増税分を考慮すると，「引下げによる減税効果」は，ほぼ帳消しにされてしまっているか，逆に増税になっているかである。この「平均税率」の推移を見る限り，税率引下げのメリットを享受できたのは，1990年当時の所得額で10,000ユーロ前後の「課税最低所得」周辺の所得者層と80,000ユーロ以上の高額所得者層のみで，その中間の多数派を占める所得者層は，税率引下げのメリットは享受できていなかったと考えられる。

　現実的世界においては，1990年の時にたとえば年間40,000ユーロの年収があった人の中で，2013年の時に，名目額で同じ年間40,000ユーロの年収の人，あるいは，インフレ率（物価上昇率）の1.54倍を考慮した年間61,600ユーロの年収の人は数少ないであろうし，多くの人は，個人的な人生の浮き沈みによる年収の変動に晒されていると思われる。その意味で，上で確認したような「（名目上の）税率の引下げ」あるいは「（実質額ベースの）税率の引上げ」を個人的レベルで感じ取っ

ている人は殆どいないであろう。もちろん，税負担は，税率だけで決まるのではないことから，課税ベースがどのような推移を辿ったのかを見ないで断定することは避けなくていけないが，少なくとも，法人税との比較で言うと，同じ様に税率引下げが行なわれているにも拘わらず，個人所得税においての実際的な負担軽減は，かなり限定されたものであったことははっきりと言えると思われる。

3 個人所得税の税収比率と税収額の推移

1990年の東西ドイツ統一以降の個人所得税の税収比率と税収額の推移を示すと，**表1－10**のようになる。下の表の中の「賃金税〈Lohnsteuer〉」というのは，あたかも1つの独立した税目のように見なされている。しかしながら，給与を支払う雇用主（会社）がその給与から天引きして税務署に納付する給与所得の源泉徴収分であり，「個人所得税」の一部分（主要部分）を構成しているものである。

表1－10　個人所得税の「税収比率」と「税収額」の推移

（税額の通貨単位はすべて百万ユーロ）

	1990	1991	1992	1993	1994	1995	1996	1997
税収総額	281,041	338,434	374,128	383,018	401,957	416,337	409,047	407,577
個人所得税額	115,010	136,560	153,452	160,523	165,397	166,896	147,430	143,431
税収比率	40.9%	40.4%	41.0%	41.8%	41.1%	40.0%	36.1%	35.2%
賃金税額	90,800	109,506	126,454	131,907	136,271	144,543	128,476	127,144
税収比率	32.3%	32.4%	33.8%	34.4%	33.9%	34.7%	31.4%	31.2%
連帯付加税額	－	5,121	5,754	－	－	12,517	11,057	10,757
税収比率	－	1.5%	1.5%	－	－	3.0%	2.7%	2.6%
合計税額	115,010	141,681	159,206	160,523	165,397	179,413	158,487	154,188
合計比率	40.9%	41.9%	42.5%	41.8%	41.1%	43.0%	38.8%	37.8%
最高税率	53%	53%	53%	53%	53%	53%	53%	53%
最低税率	19%	19%	19%	19%	19%	19%	25.9%	25.9%
連帯付加税率	－	3.75%	3.75%	－	－	7.5%	7.5%	7.5%

	1998	1999	2000	2001	2002	2003	2004	2005
税収総額	425,913	453,068	467,252	446,247	441,705	442,238	442,838	452,079
個人所得税額	155,449	162,049	168,807	171,243	162,232	154,291	145,980	145,627
税収比率	36.5%	35.7%	36.1%	38.4%	36.7%	34.9%	33.0%	32.2%
賃金税額	132,054	133,809	135,733	132,626	132,190	133,090	123,895	118,919
税収比率	31.0%	29.5%	29.0%	29.7%	29.9%	30.1%	28.0%	26.3%
連帯付加税額	8,550	8,913	9,284	9,418	8,923	8,486	8,029	8,009
税収比率	2.0%	2.0%	2.0%	2.1%	2.0%	1.9%	1.8%	1.8%
合計税額	163,999	170,962	178,091	180,661	171,155	162,777	154,009	153,636
合計比率	38.5%	37.7%	38.1%	40.5%	38.7%	36.8%	34.8%	34.0%
最高税率	53%	53%	51%	51%	48.5%	48.5%	45%	42%
最低税率	25.9%	23.9%	22.9%	19.9%	19.9%	19.9%	16%	15%
連帯付加税率	5.5%	5.5%	5.5%	5.5%	5.5%	5.5%	5.5%	5.5%

	2006	2007	2008	2009	2010	2011	2012	2013
税収総額	488,444	538,243	561,182	524,000	530,587	573,351	600,046	611,925
個人所得税額	159,715	181,768	204,615	186,511	180,774	197,901	214,620	226,401
税収比率	32.7%	33.7%	36.5%	35.6%	34.0%	34.6%	35.7%	37.0%
賃金税額	122,612	131,773	141,895	135,165	127,904	139,749	149,065	158,198
税収比率	25.1%	24.5%	25.3%	25.8%	24.1%	24.4%	24.8%	25.9%
連帯付加税額	8,784	9,997	11,254	10,258	9,943	10,885	11,804	12,452
税収比率	1.8%	1.9%	2.0%	2.0%	1.9%	1.9%	2.0%	2.0%
合計税額	168,499	191,765	215,869	196,769	190,717	208,786	226,424	238,853
合計比率	34.5%	35.6%	38.5%	37.6%	35.9%	36.5%	37.7%	39.0%
最高税率	42%	45%	45%	45%	45%	45%	45%	45%
最低税率	15%	15%	15%	14%	14%	14%	14%	14%
連帯付加税率	5.5%	5.5%	5.5%	5.5%	5.5%	5.5%	5.5%	5.5%

（ドイツ連邦財務省資料：Kassenmäßige Steuereinnahmen nach Steuerarten から作成）

注釈1）：賃金税額は、個人所得税額の内訳で、その個人所得税額の中に含まれている。また、賃金税額の税収比率は、賃金税額の税収総額に対する比率である。

注釈2）：合計税額は、個人所得税額と連帯付加税額の合計である。同様に、合計税額の税収比率は、個人所得税額の税収比率と連帯付加税額の税収比率を合計したものである。

注釈3）：法人税の場合と同様に、個人所得税のみに対する連帯付加税額は、統計上明らかにされていない。個人所得税額に連帯付加税率を乗じて算出したものであり、あくまで参考値である。

　部分的な税率引下げは除き、異なる所得額レベルの納税義務者全体に及ぶ税率引下げは、1990年以降2回行なわれている。しかしながら、法人税の場合と同様に、個別の年度について、あるいは、数年単位で、税収額の変化から税率引下げの影響を明確に見て取ることは難しい。他方で、過去25年間弱の期間全般を通じてみると、数年単位での増加・減少はあるものの、個人所得税の税収額自体は傾向的に増加している。具体的には、単純に当該期間の最初の年（1990年）と最後の年（2013年）を比較すると、その間の個人所得税の税収額の伸び（1.89倍）は、同期間のインフレ率（物価上昇率）（1.54倍）を上回っている。それにも拘わらず、個人所得税の税収総額に対する比率は、1990年代終わり頃から常に40％を下回っており、2005年に34％の当該期間（1990年から2013年まで）の最低値を記録して、その後若干持ち直したものの、総体としては低減傾向にあると言える。

　ここでは、課税ベースの話をまったく考慮していない。法人税については、税率の引下げと同時的な課税ベースの拡大が手を携えて実行に移されていた。例外規定や優遇措置が数多くあることに起因する「不透明な税制システム」という評価は、法人税だけではなく、個人所得税についても該当するものである。その点において、個人所得税分野においても、東西ドイツ統一の1990年から現在までの間に、課税ベースの拡大に結果する例外規定や優遇措置の撤廃が試みられた。特に、税率引下げが行なわれた1999年～2002年（場合によっては2004年まで）の間に、実際に

かなりの課税ベースの拡大措置が講じられている。他方で，個人所得税は，国民（有権者）の生活に身近なものであることから，選挙対策的な観点から，新たな例外規定や優遇措置が生み出されたりしている。また，1996年の課税最低所得の大幅な引上げに見られるように，連邦憲法裁判所あるいは税務裁判所の判決を通じて，ドイツ連邦政府は，課税ベースの拡大の逆の措置を講じなくてはいけない状況に何度か陥っている。その結果，東西ドイツ統一の1990年から現在までの間に，課税ベースの拡大措置がどれほど効果的だったのか，定量的に確認することが難しい状況である。

他方で，上の**表１−７**から**表１−10**までの内容から見て分るとおり，法人税率の引下げのようにドラスティックではなく，緩やかなものではあったものの，個人所得税においても，税率引下げは行なわれている。しかしながら，**表１−８と表１−９**の所得者層別の平均税率における税負担の推移からは，個人所得税納税義務者全体として，引下げの恩恵を受けたのは，高額所得者層と課税最低所得周辺の所得者層に限定されていた。そして，その中間の所得者層においては，過去25年間弱の期間を通じて，物価上昇率を考慮した実質額ベースで同額の年収がある人を想定して比較すると，あくまで税率面においてだけではあるものの，逆に増税となっていることが見て取れるのである。さらに，確かに，その間に実施された課税ベースの拡大措置に増税効果と特定グループ・所得者層に対する新たな例外規定と優遇措置の創出による減税効果の錯綜を定量化することはできない。しかし，**表１−10**の内容を見ると，負担緩和は行なわれていないと断定してもよいと考えられる。

4　納税義務者所得額別の個人所得税税収総額に対する寄与比率

外国との比較の資料はないのであるが，ドイツ連邦財務省は，毎年ではないものの，一定の間隔を置いて，「納税義務者所得額別の個人所得税税収総額に対する寄与比率」の統計を公表している。すなわち，納税義務者全員を所得額に応じて並べてみて，上位何％の納税義務者が個人所得税税収総額のうちどれだけの比率で税負担をしているのか，逆に，下位何％の納税義務者が個人所得税税収総額のうちどれだけの比率で税負担をしているのか，ということを表したものである。2013年のものは，**表１−11**のようになっている。

表1−11　所得額別の個人所得税税収総額に対する貢献比率（2013年）

上位何%以上	年間所得額 何ユーロ以上	所得税税収総額 に対する比率	所得総額に対す る比率	課税対象所得総 額に対する比率	可処分所得総額 に対する比率
上位1％以上	195,073ユーロ	21.5%	12.5%	13.4%	10.6%
上位5％以上	98,403ユーロ	41.2%	26.0%	26.9%	22.3%
上位10％以上	74,455ユーロ	54.5%	37.2%	37.9%	32.6%
上位15％以上	61,780ユーロ	64.0%	46.2%	46.9%	41.3%
上位20％以上	53,281ユーロ	71.3%	53.8%	54.6%	48.8%
上位25％以上	46,883ユーロ	77.4%	60.4%	61.2%	55.4%
上位30％以上	41,737ユーロ	82.2%	66.2%	67.0%	61.3%
上位35％以上	37,569ユーロ	86.3%	71.5%	72.2%	66.6%
上位40％以上	33,894ユーロ	89.7%	76.2%	76.9%	71.5%
上位45％以上	30,472ユーロ	92.6%	80.5%	81.1%	76.0%
上位50％以上	27,246ユーロ	94.9%	84.3%	84.8%	80.2%

下位何%以上	年間所得額 何ユーロまで	所得税税収総額 に対する比率	所得総額に対す る比率	課税対象所得総 額に対する比率	可処分所得総額 に対する比率
下位20％以上	8,479ユーロ	0.1%	1.7%	1.7%	3.2%
下位25％以上	11,347ユーロ	0.2%	3.1%	3.0%	5.0%
下位30％以上	14,246ユーロ	0.5%	4.7%	4.6%	7.1%
下位35％以上	17,340ユーロ	1.0%	6.8%	6.6%	9.7%
下位40％以上	20,649ユーロ	1.9%	9.4%	9.0%	12.6%
下位45％以上	23,934ユーロ	3.3%	12.3%	11.9%	16.0%
下位50％以上	27,246ユーロ	5.1%	15.7%	15.2%	19.8%

（ドイツ連邦財務省：Datensammlung zur Steuerpolitik 2013）

注1）：夫婦合算申告の場合は，一人の納税義務者と見なしている。
注2）：「上位何％以上」と「年間所得額何ユーロ以上」の欄は，所得額に応じて最高額の所得者か
　　　ら納税義務者全員を並べてみて，たとえば「上位10％以上」には74,455ユーロ以上の年間
　　　所得の納税義務者が区分されることを意味する。
注3）：「下位何％以上」と「年間所得額何ユーロまで」の欄は，所得額に応じて最低額の所得者か
　　　ら納税義務者全員を並べてみて，たとえば「下位20％以上」には8,479ユーロまでの年間所
　　　得の納税義務者が区分されることを意味する。

　上の表を見て真っ先に客観的に言えることは，納税義務者の負担能力に応じて税
金を負担すべきという「応能負担原則〈Leistungsfähigkeitsprinzip〉」が明確に
反映されていることである。このような負担寄与の状況は，先の課税所得別の平均
税率の相違（**表1−8**）のところで見られる累進税率システム（所得額の増加に応
じて税率が高くなるシステム）に拠るものである。「応能負担原則」は，ドイツの
憲法である「基本法〈Grundgesetz〉」にその根拠が求められ，部分的な乖離の事
例も指摘されるところはあるものの，原則的にドイツの税法全般に亘って貫徹され
ている。また，同様に憲法を根拠にして，日本の税法においても貫徹されているも
のである。

（1） 寄与比率を巡るドイツ国内の政治的議論

　この統計資料を根拠にして，税制問題を深く掘り下げたドイツの一般マスコミ等でもよく取り上げられるのは，「個人所得税は，上位10％の納税義務者が個人所得税税収総額の54.5％を負担し，下位50％の納税義務者の個人所得税税収総額に対する負担寄与は5.1％である（に過ぎない）」という「メッセージ」である。54.5％と5.1％という数字は，過年度のものを見ると，若干変わったりしているのであるが，概ねその周辺の数字になっている。上のメッセージの中の「……に過ぎない」となると，既に価値評価が暗示されていると言えるだろう。それでも，この表あるいは上のマスコミでもよく言及されるメッセージについては，そこから様々な解釈が引き出されている。「自由」という社会的価値をより尊重する政治的潮流（政党）の論者は，この寄与率の数値をもとに，「所得の社会的再分配機能」の行き過ぎを問題にする。そして，社会を活性化するという観点から，中間層からどちらかという上位の所得者層の減税（負担緩和）を主張することになる。

　逆に，「平等」に重きを置く政治的潮流（政党）に属する人々は，同じこの寄与率の数値をもとにして，「所得の社会的再分配機能」のより一層の徹底化を唱え，低所得者層の減税を主張する。また，この寄与率の状況は，それはそれとして飲み込んだ上で，資産（財産）課税をより徹底して行なうことで社会的公正が確保されると主張する。ちなみに，現在のドイツでは，不動産所有は不動産税〈Grundsteuer〉で課税されているものの，そして，相続・贈与税〈Erbschaft － und Schenkungsteuer〉も課されているものの，1995年の連邦憲法裁判所の違憲判決を契機に，1997年以降，財産税〈Vermögensteuer〉は徴収停止状態になっており，その結果，不動産以外のその他の資産は，課税されていない。

（2） 在独日系企業の駐在員の所得税税収に対する貢献

　財産税の話はともかくとしても，表1－11の個人所得税の納税義務者の所得額別の税負担寄与率で暗示されている状況を踏まえて，在独日系企業あるいはそこに日本から派遣されてきている駐在員との関連では以下のことが言える。日本円で日本で支払われる月額給与・賞与のユーロ換算値の状況により，あるいは，20代で派遣されてきた若い駐在員の場合，それを下回ることがあるが，グロス給与ベースで見ると，多くの駐在員は表1－11の「上位10％」に含まれ，それどころかかなりの人が「上位5％」に区分される。「上位10％」でも，個人所得税税収の約55％を負担している層に区分されるのである。また，15年以上も前の話で，現在そのような統計値があるのか不明であるが，筆者の住むデュッセルドルフでは，「非駐

在員ならびに駐在員の家族を含めた日本人の人口は，近隣市町村を含むデュッセルドルフ地区の全人口の１％にも満たないが，日本人からの所得税税収は，同地区の個人所得税税収の10％以上である」ということが言われていた。

　以上の２つの話でもって，在独日系企業あるいはその駐在員は，税金（個人所得税）をたくさん払っているのだから，ドイツにおいてもっと威張ってもいいのだとか，あるいは，だからドイツ政府に対して優遇措置を要求すべきだ，と主張しようというのではない。そして，税金をたくさん払えばいいというものではないことも，十分承知しているつもりである。在独日系企業も，ビジネスのためあるいはドイツ市場（欧州市場）での成功を目指して，ドイツにビジネス拠点を設け，駐在員（＋家族）を派遣しているのである。慈善事業を行なっているのではない。それでも，実際にドイツに駐在する人あるいは日本の本社でドイツ（欧州）・ビジネスをアシストする立場の人も含めた在独日系企業の関係者は，駐在員ないしはその家族がドイツに居住していることで既にひとつの社会的貢献を行なっていることは，過小評価することもなく過大評価することもなく，頭の片隅に留めておいても，決して間違いではないであろう。

　それに対して，ドイツの政府関係者の間でも，別に日本人に限らず，外国からビジネス関係で一時的に滞在（駐在）する外国人に対して，他のEU加盟国において見られるような税制上（個人所得税上）の優遇措置を講じて，外国人駐在員の来独を奨励すべきだ，そして，それがより多くの外資の招致に繋がるとの議論は時折出てくる。そして，実際に何度か法制化の提案も出されている。しかしながら，社会的平等を強く主張する反対論者に遭遇して頓挫している。社会的平等ないしはその優遇措置反対論というのは，他の一般ドイツ人との平等な取扱い，さらには，ドイツに住む他の外国人との平等な取扱いであり，「逆差別」にならずにそれを税法上具体的な形で規定することが非常な困難を伴うという意見である。

II
主要税目の概要と税収内訳

　本書は，ドイツでビジネス活動を展開する場合に重要になってくる「主要3税金（グループ）」（法人税［営業税を含む］・個人所得税・付加価値税）を中心にして，ドイツ税制を論じるものである。その「主要3税金（グループ）」のドイツ税制の中での位置づけを明確にするためにも，部分的には「主要3税金（グループ）の基本的方向性」の解説のところで言及しているが，ここで，ドイツにおける税金の種類，税金の区分，各々の税金の税収内訳を，部分的に日本との比較を交えながら，まとめて概観しておきたい。

1　主要税目と連邦税・州税・地方自治体税の区別

　ドイツには，全部で約50前後の異なる税金（税目）の種類が徴収されていると言われている。70種類という数値も見たこともある。ドイツ連邦財務省は，毎年「税金A～Z〈Steuern A bis Z〉」（全170頁前後）という一般向けの小冊子を公刊しているが，それには40種類の税金が挙げられている。たとえば，個人所得税には，賃金税とか資本収益税といった小区分があり，それをどこまで数に入れるか，あるいは，遊興税・別荘税・犬税といった地方自治体が条例で決めて徴収している税金をどこまで厳密に区分するか等で数字が変わってくるのだと思われる。

　他方で，どの数値を取るにせよ，種類の数だけで言えばそれ位たくさんあるのであるが，関税も含めて，ドイツ全体の税収総額から見て，1％以上の税収を上げている税目を挙げると，（個人）所得税・付加価値税・法人税・営業税・エネルギー税（石油税）・タバコ税・保険税・電力税・自動車税・連帯付加税・不動産取得税・不動産税の12種類になる（2014年の確定値）。正確に言うと，上述のように，（個人）所得税は，ある意味で包括概念であり，その中に賃金税（給与所得の源泉徴収分）・資本収益税・配当源泉税等の下位区分があり，ドイツの税収統計を見ると，その下位区分ごとに税収が記載されている。ちなみに，関税はその12種類の

中には入らない，すなわち，関税の税収は，ドイツの税収総額の１％未満にしかならない。

　日本でも，その税収を誰が受け取るのかという区分で，「国税」と「地方税」という区別を行なう。その意味でのドイツにおける区別は，「連邦税」・「州税」・「地方自治体税（地方税）」・「共同税」・「教会税」の５つに分けられている。最初の３つは，ドイツが16の州〈Bundesland〉から構成される連邦制国家ということを考慮すれば容易に理解できるであろうが，後の２つには少し解説がいる。共同税〈Gemeinschaftsteuer〉は，徴収後にその税収が予め法律で決められた按分比率で連邦政府・州政府・市町村自治体に配分されるものである。教会税は，認定された「宗教団体」が徴収を許されているもので，その徴収実務は，個人所得税の徴収を行なう税務署が行なっている。これには日本に対応するものがない。この教会税については，「第５章　その他の税金と税務調査」のところで少し詳細に解説したい。

⬜ 税収の受取先による区別：ドイツにおける共同税の存在

　税収から見て重要な先ほどの12種類の個別の税金とその他のいくつかの重要な個別の税金を，教会税を除く他の４つの連邦税・州税・地方自治体税（地方税）・共同税に区分して，その４つの区分の税収総額に占める比率（2014年の確定値）を示すと以下のようになる。ちなみに，この４つの区分は，基本法（憲法）第106条に細かく規定されているものである。

　共同税（71.7％）：（個人）所得税・法人税・付加価値税
　連邦税（14.9％）：エネルギー税（石油税）・タバコ税・保険税・電力税・自動
　　　　　　　　　　車税・連帯付加税
　州　税（2.3％）：不動産取得税・相続／贈与税
　地方自治体税（地方税）（8.8％）：営業税・不動産税

　関税は，連邦政府の役所である「税関〈Zollamt〉」によって徴収されるが，その税収はEU（欧州連合）に帰属することになっている。また，共同税の（個人）所得税・法人税・付加価値税の連邦政府・州政府・市町村自治体への配分比率は以下のようになっている。

	連邦政府	州政府	市町村自治体
個人所得税（賃金税を含む）	42.50%	42.50%	15.00%
資本収益税	44.00%	44.00%	12.00%
配当源泉税	50.00%	50.00%	－
法人税	50.00%	50.00%	－
付加価値税	53.37%	44.63%	2.00%

（出典：ドイツ連邦財務省Datensammlung zur Steuerpolitik 2013）

注釈1）：資本収益税（Kapitalertragsteuer）は，具体的には利子所得ならびにキャピタルゲインに対する分離課税部分である。

注釈2）：配当源泉税（nicht veranlagte Steuer vom Ertrag）は配当所得に対する源泉課税部分である。

注釈3）：付加価値税税収の配分は，該当年の収入・支出を考慮した複数のステップの配分手続きからなり，上の比率は，2012年最終的な配分比率である。

　営業税は，その税収が市町村自治体に帰属する地方自治体税（地方税）であり，本来的には共同税ではない。しかしながら，以前から，その一部（Gewerbesteuerumlage）は，かなり込み入った算式で計算されて，連邦政府・州政府にも配分されている。連邦政府と州政府に配分される部分は，年度によって異なるが，営業税税収総額の13～18％前後になっている。

　この共同税の連邦・州（全体）・市町村自治体（全体）の3者間の配分比率は，以上のようになっているが，各々の州相互の間の配分あるいは各々の市町村自治体相互の配分は，別途の原則に基づき行なわれる。個人所得税は，当該暦年の10月10日時点でその個人が居住している州（市町村自治体）に，その按分された税収が帰属するものとされる。法人税は，同様に当該暦年の10月10日時点で会社の本社所在地が属する州に，その按分された税収が帰属する。もし，会社が複数の州に跨って支店や事業所を有している場合は，営業税の場合と同じように，本社・支店・事業所ごとの支払給与報酬額の比率に応じて，法人税収を州に配分することになる。それに対して，付加価値税は，基本的に州ならびに市町村自治体に住民数に応じて配分している。

②　州ごとの税収格差と州間財政調整

　これから見てもすぐに分かるように，高所得の個人がたくさん居住する連邦州・市町村自治体，あるいは，利益をたくさん計上している会社（あるいはその支店ならびに事業所）が位置している連邦州は，税収が豊かになる。そして，税収が豊かな連邦州とそうではない連邦州との格差はよく引き合いに出される。共同税の最初の配分が終わった後に，さらに，税収の相対的に豊かな連邦州から税収に相対的に恵まれない連邦州に対して，予め決められた算式で「再分配」が行なわれる。「州

間財政調整〈Länderfinanzausgleich〉」と呼ばれているものである。「支払州」の代表格は，バイエルン州・バーデン／ヴュルテンベルク州・ヘッセン州であり，昔は継続的な「支払州」であったノルトライン・ヴェストファーレン州と都市州であるハンブルク州は，最近では，「受取州」になる年度が出てきている。最も支払っているバイエルン州・バーデン／ヴュルテンベルク州・ヘッセン州は，実際に他の経済パーフォンマンスのデータ（失業統計・平均給与・住民一人当たりのGDP等）を見てもやはり抜きん出ており，地理的にドイツの南部に位置していることから，よく「ドイツ経済の南北問題」とか「南北格差問題」として話題になる。「世界経済の南北問題」は北が豊かで南が貧しいのであるが，ドイツ国内の「南北問題」は逆である。旧東ドイツ地域と旧西ドイツ地域の間の「東西問題」も依然として残っているのであるが，「ドイツ経済の南北問題」も決して見過ごしてはならない。

③ 州ごとの税収格差と税務調査の厳格さ

　税金・税制の話に戻ると，これは正確・客観的に証明されたものではないが，ドイツの一般のマスコミ等で，州ごとの税収の相対的な格差は，各州の税務署の企業等に対する対応に微妙な影響を及ぼしているとの指摘がよくなされる。すなわち，「支払州」であるバイエルン州・バーデン／ヴュルテンベルク州・ヘッセン州では，一回の税務調査から次の税務調査までの間隔も長いし（調査されない期間がよく発生するということ），税務調査時の調査官の対応もより企業寄りであるといった指摘である。まったく逆の話になる個別事例も聞いているので，明確に断言できるような類の話ではないのであるが，州ごとの税収の豊かさがかなり違うこと，あるいは，「経済の南北格差」は，明確に証明されている事実であることから，それは頭の片隅に記憶しておく必要があろう。

2　税収内訳と直間比率

　既にドイツの税収総額の推移については，「主要3税金（グループ）」の税収比率の推移を解説する中で言及しているが，2014年度について税収内訳をここで示しておきたい。また，ユーロ金額では身近な数値にはならないことから，参考のために，円換算した金額も併記している。

表1−21　2014年度の税収内訳

		税収額（EUR）百万ユーロ	税収額（円換算）	税収比率
所得・資産に対する課税				
個人所得税	共同税	238,831	31兆480億円	37.1%
賃金税		(167,983)	(21兆8,378億円)	(26.1%)
査定個人所得税		(45,613)	（5兆9,297億円）	(7.1%)
配当源泉税		(17,423)	（2兆2,650億円）	(2.7%)
資本収益税		(7,812)	（1兆156億円）	(1.2%)
法人税	共同税	20,044	2兆6,057億円	3.1%
連帯付加税	連邦税	15,047	1兆9,561億円	2.3%
不動産税	地方税	12,691	1兆6,498億円	2.0%
営業税	地方税	43,756	5兆6,883億円	6.8%
資産流通に対する課税				
相続・贈与税	州税	5,452	7,088億円	0.8%
不動産取得税	州税	9,339	1兆2,141億円	1.5%
所得費消に対する課税				
付加価値税	共同税	203,110	26兆4,043億円	31.5%
（狭義の）付加価値税		(154,228)	(20兆496億円)	(24.0%)
輸入付加価値税		(48,883)	（6兆3,548億円）	(7.6%)
保険税	連邦税	12,046	1兆5,660億円	1.9%
自動車税	連邦税	8,501	1兆1,051億円	1.3%
エネルギー税(石油税)	連邦税	39,758	5兆1,685億円	6.1%
電力税	連邦税	6,638	8,629億円	1.0%
関税	連邦税	4,552	5,918億円	0.7%
航空税	連邦税	990	1,287億円	0.2%
核燃料税	連邦税	708	920億円	0.1%
タバコ税	連邦税	14,612	1兆8,996億円	2.3%
ブランデー税	連邦税	2,060	2,678億円	0.3%
甘アルコール飲料税	連邦税	1	1億円	0.0%
発泡ワイン税	連邦税	412	536億円	0.1%
混合アルコール飲料税	連邦税	15	20億円	0.0%
ビール税	連邦税	684	889億円	0.1%
コーヒー税	連邦税	1,016	1,321億円	0.2%
定額輸入税	連邦税	2	3億円	0.0%
その他の連邦税	連邦税	0	−	0.0%
競馬・宝くじ税	州税	1,673	2,175億円	0.3%
防火税	州税	409	532億円	0.1%
その他の市町村税	地方税	1,275	1,658億円	0.2%
税収総額		643,619	83兆6,705億円	100.0%

（ドイツ連邦財務省資料：Kassenmäßige Steuereinnahmen nach Steuerarten から作成）
注釈1）：税収入（円換算）の為替レートは，1ユーロ＝130円である。

以上の税金（税目）の具体的な内容に関して，後続の章で「主要3税金（グループ）」については詳細に（第2章〜第4章），それ以外の在独日系企業のビジネスに直接的に関わってくる税金については少し詳しく（第5章の「Ⅰ　ビジネス活動に関係するその他の税金」），その他の税金については簡単に（第5章　その他の税金と税務調査），解説していきたい。

① 税収比率の簡単な日独比較

　以下に，ドイツについては，上の表1−21のデータをベースにして，税収比率で上位7税目について，日独比較の表を示した。

表1−22　日独の税収比率上位7税目の比較

ドイツ		日本	
個人所得税	37.1%	所得税	17.2%
付加価値税	31.5%	消費税（国税＋地方税）	16.5%
営業税	6.8%	個人住民税	14.7%
エネルギー税	6.1%	法人税	10.8%
法人税	3.1%	固定資産税	10.5%
連帯付加税	2.3%	法人事業税	5.1%
タバコ税	2.3%	法人住民税	3.0%
その他の税目	10.8%	その他の税目	22.2%
83兆6,705億円	100.0%	80兆8,446億円	100.0%

（出典：日本のデータは総務省「国税・地方税税収内訳（平成25年度予算）」）

　日独を比較する場合，ドイツの（個人）所得税と日本の所得税とを直接的に比較するのではなく，日本は所得税と個人住民税を一緒にして，ドイツの（個人）所得税と比較すべきなのかもしれない。また，法人企業がビジネスをして計上した利益に対する課税ということに関しては，ドイツは法人税と営業税を一緒にして，日本は法人税・法人住民税・法人事業税をまとめて比較すべきであろうといった「税目区分」に関しての留意点はいくつかある。しかしながら，人口比（独：約8,000万人・日本：約1億2,000万人＝1：2）ならびに国内総生産（GDP）の相違（独：約3.5兆ドル・日本：約6.1兆ドル）を考えると，税収総額に関して日独双方がほぼ同じというのは，日本の税収が相対的に少ないことを暗示している。また，ドイツの付加価値税率19%と日本の消費税率8%という大きな税率差に関わらず，付加価値税・消費税の税収比率において，日本はドイツのほぼ半分になっていることも注目に値する。このような簡単な比較だけからも，色々な興味深い事実が見て取れる。

② 直接税と間接税の比率

　税法上の定義からすると，「直接税」は，納税義務者と税負担者が同一である税金（税目）の総称であり，ドイツの場合で言えば，上の**表1−22**の個人所得税・法人税・営業税・連帯付加税が代表的なものである。それに対して，「間接税」は，納税義務者と税負担者が異なる税金（税目）の総称であり，ドイツの場合で言えば，付加価値税・エネルギー税（石油税）・タバコ税等が挙げられる。たとえば付加価値税は，税務署に税金を納付するのは，商品を売ったりサービスを提供したりする事業者であるが，当該事業者はその税金を価格の中に上乗せしていて，自分で負担している訳ではない。よく一国の税制が問題とされる時に，その「直接税」の税収と「間接税」の税収の比率（「直間比率」）が言及され，EU加盟国やその他の欧米諸国あるいは日本といった先進工業国においては，財政の将来を考えた場合，「間接税」の税収比率を上げるべきだと主張される。

1　ドイツにおける直間比率の推移

　ドイツにおける「直間比率」の過去からの推移を示すと以下のようになる。

表1−23　ドイツの直接税と間接税との比率

	1990	1991	1992	1993	1994	1995	1996	1997	1998
直接税比率	56.7%	55.9%	56.0%	54.2%	52.3%	53.8%	52.2%	51.4%	52.0%
間接税比率	43.3%	44.1%	44.0%	45.8%	47.7%	46.2%	47.8%	48.6%	48.0%

	1999	2000	2001	2002	2003	2004	2005	2006	2007
直接税比率	51.9%	52.1%	49.0%	47.9%	47.5%	47.8%	48.4%	50.5%	50.6%
間接税比率	48.1%	47.9%	51.0%	52.1%	52.5%	52.2%	51.6%	49.5%	49.4%

	2008	2009	2010	2011	2012	2013
直接税比率	51.7%	48.4%	48.2%	49.3%	50.6%	51.1%
間接税比率	48.3%	51.6%	51.8%	50.7%	49.4%	48.9%

（出典：ドイツ連邦財務省　Steuereinnahmen nach Steuergruppen／IST − Ergebnisse）

　過去25年間弱の期間の推移を見ると，直接税から間接税への緩やかなシフトが明確に見て取れる。これは付加価値税の税率の段階的な引上げ，それに基づく付加価値税税収のインフレ率を考慮した後での増加率から見ても想像できるものである。

2　日本における直間比率の推移

　参考のために，日本の直間比率の2008年度（平成20年度）から推移を示すと以下のようになる。

表1-24 日本における直接税と間接税との比率

	2008	2009	2010	2011	2012	2013
直接税比率（地方税）	86.3%	85.5%	84.5%	84.5%	84.5%	84.5%
間接税比率（地方税）	13.7%	14.5%	15.5%	15.5%	15.5%	15.5%
直接税比率（国税）	57.7%	52.9%	56.3%	57.2%	57.7%	57.9%
間接税比率（国税）	42.3%	47.1%	43.7%	42.8%	42.3%	42.1%
直接税比率（全体）	71.0%	68.1%	68.7%	69.0%	69.2%	69.2%
間接税比率（全体）	29.0%	31.9%	31.3%	31.0%	30.8%	30.8%

（出典：総務省「直間比率の推移（地方税，国税及び租税総額）」）

　日本の「直間比率」は，国税だけを取ってみれば，ドイツに近くなるのであるが，地方税において直接税の比率が極端に高いことから，それに引きずられて，全体となるとやはり直接税にかなり依存している。2011年の数値であるが，EUの平均が直接税49.0％に対して間接税51.0％であることから，ドイツの2011年を見ると，ほぼEU平均に近いということになる。

3　公租公課率（対「国民総生産」）

　税収と社会保険料収入と併せた合計額が，当該国の国内総生産（GDP）に対してどれだけの比率を占めるのかという「公租公課率」あるいは「国民負担率」というデータがよく引き合いに出される。俗にこの数値が大きいと，その国は，「大きな政府の国」，小さいと「小さな政府の国」ということになる。通常，「高福祉の国」は，「大きな政府の国」であり，この比率が高くなる。

1　ドイツにおける公租公課率の推移

　ドイツの「公租公課率〈Abgabenquote〉」の過去25年間弱の期間の推移は以下のようになる。なお，日本で「国民負担率」という場合，どちらかと言うと国内総生産（GDP）に対する比率ではなくて，国民所得（NI）に対する比率のデータが公表されている。国民所得は国内総生産より10％～20％（これも国によりかなり異なる）ほど小さいことから，国民所得に対する比率である国民負担率は，当然のことながら高い比率になる。

表1−25　国内総生産（GDP）に対する税収と社会保険料収入の比率

	1990	1991	1992	1993	1994	1995	1996	1997	1998
公租公課比率	37.3%	38.9%	39.6%	40.1%	40.5%	40.5%	41.0%	41.0%	41.3%
租税収入比率	21.6%	22.0%	22.3%	22.4%	22.3%	21.9%	21.8%	21.5%	22.1%
社会保険料比率	14.9%	16.8%	17.2%	17.7%	18.2%	18.5%	19.2%	19.5%	19.2%

	1999	2000	2001	2002	2003	2004	2005	2006	2007
公租公課比率	42.3%	42.1%	40.2%	39.9%	40.1%	39.2%	39.2%	39.5%	39.5%
租税収入比率	23.3%	23.5%	21.9%	21.5%	21.6%	21.1%	21.4%	22.2%	23.0%
社会保険料比率	19.0%	18.6%	18.4%	18.4%	18.5%	18.1%	17.9%	17.3%	16.5%

	2008	2009	2010	2011	2012	2013
公租公課比率	39.7%	40.4%	38.9%	39.5%	40.0%	40.0%
租税収入比率	23.1%	23.1%	22.0%	22.7%	23.2%	23.2%
社会保険料比率	16.5%	17.3%	16.9%	16.8%	16.8%	16.8%

（出典：ドイツ連邦財務省　Entwicklung der Steuer-und Abgabenquoten，2014.2.25）
注釈）：これに関しては，ドイツ国内においても（あるいは，ドイツ連邦財務省も），ドイツ国民経済計算統計で算定された数字，財政統計に基づく数値，そしてOECD基準に基づく算定値の3つの異なる数値を公表している。上の数値は，ドイツ国民経済計算統計での数値を採用している。

② 公租公課率の他のEU加盟国・日本との比較

　ドイツにおいては，過去25年間弱の期間において，概ね40％前後を推移していることが分かる。確定値である欧州委員会公表の2011年の公租公課率（対国民総生産）のEU平均は38.8％であった。他のEU加盟国でドイツより高く，40％以上となっているのは，デンマーク（47.7％：2011年以下同様），スウェーデン（44.3％），オーストリア（42.0％），ベルギー（44.1％），フィンランド（43.4％），フランス（43.9％），イタリア（42.5％）である。それに対して，逆に30％以下の低い公租公課率（対国民総生産）を示しているのは，ルーマニア（28.2％），ブルガリア（27.2％），アイルランド（28.9％），ラトビア（27.6％），リトアニア（26.0％），スロヴァキア（28.5％）である。

　これに対する日本の2013年（平成25年）の公租公課率（対国民総生産）は，30.5％であり，1990年のドイツ統一の年（平成2年）以降，25％～30％の間を推移している。いずれにせよ，税収だけの話ではないが，ドイツの公租公課率（対国民総生産）は，日本のそれより10％ほど高いが，EU加盟国の中では，ほぼ平均値水準にあるという点は留意すべき点である。

Ⅲ
税務当局の組織体制

　ドイツは，16の連邦州から構成される連邦制国家である。一応，それぞれの州が州憲法を有している。そして，都市州であるハンブルク・ブレーメン・ベルリンの3州では，呼び方は異なるが，その州ごとに州政府〈Landesregierung〉が存在している。ちなみに，3つの都市州では，州政府のことを「参事会〈Senat〉」と呼んでいる。そのような連邦制国家ゆえに，税務当局の体制も日本とは異なる。原則として，16州にそれぞれ「財務省〈Finanzministerium〉」が置かれ，そこに「財務大臣〈Finanzminister〉」（都市州では，〈Finanzsenator〉）がいる。

1　州財務省の独立性

　各州の財務省は基本的に独立したものである。ある1つの州財務省が，連邦財務省あるいは他の州財務省とは異なった動きをすること，または，異なった見解を表明することも当然にあり得る。その最近のよく知られた例は，著名人・高所得者の「外国隠し口座」のデータが入ったCD－ROMの購入事件である。つい最近までは，スイスやリヒテンシュタイン等のヨーロッパの「タックスヘイブン国・地域」の銀行・金融機関は，ヨーロッパの高所得者の資金を精力的に集め，そこが「所得隠し」の温床となっていた。その多くの預金者・投資家は，自分の居住地国でその預金・投資からの所得を税務署に対して申告しないでいたと言われる。ドイツの居住者もその中に含まれており，ドイツの税務当局に自国での所得が申告されないでいるドイツ居住者の所有するお金が1,300億ユーロ〜1,800億ユーロという推定値（16.9兆円〜23.4兆円：1ユーロ＝130円換算）があるほどであった。そこに出現したのがそのリヒテンシュタイン・スイスの銀行・金融機関の口座データが記録されたCD－ROMであった。それが数百万ユーロ（数億円）の金額で「売り」に出されており，いくつかの州財務省がそれを購入して，脱税の摘発に使用した。

　その時に最も率先して購入していたのがノルトライン・ヴェストファーレン州の

州財務省であった。他方で，ドイツ連邦財務省や他のいくつかの州財務省は，消極的あるいは法律上の懸念から購入しないことを明確に表明していた。連邦財務省を含めた17の財務省は真っ二つに割れていたと言える。基本的に，課税執行のドイツ全体での均質性を確保すべく，連邦財務省と各州財務省は緊密な連絡を取り合い，意見調整をしているのであるが，この「税金CD－ROM購入事件」は，州財務省の独立性を見せつけるひとつの機会になったと言える。

2　連邦と州の分業体制

　先の**表1－21　2014年度の税収内訳**から若干見て取れるように，いわゆる物品の消費に対して賦課されている消費税（付加価値税とは異なる）のほとんどは，その税収が連邦政府に帰属する連邦税となっている。実際のところ，これらの徴収実務も連邦政府直轄の行政機関である「税関〈Zollamt〉」が行なっている。税金を納める側としては，税務当局内部がどのような構造になっているかはあまり大きな関心事と言えないかもしれない。在独日系企業の関係者が日常的に遭遇する税務問題も，本書の主要テーマである「主要3税金（グループ）」に関するものが大半である。それ以外の色々な税金の問題も時折出てくることから，どの税金（税目）については，税務当局内部のどの機関が担当であるか等についても，一定の知識があることは，それなりに役に立つことも多い。

① 税目ごとの所管の概観

　先の**表1－21**に即した形で，課税執行の所管を一覧表にしてみると以下のようになる。

表1－26　税目ごとの課税執行の所管

		課税の執行	機関名称
所得・資産に対する課税			
個人所得税	共同税		
賃金税		州	税務署
査定個人所得税		州	税務署
配当源泉税		州	税務署
資本収益税		州	税務署
法人税	共同税	州	税務署
連帯付加税	連邦税	州	税務署
不動産税	地方税	州と自治体	税務署と出納課
営業税	地方税	州と自治体	税務署と出納課

資産流通に対する課税			
相続・贈与税	州税	州	税務署
不動産取得税	州税	州	税務署
所得費消に対する課税			
付加価値税			
（狭義の）付加価値税	共同税	州	税務署
輸入付加価値税	共同税	連邦	税関
保険税	連邦税	連邦	中央税務局
自動車税	連邦税	連邦	税関
エネルギー税（石油税）	連邦税	連邦	税関
電力税	連邦税	連邦	税関
関税	連邦税	連邦	税関
航空税	連邦税	連邦	税関
核燃料税	連邦税	連邦	税関
タバコ税	連邦税	連邦	税関
ブランデー税	連邦税	連邦	税関
甘アルコール飲料税	連邦税	連邦	税関
発泡ワイン税	連邦税	連邦	税関
混合アルコール飲料税	連邦税	連邦	税関
ビール税	連邦税	州	税関
コーヒー税	連邦税	連邦	税関
定額輸入税	連邦税	連邦	税関
その他の連邦税	連邦税	連邦	税関
競馬・宝くじ税	州税	州	税務署
防火税	州税	連邦	中央税務局
その他の市町村税	地方税	自治体	出納課

（ドイツ連邦財務省資料：Kassenmäßige Steuereinnahmen nach Steuerarten と Steuer von A bis Z から作成）

注釈1）：連邦中央税務局〈Bundeszentralamt für Steuern〉は，連邦の行政機関であり，ボンに本局がある。さらに，ベルリン・ザールルイ・シュヴェートに支局が設置されている。

注釈2）：出納課〈Kämmerei〉は，市町村自治体の一部局であるが，自治体によっては，異なった名称が使われているところもある。

注釈3）：自動車税〈Kraftfahrzeugsteuer〉は，2009年7月1日から，それまで州税だったものが連邦税に変更され，2014年7月1日には，課税執行も州の行政機関である税務署から，連邦の行政機関である税関に移管された。

② 連邦中央税務局・税関・税務署・自治体出納課

　連邦の税務行政執行機関として，会社や一般市民（納税義務者）と直接関わりを有するのは，「税関」と「連邦中央税務局〈Bundeszentralamt für Steuern〉」である。そして，日本の税務署に対応するドイツの「税務署〈Finanzamt〉」は，州の税務行政機関である。原則として，連邦財務省からそれぞれ独立した州財務省の下に位置づけられている。上の表からも見て取れるように，この州と連邦の分業関係を簡単に言うと，関税と個別の消費物品に対する消費税は連邦政府の管轄で，本

書が中心テーマとしている「主要3税金（グループ）」である個人所得税・付加価値税・法人税（営業税を含む）は，州政府の所管になっている。

　基本的に，税目（税金）ごとに所管が分かれている。そして，共同税は，原則として州の税務当局である税務署が管轄している。しかしながら，輸入付加価値税のように，共同税であるにも拘わらず，連邦の税務当局である税関が担当しているものもある。日本・スイス・アメリカといった第三国から商品を輸入する場合，税関手続きを済ませ，原則として，関税を納付し，そして，輸入付加価値税を納付する必要があるため，そこの事務手続きは一緒に1つの当局で片付けた方が合理的という考え方であろう。

　また，営業税や不動産税のように，1つの税目（税金）について税務署と市町村自治体の出納課が共同作業をするような税目（税金）もある。たとえば営業税に関しては，会社の管轄の税務署が申告書を受理して，営業税の課税ベースである営業収益を算定する。税務署は，その営業収益をベースにした課税基準額の数値を管轄の自治体の出納課に連絡し，当該出納課はその連絡を受けた後，営業税の査定書を作成して，会社の方にそれを送付してくる。会社が営業税を納付するのは，その出納課の銀行口座となる。会社が他の市町村自治体に位置する支店や事業所を有している場合は，税務署はその会社全体の課税基準額を本店・支店・事業所ごとに割り振る作業までを担当する。

3　税務署：州の役所

　ドイツの税務署〈Finanzamt〉は，機能としては日本の税務署を想像していただければいいのではと思うが，あくまで州政府の役所である。ベルリンの連邦財務省の直接的な影響力は及ばないことになっている。小さな市町村自治体では，その住民は，他の自治体にある税務署の管轄下に置かれていたり，あるいは，大きな町では複数の税務署が置かれている。筆者の居住するデュッセルドルフ市は人口約60万人前後であるが，税務調査に特化した税務署の2つも含めると合計7つの税務署がある。

① 税務署を統括する役所：上級財政管理局〈OFD〉

　以前はどの州においても，その税務署を束ねて管轄する州の役所として，州財務省の管轄下に「上級財政管理局〈Oberfinanzdirektion：略称OFD〉」が設置され

ていた。そして同時に，連邦の行政機関である地域の税関を同様に束ねて管轄する連邦の（関税・その他の消費税案件のための）「上級財政管理局」と同居していることもあった。しかしながら，その地域の税務署・税関と州財務省・連邦財務省との間の「中間管理組織」をスリムにするという目的から，2000年頃から税務当局内部の組織再編が行なわれた。その過程において，州レベルでも連邦レベルでも，上級財政管理局の統廃合が進められ，まずは，連邦の上級財政管理局と州の上級財政管理局の分離が行なわれ，そしてさらに，1つの州に複数の上級財政管理局があったところでは1つに統合されたり，小さな州においては，その上級財政管理局を廃止して，地域の税務署は，その州財務省の直接的な管轄下に置かれるようになった州もある（ベルリン・ハンブルク・ブランデンブルク等）。

このように「税務当局内の組織統廃合」により，組織構成の状況ならびにその位置づけは若干変わっているものの，税務署を統括する州の上級財政管理局〈OFD〉と在独日系企業が直接的なコンタクトを持つことはない。しかしながら，連邦財務省のように，この上級財政管理局〈OFD〉が通達を公表することが時折見られる。もちろん，ある1つの上級財政管理局〈OFD〉が公表した通達は，その統括下にある税務署しか拘束しないのであるが，たまに，連邦財務省あるいは他の州財務省と協議した上で，そのイニシアティブを取った上級財政管理局〈OFD〉の名義で公表されている通達もあり，その場合には，ドイツ全国の税務署がそれに沿って課税執行するということになる。

② 税務署の担当範囲と複数の税務署間の分業体制

表1-26 税目ごとの課税執行の所管から見て取れるように，本書の中心テーマである「主要3税金（グループ）」，すなわち法人税（営業税を含む）・付加価値税・個人所得税は，州の税務行政機関である税務署の管轄である。日系企業がドイツにビジネス拠点（現地法人・支店・駐在員事務所）を設立した場合，その管轄税務署は，ビジネス拠点の地理的所在地の税務署となる。会社（ビジネス拠点）の所在地の市町村自治体に税務署が1つしかなければ，それはそれで自明であるが，大きな町で複数の税務署がある場合には，その会社（ビジネス拠点）のオフィスの所在地の住所で，税務署の担当地域が分けられている。在独日系企業（特に現地法人）がドイツの他の町に支店や事業所を有している場合でも，年度申告書の提出・税額の支払・税務調査は，本店所在地の管轄税務署となる。また，在独日系企業（特に現地法人）がドイツの他の町に子会社あるいは姉妹会社を有している場合は，

「オルガンシャフト（連結納税制度）」を適用していない限り，その子会社あるいは姉妹会社のオフィスの所在地の管轄の税務署が「主要3税金グループ」の課税の担当となる。

1 駐在員事務所と付加価値税登録の場合の管轄税務署

この「地域原則」の例外をなしているのが，駐在員事務所（場合によっては，外国の会社の支店）の税務署の管轄である。駐在員事務所は基本的に本格的なビジネス活動を行なわないために，利益に賦課される法人税ないしは営業税は納付しない。関係してくる税目（税金）は，駐在員ならびに現地スタッフの給与計算からの賃金税（所得税）の源泉徴収と情報収集活動・その他の補助的活動で発生する付加価値税の2つに限定されている。その2つの税目（税金）について，現地法人等と同様に，税務署に登録をして，月次あるいは年次の申告書を提出しなくてはならない。しかしながら，その賃金税（所得税）の管轄の税務署は，駐在員事務所のオフィスが位置する地域の税務署であるが，付加価値税の管轄は別途に決められている。すなわち，駐在員事務所は，管轄の税務署が2つになってしまう。

駐在員事務所は，会社法上，独立した法人格を有さず，日本本社の駐在員事務所の場合，その駐在員事務所は日本本社そのものである。ドイツの税法上は，そのことを「ドイツに登記所在地も本社機能も有しない会社」と定義しているのであるが，平たく言えば，外国会社ということである。正確に言うと，外国企業がドイツに現地法人を有さず，ドイツ国内で支店形態でビジネス活動を展開している場合，この外国企業のドイツ支店も，ここでいう外国会社となる。この外国会社について，付加価値税の管轄税務署は，上で解説した地域原則から乖離して，売上税法（付加価値税法）管轄法令第1条で，国ごとの管轄税務署を別途に定めている。その管轄は以下のようになる。

表1-27　外国会社の付加価値税の管轄税務署

ベルギー	トリア税務署	ブルガリア	ノイヴィート税務署
デンマーク	フレンスブルク税務署	エストニア	ロストック税務署
フィンランド	ブレーメン中央税務署	フランス	オッフェンブルク税務署
イギリス	ハノーファー北税務署	ギリシャ	ベルリン・ノイケルン税務署
アイルランド	ハンブルク北税務署	イタリア	ミュンヘン第2税務署
クロアチア	カッセル・ホフガイスマー税務署	ラトヴィア	ブレーメン中央税務署
リヒテンシュタイン	コンスタンツ税務署	リトアニア	ミュールハウゼン税務署
ルクセンブルク	ザールノリュッケン・アム・シュタットグラーベン税務署	マケドニア	ベルリン・ノイケルン税務署
オランダ	クレーヴェ税務署	ノルウェー	ブレーメン中央税務署

オーストリア	ミュンヘン第2部税務署	ポーランド	オラニエン税務署（社名頭文字A－M）・コトブス税務署（社名頭文字N－Z）
ポルトガル	カッセル・ホフガイスマー税務署	ルーマニア	ケームニッツ南税務署
ロシア	マグデブルク第2部税務署	スウェーデン	ハンブルク北税務署
スイス	コンスタンツ税務署	スロヴァキア	ケームニッツ南税務署
スペイン	カッセル・ホフガイスマー税務署	スロヴェニア	オラニエン税務署
チェコ	ケームニッツ南税務署	トルコ	ドルトムント・ウナ税務署
ウクライナ	マグデブルク第2部税務署	ハンガリー	ニュールンベルク中央税務署
ベラルーシ	マグデブルク第2部税務署	アメリカ	ボン市内税務署
その他の国	ベルリン・ノイケルン税務署		

（出典：「売上税法（付加価値税法）管轄法令」第1条より作成）

　日本本社の駐在員事務所の場合，ベルリン・ノイケルン税務署が管轄税務署ということになる。そこに税務登録して，付加価値税の月次申告書ないしは年度申告書は，同税務署に提出する。もし，駐在員事務所を設立したが，アメリカの会社の駐在員事務所という場合には，賃金税（所得税）については，そのオフィスの所在地の税務署に税務登録するが，付加価値税については，ボン市内税務署に税務登録することになる。

　本格的なビジネス活動を展開して，法人税ならびに営業税を納付するような外国企業のドイツ支店についても，その売上税法（付加価値税法）管轄法令の趣旨からすると，付加価値税の申告等は，支店のオフィス所在地の管轄税務署ではなく，どこの国からの外国会社であるかによって上の表で決まることになる。しかしながら，これについては，法人税・営業税・賃金税（所得税）と同じ支店のオフィス所在地の管轄の税務署を選択することができるようになっている。

　これもよくあるケースであるが，日本の会社（あるいは親会社）が，駐在員事務所を設立しないものの，あるいは，現地法人（ドイツ子会社）を有しているものの，ドイツあるいはヨーロッパでの商流に直接に関与していて，ドイツでの課税売上が発生し，どうしてもドイツに「付加価値税登録」をしなくてはいけない時がある。この場合も，この「付加価値税登録」は，ベルリン・ノイケルン税務署に対して行なわれ，同税務署に月次申告書・年度申告書を提出することになる。この日本の会社の「付加価値税登録」の意味・義務等については，「第3章 付加価値税—売上に対する課税」において詳細に解説する。

2　税務署間の分業体制

　上述の駐在員事務所（場合によっては，外国企業のドイツ支店）の場合の付加価

値税は例外として，会社の所在地の管轄税務署は，原則として，**表1－26　税目ごとの課税執行の所管**に課税執行の機関名称の欄に税務署と記載されている税目（税金）すべてに亘って担当することになっている。すなわち，それらの税目（税金）に関して，会社設立時の税務登録に始まり，会社による月次申告書・年度申告書等の提出・受理，税務署の担当者による査定・査定書の送付，税務署に対する異議申立て，税務署による税務調査，会社清算・閉鎖の場合の税務上の最終処理等はすべて，その会社の所在地の管轄税務署が担当するのが原則である。

　しかしながら，効率化の観点から，あるいは，小さな町の税務署等の場合は人員不足の問題等から，隣接し合った税務署，あるいは，一定地域内の税務署が，一定の所管事項（特定の税目の課税執行・税務調査等）を他の税務署に委ねたりしているケースがよく見られる。特に大きな都市では，住所に応じて管轄区域が分けられた税務署と並んで，ノルトライン・ヴェストファーレン州において典型的に見られる「大企業・企業グループ税務調査担当税務署〈Finanzamt für Groß- und Konzernbetriebsprüfung〉」のように，在独日系企業のような多国籍企業等の税務調査に特化した税務署が設置されているところもある。1つの課税執行行為に特化した税務署ということでは，徴収業務だけに特化した税務署（ハンブルク等），法人企業だけを対象とする税務署（ニュールンベルク等）がある。また，ミュンヘンのように，130万人程の人口を誇る大都市であるが，建物は複数あるものの，「ミュンヘン税務署」としては1つで，ミュンヘン内の住所に関わりなく，納税義務者の名称の頭文字で，個人所得税の査定を担当する部署（第1部門から第5部門）に振り分け，さらには，法人企業の査定を担当する部署，徴収業務を担当する部署，税務調査を担当する部署等に分担された体制を敷いているところもある。

　さらに，特に相対的に小さな町や大都市の近隣市町村の場合，たとえば①相続・贈与税の担当を他の税務署に移管しているケース，②賃金税税務調査を一定地域でまとめて1つの税務署に集中化させているケース，あるいは，同様に③一定地域内で，金融機関・保険会社の税務調査や農業経営の税務調査を1つの税務署に集中化させているケース，④付加価値税案件あるいは特にその中のクロスボーダー取引の専門家を特定の税務署に配置し，その問題に関しては，他の税務署の署員も照会するという形になっているようなところも見られる。以前，筆者も，ある農産物を取り扱っている会社の税務調査を担当した時に，隣町の税務署から調査官が来たので，何故か尋ねてみたら，農産物を取り扱う会社は，その調査官が所属する税務署が専門的に担当しているのだという答えが帰ってきてびっくりした経験もある。

3　税務査察局〈BuStra〉の役割の増大

　州政府の管轄下にある税務行政機関として忘れてはならないのが，「税務警察局〈Steuerfahndung〉」と「税務査察局〈Bußgeld-und Strafsachenstelle＝略称BuStra〉」という機関である。この２つが一緒になっているところもあったり，別々だったり，また，地域の特定の税務署の専門部署として設置されていたり，先の「税務調査専門税務署」のように１つの「税務査察専門税務署」となっていたり，州ごとにその構成は色々である。そして，敢えていうならば，「税務警察局」は，訳語どおり，税務案件の「警察」であり，「税務査察局」は税務案件の「検察」といったところである。

　2006年頃から，著名人が脱税容疑で逮捕されたり，実刑判決を受けるといった話もあり，ドイツにおいて「脱税犯罪」が一般マスコミでもよく取り上げられるようになり，「税務警察局」あるいは「税務査察局」の役割が注目されるようになった。また，近年の税法改正により，通常の税務署の査定作業あるいは税務調査の中で，日常の税務処理における「（システマティックな）課税・申告漏れ」が発見された場合，その査定担当者ならびに税務調査官は，直ちにそれを「税務査察局」の部署ないしは「専門税務署」に報告しないと，後で税務当局内の内部監査でその査定担当者・税務調査官がペナルティを受けるという形になった。納税義務者と直接的なコンタクトを有する税務署の査定担当者・税務調査官ではなく，そのようなコンタクトを有しない「税務査察局」の担当者が客観的に判断するという仕組みの確立である。これによって，「税務査察局」の部署あるいは「専門税務署」による脱税の摘発が以前より頻繁に起こっている。

4　税関と連邦中央税務局：連邦政府の役所

　関税を含めた税金を取り扱う連邦政府の行政機関として，「（広義の）税関〈Zollamt〉」と「連邦中央税務局〈Bundeszentralamt für Steuern〉」がある。

１　税関：全国的なネットワーク

　前者の税関は，州の税務行政機関である税務署と同様に，ドイツ全国に亘るネットワークである。近年の税務当局内の組織再編・統廃合により，まずは，ドイツ全体が州の行政区域と関係なく，５つの連邦上級財政管理局〈Bundesoberfinanzdirektion〉の管轄区域（北・中央・西・南西・南東）に分

けられ，そしてさらに，「連邦税関犯罪取締局〈Zollkriminalamt〉」（その下に全国に８つの「税関犯罪取締局」が配置）が設置されている。また，前者の「連邦上級財政管理局」の下には，全国で43の「中央税関〈Hauptzollamt〉」，さらにその下には，全国で271の「（狭義の）税関」が配置されている。日本で税関というと，海外との取引がある貿易港や空港がある都市だけに設置され，それ以外で一般庶民が税関を目にすることはないという印象がある。しかしながら，ドイツの場合，陸続きで９ヵ国との国境を有し，自由に出入りできることもあり，そのために税関が全国的なネットワークになっており，後述するように，全国の至る所で税関のコントロールに遭遇すると言える。

1　税関の本来的な業務：輸出入通関

　税金の観点から，**表１－26　税目ごとの課税執行の所管**（46頁以下）からも見て取れるように，税関は，関税と連邦税としての個別消費税が主たる担当である。関税は，EU域内で商品を移動させる時は，まったく徴収されることはなく（域内関税の撤廃），税関のお世話になることはない。それに対して，第三国から空路で輸送されてきた商品に関してフランクフルト空港やミュンヘン空港の税関で輸入通関手続きを行なう時，海路で同様に第三国から輸送されてきた商品に関して，ハンブルク港やドイツ最大の内陸港デュイスブルク港の税関で輸入通関手続きを行なう時，あるいは，陸路でロシアやウクライナ等から直接輸送されてきた商品をドイツ各地に散らばる税関で輸入通関手続きを行なう時，EU域内で共通の関税率に従って，関税が徴収される。また，付加価値税（売上税）の一種である輸入付加価値税の徴収も，第三国からの商品の輸入に際して通関時に賦課される関税の徴収と同時に行なわれることから，税関当局の管轄となっている。逆に，海路・空路・陸路の別を問わず，第三国へ商品を発送する時に輸出通関を行なうが，その場合には，輸出者は，税関当局の「アトラス〈ATLAS〉」というオンライン輸出手続きのウェブサイトに登録を行ない，それを通じて輸出通関を行なうことになっている。

　2012年前後，ドイツの税関は，特にドイツに在住する日本人の間で「勇名」を馳せた。ドイツ最大の空港であるフランクフルト空港で，日本の有名人がドイツ入国あるいは通過に際して税関検査にあって，所持品に関して巨額の関税あるいは輸入付加価値税を賦課された，あるいは，賦課されそうになったという事件が何件か続いたためである。少し性格が違うといえば違うのであるが，以前から，日本からの駐在員が日本に一時帰国して，日本からドイツに帰る際に，フランクフルト空港の税関で，特に日本から購入してきた電気製品等を無申告でドイツに持ち込もうと

して，関税と輸入付加価値税の納付に加えて，ペナルティまで納付しなくてはならなかったという話はよく起こっていた。仕事柄，筆者も具体的に相談を受けたり，ドイツの税関当局は「日本人いじめ」をやっているのではないかといった照会を受けたりしていた。2012年に日本人の有名人の話があった時にも，ドイツ国内でも，その個別案件に関してではなく，ドイツの税関検査一般に関してのコメントが出されていた。それによれば，ドイツの税関検査は，その当時の法律をきちんと適用するとそうなるのであって，決して厳格というのではなく，逆に，他のEU加盟国はその法律をきちんと適用していないのだというものであった。いかにもドイツからの見解，という印象を持ったのは今でも明確に記憶している。

　いずれせよ，陸続きで9ヵ国と国境を接していて，そのうちスイスを除き，後の8ヵ国はEU加盟国であることから，その国境には税関検問所というのは存在していない。また，スイスも含めて9ヵ国ともすべて「シェンゲン協定完全施行国」であることから，国境でのパスポート検査もない。その隣国との行き来は，ドイツ国内の州の境界を行き来するようなものである。それがゆえに，たとえばオランダとドイツとの国境のアウトーバーン（高速道路）では，オランダからドイツに入ってくる車が税関職員から止められて検査を受けているのが時折見られる。オランダからの麻薬の持ち込みを取り締まるためである。また，ポーランドやチェコとの国境のアウトーバーンでも同様のことがよくある。こちらは，ロシアやウクライナ・ベラルーシ等からの「麻薬」ならびにその他の一般商品の密輸を取り締まるためである。

2　連邦消費税の徴収と闇労働・最低賃金の取締り

　一般の人が税関の管轄業務と想像する輸出入時の通関業務に加えて，税収としてはそれほど大きくはないものの，各種の「連邦消費税」の徴収業務も，税関が担当している。主要な「連邦消費税」としては，エネルギー税・電力税・たばこ税等が挙げられよう。自動車税〈Kraftfahrzeugsteuer〉は，2009年6月30日までは州税であり，州の税務行政機関である税務署が徴収を行なっていたが，基本法（憲法）改正により，2009年7月1日からは連邦税に変更された。その後，移行措置として，引続き税務署が徴収を行なっていたが，2014年7月1日以降は，その地域の税関に徴収作業も最終的に移管された。

　雇用主がきちんと社会保険料を納付せずに雇用することをドイツでは「闇労働〈Schwarzarbeit〉」と呼んでいる。事業所内に立ち入り検査をして，この「闇労働」の摘発を行なうのも税関である。また，ドイツにおいては，2015年1月1日

付で，8.5ユーロの「一般最低賃金制度」が導入された。この「最低賃金8.5ユーロ」が遵守されているかどうかのコントロールも税関の所管である。在独日系企業の税関との接点は，ほとんどが第三国との商品の輸出入取引時だけであるが，日常生活においては，「Zoll（税関）」の4文字を見る機会が結構多いと言える。

② 連邦中央税務局と日系企業との接点

「連邦中央税務局」の本局は，ボンにあるが，ベルリン，ザールルイ，シュヴェートの3つの都市に支局が配置されており，在独日系企業も関わってくるいくつかの案件についても，それぞれ分担が決められている。「連邦中央税務局」の担当案件のうち，在独日系企業あるいは日本本社に直接的に関わってくるもので主要なものを，「付加価値税に関わるもの」と「それ以外の税金に関わるもの」に分けて列挙すると，以下のようになる。

1　付加価値税に関わる連邦中央税務局と日系企業との接点

- ・EU域内取引報告書〈Zusammenfassende Meldung〉の受付と他の加盟国への情報送付
- ・外国企業のドイツ付加価値税還付申請（Vorsteuervergütungsantrag）の受付と還付金の送金
- ・インターネット企業の付加価値税課税
- ・ドイツ国内企業ならびにドイツに付加価値税登録した外国企業への「VAT-ID番号」の付与と他のEU加盟国企業ないしはそこに付加価値税登録した企業の「VAT-ID番号」の確認照会の受付
- ・「付加価値税詐欺」の撲滅のための国際協力のためのドイツの窓口

EU域内取引報告書は，他のEU加盟国の会社に商品を販売したり，あるいは，サービスを提供したりした場合，付加価値税の管轄税務署に提出する月次申告書とは別途に提出するものである。簡単に言うと，そこには，取引ごとに取引金額（売上額）と相手方の「VAT-ID番号」が記載されている。外国企業によるドイツ付加価値税（前段階税）の還付申請というのは，たとえば，日本の本社の従業員がドイツ出張で宿泊し，レンタカーをリースした場合等に支払っているドイツ付加価値税を還付してもらうというものである。その「還付申請手続」は，この連邦中央税務局のボンの本局に対して行なうことになっている。なお，日本の本社が直接ドイツまたは欧州の商流に関与して，ドイツでの課税売上が発生する場合（当局に納付する付加価値税がある場合）は，ベルリンのノイケルン税務署に付加価値税登録を

行ない，月次の「申告手続」を行なう。このボンの「連邦中央税務局」に対しての「還付申請手続」とベルリンのノイケルン税務署に対しての「申告手続」は，既に業者等に支払っている付加価値税（前段階税）を還付してもらえるという点では共通しているが，制度としては厳格に区別されたものであることは，きちんと理解しておく必要がある。

　ドイツに現地法人や支店といったビジネス拠点を設立・開設した場合，あるいは，外国企業がドイツに「付加価値税登録」を行なった場合，EU域内取引のために「VAT-ID番号」を取得する必要がある。EU域内取引をしなければ必要ないとも言えるのであるが，ほとんどの場合，設立時・登録時に取得することが勧められる。この取得申請は，「連邦中央税務局」のザールルイ支局に対して行なわれる。また，EU域内取引を行なう場合，必ず相手方の国での「VAT-ID番号」を教えてもらう必要があるが，それが真正のものであるかの確認照会も，同局に対して行なうことができる。

2　それ以外の税目に関する連邦中央税務局と日系企業との接点

　・税務ID番号〈Steuerliche Identifikationsnummer〉の付与と管理
　・配当源泉税ならびに使用料源泉税の軽減税率適用申請の受付と適用査定書の交付
　・配当源泉税ならびに使用料源泉税の還付申請の受理と還付金振込
　・保険税と防火税の課税執行・徴収
　・外国税務当局との「相互協議」・「事前確認」ならびに「仲裁手続」時のドイツ側の窓口
　・クロスボーダーでの税務情報交換・徴収共助・査定書の送付時のドイツ側窓口

「税務ID番号」は，従来の「納税者番号〈Steuernummer〉」に取って代わったものである。従来の「納税者番号」は，州の税務行政機関である管轄税務署の整理番号としてのもので，異なる税務署の管轄区域に引っ越した場合，当然のことながら，新たな「納税者番号」を付与されていた。また，州ごとに「納税者番号」の構成が異なっていた。2008年から，「連邦中央税務局」によって付与・管理されている。駐在員が赴任して「住民登録」をすると，住民登録局はその住民登録データを「連邦中央税務局」に送付する。同局は，それを受けて，配偶者ならびにその子女の分も含めて，住民登録された住所宛に「税務ID番号」を郵送してくる。月次の給与計算・所得税年度申告に必要となってくるものである。

　日本を含めた外国の親会社への配当や外国の会社（関連会社ならびに第三者の会

社）への使用料（ロイヤリティ）の支払に際して，原則として，ドイツ国内法に基づき，配当に対しては25％（＋連帯付加税），使用料（ロイヤリティ）に対しては20％（＋連帯付加税）の源泉税が課される。配当元会社ないしは使用料支払会社は，その税率で源泉徴収を行ない，その管轄税務署に対して納付しなくてはいけない。それに対して，出資比率等の一定条件を満たしている場合，ドイツが締結している租税条約またはEU指令に基づき，予め「連邦中央税務局」に「軽減税率（免税）適用申請」（３年間有効）をして認められると，通常の国内税率より低い軽減税率または免税扱いで支払いが可能となっている。また，支払い時には「軽減税率（免税）適用申請」が提出されて「軽減税率適用査定書」が交付されていないことから，通常の国内税率で源泉徴収した場合は，事後的に「連邦中央税務局」に対して差額分の還付申請をすることができる。この「軽減税率（免税）適用申請」または「還付申請」は，配当受取会社または使用料受取会社が「連邦中央税務局」に対して行なうものである。

　最後の「連邦中央税務局」の役割として強調しておくべき点は，税務調査の結果に不服がある場合，管轄税務署に対する異議申立てあるいは税務裁判所への提訴による解決方法と共に，移転価格税制適用の場合のように二国間に跨る場合には，二重課税の回避のために，ドイツの税務当局と関係国の税務当局との「相互協議」あるいは「仲裁手続」による解決を図る道が確保されているが，その申請は，ボンの「連邦中央税務局」に対して行なう。「事前確認」も同様である。

5　市町村自治体の出納課：
営業税と不動産税とその他の自治体税の徴収

　表１−26　税目ごとの課税執行の所管（46頁以下）から見て取れるように，市町村自治体が徴収する税金としては，営業税と不動産税があり，後は，市町村自治体が独自の「条例」を定め徴収している「地方消費・奢侈税〈örtliche Verbrauch- und Aufwandsteuer〉」と呼ばれているものである。営業税と不動産税の査定・徴収に関しては，州の税務行政機関である税務署と市町村自治体の出納課〈Kämmerei〉が共同作業をしている。以下に，営業税を例にして，税務署と市町村自治体の出納課の分業関係を解説する。

① 営業税に関する査定と徴収の分業関係

　営業税〈Gewerbesteuer〉の場合，会社の管轄の税務署が，営業税年度申告書を受理して，営業税の課税ベースである営業収益〈Gewerbeertrag〉を算定する。この営業収益は，法人税の課税ベースを出発点としていることから，税務署がそれを行なうのも合理的だと言えるであろう。税務署はその営業収益に「基準統一税率〈Steuermesszahl〉」（3.5％）を乗じた「課税基準額〈Steuermessbetrag〉」を管轄の自治体の出納課に連絡し，当該出納課はその連絡を受けた後，当該自治体が定めた「乗率〈Hebesatz〉」（自治体ごとに異なる）をもとに営業税の査定書を作成して，会社の方にそれを送付してくる。会社が営業税を納付するのは，その出納課の銀行口座となる。

　会社が他の市町村自治体に位置する支店や事業所を有している場合は，税務署は，支払給与額をベースにして，その会社全体の課税基準額を本店・支店・事業所ごとに割り振り，「配分査定書〈Zerlegungsbescheid〉」を作成し，各々の自治体の出納課に送付する。「課税基準額査定書」または「配分査定書」の作成・送付までが税務署の作業であり，それ以降の作業（前払査定書の作成・送付を含む）を自治体の出納課が担当する。

② 地方消費・奢侈税の自治体による徴収

　「地方消費・奢侈税」は，「基本法（憲法）」第106条に定められているのであるが，具体的にどのような税金が徴収できるかは，その市町村自治体が属する州の法律と当該自治体の「条例」で決められることになる。すべての自治体というわけではないが，よく引き合いに出される「地方消費・奢侈税」として，犬を飼うことに対して賦課される犬税〈Hundsteuer〉，第二の住居を持つことに対する別荘税〈Zweitwohnungsteuer〉，ダンスパーティの開催・映画上映・ゲーム場等に賦課される遊興税〈Vergnügunsteuer〉，アルコール飲料・非アルコール飲料の居酒屋・レストラン等での販売に賦課される飲料税〈Getränkesteuer〉がある。

第2章

法人税と営業税

企業収益に対する課税

在独日系企業の３つの進出形態に即して言うと，現地法人（子会社・合弁会社）ならびに支店の２種の形態でドイツでビジネス活動を展開して利益を計上した場合，その利益（課税所得）について，３つの税金を，地域の管轄の税務署（営業税は市町村自治体の出納課）に納付しなくてはいけない。その３つの税金とは，法人税〈Körperschaftsteuer：KSt〉・営業税〈Gewerbesteuer：GewSt〉・連帯付加税〈Solidaritätszuschlag：Soli〉である。これらの３つの税金の賦課は，ビジネス活動を展開した場合の企業収益に対するものである。

　第三の進出形態である駐在員事務所は，確かにビジネス活動は行なっている。しかしながら，現地法人（子会社・合弁会社）や支店のようなビジネス活動は行なわず，租税条約の例外規定を適用できる限りにおいて，法人税・営業税・連帯付加税を納付しない進出形態である。

I
法人税・営業税の納税義務

法人税・営業税・連帯付加税の3つの税金のうちの連帯付加税は，常に法人税税額の5.5％ということで自動的に計算・査定が行なわれる。独自の課税ベース（算定根拠）が存在しているわけではない。そのため，ここでは法人税と営業税の2つを中心にして解説していきたい。

1 法人税・営業税・連帯付加税の納税義務の発生

法人税（連帯付加税）と営業税の納税義務が，どのような税法上の根拠によって発生するのか，あるいは，発生しないのか，在独日系企業の典型的な3つのビジネス拠点（現地法人［子会社］・支店・駐在員事務所）の形態に沿って見ていきたい。本書で一貫して使用しているビジネス拠点という表現は，一義的には，「ビジネス活動を展開する物理的な場所」である。具体的には，所有・賃借されているオフィス・工場・事務所・研究所等を意味する。それをより敷衍して，その「物理的な場所」を保有する組織体自体をビジネス拠点と呼ぶ使い方もしている。

① 現地法人（子会社）の納税義務の発生と開始時点

法人税の税法的根拠となっているのは，ドイツ法人税法〈Körperschaftsteuergesetz〉である。アルファベット条項があるので実際の条項の数としてはもっと多いが，全40条から構成されている。その第1条において，法人税の課税対象となる組織体として，法人〈Körperschaften〉・人的結合〈Personenvereinigungen〉・財団〈Vermögensmassen〉の3種類が挙げられている。そして，それらの組織体がドイツ国内に「管理機能所在地」または「登記上の所在地」を有している場合に，居住者としての法人税納税義務を負わされ，原則としてその法人の全世界所得がその課税に服するものとされている。居住者としての法人税納税義務という表現は，国際税務の一般的な専門用語である。ドイツ税法上の専門用語としては，それ

を「法人税無制限納税義務〈unbeschränkte Körperschaftsteuerpflicht〉」と呼んでいる。

1　ビジネス関連の法人組織

　法人税の課税対象となる組織形態には，法人・人的結合・財団の3つがある。その3つのうち，ビジネスに関連する組織形態が「法人〈Körperschaften〉」である。その法人の中には，株式会社・有限会社・株式合資会社・欧州会社〈SE〉等の資本会社〈Kapitalgesellschaft〉（日本の物的会社に相当），営業・経済協同組合，相互保険会社，その他の私法上の法人等が含まれている。在独日系企業の現地法人（子会社・合弁会社）の法形態としては，理論上は，有限会社〈GmbH〉，株式会社〈AG〉，有限合資会社〈GmbH & Co.KG〉，欧州会社〈SE〉等が可能である。しかしながら，在独日系企業の現地法人の99.9％までが有限会社〈GmbH〉である。日本との比較で言うと，ドイツの合資会社〈KG〉や合名会社〈OHG〉等の人的会社，そして民法上のパートナーシップ〈GbR〉は，「会社」とは言われている。しかしながら，会社レベルでは営業税の課税対象とはなっているものの，会社を通り抜けて出資者（社員）レベルでの個人所得税課税が行なわれ（パススルー課税），ドイツでは法人税の課税対象とはなっていない。その結果，まれに日系企業の進出形態として見られる有限合資会社〈GmbH & Co.KG〉は，それ自体としては法人税納税義務には服していない。

　「管理（本社）機能所在地」は，人間の身体に喩えるならば企業法人の「頭脳」に相当するところであり，日常的な経営意志決定が行なわれるところと定義されている。一般的な話として，管理機能所在地と登記所在地が異なる会社の事例もたまにある。しかし，在独日系企業の現地法人（子会社・合弁会社）は，ほとんどが「登記上の所在地＝管理機能所在地」である。

　営業税法第2条には，営業税の納税義務を負うのはドイツ国内の「事業経営〈Gewerbebetrieb〉」とある。そして，株式会社・有限会社・欧州会社〈SE〉等の資本会社は，常に事業経営として見なされると規定されている。在独日系企業の現地法人（子会社・合弁会社）（ほとんどが有限会社）は，その法形態ゆえに，そして，その本社機能・登記所在地がドイツにあるがゆえに，ドイツにおける法人税・営業税・連帯付加税の納税義務に服している。

2　法人（ビジネス拠点）の新規設立時の納税・申告義務の発生時点

　会社（有限会社）の新規設立の場合，いつ申告・納税義務が開始するのかについては，法人税法にも営業税法にも明確な規定はない。実務的には，法人税上（連

帯付加税上）の納税・申告義務の開始は，登記完了時点ではなく，「設立出資者総会」の開催時点とされている。他方で，営業税上は，有限会社という法形態ゆえに営業税納税義務が発生するという定義になっているという理由から，登記完了時点が納税・申告義務の開始と見なされて，実務的処理が行なわれている。通常の場合，「設立出資者総会」の開催時点の数週間後に登記が完了する。極めてテクニカルな話であるが，実際のビジネスの開始がその登記完了後という場合で，新事業年度の開始が，「設立出資者総会」の開催時点と登記完了時点の間か，または，登記完了時点とビジネス開始時点との間にくる場合には，終了した（短縮）事業年度について，法人税申告書（場合によっては，それに加えて営業税申告書）の提出だけは必要になってくる場合がある。もちろん，ビジネス活動が開始されていないことから利益が計上されず，税金の納付はないわけであるが，設立手続きの一環として，申告書の提出という作業が増えることには留意しておかなくてはいけない。

② 外国企業のドイツ国内支店の法人税・営業税の納税義務の発生

　日本本社あるいは他のEU加盟国に位置する会社のように，ドイツ国内に管理機能所在地（本社機能）も本拠地としての登記所在地（支店登記という意味ではない）も有していない会社のことを，ドイツから見た場合の「外国企業」と呼ぶ。当然のことながら，そのような外国企業が，ドイツでのビジネス活動の展開のためにビジネス拠点を有している場合があり得る。一般的には「支店」と呼ばれている。あるいは，業務提携契約等によって，第三者にドイツ国内のビジネスを委ねているのであるが，法律上は別人（別法人）で，一体ではないものの，当該第三者が外国企業の直接的な「手足」となっているような場合もある。税法分野の専門用語であるが，このような「手足」となっているような人や会社を「常設代理人」と呼ぶ。

　このような外国企業（日本本社あるいは他のEU加盟国に位置する会社）の支店や常設代理人をまとめて，「PE〈Permanent Establishment〉」と呼んでいる。後述するように，（狭義の）支店と常設代理人以外にも，この「PE」に包括されるものがある。いずれにせよ，このPEも，現地法人（子会社）のように，やはり，ドイツの法人税・営業税・連帯付加税の納税義務に服する。PEは，日本語では「恒久的施設」と訳されている。PEについての法人税・営業税・連帯付加税の課税を「PE課税」という。一般的には，その代わりに「支店課税」とも呼ばれる。この時の支店は，広義の意味の支店である。

1 支店課税（PE課税）の税法的根拠

ドイツ租税通則法第12条と第13条ならびに日独租税条約第5条の中の支店課税に直接的に関係する条文第1項～第5項は，以下のようになっている。

① ドイツ租税通則法第12条

恒久的施設〈Betriebsstätte〉とは，企業の活動に資するところの，固定的な事業施設または事業設備すべてである。とりわけ，以下のものが恒久的施設として見なされる。1．管理機能所在の場所，2．支店，3．事務所，4．工場，5．商品倉庫，6．販売所・買付所，7．鉱山，石切場，または，その他の地域的に固定した，または，地域的に移動する天然資源採取場所，8．建設現場または組立工事現場で，個々の建設現場または組立工事現場が6ヵ月を超えて存在する場合，複数の同時並行的に遂行されている建設現場または組立工事現場の一つが6ヵ月を超えて存在する場合，または，複数の中断なく存在している建設現場または組立工事現場が6ヵ月を超えて存在する場合

② ドイツ租税通則法第13条

常設代理人とは，その指示に従い，継続的にある企業の事業活動を監視・遂行する者である。常設代理人は，とりわけ，ある企業のために，継続的に，1．契約を締結し，または，仲介し，または，外部から業務委託を取ってくるか，または，2．物資または商品を保管し，そこから納品を行なう者である。

③ 日独租税条約第5条

日独租税条約第5条「恒久的施設」第1項から第5項は，以下のようになっている。

1　この協定の適用上，「恒久的施設」とは，事業を行う一定の場所であって企業がその事業の全部又は一部を行っているものをいう。
2　「恒久的施設」には，特に，次のものを含む。
（a）　事業の管理の場所
（b）　支店
（c）　事務所
（d）　工場
（e）　作業場
（f）　鉱山，石油又は天然ガスの坑井，採石場その他天然資源を採取する場所
3　建築工事現場又は建設若しくは据付けの工事については，これらの工事現場又は工事が十二箇月を超える期間存続する場合には，恒久的施設を構成するものとする。

4 　1から3までの規定にかかわらず，次のことを行う場合は，「恒久的施設」に当たらないものとする。

　（ａ）　企業に属する物品又は商品の保管，展示又は引渡しのためにのみ施設を使用すること。

　（ｂ）　企業に属する物品又は商品の在庫を保管，展示又は引渡しのためにのみ保有すること。

　（ｃ）　企業に属する物品又は商品の在庫を他の企業による加工のためにのみ保有すること。

　（ｄ）　企業のために物品若しくは商品を購入し，又は情報を収集することのみを目的として，事業を行う一定の場所を保有すること。

　（ｅ）　企業のためにその他の準備的又は補助的な性格の活動を行うことのみを目的として，事業を行う一定の場所を保有すること。

　（ｆ）　（ａ）から（ｅ）までに規定する活動を組み合わせた活動を行うことのみを目的として，事業を行う一定の場所を保有すること。ただし，当該一定の場所におけるこのような組合せによる活動の全体が準備的又は補助的な性格のものである場合に限る。

5 　1及び2の規定にかかわらず，企業に代わって行動する者（6の規定が適用される独立の地位を有する代理人を除く。）が，一方の締約国内で，当該企業の名において契約を締結する権限を有し，かつ，この権限を反復して行使する場合には，当該企業は，その者が当該企業のために行う全ての活動について，当該一方の締約国内に恒久的施設を有するものとされる。ただし，その者の活動が4に規定する活動（事業を行う一定の場所で行われたとしても，4の規定により当該一定の場所が恒久的施設であるものとされないようなもの）のみである場合は，この限りでない。

④　新日独租税条約第5条（2017年1月1日施行予定）

(1)　この協定の適用上，恒久的施設とは，事業を行なう一定の場所で，企業がその事業の全部又は一部を行なっているものをいう。

(2)　恒久的施設には，特に，次のものを含む。

　　（ａ）管理所，（ｂ）支店，（ｃ）事務所，（ｄ）工場，（ｅ）作業場，（ｆ）鉱山，石油または天然ガスの坑井，採石場またはその他天然資源を採取する場所

(3)　建物工事現場又は建設若しくは組立ての工事で，12箇月をこえる期間存続するもの

(4)　前項の規定にかかわらず，恒久的施設には，次のことは，含まれないものとする。

　（ａ）　企業に属する物品又は商品を専ら保管し，展示し，又は引き渡すため，施設を

使用すること。
（ｂ）　企業に属する物品又は商品の在庫を専ら保管し，展示し，又は引き渡すため，
　　　保有すること。
（ｃ）　企業に属する物品又は商品の在庫を，専ら他の企業による加工のため，保有す
　　　ること。
（ｄ）　企業のために専ら物品もしくは商品を購入し，又は情報を収集するため，事業
　　　を行う一定の場所を保有すること。
（ｅ）　企業のためにその他の準備的または補助的な活動を行うことのみを目的として，
　　　事業を行う一定の場所を保有すること。
（ｆ）　（ａ）から（ｅ）までに掲げる活動の複数を行うことのみを目的として，事業
　　　を行う一定の場所を保有すること。但し，当該一定の場所におけるそのような活
　　　動の全体が準備的または補助的なものに限る。
(5)　1及び2の規定にかかわらず，企業に代わって活動する者（(6)の規定が適用される
　　独立の地位を有する代理人を除く）が，一方の締約国内で，当該企業の名において契
　　約を締結する権限を有し，かつ，これを常習的に行使する場合には，当該企業は，そ
　　の者が当該企業のために行うすべての活動について，当該一方の締約国内に恒久的施
　　設を有するものとされる。ただし，その者の活動が，第4項に掲げる活動（事業を行
　　う一定の場所で行われたとしても，第4項により当該一定の場所が恒久的施設とされ
　　ない活動）に限られる場合は，この限りでない。

2　日独間における3種類のPE（恒久的施設）

　国際税務の分野では，日独租税条約の上に挙げた内容を「固定的施設PE」（日
独租税条約第5条第2項（ａ）〜（ｆ）），「建設PE」（日独租税条約第5条第2項
（ｇ）・新日独租税条約第5条第3項），「代理人PE」（日独租税条約第5条第4
項・新日独租税条約第5条第5項）と3つに分類して呼ぶことが多い。「PEの種
類」ということで言えば，他にも「サービスPE」とか「サーバーPE」等もある。
しかし，ドイツの税法あるいは日独租税条約で「PE課税」として問題になるのは，
固定的施設PE，建設PE，代理人PEの3種類のPEである。
　外国企業は，このPE（恒久的施設または支店）を通じて，ドイツの法人税・営
業税・連帯付加税の納付義務に服する。ドイツの会社である現地法人（子会社）の
「法人税**無制限**納税義務（居住者としての納税義務）」とは異なり，外国企業のド
イツ国内のビジネス活動に関する収益のみ（日本の会社の場合は，日独租税条約第
7条が適用）についての納税義務である。ドイツ税法の用語としては，「法人税**制
限**納税義務〈beschränkte Körperschaftsteuerpflicht〉」と呼ばれている。税務目

的で損益計算書・貸借対照表を作成し，それを添付して法人税・営業税申告書を管轄税務署に提出しなければならない。ドイツの税法用語では「法人税制限納税義務」であるが，国際税務の一般的な呼称は，「非居住者としての法人税納税義務」となる。

一応，ドイツの国内法（租税通則法）と日独租税条約の双方の規定を列挙したが，一般的な話として，国内法の規定に対して，租税条約が優先的に適用される。日本の会社がドイツにビジネス拠点（あるいはPE）を有している場合，日独租税条約が優先適用される。また，イギリスの現地法人がドイツにビジネス拠点（あるいはPE）を有している場合には，独英租税条約が優先的に適用される。EU域内においては，通常のビジネス拠点（固定的施設）の場合であれば，租税条約ごとの相違はそれほど大きくない。しかしながら，建設PEの場合は，租税条約ごとの差異が大きいので，そのつど，ドイツが締結している租税条約に個別に当たることが重要である。

まとめると以下のようになる。現地法人（子会社）の場合，基本的には，その本社機能所在地・登記所在地あるいはその法形態ゆえに，法人税・営業税・連帯付加税の納付義務が発生している。それに対して，支店の場合は，外国会社（日本本社）がドイツにビジネス拠点あるいは常設代理人等のPEを有しているがゆえに，法人税・営業税・連帯付加税の納付義務が発生している。そしてこの点は，「未登記支店」と「登記支店」の双方に該当する。登記支店とは，登記裁判所（日本の法務局に相当）に支店商業登記している支店であり，未登記支店はそうではない支店である。いずれにせよ，税務面から見て，未登記支店と登記支店との間に相違はない。

③ 駐在員事務所の法人税・営業税の納税義務の欠如

在独日系企業の3番目の進出形態である駐在員事務所も，ほとんどの場合，オフィスを賃借し，場合によっては現地スタッフも雇用している。すなわち，日本の会社の場合であれば，日独租税条約第5条第1項にいう「事業を行なう一定の場所」（物理的な意味でのビジネス拠点：固定的施設）を有している，と見なされる。その意味で，本来的には，支店課税（PE課税）に服して，ドイツで法人税・営業税・連帯付加税の納付義務に服すべき存在である。

他方で，たとえば日独租税条約第5条第3項（新日独租税条約第5条第4項）において，①保管・展示・引渡し・他の企業による加工のために日本の法人企業がド

イツで商品・物品の在庫を持つこと、あるいは、そのために施設を利用すること、②買付行為ならびに情報収集（マスコミ等の取材活動が想定されている）のための場所を保有すること、③広告宣伝・情報提供・科学的調査、それに類する補助的性質の活動のための場所を保有する（新日独租税条約では、その他の補助的・準備的活動のために一定の場所を保有する）ことは、PE（恒久的施設）とは見なされないと明記されている。その結果、そのようなビジネス活動の範囲のことしか行なわないビジネス拠点であれば、前項で解説した支店課税（PE課税）の対象とはならない。それを総称的にあるいは俗称として駐在員事務所と呼んでいる。但し、駐在員事務所とは何かという明確な税法上の定義があるわけではない。通常、在独日系企業の駐在員事務所と言う場合、「③広告宣伝・情報提供・科学的調査・それに類する補助的性質の活動」（「その他の補助的・準備的活動」）を行なっているビジネス拠点である。このような例外規定は、先進工業国の二国間の租税条約の叩き台になっている「OECDモデル租税条約」に謳われている規定である。

　駐在員事務所は、ドイツにビジネス拠点を有しているにも拘わらず、すなわち、日本の会社の場合で言えば、日独租税条約の例外規定に即して、ビジネス活動の内容を限定しているがゆえに、ドイツの法人税・営業税・連帯付加税（企業収益課税）の納付義務に服さない。しかし、たとえ駐在員事務所と名乗っていたとしても（その所員あるいは日本本社がそう主張したとしても）、そのビジネス活動の実際の内容が、日独租税条約の例外規定に合致しなくなっているのであれば、当然のことながら、ドイツの法人税・営業税・連帯付加税の納付義務に服することになる。

④　日本（外国）の会社の源泉税等の納付義務

　一般的な話として、租税条約上、外国の会社が、ドイツにPE（恒久的施設）を有しないが、ドイツでのビジネス活動からの収益について、ドイツの税務当局に対して納税義務を負う場合がいくつか想定されている。配当所得・利子所得・使用料所得（ロイヤリティ）・不動産賃貸所得の４つである。４つのうちの配当所得・利子所得・使用料所得（ロイヤリティ）については、あくまで「支払人」（子会社・合弁会社・第三者企業）が、外国に送金するに際して、一定の税率で「源泉税〈Abzugsteuer〉」の源泉留保を行ない、その管轄の税務署に納付を行なう。それに対して、不動産賃貸所得に対しては、実務的にはほとんどの場合、会計事務所等に依頼すると思われるが、外国の会社が直接的に申告しなくてはいけない（後述の「⑤　ドイツにおける不動産投資の場合の賃貸所得の申告」、75頁を参照）。

他方で，日独間において，配当所得・利子所得・使用料所得（ロイヤリティ）の3つのうち，ドイツから日本への利子の支払いに関しては，ドイツの国内税法規定で源泉税が徴収されない。そして，配当所得と使用料所得（ロイヤリティ）に関しては，ドイツ国内法で定めた「源泉税率」と日独租税条約が定めた「最高限度税率」とが異なっている。そして，後者が低いため，ドイツの税務当局に対して予め「軽減税率（免税）適用申請」を申請して認められると，「支払人」（現地法人・第三者企業）が「受取人」にとって有利な低い「源泉税率」で源泉徴収を行なうこと（免税扱いにすること）ができる。この「軽減税率（免税）適用申請」に際して，「受取人」（日本の親会社・日本本社）は，その日本の管轄の税務署から「居住者証明」を入手しなくてはならない。本書のここの部分：第2章Ⅰの「1 法人税・営業税・連帯付加税の納付義務の発生」では，納税義務の発生だけを対象にしているのであるが，この「源泉税」ならびに不動産賃貸所得の納税義務については，簡潔性という観点から，納付手続き等も含めてここでまとめて解説しておく。

1 日独租税条約上の規定と源泉税の発生

日本の会社が，ドイツにおいて，資金の融資・ライセンス供与・資本の投資といったビジネス拠点なしのクロスボーダーでのビジネス活動を行なう場合，この日本の会社は，利子所得・使用料所得・配当所得を受け取ることになる。その場合のドイツ国内規定での「源泉税率」と日独租税条約上の「最高限度税率」（免税扱い）をまとめると以下のようになる。

表2-2 ドイツにおける源泉税率

	源泉所得税率 （国内法）	連帯付加税込 総負担	日独租税条約 （最高限度） 2015年時点	日独租税条約 2017年以降 適用予定
受取利子 （関連会社・第三社間）	0%	0%	10%	0%
受取使用料 （関連会社・第三者間）	15%	15.83%	10%	0%
受取配当	25%	26.38%	15%	0%

受取利子に関しては，日独租税条約上において，「最高限度税率」10%（2015年時点）は規定されている。しかし，ドイツ国内税法規定では，非居住者の法人・非居住者の個人への支払利子に対しては，源泉税の納付を義務付けていないため，ドイツから日本への利子支払については源泉税は問題にならない。なお，以上の日独租税条約上の源泉税率は，2015年時点のものである。2015年12月に調印がなされた「（新）日独租税条約」により，2017年1月1日からは，これらの税率が

０％になることが予定されている（各々の前提条件には留意）。

2　支払人による配当・使用料源泉税納付と軽減税率適用申請

　日本の会社（親会社・日本本社）ではなくて，あくまで配当・使用料（ロイヤリティ）の「（ドイツの）支払人」側での話が中心になるが，「配当源泉税」（資本収益税）ならびに「使用料源泉徴収税」の源泉納付手続きの概要を以下に解説する。

（1）　日本への配当に関する配当源泉税

　日本の会社が，ドイツ現地法人（子会社）の100％親会社であることを前提にして解説する。2017年以降適用予定の新日独租税条約の配当源泉税率０％（免税扱い）は，25％以上の出資比率で，18ヵ月間以上の出資持分の保有を前提にしている。配当支払の根拠になるのは，配当を決議した「出資者総会決議書〈Gesellschafterbeschluß〉」である。１年に１度必ず開催することが義務付けられている「定例出資者総会」で，決算書の確定・取締役の免責・監査人指名（監査義務に服している場合）と共に行なわれる利益処分決議の一環として，配当決議が行なわれる場合が多い。しかしながら，配当原資がある限りにおいては，それ以外に配当決議だけを行なう出資者総会の開催によるものでも構わない。さらに，有限会社の場合であれば，事業年度の途中，あるいは，事業年度は終了したが，まだ当該事業年度の決算が確定していない段階で，年度決算の確定前の当該年度利益からの「中間配当決議〈Vorabausschüttung〉」も可能である。

　配当源泉税（資本収益税）の納付との関連で重要なのは，日付である。配当の日付が決議書の中に明記されている場合は，その配当日と同じ日付で，配当源泉税申告書をオンライン送付すると共に，同日に配当源泉税額をその現地法人（子会社）の地域の管轄税務署に送金する（所得税法第44条第１項第２半文）。使用料源泉徴収税は，使用料支払いがあった暦月の翌暦月の10日までであるが，配当に関しては，2005年以降，このようになっている。もし，配当の日付が決議書の中に明記されていない場合には，出資者総会決議書の日付の翌日が税務上の配当日となる（所得税法第44条第２項第２文）。その日に，配当源泉税申告書をオンライン送付すると共に，配当源泉税額をその会社の地域の管轄税務署に送金・納付する。

　配当源泉税額は，３年間有効の「軽減税率（免税）適用査定書」が交付されていない場合には，ドイツ国内税法規定に基づき，決議された配当額の「26.38％」（25％＋[25％×5.5％]）である。もし配当額を100とした場合，日本への送金は73.62だけとなる。軽減税率（免税）適用査定書が交付されている場合には，決議された配当額の「15％」（2017年以降は０％の予定）である。配当額が100の場合，

日本への送金は85（2017年以降は100）となる。軽減税率（免税）適用査定書が交付されておらず，配当時に「26.38％」が配当支払人により源泉納付された場合，配当受取人（日本の親会社）は，後日，ボンの連邦中央税務局に還付申請を行ない，差額の「10.38％」（源泉徴収分全額の「26.38％」：2017年以降）を還付してもらうことができる。

（2） 日本への使用料支払に関する使用料源泉徴収税

使用料（ロイヤリティ）の支払の根拠となるのは，ライセンス授受契約である。「口頭契約も契約である」という（ドイツ）民法上の原則からすれば，書面での契約書は必ずしも必要とされない。しかし，支払人側での使用料（ロイヤリティ）の損金算入性との関連で，税務当局（税務調査官）は明確な証拠としての契約書の提示を要求してくる。第三者との間では当然であるが，たとえ親子間あるいは関連会社間であっても，書面でのライセンス授受契約書の作成は不可欠と考えるべきであろう。

通常，当該ライセンス授受契約書の中に支払日が取り決められていると思われる。使用料源泉徴収税の申告書の提出・納付は，配当源泉税の場合と若干異なり，既に言及した通り，支払日の属する暦月の翌暦月10日までとなっている（所得税法第44条第1項第1半文）。すなわち，当該日付までに，使用料源泉徴収税申告書をオンライン送付（所得税法第45 a 条第1項）して，ボンの連邦中央税務局に使用料源泉徴収税額を納付する。

使用料源泉徴収税額は，3年間有効の「軽減税率（免税）適用査定書」が交付されていない場合には，決められた使用料額の「15.83％」（15％＋[15％×5.5％]）である。もし使用料額を100とした場合，日本への送金は84.17だけとなる。軽減税率（免税）適用査定書が交付されている場合には，決められた使用料額の「10％」（2017年以降は0％の予定）である。使用料額が100の場合，日本への送金は90（2017年以降は100の予定）となる。軽減税率（免税）適用査定書が交付されておらず，支払時に「15.83％」が使用料支払人により源泉納付された場合，使用料受取人（日本の会社）は，後日，ボンの連邦中央税務局に還付申請を行ない，差額の「5.83％」（源泉徴収全額の「15.83％」：2017年以降）を還付してもらうことができる。

（3） 日本への配当・使用料支払の場合の軽減税率適用申請

前述のように，配当についても使用料についても，「軽減税率（免税）適用査定書」が交付されておらず，源泉徴収時に国内法の規定に基づく高い税率で源泉徴収

が行なわれた場合でも，事後的に還付申請すれば差額分（源泉徴収分全額）は還付してもらえる。しかしながら，配当支払も使用料支払も定期的・周期的に行なわれることがほとんどであろう。その意味で，やはり３年間有効の軽減税率（免税）適用査定書を予め申請・取得しておくことが得策である。

この軽減税率（免税）適用申請は，ボンの連邦中央税務局に対して行なう。配当の場合と使用料支払の場合で申請書の書式は異なり，当然のことながら，当該書式の記入事項も異なる。どちらとも３部（申請会社〔日本の会社〕分・申請会社の管轄税務当局分・連邦中央税務局分）から構成されている。その最も重要な部分は，申請者（日本の会社）が確かに日本の税務上の居住者であることを日本の管轄税務署が証明する「居住者証明」部分である。申請書書式はインターネットのウェブサイトでダウンロードできるが，それに必要事項を記入し，申請者（日本の会社）の管轄の税務署に持参して署名・スタンプをもらう。

（4）　EU加盟国内の会社への配当・使用料支払時の「EU指令」

以上の配当支払・使用料支払の話は，あくまでドイツから日本への配当支払・使用料支払に関して解説してきたものである。そこでの原則は，他の国（第三国）への支払の場合も，細かいところでは該当する租税条約の規定をしっかり確認しなくてはいけないものの，概ね該当すると言ってもよい。他方で，配当を受け取る会社あるいは使用料を受け取る会社が他のEU加盟国に位置する会社の場合，「EU親子会社間配当指令」ならびに「EU（EC）関連会社間利子・使用料支払指令」が適用される。通常，ドイツの会社がたとえばフランスにある親会社に配当する場合，原則的には，独仏租税条約の配当に関する規定を見ていかなくてはならない。しかしながら，その２国間の租税条約を謂わば超越する形で，一定の例外はあるものの，EU加盟国間に共通の配当時の配当源泉税ルールとしての「EU親子会社間配当指令」が決められている。そして，あくまで関連会社間での支払に限定されているものの（第三者間の支払には適用されない），利子支払ならびに使用料支払についても，同様に２国間租税条約を超越する形で，共通の支払時の源泉税ルールとしての「EU（EC）関連会社間利子・使用料支払指令」が存在している。その結果，その２つの「EU指令」の前提条件を満たした配当ならびに利子・使用料支払は，「源泉税０％」となる。

①　「EU親子会社間配当指令」に基づく免税扱い

「EU親子会社間配当指令」（Directive　2011／96／EU）は，1990年に最初のものが可決・公表されて，加盟国各国の国内法に導入されている。色々なことがこ

の中で規定されているが，重要な規定は，「最低出資比率」と「株式（出資持分）の保有期間」である。配当受取会社の配当元会社に対する最低出資比率は，当初25％以上であったが，順次引き下げられ，2009年以降は10％以上となっている。この最低出資比率の前提条件に加えて，加盟国各国は，「連続した一定期間（2年まで）以上の出資持分の保有」という追加的前提条件を設定することができるとされている。「連続した一定期間（2年まで）以上の出資持分の保有」ということの意味は，たとえば「最低3年以上の保有」というのは認められないが，「2年またはそれを下回る期間以上」というのであればよいということであって，実際に，ドイツは「最低1年以上の保有」としている。

② 「EU（EC）関連会社間利子・使用料支払指令」に基づく免税扱い

「EU（EC）関連会社間利子・使用料支払指令」（Directive 2003／49／EC）は，指令ナンバーから読み取れるように，2003年に可決・公表された。特に2004年5月1日以降に新規加盟した国を中心に，経過措置として源泉税徴収を認める例外規定が存在しており，具体的な適用に際して，その各国の例外規定の有無を確認する必要がある。核心的な規定部分は，25％以上の直接・間接の出資・被出資関係にある会社間のクロスボーダーでの利子支払時ならびに使用料支払時の源泉税は0％にするというものである。「EU親子会社間配当指令」と同様に，加盟国各国は，「連続した一定期間（2年まで）以上の出資持分の保有」という追加的前提条件を設定することができるとされている。

以上の「EU親子会社間配当指令」ならびに「EU（EC）関連会社間利子・使用料支払指令」を適用して，0％の源泉税率で（免税扱いで）支払を行なう場合には，日独間の支払の場合と同様に，3年間有効の軽減税率（免税）適用査定書を予め入手しておくことが必要となる。もし予め入手しておらず，支払い時にドイツ国内法に基づく高い源泉税率で源泉徴収がなされた場合，受取会社が後日ドイツの税務当局に差額分（源泉徴収額全額）について事後的に還付申請ができるという点も，日独間の場合と同様である。

⑤ ドイツにおける不動産投資の場合の賃貸所得の申告

日本の会社がドイツに対して行なう「不動産投資」もビジネス活動のひとつである。日本の会社がドイツにおいて不動産（土地ならびに建物等）を購入し，それを保有しているだけの場合，購入契約の取決め内容にもよるが，取得価格の一定比率で州ごとに決められている「不動産取得税〈Grunderwerbsteuer〉」の1回限

りの納付がある。後は，毎年その不動産が位置する市町村自治体に対して「土地税〈Grundsteuer〉」の納付を行なう。この2つの税金についても，確かに申告・納付手続があるのだが，税額はかなり自動的に決められているところがあり，それほど面倒なものではない。しかしながら，その不動産を賃貸した場合には，7つあるドイツ税法の所得の種類の中の「賃貸借からの所得」ということになり，少し複雑な申告手続が必要となる。

　以前は，ドイツの非居住者（たとえば日本の会社・法人）がドイツに不動産を所有し，それを賃貸して所得があった場合，「賃貸借からの所得」としてのみ申告すればよかった。ところが，最近の税制改正により（所得税法第49条第1項第2号f），「事業所得」として見なされ，法人税・営業税・連帯付加税の3つの税金すべてについての（制限）納税義務に服することになった。従来は，営業税の納税義務は問題にならなかったのであるが，事業所得と見なされることによって，営業税の納付義務が新たに付け加わった。不動産の所有自体それだけでは，PE〈恒久的施設〉とはならない。しかしながら，「PEなしの制限納税義務」であり，結果としては，PE課税（支店課税）の場合と同じ納税義務に服していることになっている。

2　法人税と営業税の内容と納付手続

　ここでは，法人税・営業税・連帯付加税が，どのような内容を有するものなのか，どのような法的根拠に基づいて徴収されているのか等を解説する。

⬜1　法人税・営業税・連帯付加税とは？

　ここまで，法人税・営業税・連帯付加税を所与のものとして特別の定義の説明もなく取り扱ってきたが，まずここで，簡単な内容説明をしておきたい。

1　法　人　税

　「法人税〈Körperschaftsteuer：KSt.〉」は，「（ドイツ）法人税法」を根拠にして賦課されている。法人税法は，全40条であるが，アルファベット条項があるので実際の条項の数としてはもう少し多い。それでも，40条余りという条項数からもすぐに判断されるように，法人税法それ自体は，それほど詳細な税法規定ではなく，多くの規定を所得税法に依拠して執行されている。税率は15％であり，商法会計基準によって作成された年度決算書の当期利益をベースにして算定された課税所得に，税率が乗じられて税額が計算される。その税収は，原則として連邦政府と

州政府がそれぞれ半分ずつ分け合うことから，共同税と呼ばれている。法人税収の税収全体に占める比率は５％以下であり，日本における法人税税収の比率と比較すると格段に低い。ただし，税金の内容としては，大筋において日本の法人税に相当するものである。また，人的会社（合名会社・合資会社・有限合資会社等）は，会社とは言われているが，会社レベルでの法人税課税には服さない。その会社レベルでの利益（損失）は，出資者に分配され，その出資者レベルでの課税が行なわれる（パススルー課税）。出資者が個人であれば，個人所得税課税が行なわれ，出資者が法人であれば，その分配された利益（損失）について法人税課税に服する。

２　営　業　税

「営業税〈Gewerbesteuer：GewSt.〉」には，1997年まで，「営業資産税〈Gewerbekapitalsteuer〉」と「営業収益税〈Gewerbeertragsteuer〉」の２つの種類があった。営業資産税は1998年に廃止され，現在では営業収益税だけが徴収され，「営業税法」を根拠にして賦課されている。営業税法は全37条であるが，アルファベット条項があるので実際の条項の数としてはもっと多い。日本の法人事業税に相当するものである。その税収は，ほとんどが市町村自治体に帰属し，ドイツにおける地方自治の根幹的財源となっている。実際，営業税は，管轄の税務署に納付するのではなく，現地法人（子会社）あるいは支店（事業所）が位置する市町村自治体の税務課（出納課）に納付する。法人税の課税所得をベースにして，営業税法上の観点からの「加算」と「減算」の処理が行なわれ，営業税上の課税所得である「営業収益」が算定される。営業税税収の税収全体に占める比率は，年度によってかなり変動しているが，５％～10％の間になっていることが多い。いずれにせよ，法人税税収よりも多い。人的会社（合名会社・合資会社・有限合資会社等）は，「パススルー課税」ゆえに，その会社レベルでは法人税課税には服さない。しかし，営業税の課税単位である「事業経営」と見なされることから，営業税は会社レベルで納付する。人的会社における法人税課税と営業税課税の乖離は留意しておく必要がある。

３　連帯付加税

「連帯付加税〈Solidaritätszuschlag：Soli〉」は，当初，1991年７月から1992年６月までの１年間，個人所得税ならびに法人税に対する付加税として，7.5％の税率で徴収された。その時には，暦年ベースに換算すると，結局3.75％となり，法人税額100だった場合，税額に対して3.75％の追加負担が発生していた。この連帯付加税は，1990年のドイツ再統一でドイツ連邦共和国の領域となった旧東ドイ

ツ地域の経済発展のための資金需要と当時勃発した湾岸戦争支援の資金需要のために臨時的に徴収されたものであった。本来的には，時限立法税であった。1993年と1994年にはその徴収が行なわれなかったが，1995年から再度徴収されるようになった。そして，1998年以降は，5.5％に税率が引き下げられて徴収されている。ただし，いつ徴収が行なわれなくなるかについては，明確にされていない。「連帯付加税法」（全6条）がその賦課・徴収の根拠となっている。

② 法人税・営業税の申告手続・前払制度・査定・納付

申告書の提出・税額の査定・税金の納付といった手続き上の話は，税金の本質的な話ではなく，周辺的なテーマと思われているかもしれない。しかしながら，筆者の20年余りの在独日系企業の駐在員・現地スタッフ・日本本社の担当者へのコンサルティングの経験からすると，そのような周辺的なテーマと思われているようなところで，思い込みの誤解をしてしまって，作業が中断してしまっているというケースに何度か遭遇している。このようなテーマもきちんと理解しておくことが重要である。

1 法人税・営業税の事業年度と申告書の提出

法人税および営業税の査定・納付は，現地法人（子会社）ならびに支店の事業年度ごとに行なわれる。租税回避の疑いがある場合を除き，現地法人（子会社）の新規設立の場合，あるいは，（登記）支店が日本本社と同じ3月決算の場合，原則としてその非暦年事業年度は，そのまま税務当局に認められる。また事業年度の変更は，暦年事業年度から非暦年事業年度への変更と，ある非暦年事業年度から別の非暦年事業年度への変更の場合は，税務署の許可が必要とされている。現地法人（本店）がドイツ国内に支店や事業所を有している場合，営業税の納付は，本店・支店・事業所が地理的に位置する各々の市町村自治体の税務課（出納課）であるが，営業税申告書の提出は，法人税申告書の提出の場合と同様に，現地法人（本店）の位置する地域の管轄の税務署に対して行なう。

（1）事業年度の数え方の日本との相違と余裕のある申告書提出期限

日本との違いで注意すべきは，事業年度の数え方である。日本は事業年度が開始した暦年が基準となるが，ドイツでは事業年度が終了した暦年が基準となる。たとえば，2015年3月31日に終了した事業年度は，暦年2015年に終了したということで，ドイツでは「2015年度」と見なされる。法人税申告書の提出期限は，2015年12月31日に終了した暦年事業年度については，2016年（翌年）5月31日まで

で，税理士・会計事務所等を通した場合には自動的に2016年（翌年）9月30日まで延長される。さらに，延長申請により最長で2017年（翌々年）2月末まで認められることもある。また，在独日系企業の現地法人（子会社）によく見られる3月決算の場合，2015年3月31日で終了した事業年度の申告書提出期限は，上記の年度の数え方のゆえに，2015年12月31日で終了する暦年事業年度と同じに見なされる。その結果，2016年5月31日または2016年9月30日までとなり，事業年度終了からゆうに1年半の時間があることになる。さらに，過去数年の間，連邦財務省から通達が出され，会計事務所等を通した場合の「翌年9月30日」という締切期限は，自動的に「翌年12月31日」まで延長されている。理由は税務署内の仕事が立て込んでいるからというものである。

（2）　申告・納付における「賦課課税方式」と「申告納税方式」

　年度申告書が管轄の税務署に提出されてから，通常，2ヵ月から6ヵ月ほどで，税務署から税額が記載された「査定書」が送付されてくる（「賦課課税方式」）。もし税務署が6ヵ月以上何も言ってこなかった場合，「不作為異議申立て」が可能とされている。いずれにせよ，申告期限がかなり余裕のあるものになっていることに加えて，この「賦課課税方式」も，ドイツで税額が（仮）確定するまでの期間が長引く大きな要因となっている。ここで「申告納税方式」との比較において，「賦課課税方式」について解説しておきたい。

①　ドイツは「賦課課税方式」

　ドイツの法人税・営業税・個人所得税は，「賦課課税方式」を採用している。ちなみに，本書で問題にしている「主要税金（グループ）」のうち，付加価値税は「申告納税方式」である。「申告納税方式」のもとでは，納税者（その依頼を受けた会計事務所等）が所得・売上・控除額等を申告書に記入すると共に，自ら税額を計算して，その申告書に記入された税額を申告と同時に納付する。それに対して，「賦課課税方式」のもとでの申告書には，所得額と控除額を記載するだけである。もちろん，会計事務所等に申告書の作成を委託していれば，必ず納付すべき税額あるいは還付額を計算して連絡してくれる。それにも拘わらず，申告書にそれを記入しない。というより，税務署が指定している申告書に税額を記入する欄はないのである。税額を決定するのは，あくまで税務署である。税務署の担当者が査定を行ない，その結果を「査定書〈Steuerbescheid〉」として送付してくる。法人税も営業税も，その納付は査定書が送付されてきてから原則として4週間以内である。逆に言うと，査定書が送付されてこないと税金は納付できない。その査定書の内容に納

得できないところがある場合，同様に４週間以内に「異議申立て」を提起する。

② 法人税・営業税の「前払税」と「前払税の後払い」

　非新設法人企業の場合で利益を計上している場合，最新の査定書に基づき「前払法人税額」が査定され，四半期ごと（３月・６月・９月・12月の10日まで）に「前払法人税」の納付を行なう。法人税と同様に，利益が計上されている場合，営業税についても四半期ごとの「前払営業税」の制度がある。しかしながら，支払期日は法人税とは異なり２月・５月・８月・11月の15日までである。最新の査定書の納付税額が「100」（法人税・営業税・連帯付加税の合計額）だったとすると，四半期ごとに「25」ずつ納付していく。また，新設法人企業の場合は，新規設立年の「届出」に際しての管轄税務署からの「質問書」の記入時に，当初の収支予想を利益が出るものとして記入している場合には，最初の査定書が出される前に，その質問書の記入データに基づき前払法人税ならびに前払営業税の査定が行なわれる。

　上述のように，法人税年度申告・営業税年度申告の提出期限にかなりの時間的余裕があり，しかも，「賦課課税方式」により，管轄税務署の作業の込み具合によっては，査定書の交付がさらに後にずれる可能性がある。その結果，前払法人税・前払営業税の「後払い」あるいは「追加後払い」ということがよく発生する。たとえば，暦年決算の会社で，「01年」に過去の繰越欠損を一掃して，「02年」にもし利益が出れば法人税（営業税）を納税するという状況を想定する。実際に「02年」に利益が出て，それに対する税額（法人税・営業税・連帯付加税の合計額）は「100」なのであるが，申告書の提出が期限ぎりぎりの「03年」の末で，税務署の査定作業も遅れて，「02年」についての査定書が送られてきたのは「04年」の６月であった。その際，税務署（ならびに市町村自治体の税務課・出納課）は，「03年」以降の「前払査定書」も送付してくる。その結果，この会社は，合計で「250」の税額を一挙に納付しなくてはいけない。「250」の内訳は，「100」＝「02年」納付分，「100」＝「03年」の「前払税後払い分」，「50」＝「04年」の第１四半期・第２四半期の「前払税後払い分」である。右肩上がりで利益が増加している場合には，「前払税」の「追加後払い」が発生する。

③ 申告書提出後４年経過で時効

　年度申告書が提出された後に現地法人（子会社）ならびに支店に送付された査定書は，いわば「仮査定〈unter Vorbehalt der Nachprüfung〉」の状態である。原則として，３年から５年までの期間を対象とする「法人税一般税務調査」を経た後で，その調査結果を考慮して送付されてくる査定書で仮査定が外れる。また，この

仮査定の状態は，申告書の提出年の暦年末から数えて4年経過すると，原則として，時効が成立して仮査定が外れ，法人税一般税務調査の対象から外れることになる。すなわち，暦年事業年度の現地法人（子会社）の2012年度の仮査定の法人税・営業税の査定書は，2013年に申告書が提出されていた場合，2017年12月31日を経過すると，時効が成立して仮査定が外れることになる。また，たまに見られることであるが，法人税一般税務調査が来ないにも拘わらず，管轄税務署の方から，法人税（ならびに営業税）の仮査定を撤回する旨のレターが送付されてくることがある。このようなレターが来た場合も，そのレターで言及された対象期間については，税務調査（法人税一般税務調査）が行なわれないと見なしてよい。

（3） Ｅ−バランス：申告書の添付書類のオンライン送付

それまでも任意ベースでは可能であったが，「2008年税務行政規制緩和法」において，「2011年度分」から，法人税年度申告書と営業税年度申告書のオンライン送付が義務付けられた（法人税法第31条第1ａ項と営業税法第14ａ条）。申告書は，もともと税務当局の定めた書式に，納税義務者（会社あるいはその依頼を受けた会計事務所等）が記入していくものであることから，オンライン送付義務が導入されたからといって，大きな対応の変更が必要となるものではない。

申告書自体の場合と同様に，「2008年税務行政規制緩和法」において，所得税法第5ｂ条が新たに導入された。それに基づき，法人税年度申告書の一部の「添付書類」のオンライン送付が必要になった。それをまとめると，以下のようになっている。

① オンライン送付対象の添付書類の範囲

オンライン送付義務の対象となる添付書類は，1）（商法）貸借対照表（場合によっては，それに加えて期首貸借対照表），2）損益計算書，3）税法貸借対照表または税法上の計上値への移行計算説明書である。これらの添付書類のデータを，「XBRL〈eXtensible Business Reporting Language〉」のデータ形式で，税務当局が定めた「分類基準〈Taxonomie〉」に基づき送付する。その他の添付書類，すなわち，注記，状況報告書，監査報告書（監査義務に服する場合）についても，そのための分類基準〈Taxonomie〉は公表されている。すべての添付書類をオンライン送付する用意がある会社は，そうすることも可能となっている。

② 「貸借対照表」・「損益計算書」の「詳細度」

貸借対照表ならびに損益計算書の個々の勘定科目の小区分に関して，どこまで詳細にオンライン送付すべきか（最低限の範囲）については，連邦財務省通達におい

て税務当局側の意向が明らかにされている。それによれば，以下のようになる。まずは，基本的に通常の商法上の規定に従っている経理記帳システムでの勘定科目で対応できるという原則が固守されている（経理記帳システムへの非干渉原則）。その結果，従来ペーパー形式にて提出されていた貸借対照表・損益計算書と，基本的にはほぼ同じ詳細度の情報送付となる。但し，それまでのペーパー形式での添付書類の送付の場合でも，年度申告書と添付書類の提出後に，貸借対照表あるいは損益計算書の中の1つの勘定科目の「詳細内訳〈Kontennachweis〉」を送付するように税務署から要請されることがあった。部分的に，そのような1つの勘定科目の詳細内訳が既に分類基準の中に設定されており，会社側がその送付を差し支えないと考える場合には，それらも同時にオンライン送付できるようになっている。

③ 「適用初年度」

　添付書類のオンライン送付義務の開始は，「2012年1月1日以降に開始する事業年度分から」となっている。しかしながら，「初年度」はペーパー形式でも税務署は受容するということで，実質的には，「2013年1月1日以降に開始する事業年度分から」となった。上述のように，ドイツの申告書提出期限の緩さを考えると，2014年あるいは2015年に最初のオンライン送付となる。また，外国に支店を有する現地法人の場合，本支店全体の貸借対照表と損益計算書のオンライン送付は，「2015年1月1日以降に開始する事業年度分から」という移行措置が設けられた。さらに，外国の会社のドイツ支店の場合も，「2015年1月1日以降に開始する事業年度分から」となっている。

　基本的には，それまでペーパー形式で送付していたものとほぼ同じものを送ることになる。しかし，従来ペーパー形式で送付していた貸借対照表・損益計算書等を単純に「PDF」形式で送ればよいというものではない。すなわち，税務署が定めた分類基準に基づきXBRL形式で送付しなくてはいけない。経理処理のために会社独自のソフトウエアを使用している場合には，その会計ソフトで作成されている貸借対照表・損益計算書のデータを，分類基準に基づくXBRL形式に転換する「ソフトウエア解決」が必要になってくる。通常，この義務の導入後に市販されている会計ソフトには，当局が定めた分類基準への転換の機能が備わっている。

2　営業税の査定・徴収

　営業税の査定は，原則として，法人税の課税所得を基礎にして行なわれる。それに営業税法で定められた「加算項目」と「減算項目」を考慮して「営業収益額〈Gewerbeertrag〉」（下二桁は切捨て）が確定される。在独日系企業の現地法人

（子会社）や支店の場合，この営業収益額にドイツ全体で共通の「基準税率」：3.5％（2008年以降）が乗じられて，「課税基準額〈Steuermeßbetrag〉」が求められる。多くの在独日系企業の現地法人（子会社）や支店のように，事業所がドイツの1つの市町村自治体にしか存在していない場合（すなわち，ドイツ国内に他に営業所・支店がない場合）は，その課税基準額に当該市町村自治体の「乗率〈Hebesatz〉」が乗じられて営業税額が算定される。乗率は，400％や450％といった「3桁数値％」の形で表され，市町村自治体が自ら決めるもので，最低200％で最高は決められていない。当該市町村自治体の税務課（出納課）が，営業税額が記載された査定書を会社に送付してきて，会社は営業税額をその税務課（出納課）に納付する。

　現地法人（子会社）がドイツ国内に本店とは別に事業所・営業所・支店等を有し，それらが異なる市町村自治体に位置している場合もあろう。その場合，営業税の申告書を受理した本店管轄の税務署が，営業収益額ならびに課税基準額を査定すると共に，本店・事業所・営業所・支店に雇用されている従業員に対する「支払給与報酬額」をベースとして，課税基準額を割り振る作業を行なう。本店・事業所・営業所・支店の位置するそれぞれの市町村自治体の税務課（出納課）は，その割り振りされた課税基準額に自らの乗率を乗じて営業税額を算定し，査定書を現地法人（子会社）の本店に送付してくる。

3　法人税・営業税の申告書提出ならびに税額納付に関するペナルティ

　これは，ここで取り扱っている法人税・営業税・連帯付加税のみに該当するだけでなく，後述の個人所得税・付加価値税ならびにその他の多くの税金にも該当する一般的規定である。すなわち，ある意味で当然であるが，申告書の未提出や遅れた提出，税額の未納や遅れた納付には，ペナルティが課される。

　法人税・営業税の申告書の提出義務があるにも拘わらず，会社側が，それを提出していない場合，あるいは，提出期限に遅れて提出した場合，管轄の税務当局は，「提出遅滞金〈Verspätungszuschlag〉」を賦課することができる。原則として，査定税額の10％で，最高25,000ユーロである。申告書が提出されていない場合は，税務署側が推定課税を行ない，それに基づく査定書を会社側に送付してくるが，それに加えて，「提出遅滞金」を賦課する形になる。申告書を提出したが，それが提出期限を過ぎていた場合は，同様に，税務署側は，査定後に送付する査定書に「提出遅滞金」を賦課してくる。

　法人税・連帯付加税・営業税の年度申告後の納付でもって解説すると，税金の納

付期限は，査定書の通知日（実務的には，査定書発行日付に数日（3日）を加えた日付）から1ヵ月以内である。その1ヵ月以内に納付が行なわれなかった場合，税務署は，「納付遅滞金〈Säumniszuschlag〉」を賦課した「督促〈Mahnung〉」を送付してくる。この納付遅滞金は，原則として，遅滞期間1ヵ月まで辺りが未納税額の1％となっている。具体的には，たとえば1ヵ月と10日，納付期限を経過している場合，2ヵ月分，すなわち，未納税額の2％が納付遅滞金の金額となる。

3　法人税と営業税の税率

ドイツの法人税は，連邦政府と州政府全体（全部で16州ある）がその税収を半分ずつ取得することから，「共同税〈Gemeinschaftsteuer〉」と呼ばれている。営業税は本来的には市町村税であるが，1970年以降，連邦政府・州政府への営業税税収の一部の配分制度が導入され，現在に至っている。

1　法人税率　―過去と現在―

法人税は，2001年1月1日以降に開始する事業年度から，内部留保利益・配当利益・支店利益の区別なく1つの税率になっている。2003年度は，2002年8月のエルベ川・ドナウ川大洪水による被害の復興資金に充当するということで，当時の25％の税率に1.5％上乗せした26.5％であった。それに加えて，旧東ドイツの復興支援という目的の連帯付加税が徴収されており，2015年時点では法人税額の5.5％（100の法人税課税所得に対していうと0.825％）となっている。

表2-2　法人税・連帯付加税の税率の推移

	1977	1990	1991	1992	1993	1994	1995	1998	1999	2001	2003	2004	2008	2015
内部留保利益	56%	50%	50%	50%	50%	45%	45%	45%	40%	25%	26.5%	25%	15%	15%
配当利益	36%	36%	36%	36%	36%	30%	30%	30%	30%	25%	26.5%	25%	15%	15%
支店利益	50%	50%	50%	50%	46%	42%	42%	42%	40%	25%	26.5%	25%	15%	15%
連帯付加税	－	－	3.75%	3.75%	－	－	7.5%	5.5%	5.5%	5.5%	5.5%	5.5%	5.5%	5.5%

対内部留保利益または対支店利益に関する税率でみると，1995年における連帯付加税の再導入に伴う増税を無視すれば，ドイツの法人税率は，過去10年間に半分に引き下げられている。これは，アイルランドにより触発された「欧州連合域内

の税率引下げ競争」の影響である。アイルランドは，1970年代に当時の欧州経済共同体に加盟した当初，「欧州の貧民街」と呼ばれていた。その後，法人税率を引き下げることで外資導入を積極的に押し進め，国内経済の活性化に成功したのである。

② 営業税の税率

営業税の税率は，「基準税率〈Steuermesszahl〉」と「乗率〈Hebesatz〉」の２つから構成されている。基準税率は，在独日系企業の現地法人（子会社）のような「資本会社」の場合は，3.5％であり（個人事業主等に対しては軽減税率），これはドイツ全体で共通になっている。乗率は，440％（デュッセルドルフ）や490％（ミュンヘン）というように「３桁数値％」の形で表され（最低200％：2003年以降），市町村自治体が自らの裁量で決定するものである。この営業税の負担を，非常に単純化した形で示すと以下のようになる。

「営業収益：100」×「基準税率：3.5％」×「乗率：400％」
＝100×3.5％×4
＝14％

法人税上の課税所得と営業税上の営業収益との間には，営業税上の観点からの加算・減算の処理が入る。そのため，課税所得＝営業収益ではない。しかし，ごく大雑把に言って，100の利益を上げると，乗率400％の市町村自治体にある現地法人（子会社）は，14％の営業税負担を負わされることになる。

「乗率０％」となった場合，上の算式からも分かるように，営業税はゼロとなり，徴収されない。実際，一番北の連邦州であるシュレスヴィッヒ・ホルシュタイン州に位置する「ノルダーフリードリヒスコーク」という自治体は，長らく「乗率０％」であった。そして，営業税を納付する必要がなく，ドイツ国内の「タックスヘイブン」として，マスコミでも注目を浴びていた。2003年に，「中央による地方自治への介入」ということで色々な議論がなされたが，「最低乗率200％」の規定が導入され，税法規定上は，営業税ゼロの自治体はなくなった。総じてこの乗率は，大都市になればなるほど高くなっている（例外はベルリン）。そして特に，地方都市あるいは大都市の近隣市町村では，この乗率を低くして企業誘致の手段にする傾向がみられる。

③ 法人税・営業税・連帯付加税の合計の総合負担

　法人税の税率はドイツ全体で共通であり，その法人税の5.5％となっている連帯付加税も，同様にドイツ全体で共通である。しかしながら，営業税は会社の所在地の市町村自治体ごとに異なることから，ここでは，3つの税金の平均的総合負担（率）と最低の総合負担（率）を示しておきたい。

1　平均的負担の場合

　法人税だけを見ると，その税率は15％（連帯付加税も加えると15.825％）である。現地法人（子会社）あるいは支店がビジネス活動を展開して収益を上げた場合，それについて負担するのは法人税（＋連帯付加税）だけではなく，営業税が加わる。営業税の負担は，その現地法人（子会社）あるいは支店が位置する市町村自治体ごとに違ってくる。「平均乗率：400％」で計算してみると，100の課税所得が計上された場合の総合税負担は以下のように計算される。

法人税　（100×15％）	15.00
連帯付加税　（15.00×5.5％）	0.82
営業税　（100×3.5％×400％）	14.00
合計税負担	29.82

　簡単にするために，法人税上の課税所得と営業税上の営業収益を同じにしてある。法人税率15％は，国際的にみても他国に引けを取らない低さである。問題は，企業収益課税という点では営業税負担が加わり，そして連帯付加税の負担も加わり，結果的には30％前後の総合税負担になっていることである。

2　最低負担の場合

　ただし，上の例は平均乗率400％で計算したが，その他の条件はまったく同じで，最低乗率200％で計算すると以下のようになる。

法人税　（100×15％）	15.00
連帯付加税　（15.00×5.5％）	0.82
営業税　（100×3.5％×200％）	7.00
合計税負担	22.82

　かつて「乗率：0％」の自治体であった「ノルダーフリードリヒスコーク」は，現在最低乗率の200％である。当該自治体は，その交通の便・その他のインフラから見て，在独日系企業の現地法人（子会社）あるいは支店の立地には適していない。しかしながら，理論的には，ここまで法人税・営業税・連帯付加税の総合負担が軽

減される可能性があるという点は，非常に興味深い。

3　過去の過大な負担の問題点

　前述の**表2－2　法人税・連帯付加税の税率の推移**（84頁）のところの表からも分かるように，1977年当時，内部留保利益に対してのみであるが，法人税だけで56％であった。それに営業税負担が加わることから，100の利益を上げた場合，半分どころか70％近くを税金として納付しなくてはいけないという時代であった。他方で，この当時よく言われていたことがある。確かに名目税率は途方もなく高いが，引当金の計上・各種の優遇措置・例外規定が多数存在していて，「実効税率ベース」で見ると，その税負担は100の利益に対して30％～40％位だったということである。ただし，これらの優遇措置や例外規定等を駆使して，低い実効税率ベースの負担を享受できたのは，複雑なドイツ税法を知り尽くした税務エキスパートをスタッフとして要していたドイツ企業だけであった。日系企業を含む外資系企業の場合，高い名目税率ベースの負担を，そのまま甘受しなくてはいけなかったと言われている。

　法人税率が対内部留保利益50％（対配当利益：36％）であった1990年以降，1998年の保守・中道の連立政権から左派連立政権への政権交代，2005年の左派連立政権から大連立政権への政権交代があった。それにも拘わらず，ドイツにおいて一貫して追求されているのが，「税率引下げ」と「課税ベースの拡大」という政策である。すなわち，法人税率を引き下げると共に，法人税法の中の特定の業界・特定のビジネスモデルのみに適用されるような優遇措置・例外規定を徹底的に排除するという政策である。在独日系企業の現地法人（子会社）あるいは支店の立場から見ると，ドイツはなお「高税率国」にランキングされてしまう。それゆえ，「税率引下げ」と「課税ベースの拡大」という政策は，在独日系企業の期待に沿う「基本的傾向」といえる。この点についての詳細は，「[1] 法人税：ドラスティックな税率引下げと課税ベースの拡大」（4頁）を参照していただきたい。

4　主要都市の総合負担とドイツ国内タックスヘイブン

　ここで，主要なドイツの都市の営業税乗率とその場合の法人税・連帯付加税・営業税を全部合計した場合の総合税率を一覧にしておきたい（2015年）。

表2－4　ドイツの主要都市における法人税・営業税・連帯付加税の総合負担

	乗　率	総合税率
最低乗率	200%	22.8%
平均乗率	400%	29.8%
ベルリン	410%	30.2%

シュトットガルト	420%	30.5%
デュッセルドルフ	440%	31.2%
ケルン	475%	32.5%
フランクフルト	460%	31.9%
ハンブルク	470%	32.3%
エッセン	480%	32.6%
ミュンヘン	490%	33.0%
エッシュボルン	280%	25.6%
グリュンヴァルト	240%	24.2%
モンハイム	285%	25.8%
バイヤースドルフ・フロイデンベルク	200%	22.8%
ディアフェルト	900%	47.3%

　上の「エッシュボルン〈Eschborn〉」は，人口2万人あまりの都市で，フランクフルトの中心から北へ5キロ行ったところに位置している。また，「グリュンヴァルト〈Grünwald〉」は，人口1万人あまりの都市で，ミュンヘンの中心から南へ14キロ行ったところに位置している。さらに，モンハイムはデュッセルドルフの南に位置する町である。これらのどの都市も，低い営業税乗率を設定して企業誘致を行なっている実例として挙げられる。

4　法人税率EU域内比較と税率面からのドイツの立地条件

　以上において，ドイツにおける法人税・営業税・連帯付加税のそれぞれの税率ならびに総合負担の構造を明らかにした。「4　日本（外国）の会社の源泉税等の納付義務」（70頁）において既に言及したように，内部留保している限りにおいては問題にならないが，日本の親会社に配当した場合には，2015年時点では，日独租税条約により，配当源泉税の税率が15％になる。そして，ドイツの現地法人から他のEU（欧州連合）加盟国に位置する親会社への配当に関しては，「EU親子会社間配当指令」に基づき，配当源泉税の税率が0％になる。

　日本から見た場合，ヨーロッパのどこの国に「ビジネス拠点」を設置するか，あるいは，どこの国のビジネス拠点を拡大するかという企業立地国（ビジネス拠点立地国）の選択・資本投資先の決定に関しては，いくつかのポイントがある。あくまで税制面（税負担面）だけでのメリット・デメリットではあるものの，以下の2つの点が重要である。1つ目は，その国で企業活動を行ない利益を計上した場合の企業収益課税の税率（いわゆる法人税率）がいくらであるかということである。2つ目は，その国に位置する現地法人から日本の親会社に配当した場合に，そもそも

「配当源泉税」があるのか，あるとしたら税率がいくらになっているのかという点である。この2つの点は，別々にではなく，併せて同時的に見ていく必要がある。

① 法人税（企業収益課税）のEU域内比較

他のEU加盟国ならびに他のヨーロッパ諸国における「法人税等の税率」（企業収益課税の税率）は，以下のようになる。

表2−5　EU加盟国の企業収益に対する税負担（2013年）

ベルギー	33.99%	「危機付加税」3％を含む
ブルガリア	10.00%	
デンマーク	25.00%	2014年：24.5%，2015年：23.5%，2016年から22%
ドイツ	30.00%	連帯付加税と営業税を含む（自治体により異なり，大都市は少し高い）
エストニア	21.00%	2015年から20%・配当の場合のみ課税
フィンランド	24.50%	
フランス	36.10%	合計8.3%の「付加税」を含む
ギリシャ	26.00%	
イギリス	23.00%	2014年：22%，2015年：20%
アイルランド	12.50%	利子・使用料・賃貸料のような受動所得に対しては25%
イタリア	31.40%	3.9%の「IRAP」を含む
クロアチア	20.00%	
ラトビア	15.00%	
リトアニア	15.00%	
ルクセンブルク	29.22%	付加税：7％と自治体営業税：6.75%を含む
マルタ	35.00%	
オランダ	25.00%	
オーストリア	25.00%	
ポーランド	19.00%	
ポルトガル	26.50%	1.5%までの「自治体付加税」を含む。さらに3〜5％の「追加付加税」
ルーマニア	16.00%	
スウェーデン	22.00%	
スロバキア	23.00%	
スロベニア	17.00%	
スペイン	30.00%	会社の活動内容により，25%〜35%の間で変動の可能性
チェコ	19.00%	
ハンガリー	19.00%	最大2％の地方税が加わる
キプロス	12.50%	
スイス	12.9〜24.2%	州により異なり，連邦税・州税・自治体税の合計。持ち株会社：7.83%
ノルウェー	27.00%	
アイスランド	20.00%	

ドイツの税率は，営業税の平均乗率が400%の自治体を前提にして算定したものである。そのドイツの総合税率を上回っているのは，ベルギー・フランス・マルタの3ヵ国だけである。とりわけ1990年以降のドイツにおける過去の法人税等の税

率の引下げ努力にも拘わらず，EU域内ならびに他のヨーロッパの国との比較で見ると，ドイツはなお「高税率国」になる。

② 他のEU加盟国の現地法人から日本への配当時の源泉税

ドイツ以外のEU加盟国ならびに他のヨーロッパの国に位置する現地法人から，日本の親会社に配当をした場合の配当源泉税率をまとめると，以下の**表2−6**のようになる。まずは，日本との租税条約が締結されていないEU加盟国が8ヵ国ある（**表2−6**で「※」が付されている国）。その場合は，原則として，その国の国内法の配当源泉税率が日本への配当に対しても適用される。日本との租税条約が締結されている国における租税条約上の配当源泉税率と国内法上の配当源泉税率との関係を見ると，イギリスのように，租税条約上も0％で国内法上も0％という例外的な国がある。それと共に，ベルギー等のように，租税条約上は最高5％という税率が規定されているが，既に国内法で免税（0％）が規定されている少数の国がある。多くの国の場合，国内法でより高い配当源泉税率が定められていて，租税条約上，15％，10％，または，5％の軽減税率（最高限度税率），または，免税（0％）が定められている。

なお，以下において，租税条約上の軽減税率（最高限度税率）ないしは免税（0％）かどうかを1つしか挙げていない。しかし実際には，「出資比率25％以上」・「出資比率50％以上」等の最低出資比率と「出資持分の最低6ヵ月の保有」等の最低保有期間の前提条件を付して，軽減税率または免税（0％）が複数規定されている場合が多い。下の配当源泉税率（軽減税率・免税）は，「100％出資で出資持分の最低1年以上の保有」を前提にしたものである。そうでない出資比率・保有期間の場合には，そのつど該当する「租税条約」あるいは国内規定を確認する必要がある。

表2−6　EU加盟国ならびにその他の国の現地法人から日本への配当時の配当源泉税率（2014年）

ベルギー	0％	租税条約では5％であるが，国内法で既に0％。
ブルガリア	5％	租税条約では10％であるが，国内法において5％。
デンマーク	0％	租税条約では15％だが，国内法で0％。
ドイツ	15％	国内法では26.38％。租税条約で軽減税率を15％に引下げ。
ドイツ（2017年以降）	0％	国内法では26.38％。租税条約で0％に引下げ。
エストニア　※	0％	租税条約なし，国内法により0％。
フィンランド	10％	租税条約により10％。
フランス	0％	国内法では30％であるが，租税条約により0％。
ギリシャ	25％	一定の前提条件充足時：10％。税務行政執行共助条約のみ

イギリス	0%	租税条約も国内法も0%
アイルランド	0%	租税条約で日本への配当には源泉税を賦課しないことを規定
イタリア	10%	租税条約により10%
クロアチア　※	12%	租税条約なし（税務行政執行共助条約のみ），国内法により12%。
ラトビア　※	0%	租税条約なし，2013年から国内法により0%。
リトアニア　※	0%	租税条約なし（税務行政執行共助条約のみ），国内法により0%。
ルクセンブルク	0%	租税条約では5%であるが，国内法で0%。
マルタ　※	0%	租税条約なし（税務行政執行共助条約のみ），国内法により0%。
オランダ	0%	国内法では15%。租税条約により0%。
オーストリア	10%	国内法では25%であるが，租税条約により10%。
ポーランド	10%	国内法では19%であるが，租税条約により10%。
ポルトガル	5%	国内法では25%であるが，租税条約により5%。
ルーマニア	10%	国内法では16%であるが，租税条約により10%。
スウェーデン	0%	国内法では30%であるが，租税条約により0%。
スロバキア	10%	国内法では15%であるが，租税条約により10%。
スロベニア　※	15%	租税条約なし（税務行政執行共助条約のみ），国内法により15%。
スペイン	10%	租税条約により10%。
チェコ	10%	国内法では15%であるが，租税条約により10%。
ハンガリー	0%	租税条約では10%であるが，国内法により0%。
キプロス　※	0%	租税条約なし，国内法により0%。
スイス	0%	租税条約により0%。
ノルウェー	5%	国内法では25%であるが，租税条約により5%。
アイスランド　※	18%	租税条約なし（税務行政執行共助条約のみ），国内法により18%。

　ドイツからの日本への配当の場合の配当源泉税率と他のヨーロッパの国からの配当源泉税率を比較してみる。ドイツの15%（2015年時点）というのは，租税条約上の3つある軽減税率（5%・10%・15%）の中の最も高い軽減税率ではあるものの，孤立して高いというわけではない。しかしながら，日系企業にとってヨーロッパでの「中心的ビジネス拠点」（欧州本社機能）の立地が具体的に問題になるような国は限られてくる。そのような国との比較が重要である。すなわち，イギリス・ベネルクス3国・フランスにおける「免税（0%）」，場合によっては，スイスやアイルランドにおける「免税（0%）」と比較すると，2015年時点のドイツの配当源泉税率15%というのは圧倒的に不利であるとの印象を免れ得ない。他方で，2015年7月に実質合意がアナウンスされた新租税条約では，25%以上の出資比率で18ヵ月以上の保有の場合，2017年1月1日以降は，配当源泉税が0%になる予定である。

③ 2009年4月以降の日本における海外子会社からの配当益金不算入

　2009年4月1日付で，日本における海外子会社からの配当について，従来の「外国税額控除方式」から「配当益金不算入方式」への制度変更が行なわれて現在に至っている。従来の外国税額控除方式のもとでは，「法人税等（ドイツの場合は法人税・営業税・連帯付加税）」とここで問題にしている「配当源泉税」を併せた外国での税額を，日本で納付する「法人税等（法人税・住民税）」の税額から控除して二重課税を回避する。しかしながら，その2009年3月以前の制度のもとでは，配当前の海外子会社のもとでの課税所得を，配当を受けた日本親会社のもとで再度課税する。すなわち，結果として日本の「（当時の）法人税等の（高い）税率（40％前後）」で統一的に課税することになっていた。そのため，従来の「外国税額控除方式」のもとでは，日本の「法人税等の税率」が国際的に見て高かったことも相俟って，税率の低い国に現地法人（子会社）を設立して，その税負担を軽減して配当を日本に還元させるというインセンティブが働かなかったと言える。より極端に言うと，日本に配当してしまうと最終的に日本の高い税率で押しなべて課税されてしまうために，海外の子会社での「法人税等の税率」の高低ならびに「配当源泉税」の有無・「配当源泉税率」の高低は，日本側から見るとそれほどの関心事ではなかった。もちろん，外国での現地法人（子会社）設立の意義は，そこからの配当での利益還元だけに見出されるものではない。とはいえ，そのような旧来の制度は，世界経済のグローバル化の中で，日本の会社の「企業意思決定の選択肢」を狭めていたことは間違いない。

　2009年4月1日付で日本で施行された「外国子会社配当益金不算入方式」は，25％以上の出資比率でその出資持分保有期間が6ヵ月以上という前提条件を満たした場合に，当該外国子会社からの配当の95％を益金不算入にするというものである。すなわち，受取配当収益の5％は非課税扱いの収益を取得するための費用と見なされて益金算入されるが，95％は非課税扱いになる。その結果，2009年4月以降の「外国子会社配当益金不算入方式」のもとでは，5％は課税対象となるものの，外国子会社での税負担の高低が当該企業グループ全体の税負担の高低に直接的に影響を及ぼすという状況に180度転換した。重要なポイントを分かりやすく理解するという観点から，「外国税額控除方式」と「外国子会社配当益金不算入方式」の細かい詳細規定の考慮を省略した形であるが，そこの状況の変化を数値で示すと以下のようになる。

表2-7　2009年3月以前と以降の企業グループ全体での税負担の相違

	①2009年3月以前 外国Aからの配当	②2009年4月以後 外国Aからの配当	③2009年4月以後 外国Bからの配当
外国子会社での税前利益	100.0	100.0	100.0
法人税等	25.0	25.0	30.0
配当額	75.0	75.0	70.0
外国での配当源泉税0％	0.0	0.0	―
外国での配当源泉税15％　注1）	―	―	10.5
日本での追加税負担　注2）	15.0	―	0.0
外国・日本での負担合計	40.0	25.0	40.5

注1）：配当源泉税率15％は，配当額70に対して賦課されることから，③においては，元の「課税所得」100から見ると10.5になる。
注2）：2009年3月以前の日本での「法人税等の税率」を40％とし，さらに，2009年4月以降において5％の益金算入部分に対する税負担は無視している。

　上の**表2-7**においては，2つの重要なポイントが明示されている。1つめは，「①」と「②」の相違である。「外国税額控除方式」から「外国子会社配当益金不算入制度」への日本側だけの制度変更により，外国子会社の状況はまったく変わっていないにも拘わらず，日本本社と外国子会社の税負担の合計は大きく変わっていることである。2つ目は，「②」と「③」の相違である。外国子会社のもとでの「法人税等の税率」の高低と「配当源泉税」の有無または「配当源泉税率」の高低により，日本本社と外国子会社の税負担の合計は大きく変わってくることである。

④　日本に配当した場合の最終的税負担

　上の「③　2009年4月以後外国Bからの配当」というのは，2008年以降のドイツにおける法人税・営業税・連帯付加税の税率をベースにしている。上においては，法人税・営業税・連帯付加税の総合負担と，日本に配当をした場合の配当源泉税の負担の比較を別々に見てきた。その2つを総合した配当時の最終的税負担，すなわち，それぞれの国に位置する現地法人（子会社）が「100」の課税所得を計上した場合に，法人税等（ドイツの場合で言えば，法人税・営業税・連帯付加税）の税負担と配当源泉税の税負担の合計がどれほどになるかの主要国の比較をまとめると，以下のようになる。

表2-8　日本への配当時の企業グループ全体としての税負担

	法人税率	配当源泉税率	総合負担
ベルギー	33.99%	0.00%	33.99%
ドイツ	30.00%	15.00%	40.50%
ドイツ（2017年以降）	30.00%	0.00%	30.00%
フランス	36.10%	0.00%	36.10%

イギリス	23.00%	0.00%	23.00%
アイルランド	12.50%	0.00%	12.50%
イタリア	31.40%	10.00%	38.26%
ルクセンブルク	29.22%	0.00%	29.22%
オランダ	25.00%	0.00%	25.00%
オーストリア	25.00%	10.00%	32.50%
ポーランド	19.00%	10.00%	27.10%
スウェーデン	22.00%	0.00%	22.00%
スペイン	30.00%	10.00%	37.00%
スイス	12.9〜24.2%	0.00%	12.9〜24.2%

　法人税等（ドイツの場合で言えば，法人税・営業税・連帯付加税）の税率だけ，あるいは，配当時の源泉税率だけを個々に見ると，確かにドイツの税率は高い方ではあるものの，それほど極端に高いという印象はない。しかしながら，2015年時点において，その2つを総合すると，目立って高いという印象が際立ってくる。この点は，2009年4月における日本の「外国税額控除方式」から「外国子会社配当益金不算入制度」への制度変更以前からそうであった。しかしながらそれ以前は，日本側から見ると，最終的に日本の高い「法人税等の税率」で押しなべて課税されてしまうことから，それほど問題にされなかったと言える。2009年4月1日でその状況は一変した。

　その意味で，2015年時点のドイツは，あくまで税率面だけからではあるが，EU域内の「ビジネス拠点立地国」として不利な国として位置づけられてしまう。2017年に施行予定の新日独租税条約の配当源泉税0％は，日本から見た場合のドイツの「ビジネス拠点立地国」の魅力を大きく改善するものである。

5　商法会計と税法会計　―「基準性の原則」―

　後の「Ⅱ　法人税と営業税の課税ベース」（96頁）において，法人税の課税対象となる法人企業の「課税所得」の計算のための個々のルールについて解説する。その前に，いわゆる「商法会計基準」と「税法会計基準」との間の関係について言及しておきたい。

　法人企業のドイツ法人税法上の課税所得は，原則として「商法会計基準」（正確には，商法の「正規の簿記の原則」）に基づき算定される。商法会計基準が税法会計の基準となるという意味で，これは「基準性の原則〈Maßgeblichkeitsprinzip〉」と呼ばれている。日本の「確定決算主義」に類似した考え方である。その「基準性

の原則」を規定したドイツ所得税法第5条第1項第1文は以下のようになっている。

所得税法第5条第1文

法律上の規定に基づき，会計帳簿を記帳し，定期的に決算書を作成することを義務付けられている事業者においては，あるいは，その義務を負わせられていないが，会計帳簿を記帳し，定期的に決算書を作成する事業者においては，事業年度の終了において，商法上の正規の簿記の原則に基づき計上されている事業資産を計上するものとする（以下略）。

実務的にも，法人税の申告に際して，通常は商法上の「決算書類（貸借対照表・損益計算書・注記）」と，商法上の年度会計監査の対象となる中規模会社以上の場合は，会計事務所が作成した「監査報告書」を申告書に添付して提出する。ちなみに，ここのところを正確に言うと，2013年度分から，少なくとも決算書類（貸借対照表・損益計算書・注記）は，オンライン送付することが義務付けられている（(3)「E－バランス：申告書の添付書類のオンライン送付」，81頁）。このようなドイツにおける商法会計と税法会計との間の関係については，以下の2つの点が指摘されなければならい。

☐1 基準性の原則の堅持

「2010年ドイツ商法会計基準改革」以前は，「逆基準性の原則」（所得税法第5条第第1項第2文〔旧〕）が存在していた。それは，税法会計処理と商法会計処理の双方に同じような選択権が確保されていて，税法上の観点からある選択的処理を選ぶ場合，商法上も同一にしなくてはならないというものであった。また，アメリカ会計基準との比較において，よく「ドイツ商法会計基準」は，原則論を明記しているに過ぎないと言われる。個別項目によってはより詳細な規定が取り決められている「税法会計基準（税法規定）」による処理が，実質的な商法会計処理の指針となっている事例も多い。2009年までは，上記の基準性の原則と逆基準性の原則が，商法会計基準と税法会計基準（税法規定）との間の関係を規定する両輪であった。「2010年ドイツ商法会計基準改革」により，逆基準性の原則は撤廃された。しかし，基準性の原則はまだ維持されていることから，商法会計基準と税法会計基準（税法規定）との間が一挙にまったく別物になるとは考えられない。

② 商法会計と税法会計の乖離傾向の暫時的浸透

　他方で，既に2000年前後から，税法会計の商法会計からの乖離傾向が見られる。従来から商法決算書上では費用計上されているが，接待飲食費（30％：2003年までは20％）や取引先への1人／1年あたりの金額がEUR35を越えた場合の贈物等の申告調整項目（損金算入自己否認）の税効果会計でいうところの「永久差異」は存在していた。それに加えて，とりわけ過去15年間の税制改正により，税法会計が商法会計から乖離する事例が増えている。ドイツの税法専門家の間でも，「基準性原則からの訣別」といったことが盛んに議論されていた。「2010年ドイツ商法会計基準改革」においては，年金等引当金の処理のように，商法会計基準の処理が税法会計の処理から明確に乖離するというものもいくつか出ている。今後も，税制改正により，税法会計の処理が商法会計基準による処理から乖離するという傾向が，ゆっくりではあるが，より強まることは間違いない。

II
法人税と営業税の課税ベース

　法人税上の課税所得は，原則として，商法会計基準に基づく「当期利益」（税引前利益）をベースにして計算される。これを基準性の原則と呼んでいる。営業税は，その法人税上の課税所得をベースにして，営業税法上の観点から規定された加算・減算の処理をして，営業税上の課税所得である「営業収益」を算定する。「2010年商法会計基準改革」により，逆基準性の原則が撤廃され，商法会計基準と税法会計基準（税法規定）との「緊密な関係」は，ひとつの時代を終えたと言える。今後，両者は漸次その乖離傾向を強めていくであろう。但し実務的には，商法会計基準の当期利益（税引前利益）が，法人税上の課税所得（営業税上の営業収益）の算定のベースになるという点（基準性の原則の維持）は，当分の間大きく変わることはないと思われる。

　以上の理由から，ここでは，在独日系企業の現地法人（子会社）あるいは支店に深く関連する規定について，あくまでドイツ商法会計基準の内容をベースにして，そこから異なっている点あるいは税法上の規定として強調すべき点を取り上げていく。その時のベースになる商法会計基準の大勘定科目からなる貸借対照表は，以下のようなものである。

貸借対照表

A　固定資産	A　自己資本
Ⅰ　　無形固定資産	Ⅰ　　資本金
Ⅱ　　有形固定資産	Ⅱ　　資本準備金
Ⅲ　　財務資産	Ⅲ　　利益準備金
B　流動資産	Ⅳ　　繰越利益／繰越欠損
Ⅰ　　棚卸資産	Ⅴ　　当期利益／当期欠損
Ⅱ　　売掛金およびその他資産	B　引当金
Ⅲ　　有価証券	C　債務
Ⅳ　　現預金・小切手	D　貸方経過勘定
C　借方経過勘定	E　繰延税金負債
D　繰延税金資産	
E　前払年金費用	

商法会計基準上の当期利益から法人税上の課税所得への調整・計算は，法人税の申告書作成作業においては，切れ目なく一気に行なわれる。しかし理論的には，2つの段階に分けられる。1つ目は，「（商法）貸借対照表」上の調整である。税効果会計で言うところの「一時差異」に対応する。2つ目は，いわば「損益計算書」上の調整（益金不算入・損金不算入の調整）であり，同様に税効果会計で言うところの「永久差異」に対応する。ドイツの税法専門家は，「貸借対照表外の調整〈außerbilanzielle Korrektur〉」という言い方をよくする。ここのところは，極めて理論的な話であり，実務的にも見えづらいことであるが，とりわけ「出資持分（株式）」のところの話などは，ここのところが理解できていると，より深い理解が可能になる。ここでも，その2つの段階を分けて解説していく。

1　法人税上の課税所得の計算(1)：
貸借対照表の計上原則・評価原則上の乖離

　法人税上の課税所得の計算に際して，商法会計基準による年度決算書（商法貸借対照表）とは異なる処理を行なう必要がある項目（貸借対照表上の調整項目）の主なものを，以下に解説する。その「貸借対照表上の調整項目」をきちんと表現した，「商法貸借対照表」とは異なる「税務貸借対照表」の作成は任意である。しかし，大企業の場合は，その作成・提出を強く要請される。他方で，紙の形での税務貸借対照表を実際に作成しない場合でも，ここの「法人税上の課税所得の計算(1)：貸借対照表の計上原則・評価原則上の乖離」（一時差異）の話は，少なくとも頭の中では，税務貸借対照表の個別の勘定科目（詳細勘定科目）の数値を税法規定に基づき確定していく作業と言える。

① 固定資産・流動資産の評価と評価減の計上

　一般的な原則として，ドイツの商法会計基準では，「固定資産」について，決算日において「長期的価値の下落」が見込まれる場合，「評価減」を計上することが義務付けられる（商法第253条第3項）。「流動資産」については，ちょっと異なるが，「低価法」に基づき，決算日の評価額が取得原価または製造原価より低い場合，同様に「評価減」を計上することが義務付けられている（商法第253条第4項）。この評価減のことを，固定資産については「通常外償却〈außerplanmäßige Abschreibungen〉」と呼び，流動資産については単に「償却〈Abschreibungen〉」

と呼んでいる。また，評価減を行なうことを，「価額修正〈Wertberichtigung〉」とも呼ぶ。さらに，これらの評価減は，後述の「引当金」のところでその相違を解説するが，日本では「(評価性) 引当金の計上」と理解されているものである（後述の「1 引当金」，107頁を参照）。

　他方で，税法規定では，この評価減は，商法会計基準と同様に固定資産については長期的価値の下落で判断するが，流動資産については，「低価法」に加えて（それに代えて），「長期的価値の下落」の存在でもって判断する。そして，固定資産についても流動資産についても，任意計上となっている（所得税法第6条第1項第1号・第2号）。税務当局側の見解では，「基準性の原則」が強制的に適用されず，商法会計基準上の処理とは無関係に，税法上の任意計上権が行使できるとしている（2010年3月12日付連邦財務省通達）。特に在独日系企業に深く関わってくる「出資持分 (株式)」の評価減については，微妙な問題が絡んでくる。これは後述の「(1) 出資持分 (株式) に対する評価減」（102頁）ならびに「2 出資持分の評価損と出資持分売却損：損金不算入」（112頁）のところで詳細に解説する。

1　無形固定資産

　上の原則論を前提にして，「無形固定資産」については，「2010年ドイツ商法会計基準改革」により，次のような3つの重要な商法会計基準上の改正がなされている。1) 有償取得した営業権の資産計上義務の導入（自社内創出の営業権は引き続き計上禁止），2) 自社内開発・創出の一定の無形固定資産の資産計上選択権の導入（例：特許権・意匠権等），3) 研究開発費の開発費部分の製造原価としての資産計上の可能性（研究費部分は引き続き費用処理）の3つである。

　自社内創出の営業権に関しては，商法会計基準も税法規定上のどちらも計上禁止なので，乖離が発生することはない。有償取得の営業権についても，商法会計基準も税法規定のどちらも，計上義務でしかも減価償却の対象なので，そこだけでは乖離が発生しない。しかしながら，減価償却期間の相違により乖離が発生する可能性がある。商法会計基準では，それ以上の期間の耐用年数を証明できない限り原則として5年償却，あるいは，原則としてビジネスの観点からの評価に基づくが，それが不可能な場合10年償却（2016年1月1日以降開始の事業年度から）である。税法規定では，在独日系企業の現地法人（子会社）のような事業会社の場合，原則として15年である。また，有償取得の営業権について，「長期的価値の下落」と見込まれる場合，商法会計基準でも税法規定でも，評価減（通常外償却）をする。その後，評価額の回復が見られた場合，税法規定上は，取得価格から定期的な減価償却

額を控除した価額を最高限度として，評価額の振り戻しが義務付けられている。それに対して，商法会計基準ではそれが認められていない。

　また，商法会計基準上，自社内開発・創出の一定の無形固定資産（例：特許権・意匠権」）の資産計上選択権が，「2010年ドイツ商法会計基準改革」によって導入された。その際，研究開発費の中の開発費を製造原価として資産計上できる。これに対して，税法規定上は，この資産計上は認められていない。

2　有形固定資産

　商法会計基準上も税法規定においても，資産計上は，製造・取得価格である。製造あるいは取得の事業年度における減価償却について，2003年までは半年単位の簡便法処理が認められていたが，税法上の規定として，2004年から月割計算することが義務付けられている。すなわち，暦年事業年度の会社で11月中にある償却固定資産を取得・製造して計上した場合，当該事業年度の償却額は年度償却額の6分の1（2ヵ月分）となる。これはあくまで税法上の規定であるが，商法会計基準上もそれに沿った処理が行なわれている。減価償却が終了しても，除却（廃棄）していない場合，「残存価格」は基本的にはゼロだが，備忘価格1ユーロは認められている。

（1）　減価償却方法

　償却固定資産の償却方法としては，商法会計基準においては，「定額法」，「定率法」，その他の派生的な償却方法も認められている。しかしながら，税法規定上は，2007年以前に取得・製造された動産や，2005年以前にその建築許可申請が提出されたもの，または，購入契約が締結された建物について，確かに定率法あるいは「級数法」が認められている。さらに，一部のものについて「生産高比例法」（所得税法第7条第1項第6文）も見られる。とはいえ，原則として定額法である。ただし，2009年1月1日以降から2010年12月31日までに取得・製造された動産については，時限立法措置として，再度定率法の採用が認められている（定額法の2.5倍だが，最高で25％）。定率法が採用されている場合，定額法への移行は認められているが，定額法が採用されている場合に定率法へ移行することは認められていない。

（2）　減価償却年数

　償却固定資産の耐用年数については，経済的合理性が主張できる場合には，必ずしもそれに従う必要はないが，連邦財務省から「税務耐用年数表〈Absetzung für Abnutzung：AfA-Tabelle〉」が公表されている。実務的にはほとんどのケースに

おいてそれに基づいて減価償却処理が行なわれ，法人税上の課税所得の計算がなされる。具体的な償却固定資産の耐用年数としては，パソコン：3年（ハード・ソフト），自動車：6年，建物：25年（または33年），オフィス家具：13年等が挙げられる。税務当局側の傾向として，ある意味で自然であるが，「税務耐用年数表」に規定してある耐用年数より長い耐用年数で減価償却を行なっている場合には受容するが，その逆の場合は，経済的合理性の根拠が厳格にチェックされる。

（3） 少額資産の処理

商法会計基準上は，金額の多寡に関わりなく，固定資産台帳に計上して償却年数に応じて，毎年減価償却処理していくのが原則である。

税法上の規定として，2008年1月1日以降に取得・製造された資産（独立して使用可能な動産）から，新しい「少額資産処理制度」が導入された。150ユーロ（VAT抜きのネット価額：以下同様）以下のものは，その事業年度に費用処理する。150ユーロ超で1,000ユーロまでの資産は，購入年度ごとにまとめて，5年の定額償却する。その中の1つの資産が除却された場合でも価額は変更されない。この当時，この制度の下では選択権は確保されていなかった。

それに対して2010年1月1日以降に取得・製造された資産から，2つ（基本原則を含めると3つ）の選択肢を場合によっては年度ごとに選択できるようになった。すなわち，基本原則である固定資産台帳に記載して耐用年数に応じて減価償却する方法に加えて，「選択肢1」は，410ユーロ以下の資産は当該年度において全額費用処理できる。ただし，150ユーロ超で410ユーロまでの資産は，取得・製造年度において全額費用処理しつつも，固定資産台帳への記載をしなくてはいけないというものである。そして，150ユーロ以下の資産は，当該年度で費用処理して，資産にも計上しない。「選択肢2」は，150ユーロ超で1,000ユーロまでの資産は，購入年度ごとにまとめて，5年の定額償却（その中の一つの資産が除却された場合でも価額は変更されない）を行なうことができ，150ユーロ以下の資産は，固定資産台帳に記載することなく，購入・取得年度に全額費用処理できるというものである。

またこの2つの選択肢は，年度ごとに変更が可能であるが，一事業年度において，2つの選択肢を併用することはできないとされている。この「少額資産処理」は，あくまで税法規定であり，商法会計基準には具体的に対応する規定はない。しかし，商法会計基準上も，経済合理性の観点から受容されると考えられている。

（4） 税法規定上の買替え資産の圧縮記帳

ドイツの税法規定には，所得税法第6ｂ条に基づく「買替え資産の圧縮記帳」の

規定がある。まずは，一定の条件を満たした土地と建物に関して，旧資産の売却益を買替え後の代替資産の取得原価から控除する経理処理をするというものである。または，4年以内に代替資産を取得・製造することを条件に，非課税扱いの「準備金」への繰入れを行なう。それにより旧資産の売却益の課税繰延べが可能となっている。このような処理は，商法会計基準上は認められていない。ここでも，商法会計基準による貸借対照表の当年度利益から税法規定による課税所得の数値が乖離する。

3　財務資産

　商法会計基準上，「財務資産〈Finanzanlangen〉」については，価値の下落が一時的なものと見なされる場合であっても，評価減を行なう選択権がある（商法第253条第3項第4文）。しかしながら，税法規定上は，この場合の評価減は認められていない。もし，商法決算書において，当該選択権を行使している場合には，商法会計基準による評価額と税法規定の評価額に乖離が発生し，「貸借対照表上の調整」を行なわなくてはいけない。

（1）　出資持分（株式）に対する評価減

　財務資産に区分される「出資持分（株式）」に関しても，商法会計基準上，「長期的価値の下落」に際して評価減が行なわれる（行なわれなければならない）。それに対して，税法規定上は，その評価減は任意であるという一般原則が適用される。すなわち，その限りにおいて，「出資持分（株式）」に関しても税法規定上の「選択権」があることになる。在独日系企業の場合，ドイツ現地法人の下にドイツまたは他の国に位置する「子会社」（日本から見たら「孫会社」）が資本関係上ぶら下がっていて，当該「子会社」の業績が思わしくない時に，ここのところがよく問題になる。もし，子会社の業績が思わしくなく，「出資持分（株式）」の「長期的価値の下落」が存在して，商法会計基準上と同様に，税法規定上の「選択権」を行使して評価減した場合，この「評価減」を計上することができる。すなわち，「貸借対照表上の調整」を行ない，「（税務）貸借対照表」上において，「出資持分（株式）」の価額を「評価減額分」だけ控除した形で計上できる。

　しかしながら，そのような場合でも，後述の「2　法人税上の課税所得の計算(2)：損益計算書上の損金不算入・益金不算入項目」（109頁以下）のところで解説するように，その「評価減額」に由来する「評価損」に対しては，損金不算入の処理がなされることには留意する必要がある（法人税法第8b条第3項第3文）。この評価損の損金不算入は，在独日系企業の現地法人（有限会社）のような法人企業

の場合のみである。結果として，税法規定上の評価減の選択権を行使するかどうか
に関わりなく，後述の「税務上の損益計算書上の調整」において「評価損」は損金
不算入となることから，それでもって節税ができるわけではない。

（2） 出資者貸付金に対する評価減

　これは，「2008年企業収益税改革」に際して，導入されたものである。「出資者
貸付金」と認定された場合，「資本代替貸付金」という観点から，出資者貸付金を
出資持分（株式）と同じものと見なす。そして，ドイツ国内・外国に位置する「子
会社」に対する「出資者貸付金」に関連する費用（評価損・債権放棄損等）の損金
算入を認めないという制度である。「貸付金」も，通常1年以上の期間の融資であ
る限りにおいて，ここでいう「財務資産」（出資者貸付金）に区分される。この制
度の背景にある考え方は，「出資者（あるいはその関連会社）」が子会社に対して
供与する「貸付金」は，「資本代替機能」を有していることが多く，実質的に「出
資持分（株式）」と同じに見なされるべきというものである。もし，出資持分（株
式）については，評価損・売却損・清算損の損金算入が認められていないのに対し
て，出資者貸付金については，評価損ならびに債権放棄損等の損金算入が認められ
るとした場合，出資持分（株式）の評価損等の損金不算入を回避するために，「出
資者貸付金」が濫用されるであろう，というのが税務当局側の認識である。そのよ
うな迂回策としての「濫用」を防止するというのが当該制度の導入趣旨である。

　ここでも，上で解説した出資持分（株式）の「長期的価値の下落」時の評価減を
巡る問題，すなわち，税務貸借対照表上，評価減の計上は任意であるが，どちらの
場合であっても，評価減に由来する評価損は，「税務上の損益計算書上の調整」に
おいて損金不算入になるという同じ問題が発生する。評価損ならびに債権放棄損
の損金不算入の問題は，後述の「4　出資者貸付金関連の費用の損金不算入」（113
頁）のところで詳細に解説する。ここでは，「出資者貸付金」の定義ならびに誰の
もとでこの問題が発生するかについて明らかにしておきたい。

　図2−1に「出資者貸付金の評価減」の問題の登場人物，問題となる「貸付金」
を図示した。ここでいう「親会社」も「関連会社」もドイツの会社であり，相互に
直接・間接を問わず25％以上の出資・被出資関係にある会社である。ここの「25％
以上の出資・被出資関係」という定義は，外国税法第1条第2項の規定，すなわち，
移転価格税制の「関連者（近い関係の者）」の出資比率上の定義に準じたものであ
る。それに対して，「子会社」は外国でもドイツ国内であっても構わないが，「親会
社」から直接・間接を問わず25％超の出資を受けている会社である。

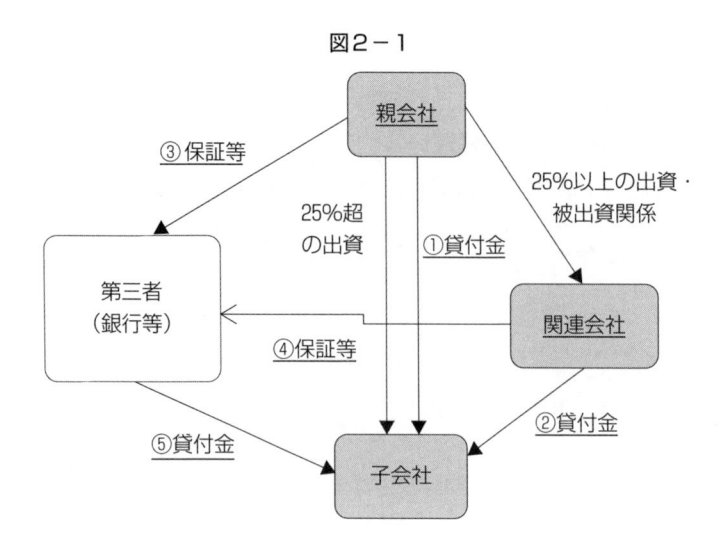

図2-1

問題となる評価減は，「①貸付金」についての「親会社」のもとでの評価減と，「②貸付金」についての「関連会社」のもとでの評価減である。「①貸付金」についての「親会社」のもとでの評価減だけが問題にされるのではないことには留意する必要がある。後述する「費用の損金算入否認」が問題となるのは，「①貸付金」に関する「親会社」のもとで発生する「費用」（評価損・債権放棄損等），「②貸付金」に関する「関連会社」のもとで発生する「費用」（評価損・債権放棄損等），そして，「③保証等」ならびに「④保証等」に関連して「親会社」・「関連会社」のもとでの「費用」（「⑤貸付金」の回収不能時の求償補填費用等）である。

4　流動資産

流動資産の商法会計基準上の評価は，「低価法」に基づき行なわれる。決算日の評価額（再調達価格あるいは正味実現価格）が「取得原価」あるいは「製造原価」より低ければ，直ちに決算日の評価額まで評価減を行なわなければならない（商法第253条第4項）。その意味で，商法会計基準上では，固定資産の場合のような「長期的価値下落」ということが必ずしも問題にならない。

（1）　税法規定上の長期的価値の下落

税法規定では，流動資産について，決算日の評価額（再調達価格あるいは正味実現価格）と決算日から決算書作成までの期間の「追加的情報」を考慮しなければならない。「追加的情報」とは，対象となる資産の性格から判断して価格変動が起こり得ると予想し得るものである。その「追加的情報」を考慮しても，「取得原価」

あるいは「製造原価」より低い評価額が妥当と見なされる場合に，税法規定上の「長期的価値下落」があったと見なされる。

　為替レートを通じての評価減の話であるが，たとえば「外貨建て売掛金」に例を取ると以下のようになる。「円建て売掛金」の期中の計上時の為替レートに基づくユーロ建て価額が24,000ユーロだったとする。当該「売掛金」の決算日（3月31日）の為替レートでの価額が20,000ユーロだった場合，商法会計基準上は，「低価法」に基づき「円建て売掛金」を20,000ユーロと評価し，4,000ユーロの評価減を計上する。しかし，決算書を作成した5月1日までに，「（円とユーロ間の）為替レート」は変動を続け，「売掛金」計上時の「為替レート」での評価額の24,000ユーロを上回ることはなかったが，4月20日の「為替レート」では23,000ユーロまで回復した場合，税法規定上，1,000ユーロが「長期的価値下落」分と見なされ，それしか評価減は認められない。4月20日の「為替レート」での23,000ユーロまでの回復が，上でいう「追加的情報」である。

（2）　棚卸資産（商品在庫）の個別評価原則と例外規定

　棚卸資産の評価は，原則として個別評価が原則である。しかしながら，商法会計基準においても税法会計基準においても，簡便化規定の採用が認められている。ただし，商法会計基準は，同種の棚卸資産をグループ分けしての「移動平均法」（商法第240条第4項），払出順序に目をつけた簡便法である「先入先出法〈FIFO〉」と「後入先出法〈LIFO〉」（商法第256条）の3つを認めている。それに対して，税法規定上は，やはり個別評価を原則としつつも，簡便法として，移動平均法が標準的な方法と見なされている。そして，後入先出法〈LIFO〉は認められているものの，先入先出法〈FIFO〉は認められていない。在独日系企業は移動平均法を採用していることが多いことから，その場合は問題がない。そうでない場合は，商法会計基準に基づく評価額と税法規定上の評価額の乖離が発生する。

（3）　売掛金に対する包括的評価減

　「売掛金〈Forderungen aus Lieferungen und Leistungen〉」に対して，商法会計基準上においても税法規定上においても，2つの種類の評価減が存在している。「個別評価減〈Einzelwertberichtigung：EWB〉」と「包括的評価減〈Pauschalwertberichtigung：PWB〉」の2つである。これらの評価減は，日本で言ったら「貸倒引当金」に相当するものである。前者の個別評価減は，会計基準上の「個別評価原則」に基づき，個々の債務者の具体的状況（支払モラル・信用度・債務超過／支払不能等のような財務状況）に基づき判断して計上するものであ

る。商法会計基準に基づき根拠を持って計上された場合，基準性の原則に基づき，税法貸借対照表上もそのまま計上され，そこで発生した評価損は，税法規定上も損金算入される。

　それに対して包括的評価減は，個別評価減の対象となっていない「売掛金」について，個別評価原則を無視して，過去の経験則に基づき，当該売掛金の合計額に何％という形で計上するものである。これは商法会計基準上も税法規定上も許容されている。そして，税務上，連邦税務裁判所の判決においても確認されている点である。この包括的評価減は，過去において，「法人税一般税務調査」でよく取り上げられていたテーマであった。1990年代中葉から，税務調査官は，「1％以内」であれば特に異議を唱えることをしないが，それを上回る場合には，過去の統計データ（未回収率・延滞率・延滞日数等）に基づく算定根拠の提示を要求する，という実務になっている。

（4）　法人税還付未収金

　在独日系企業の現地法人（子会社）のすべてにあるわけではないが，商法貸借対照表上の流動資産の「その他資産〈sonstige Vermögensgegenstände〉」の中に「法人税還付未収金〈Körperschaftsteuerguthaben〉」という勘定科目が存在している場合がある。「2001年税制大改革」において，ドイツ法人税システムに対しては，1977年の法人税制改革以来の大改正が加えられた。その制度変更のエピソードとして，「マイナス法人税収」という前代未聞のことが起こったことは，既に第1章で解説した通りである（「（3）2001年における法人税収マイナス事件」：6頁を参照）。ここで取り上げる「法人税還付未収金」は，その2001年のシステム転換の残滓である。それ以後に設立された会社，あるいは，それ以前から存在していたが，その時期までの利益の「内部留保」をすべて配当したような会社には，これは存在していない。

　5年前後の紆余曲折ならびに喧々諤々の議論を経て，2006年中にまとめられた当該問題に関しての最終解決（法人税法第37条第4項〜第7項）は，「企業側は，2000年以前の内部留保利益（EK40）に関する還付請求権総額を2006年12月31日までに確定し，税務当局側は，それに基づき2008年から10年間（2017年まで）に亘り，配当の有無に関わりなく，10分の1ずつ還付していく」というものである。具体的には以下のようになっている。会社・企業側は，2006年12月31日までに，2000年以前の内部留保利益（EK40）に関連する還付請求対象総額を確定した。還付請求対象総額は，暦年決算の会社においては，2006年12月31日付年度決算書

において，未収金として計上した。すなわち，商法上において，その分だけ年度利益が増加する。3月決算の会社においては，期中の2006年12月31日付で未収金として計上することから，2007年3月期の年度決算書における年度利益が増加したことになる。未収金計上額は，現在価値に割り戻して計上するものとし，還付請求対象総額がそのまま未収金として計上される訳ではない。当該還付請求対象総額は，商法上，年度利益を増加させるが，法人税の還付として取扱われ，「益金不算入」となるために，課税利益にはならない。「流動資産」の「その他資産」の中の見過ごしてしまいそうな「勘定項目」であるが，過去の大きな議論や経緯を引きずっているものとして興味深い。

② 引当金と債務の評価

引当金の計上に関しては，商法会計基準と税法会計基準（税法規定）との間で，特に計上可能性・計上内容制限等において相違がある。ここのところの多くの部分は，「1999年税制改正」と「2010年商法会計基準改革」によって生じたものである。

1 引 当 金

これはドイツの税法規定の問題というより，ドイツ商法会計基準と日本の会計基準との相違の話である。一般的な話として，日本において「引当金」は，大きく分けて「負債性引当金」と「評価性引当金」の2つに分けられる。前者の負債性引当金は，将来において支払等が発生することが予想される場合に計上されるものである。「製品保証引当金」等が代表的なものである。後者の評価性引当金は，現在ある資産が，たとえば売れずにあるいは回収できずに「目減り」することが予想される時に計上されるものである。売掛金に対する「貸倒引当金」等が代表的なものである。

それに対して，ドイツにおいては，「引当金〈Rückstellungen〉」という場合，前者の負債性引当金だけを意味しており，評価性引当金は，「（資産の）評価減〈Wertberichtigung〉」として把握されている。しかも，評価減は，借方の資産項目から直接的に控除されている。すなわち，たとえば売掛金が1,000でその評価減額が200だとすると，借方に売掛金：800と表示されている。ここのところは商法会計基準上も税法規定上も相違がない。従って，以下に解説を加える「引当金」は，日本で言ったら負債性引当金の話であることには留意する必要がある。

（1） 税法規定における計上の否認または制限のある引当金

商法会計基準上において計上されるが，税法規定上は計上が禁じられている「そ

の他引当金」として，「未実現損失のための引当金」，「将来の製造・取得原価のための引当金」等が挙げられる。また，税法規定上において禁じられてはいないが，制限が課されているものとしては，「永年勤続報奨金のための引当金」，「知的財産権侵害に起因する損害賠償請求引当金」等が挙げられる。2010年以降であるが，商法会計基準上と税法規定上で計上方法が異なるものとして，「年金等引当金」が挙げられる。

（2）　税法規定における「履行額」概念の否認と割引利率の相違

「年金等引当金」と「その他引当金」の計上額に関して，「2010年商法会計基準改革」以降，商法会計基準においては，理性的な商人の判断に基づいて必要と見積もられた「履行額」で計上するものとされている。その結果，将来の評価額変動（物価変動や賃金上昇等）を考慮しなければならない。それに対して，税法規定においては，その考慮が明確に否認されている（所得税法第6条第1項第3a号f）。さらに，やはり「2010年商法会計基準改革」以降，商法会計基準において，利息がついていないか，あるいは，考慮されていないもので，返済期限あるいは義務の発生が「1年超」のものについては，現在価値に割り戻す義務が課されている。この点は税法規定においてはすでに1999年からそれが義務付けられていたことから，商法規定と税法規定が合致した（但し，「1年以上」のもの）。しかしながら，割引率について，商法会計基準では，ドイツ連邦銀行が公表している過去7事業年度の「平均市場利子率」で割り引く。それに対して，税法規定では5.5％の利率で割り戻すものと決められている。この2点に関して，引当金の評価額において乖離が発生する。

（3）　年金引当金における2010年からの大きな乖離

年金等引当金は，「2010年商法会計基準改革」において，商法会計基準の貸借対照表の勘定科目の中で最も大きく変更されたもののひとつである。2009年までは，商法会計基準上の詳細な規定は存在せず，多くの場合，税法規定上の詳細規定に沿って，商法会計基準上の処理が行なわれていたと言える。その2010年以降の商法会計基準上の規定を簡単にまとめると次のようになる。将来的な評価額変動要素（賃金上昇，年金額の変動や従業員の退職等）を考慮し，割引利子率については，原則として，ドイツ連邦銀行が公表している過去7事業年度の「平均市場利子率」を採用することを原則とする。場合によっては，15年ものの「平均市場利子率」を採用してもよいとされている。また，年金等引当金とそれに対応する一定の条件を満たした場合の「年金資産」（借方）との「相殺義務」が導入されている。

それに対して，税法規定上（所得税法第6a条）においては，まず，従業員拠出型は年金受給資格確定時より計上するものの，そうでない会社拠出型の場合は，すべての年金受給者が28才で年金制度に加入したと推定して計上する。年金原価係数（割引利子率）は6.0％になっている。従業員の個々の将来的昇給，離職率，物価上昇率は考慮しない。在独日系企業においては，ドイツの企業を買収したようなケースを除き，年金等引当金が計上されていることは稀である。しかしながら，この年金等引当金は，商法会計基準と税法会計基準（税法規定）の貸借対照表上の乖離が最も大きい勘定科目のひとつである。

２　負　　　債

　商法会計基準においては，「2010年商法会計基準改革」において，履行まで「1年超」の期間がある引当金に対しては，現在価値への割引きが義務付けられるようになっている。それに対して，負債については，その義務は存在していない。しかしながら，税法規定においては，すでに1999年以来，履行（返済）まで「1年以上」の期間がある負債で利子がついていないか，あるいは，考慮されていないものについては，引当金の場合と同様に，5.5％の利子率で現在価値に割り引き，債務の額面額と現在価値との差額は収益計上する必要がある。なお，割り戻して現在価値を算定した事業年度において，一時的に大きな収益計上となり，場合によっては，税金の追加負担が発生する。しかしながら，事業年度の経過と共に，現在価値は額面額に近接してくる。一事業年度経過ごとの差異（現在価値の増額）分だけ，費用が発生し（＝損金が増加し），課税所得を引き下げる方向に作用する。結果として，税率が一定で利益を計上しているという前提のもとでは，最初に税金を支払って，履行までの複数年に亘ってその税金を取り戻す（納付する税金が減少する）ということになる。

２　法人税上の課税所得の計算⑵：
損益計算書上の損金不算入・益金不算入項目

　商法会計基準に基づく当期利益から法人税（ならびに連帯付加税）の課税所得を計算するための第2段階目の計算処理プロセスを，ドイツの税法専門家はよく，「貸借対照表外の調整（修正）〈außerbilanzielle Korrektur〉」（永久差異）と呼んでいる。まったく大雑把で一般的な感覚での言い方であるが，商法会計基準上は，お金が入ってくることを「収益」あるいは「収入」と呼んでいる。そして，会社か

らお金が出て行くこと（お金を使うこと）を「費用（コスト）」あるいは「経費」と言っている。前者が後者より大きい場合，その差額を「利益」と名づけている。税法規定上の専門用語としては，前者の「収益」・「収入」のことを「益金」と呼び，後者の「費用」・「経費」のことを「損金」と言っている。そして，前者が後者より大きい場合，「（プラスの）課税所得」と呼んでいる。

　この「法人税上の課税所得の計算の第2段階」（「貸借対照表外の調整」）は，いわば「損益計算書上の調整（修正）」（永久差異）である。まずは，商法会計基準上において費用・経費になっていたものを，税法規定上は損金としない「損金不算入」の処理が問題になる。あるいは，商法会計基準上において収益・収入になっていたものを税法規定上は益金としない「益金不算入」の処理が問題になる。そしてこれは，後述の営業税法上の「加算」・「減算」の場合と同様に，損益計算書内だけでの調整（修正）であり，「（税務）貸借対照表」に反映させられるわけではない。以下において，在独日系企業にとってもよく見られるものを中心にして解説していきたい。

① 配当収益と出資持分の評価損・売却損益の取扱い

　法人税上の益金不算入項目（非課税扱い項目）の代表的なものは，「出資持分（株式）からの配当収益」と「出資持分の売却益・減資差益・清算益」に対するものである。これは，第1章でも取り上げた「2001年税制大改革」で導入された。そして，2004年の税制改正で改正が加えられた（「5％直接関連経費の損金不算入」措置の拡大）。さらに，2013年に「配当収益」に対する「出資比率」に応じた法人税上の異なる取扱いの処理が導入されて，現在の形になったものである。

1　配当収益と出資持分売却益等の取扱い：益金不算入

　「2001年税制大改革」以降，出資先（子会社）がドイツ国内であるか外国であるかを問わず，そして，2013年2月までは，法人税上は出資比率とは無関係に，当該子会社からの「配当収益」ならびに当該子会社の出資持分に関する売却益・減資差益・清算益については，「益金不算入処理（非課税扱い）」が行なわれている。ただし，2001年当時，外国の会社からの配当収益についてだけは，その配当収益の5％相当分は，非課税扱いの収益の獲得のための直接関連費用として見なされ，「損金不算入」とされていたため，実質的には95％が非課税扱いとなっていた。この非課税扱いの配当収益の5％相当分の「損金不算入」は，2004年から，国内会社からの配当収益ならびに国内外を問わない会社に対する「出資持分（株式）」

の売却益・清算益・減資差益等についても拡大されて現在に至っている。また，この非課税扱いの収益の5％相当分を定率で「損金不算入」にしていることの見返りとして，たとえば「出資持分」を購入するために他者から借金をしてその利子を支払っている場合等に，そのような実際の「直接関連費用」は，全額「損金算入」となっている。

（1） 2013年における出資比率に応じた法人税上の処理の相違の導入

2011年10月20日付の欧州司法裁判所の「ドイツ配当源泉税EU法抵触判決」に対する対応として，2013年3月1日以降，配当を受け取る暦年の年初（1月1日）時点の「出資比率10％以上」の会社からの配当収益は，引き続き「益金不算入（非課税扱い）」とするが，「出資比率10％未満」の会社からの配当収益は，「益金算入（課税扱い）」となっている。この2013年からの「出資比率10％」を基準とする異なる取扱いは，法人税上での話である。後述のように，営業税上は，それ以前から異なる取扱いがなされており，しかも「出資比率：15％」が基準である。また，あくまで配当収益についてだけであり，売却益・清算益・減資差益等については，「出資比率」による異なる取扱いはない。

（2） 営業税上の出資比率に応じた処理の相違

法人税上の課税所得から営業税上の営業収益への調整（加算・減算）については，後述の営業税上の「3 営業税における加算・減算」（124頁以下）のところの対象テーマである。しかし，法人税上の取扱いとの相違を明確に強調するという観点から，営業税上の「配当収益」ならびに「出資持分売却益」等の取扱いについてのみ，ここで取り上げる。営業税上の配当収益の取扱いは，該当する「事業年度当初」の出資比率が15％（10％：2007年まで）以上か15％未満（10％：2007年まで）であるかによって異なってくる。法人税上の出資比率の基準日は「暦年年初（1月1日）」であることとの相違には留意する必要があろう。出資比率が15％以上の場合，法人税上の取扱いとまったく同じである。すなわち，益金不算入処理（非課税扱い）のままで，やはり法人税の場合と同様に，5％部分は，非課税扱いの収益の獲得のための直接関連経費と見なされて，「損金不算入」となっているために，実質的に95％が非課税扱いである。

他方で，出資比率が15％未満の配当収益の場合は，その全額が益金算入処理（課税扱い）になる。この営業税上の「出資比率」による異なる取扱いも，法人税の場合と同様に，あくまで配当収益に限定されたものである。売却益・清算益・減資差益については，出資比率による異なる取扱いはない。また，営業税上の「出資比率

15％以上」は非課税扱いという規定は，EU加盟国に位置する子会社の場合は「出資比率10％以上」が非課税扱いである。また，第三国に位置する子会社等の場合で，租税条約でより低い「出資比率」が規定されている場合にも，それに従う。さらに，外国の子会社の場合の非課税扱いの前提条件として，「タックスヘイブン税制」（後述の「2 CFC税制（タックスヘイブン税制）」（206頁以下）を参照）にいう「能動所得」が前提とされている。

2　出資持分（株式）の評価損と出資持分売却損：損金不算入

配当収益非課税扱いの場合の5％損金不算入（実質的に95％非課税）あるいは出資比率に応じた課税・非課税扱い処理の相違等，少し錯綜しているところがある。大筋においての「非課税措置」の裏面として，「出資持分」の評価減に由来する評価損ならびに売却損，清算損ならびに減資差損は，その「出資比率」に関係なく，「損金不算入」となる（法人税法第8 b条第3項第3文）。

また，「2001年税制大改革」以前から保有している「出資持分（株式）」の場合で，その2001年以前の旧規定に基づき評価減を計上し，その時に評価損を損金算入しているものについては，たとえば当該「出資持分（株式）」の売却時の売却益の非課税扱い額の算定において考慮する必要がある（法人税法第8 b条第2項第4文）。仮に，1995年に取得した「出資持分（株式）」の価額が100とし，1999年にその会社の業績が思わしくないということで80に評価減を行ない，20の評価損を損金算入していたとする。2015年にこの「出資持分（株式）」を130で売却できた場合，非課税扱いになる金額は50ではなく30となり，20は課税対象となる。もちろん，正確を期して言えば，30の5％に相当する金額も課税対象となる。

3　出資持分（株式）の益金・損金処理についてのまとめ

前項で解説してきた配当収益ならびに出資持分（株式）の税務上の処理についてまとめると以下のようになる。なお，ここで解説している出資持分（株式）に関係する益金・損金処理の話は，在独日系企業の現地法人（有限会社）や支店のもとでの話に限定される。個人事業主や個人資産の場合は，違った処理になる。

表2-9　出資持分（株式）に関する保有会社側での税務処理

	法人税	営業税
受取配当	出資持分比率≧10％：非課税 出資持分比率＜10％：課税	出資持分比率≧15％：非課税 出資持分比率＜15％：課税
持分保有の直接関連経費	5％：直接関連経費＝損金不算入	5％：直接関連経費＝損金不算入
持分比率充足時の最終的処理	95％非課税	95％非課税
売却益（持分比率無関係）	益金不算入（非課税）	益金不算入（非課税）
持分保有の直接関連経費	5％：直接関連経費＝損金不算入	5％：直接関連経費＝損金不算入

最終的処理	95％非課税	95％非課税
評価損（持分比率無関係）	損金不算入	損金不算入
売却損（持分比率無関係）	損金不算入	損金不算入

4　出資者貸付金関連の費用の損金不算入

　ここでいう「出資者貸付金」については，「(2) 出資者貸付金に対する評価減」のところの**図2−1**（104頁）において解説している。簡単にいうと，3つの種類の「出資者貸付金」が問題にされている。1番目は，直接・間接を問わず25％超出資している「親会社」が当該「子会社」に供与している「貸付金」である。2番目は，その「親会社」と直接・間接を問わずに25％以上の出資・被出資関係にある「関連会社」が当該「子会社」に供与している「貸付金」である。そして3番目は，「親会社」・「関連会社」から保証等を差し入れられた「第三者」（銀行等）が当該「子会社」に供与している「貸付金」の3つである。「子会社」ならびに「第三者」は，ドイツ国内か外国かは問われないが，「親会社」ならびに「関連会社」はドイツ国内の会社であることが前提になっている。

（1）　出資者貸付金関連の費用の内容

　この2008年税制改正で挿入された「出資者貸付金関連の費用の損金不算入」の規定（法人税法第8b条第3項第4文から第8文）については，税務当局側は，以前から存在していた他の税法規定から導き出される趣旨を明確にしたものであると主張している。それに対して，連邦税務裁判所は，「4文から第8文」の挿入により新たに規定されたものであるとの見解を示している。その意味で，2007年以前の状況については，まだ明確ではない。しかしながら，2008年以降においては，当該規定の「違憲性の疑念」を指摘する研究者もいるものの，「出資者貸付金関連の費用」の損金不算入が明確な税法根拠に根ざしたものになったという点においては，一致していると言える。

　該当する法人税法第8b条第3項第4文には，「貸付債権に関連する利益減少または保証の行使からの利益減少」としか規定されておらず，具体的なものではない。他方で，2008年税制改正時の当局側の「改正提案理由」によれば，「出資者貸付金関連の費用」の具体的な内容としては，まずは貸付金の評価損・貸倒損・債権放棄損が挙げられている。さらには，保証に基づき銀行等の第三者から求償された場合の「求償補填費用」も言及されている。一時的に発生する費用という理解である。それに対して，「貸付金」に関連して継続的に発生する費用，たとえば，「親会社」が他者から借り入れして「貸付金」を供与する場合の借入金利子等は，ここでいう

「出資者貸付金関連の費用」に含まれない，すなわち，損金不算入の対象にはならないとしている。

（2）　損金算入のための適用除外規定

　この「出資者貸付金関連の費用の損金不算入」の規定には，「適用除外規定」が設けられている（法人税法第8a条第3項第6文）。「出資者貸付金」を供与する「親会社」あるいは「関連会社」が「独立企業間比較」を行ない，貸付を受けた「子会社」が，自ら利用できる保証をもとに，第三者であっても同じ状況・条件下で貸付を行なうか，もしくは，当該貸付を継続するであろうことを，「親会社」あるいは「関連会社」が証明した場合は，損金算入が認められる。但し，2008年税制改正時の当局側の「改正提案理由」には，以下のような「出資者貸付金」，すなわち，①無利息の貸付金の場合，②利息はあるが，担保保証が取り決められていない場合，③利息も担保保証もあるが，財政状態が悪化した場合等に返済の要求がなされないような場合には，「適用除外規定」の適用はないとしている。

② 　外国支店の利益の課税

　国際税務分野の一般的な話として，本店所在地国から見た場合の「外国支店」の利益の課税方法については，「国外所得免除方式〈Freistellungsmethode〉」と「外国税額控除方式〈Anrechnungsmethode〉」の2つが区別される。換言すれば，これは2つの二重課税の回避方法でもある。国外所得免除方式のもとでは，たとえばドイツから見た場合の外国支店の所得は，ドイツ本店の所得からまったく切り離され，ドイツ本店だけの課税所得が計算されて，ドイツの税務署への納付が行なわれる。そして，外国支店においては，当該外国の税法に基づき課税所得が計算されて，当該外国税務当局への納付が行なわれる。すなわち，まったく独立した会社のごとく税金を計算し納付するわけである。それに対して，外国税額控除方式のもとでも，外国支店において当該外国の税法に基づき課税所得が計算されて，当該外国税務当局への納付が行なわれる。ここのところは，国外所得免除方式の場合と同じである。しかしながら，ドイツ本店においては，本支店全体の課税所得を計算して，ドイツ税務当局に税金を納付する。そしてその際，外国支店で当該外国の税務当局に納付した税金を，ドイツ税務当局への納付する税額から控除して二重課税を排除する。

　「② 外国企業のドイツ国内支店の法人税・営業税の納税義務の発生」（65頁以下）のところで解説した「PE課税（支店課税）」の問題と，ここの「外国支店の利

益の課税」の問題は，混同してしまうかもしれない。前者は，外国の会社がドイツ支店を有している場合のそのドイツ支店に対するドイツでの課税の話である。それに対して，後者は，ドイツの会社が外国支店を有している場合のその外国支店に対するドイツでの（非）課税の話であり，インバウンドかアウトバウンドかということで，方向が反対になっている話である。

1　ドイツにおける国外所得免除方式と外国税額控除方式

　ドイツの税務当局は，ドイツが租税条約を締結していない国に位置する外国支店については，外国税額控除方式を適用する。それに対して，ドイツの会社が，ドイツと租税条約を締結している国に外国支店を有している場合，原則として国外所得免除方式で二重課税を排除する方式を採用している。ここで問題にしている「法人税上の課税所得の計算の第2段階」（貸借対照表外の調整）との関連でいうと，国外所得免除方式のもとでは，外国支店の所得について，「益金不算入」と「損金不算入」の処理が同時に行なわれることになる。在独日系企業の現地法人（子会社）が外国に支店を有している場合，国外所得免除方式が適用されている国に外国支店が存在している場合がほとんどであることから，法人税の申告書の作成時には，外国支店所得に関する「益金不算入」と「損金不算入」の処理が同時的に行なわれている。

　他方で，外国支店を有している場合の課税が国外所得免除方式が適用される場合がなお多数派ではあるものの，近年ドイツが締結している租税条約を見ると，様々なバリエーションが出てきている。租税条約の締結にも拘わらず，その中で外国税額控除方式の適用が謳われているものがある（アラブ首長国連邦ならびにキプロスとの租税条約等）。あるいは，国外所得免除方式の適用が原則であるが，「支店所在地国」での課税が前提とされているもの（ブルガリア・イギリス・ハンガリー等との租税条約），または，特定の状況が発生した場合には外国税額控除方式への移行が規定されているもの（ブルガリア・イギリス・ハンガリーに加えて，マケドニア・マレーシア・シリア・アルバニア等との租税条約）が見られる。ドイツの現地法人（子会社）が外国支店を有している場合，あるいは，これから設立しようという場合には，ドイツが当該国と締結している租税条約がどのような規定になっているかの確認は必要となる。

2　国外所得免除方式のもとでの過去の振戻し課税制度とその残滓

　この国外所得免除方式が徹底して適用されている場合，外国支店で欠損が発生しても，ドイツ本店ではこの欠損を取り込むこと（相殺）はできない。しかしながら，

1998年までのドイツ税法規定は，あくまで国外所得免除方式の枠組みの中ではあるが，外国支店で欠損が発生した場合，申請によりその欠損をリアルタイムでドイツ本店の利益と相殺できるようになっていた（所得税法第2a条第3項：1999年以降は無効）。ただし，そのようなクロスボーダーの本支店間の欠損・利益相殺の前提条件として，次年度以降に当該外国支店で利益が発生した場合，あるいは，当該外国支店が資本会社に組織変更された場合等，ドイツ本店において「振戻し課税」を行なう必要があった。この例外規定のもとでは，外国支店の欠損を永久的には取り込めないけれども，一時的には本店の利益と相殺できる，ということである。

　1999年の税法改正において，外国支店の欠損をドイツ本店の利益と申請により相殺できる制度が廃止された。それと同時に，それ以前にドイツ本店に取り込まれていた欠損を「振戻し課税」しなくてはいけない期限として，10年間，すなわち2008年末までという規定が導入された。当時の税務当局側の予測では，10年間あれば，外国支店が利益を出して，ドイツ本店での「振戻し課税」により，過去の「税収逸失」分は取り戻せるであろうというものであった。しかしながら，2007年頃の税務当局側の調査では，ほぼ10年近く経過したにも拘わらず，まだ数十億ユーロ（3,200億円〜4,800億円：1ユーロ＝160円換算）以上の1998年以前にドイツ本店の利益と相殺された「振戻し課税」のポテンシャルがなお存在すると言われ，「税収逸失」分がまだなお取り戻せていないことが判明した。これを踏まえて，2008年の税制改正で，「振戻し課税」の義務を無期限に延長した（所得税法第52条第3項第3文ならびに第8文）。この結果，1998年以前に外国支店が欠損を計上し，その当時にドイツ本店の利益と相殺していたケースにおいては，もし外国支店が利益を出した場合には，それ以降も引き続き「振戻し課税」が行なわれる。在独日系企業の現地法人（子会社）で古くから外国支店を有していて，現在もその外国支店が存続している場合に，ここでの話が該当する可能性があることは留意しておく必要があろう。

3　外国支店の最終欠損のドイツ本店への取込み

　前項の話は，ドイツから見た外国支店に国外所得免除方式が適用される場合でも，1998年以前には，外国支店の欠損を一時的にせよドイツ本店が取り込むこと（本店の利益と相殺すること）を認める制度が存在していたというものである。現在は，当該規定：所得税法第2a条第3項は撤廃されている。しかしながら，まったく別の方向から，外国支店の欠損をドイツ本店の利益と相殺することが問題なっている。「EU税制の調和」の推進力になっている欧州司法裁判所の「マークス＆スペ

ンサー判決」（2005年12月13日：C−446／03）に端を発した，外国支店の「最終欠損」のドイツ本店との利益との相殺である。そしてこの話は，国外所得免除方式が適用される国に外国支店が存在している場合にも適用される。

（1）　マークス＆スペンサー判決とリドル・ベルギー判決

よく誤解されていることでもあるが，マークス＆スペンサー判決では，イギリスの連結納税制度と言える「企業グループ課税制度：Group Relief」（すなわち，親子会社・関連会社間）におけるクロスボーダーでの欠損の相殺が争点であった。イギリス国内の子会社の欠損のイギリス親会社の利益との相殺は認めるが，外国の子会社の欠損は相殺できないのは，EU法抵触ではないのかというものであった。「クロスボーダーの本支店間の欠損の相殺」が直接的に争われていたわけではない。また最終的な判断として，イギリスの企業グループ課税制度〈Group Relief〉が全面的にEU法抵触だと欧州司法裁判所が断定したわけでもない。その判決の核心は，その最後のところで明示された基本的な考え方である。その基本的な考え方というのは，外国（EU加盟国）の子会社のもとで欠損が最終的に使用できないにも拘わらず（「最終欠損」），そのイギリス親会社での取込みを認めないのであれば，それはもはやEU法抵触になるという判断である。すなわち，外国子会社がその所在地国の課税権に服し，そこで繰越・繰戻制度等で欠損の相殺ができる限りにおいては，親会社所在地国の税務当局は，リアルタイムでの欠損の相殺は認めなくてもよい。しかし，「最終欠損」については，その取込みを認めないといけないということになる。その基本的な考え方は，「クロスボーダーの本支店間の欠損の相殺」にも敷衍されると理解され，実際に，欧州司法裁判所は，別の判決（「リドル・ベルギー判決」：2008年5月15日：C−414／06）においてそれを明確にしている。

（2）　最終欠損の定義の確定

「最終欠損」とは何かという定義は，マークス＆スペンサー判決においても，リドル・ベルギー判決においても，かなり簡単な表現になっており，具体的にどんなケースが該当するか，加盟国各国で様々な解釈が試みられている。その問題はまだ未解決のままであり，ドイツにおいても，具体的な係争案件の中で，明らかにされる途上にあると言える。他方で，EU加盟国の各国の欠損繰越制度・欠損繰戻制度あるいは企業グループ課税制度を概観すると，まずは，企業グループ課税は導入されていない国がある。他方で，期間が限定されている国があるものの，「繰越」（場合によっては「繰戻」）で欠損を相殺する道はどの加盟国においても確保されている。その限りにおいて，現在のEUの税法上は，加盟国各国がリアルタイムで

の「クロスボーダーでの欠損の相殺」を強制されることはないという結論になる。

　それに対して，ドイツ連邦税務裁判所は，あくまで「クロスボーダーの本支店間の欠損の相殺」に限定されるが，マークス＆スペンサー判決ならびにリドル・ベルギー判決以後の判決において，いくつかの判例を公表している。その中で，外国支店の所在地国の税法規定で「繰越欠損」に年限が定められていて，その年限が超過して使用できなくなった欠損については，「最終欠損」とは見なしえない。しかし，支店閉鎖により「繰越欠損」が使用できなくなる場合には，「最終欠損」と見なし得るとの判断を明確にしている。また，2014年2月5日の判決において，支店を売却した場合についても，「最終欠損」が認定される，との見解を明確にした。ドイツから見ての国外所得免除方式が適用されている国に位置する外国支店を有している現地法人（子会社）において，当該外国支店を閉鎖する，あるいは，組織再編等により，「繰越欠損」が使用できないかもしれないといった場合に，ここでいう「最終欠損」に該当して，ドイツ本店での損金算入の可能性がないかどうか検討してみる必要があろう。

③　その他の個別費用項目の損金不算入

　配当収益ならびに出資持分（株式）の売却益等，出資者貸付金関連費用，そして，外国支店損益に関わる「益金不算入」あるいは「損金不算入」は，以上のようになる。それ以外にも，「損金不算入」項目がいくつか存在している。ドイツの法人税法上（所得税法上）よく問題にされるもの，あるいは，在独日系企業においても発生する可能性があるもののうち，主要なものを列挙すると以下のようになる。

　以下に挙げる「損金不算入」項目の税法根拠は，所得税法第4条第5項と法人税法第10条，そして，租税通則法第160条（受取人不明記の費用の損金算入否認）である。所得税法第4条第5項には，個人事業主ないしはサラリーマン等の給与所得者にも該当する項目が挙げられている。すべてが法人税上も関係してくる項目ではない。それに対して，法人税法第10条には，在独日系企業の現地法人（子会社）ないしは支店の法人税申告書作成に対して直接的に適用される項目が挙げられている。

①　従業員以外の人（取引先等）に対する贈答品費用（VAT込みで35ユーロ超の場合）の全額（所得税法第4条第5項第1号）

②　業務目的内の接待飲食費用の30％（2003年までは20％）（所得税法第4条第5項第2号）

③　その他の業務目的外費用（所得税法第4条第5項第7号）

④　ゲストハウス費用（所得税法第4条第5項第3号）

⑤　狩猟場・フィッシング場・ヨット・ボート等の費用（所得税法第4条第5項第4号）

⑥　受取人不明記の経費等（租税通則法第160条）

⑦　脱税額に対する利息（所得税法第4条第5項第8 a号）

⑧　当局により課せられた罰金・強制金（秩序金）・戒告金（所得税法第4条第5項第8号）

⑨　法に抵触する便宜供与（贈賄）に関わる費用（所得税法第4条第5項第10号）

⑩　法人税・連帯付加税・付加価値税・隠れた利益配当・所得税法で損金算入が否認されている費用についての前段階税〔付加価値税〕ならびにそれらの税金の申告書提出・納付に関わる納付遅滞金や提出遅滞金等（法人税法第10条第2号）

⑪　営業税（2008年度から）ならびにその申告書提出・納付に関わる納付遅滞金・提出遅滞金等（所得税法第4条第5項第5 b号）

⑫　移転価格税制報告書の提出に関わる賦課金等（所得税法第4条第5項第12号）

⑬　監査役報酬の半額（法人税法第10条第3号）

　以上のものは，原則として，商法決算書上，費用（支出）として計上されているものである。しかしながら，場合によっては日常の経理記帳の段階で別途の「記録」を作成・保存しておく必要があることに加えて，法人税申告書の作成時点で，申告書の添付書類A〈Anlage A〉に網羅的に記載しなくてはいけない。

1　接待飲食費の損金算入の自己否認

　「接待飲食費〈Bewirtung〉」は，業務目的で適正な金額の範囲内であることが前提条件であるが，その70％は損金算入できるものの，30％は損金算入ができない。また，業務目的であることの証明として，誰と・いつ・どのような内容の話をした時のものかという記録を残しておくことが要求されている。よくドイツの飲食店・レストランの領収書（請求書）には，その裏面にドイツ所得税法で定められた記録保存事項が記入できるようになっているものがある。この「接待飲食費記録」については，そのようなレストラン等が用意しているものを使用する場合に加えて，会社で統一的な記入用紙を用意している場合，その記録必要事項をコンピュータのソフトウエアで直接に入力する場合等，色々な記録保存方法がある。また，「適正な金額」について，上限が定められているわけではない。たとえば，大きなプロジェ

クトの獲得が背景になっている場合や接待される取引先や場所等の様々の要因が総合的に考慮されて判断される。

　あくまで「接待飲食」であり，アルコール飲料が入ることあるいは「ドリンクのみ」は問題にならないが，音楽コンサートに副次的に食事が付いている場合には，ここでいう「接待飲食費」と見なされない可能性がある。2006年のサッカー・ワールドカップ・ドイツ大会を契機として，この点に関わる連邦財務省通達（2005年8月22日付）が公表された。企業がプロサッカーチームのスポンサーとなり，それに伴い，取引先をサッカー・スタジアムの食事付きVIP席に招待した場合等が想定されている。それらの費用の損金算入に関して，その当該通達の中で具体的処理の指針を公表している。それによれば，当該費用の40％は宣伝広告費用（全額損金算入可），30％は「接待飲食費」（その内の70％は損金算入可），後の30％は後述の贈物として処理すべきとされている。

　「接待飲食費」という場合，他の費用にも該当する付加価値税上の「請求書（領収書）」の形式要件に加えて，法人税法（所得税法）上の「請求書（領収書）」の形式要件も追加で決められている。その結果，70％という部分的にではあれ，法人税上において損金として処理できるかという問題と，その「請求書（領収書）」に賦課されている付加価値税（VAT（前段階税））が還付（相殺控除）できるのかという2つの観点からの形式要件に留意しなくてはならない。その形式要件をまとめると以下のようになる。

表2-10　請求書（領収書）の要件

VAT上の請求書要件	VAT上の請求書要件 （小額請求書：EUR150以下）	法人税損金算入のための 特別追加要件
・事業者の正確な氏名（社名）および住所 ・買手または受益者の正確な氏名（社名）および住所 ・売上対象物品（モノ）の数量と商慣習上の名称，または，役務内容とその範囲 ・モノの納品またはサービス提供の日付（請求書発行日付と異なる場合） ・請求書発行日付 ・請求書通し番号 ・納税者番号またはVAT－ID番号 ・対価金額（ネット額）：税率ごと ・対価に賦課される付加価値税額・税率ごと	・事業者の正確な氏名（社名）および住所 ・請求書発行日付 ・売上対象物品（モノ）の数量と商慣習上の名称，または，役務（サービス）の内容とその量 ・対価金額とそれに賦課される付加価値税額の合計額（グロス額） ・対価に賦課される付加価値税率	・機械（レジ）で作成されたもの（手書きでは否認：外国の場合は例外規定，VAT上は手書きでも可） ・食事・飲み物の具体的記載（VAT上は「食事と飲み物」でも十分であるが，法人税上は詳細な記載が必要） 別途の記録 ・接待した者と接待された者の氏名と社名 ・接待の理由：話の具体的な内容

上の２つ（３つ）の「請求書（領収書）」の形式要件のほとんどは，飲食店・レストランが用意しているもので十分である。しかし，150ユーロを超える金額の場合に，会社の社名と住所が記載されていなければ，付加価値税（VAT（前段階税））の還付（相殺控除）が否認されることになる。この点は，通常，接待した飲食店・レストランで支払いをする際に，「請求書（領収書）」を受け取る人が申し出ないといけない。在独日系企業の場合，「飲食接待」は，レストラン等の場所で行なわれることが大半であろうが，自宅に取引先を招待して接待することも可能である。その際，個人的な契機（誕生日等）が付随している場合には，「（業務上の）接待飲食費」として認められない可能性があることには留意しなくてはいけない。

２　取引先等への贈物ならびに所得税法第37ｂ条問題

　取引先等への「贈物〈Geschenke〉」についても，年間で１人当たり35ユーロ（付加価値税額込み）を超えた場合，その全額が「損金不算入」となる。そして，この「贈物」についても，どの取引先の・誰に・どれだけの金額のものを贈呈したかの別途の「贈物記録」の作成・保管が要求されている。但し，会社のロゴ付きボールペン，カレンダー等の「宣伝品〈Streuwerbeartikel〉」で10ユーロを超えない場合には，ここでいう「贈物」としては見なされない。他方で，この所得税法第４条第５項第１文第１号の「贈物」は，かなり広義の解釈がなされている。すなわち，取引先訪問時に持参するかもしれないお土産品だけではなく，スポーツ観戦・コンサート等のチケットやインセンティブ旅行への招待等も，「贈物」に該当すると解釈されている。対第三者（取引先等）に対する「便宜供与」はほとんど，ここでいう「贈物」に該当すると考えて対応すべきであろう。

　この広義の「贈物」（便宜供与）に関して，2007年に，所得税法第37ｂ条に基づく「30％分離課税処理」の制度が導入されて現在に至っている。この制度は，2006年のサッカー・ワールドカップ・ドイツ大会の時の企業による取引先等のサッカー観戦招待時の所得税問題に端を発したものである。問題の核心は，「便宜供与」を受けた受益者側での個人所得税課税である。それまでも，原則として，取引先等から「贈物」等を受け取った場合，あるいは，旅行・スポーツ観戦・コンサート等への招待を受けた場合等，その受益者（贈物受取人・招待された人）側では，「所得の増加」となり，その「便宜供与」を金銭的に評価して，個人所得税（法人税）申告において申告しなくてはいけない，という原則論は言われていた。しかしながら，容易に推測がつくことではあるが，様々な理由から，そこの課税は実際のところほとんど行なわれていなかった。また，そうだからといって，受益者

側での非課税扱いを明確に言明した場合，税務当局にとっても，租税回避のための濫用ケースの多発に対する懸念・危惧が大きく，そこまでの明確な言明は回避されていた。

　2007年から導入されている「30％分離課税処理」は，1事業年度内に1人につき合計10,000ユーロまでの場合，または，1人1回の費用額が10,000ユーロまでの場合が対象となる。便宜供与者（贈物贈答者）は，それに対する30％（＋連帯付加税と教会税）の所得税（賃金税）を自らの管轄の税務署に納付する。そして，便宜受益者（贈物受取人）には，その「分離課税処理」を行なった旨を連絡し，便宜受益者（贈物受取人）側での所得税問題を解決するというものである。すなわち，便宜供与者（贈物贈答者）が便宜受益者（贈物受取人）の税金を肩代わりすることを意味する。「30％分離課税処理」は，便宜供与者（贈物贈答者）にとって義務ではなく，あくまでオプションである。しかしながら，税務調査において調査官は，「便宜供与」（贈物）があったにも拘わらず，「30％分離課税処理」が行なわれていないことを発見した場合，便宜受益者（贈物受取人）の氏名・住所のリスト一覧を提出するように要請してくる。それは，調査官が便宜受益者（贈物受取人）側での会社あるいは管轄税務署に課税が行なわれているかのカウンター・チェックを行なうことを意味する。そのような場合，便宜供与者（贈物贈答者）である会社は，良好な関係構築のために行なった「便宜供与」（贈物）が逆効果になるとの危惧から，その時点で，「30％分離課税処理」を行なわなければいけない状況に陥る。

　この所得税法第37b条に基づく「30％分離課税処理」は，取引先等に対する「便宜供与」（贈物）だけではなく，従業員に対する「便宜供与」をも対象とするものであり，かなり込み入ったテーマである。その詳細は，後述の「第4章 個人所得税と賃金税」の「④ 所得税法第37b条に基づく分離課税処理」（361頁）において解説している。今ここで問題にしている個別費用項目の損金不算入との関連でいうと，この「30％分離課税処理」の対象となっている「便宜供与」（贈物）も，所得税法第4条第5項第1文第1号の「贈物」（35ユーロを上回る場合は全額が損金不算入）と見なされている。その結果，「便宜供与」（贈物）が35ユーロを上回る場合，便宜供与者（贈物贈答者）側での法人税上，損金不算入となる。それに加えて，便宜受益者（贈物受取人）のために肩代わりした所得税30％分も，同様に損金不算入となるという点である。

3　ゲストハウス・狩猟場・フィッシング場・ヨット・モーターボート等の費用

　在独日系企業において，税法規定に具体例として列挙されているこれらの施設・乗り物等の費用が問題になるケースはほとんどないと思われる。ここで挙げられている「損金不算入項目」は，税法上において，「奢侈的費用」と見なされているものである。もちろん，たとえばオーナー社長の個人的余暇活動のためではなく，専ら来客・取引先等の歓待のために使用される限りにおいて，これらの施設・乗り物等は，あくまで「事業資産」とは見なされる。その限りにおいて，その運営費・メンテナンス／維持費用や減価償却費，取得・購入時の借入金についてのその後の支払利子費用等は，商法上の事業目的費用ではある。しかしながら，一般的感覚からして，あくまで「個人的・趣味的なもの」であり，そのような施設・乗り物等の保有・用益賃借は，法人税法（所得税法）上の業務目的とは言い難いというというのが基本的な考え方である。

　「ゲストハウス」は，来客専用のもので，会社施設構内ではなく，その外部に位置するものと定義されている。いわば「来客専用4つ星・5つ星ホテル」的宿泊施設が想定されていると言えよう。また，ヨットや（クルーザー型の）モーターボートに重要取引先を招待してという「奢侈」は，現代的感覚でもまだ想像が付くものであろう。しかしながら，「狩猟場」あるいは「フィッシング場」（魚釣りの権利が確保されている湖沼等を含む区域）へ招待しての来客接待は，貴族趣味的な古風な匂いがする。現在ではかなり稀なものであろう。所得税法第4条第5項第4号には，狩猟場，フィッシング場，モーターボート・ヨット等が具体的に列挙されているが，それらの施設・乗り物等の保有・維持費用だけが対象となるわけではない。それらと同様に損金不算入の対象となるものとしては，ゴルフ場・プール・テニスコート・スポーツ用飛行機の保有等の場合の費用がよく引き合いに出される。

4　法人税・連帯付加税・営業税・一部の付加価値税（前段階税）

　法人税・連帯付加税・営業税は，法人税と営業税との間の課税ベースの相違はあるものの，会社の利益に対して賦課されるという点では共通点を有している。これらの税金は，損金（費用）にはならない。一番分かりやすい例は，過年度に関しての税務調査があって，法人税・連帯付加税・営業税の追加納付が課された場合，追加納付の実際の納付が行なわれた年度において，この追加納付は費用として経理記帳されている。しかし，当該年度の法人税年度申告書の作成段階において，損金不算入処理が行なわれる。利益に対する税金ということを考えると，損金算入できな

いというのは自明であるかのようにも思える。しかしながら，営業税に関して言うと，2007年までは，営業税額は法人税上も営業税上も損金算入が可能であった。

それに対して，付加価値税は，売上に対して賦課されるものである。在独日系企業の現地法人・支店を含む会社は，付加価値税上，事業活動をやっている事業主として位置づけられる。付加価値税の申告・納税義務を負わされてはいるものの，最終的にそれを負担する必要はない。その意味で，顧客等から代金と共に受け取る付加価値税も，納入業者等に一旦支払っている付加価値税（前段階税）も，経過勘定（仮払・仮受）扱いになっている。損益計算書上には計上されない。他方で，年間１人当たり35ユーロを超える「贈物」や「ゲストハウス」・「狩猟場」等に関わる費用といったここで対象にしている損金不算入となる個別費用項目についての付加価値税は，前段階税として税務署から還付はなされない。さらに，費用自体と同様に，法人税上も損金不算入である。いわば「税金（付加価値税）に対して，さらに税金（法人税）を納付する」という「泣きっ面に蜂」と言える状況である。その例外をなしているのが，「接待飲食費」の30％の損金不算入部分に対する付加価値税である。これは，2005年２月10日付の連邦税務裁判所判決（同趣旨の欧州司法裁判所判決も存在）で，前段階税としての税務署からの還付が認められるようになっている。

5　ペナルティ性の支払費用項目ならびに使途不明金

ここで問題となる「損金不算入項目」は，各種の税金についての申告書の提出遅滞または未提出に対して管轄税務当局の裁量に基づき賦課される「提出遅滞金〈Verspätungszuschlag〉」と税額の納付の遅滞に対する「納付遅滞金〈Säumniszuschlag〉」（これらの２つについては83頁参照），税務調査等で追加納付が賦課された場合あるいは脱税摘発の場合の「追加納付利子〈Verzinsung〉」（これについては83頁以下参照），税務調査時に提出すべき移転価格税制報告書の未提出・遅れての提出・使用不可の場合「賦課金〈Zuschlag〉」（これについては167頁以下参照）等が主要なものである。これ以外にもあるのだが，これらは，総称的に「税金関連の付随賦課金〈steuerliche Nebenleistungen〉」と呼ばれている。このようなペナルティの納付が損金化された場合の「節税効果」を排除するという，「租税公平主義」の観点からの「損金不算入項目」である。

また，会社は様々な「罰金」・「強制金（秩序金）」・「戒告金」等の税法規定以外のドイツの法律で定められた各種の金銭ペナルティを納付しなくてはいけないリスクに晒されている。そのようなペナルティの納付も，上と同様の「租税公平主義」

の観点から，「損金不算入項目」となっている。同様にその延長線上にあるのが，「贈賄」等に代表される法律に抵触する便宜供与に関連する費用や受取人不明記の経費等である。

6　監査役報酬の半額

在独日系企業の現地法人は，有限会社形態がほとんどである。有限会社の場合，500人超の従業員を要して，「共同決定法」に基づきその設置を義務付けられる場合を除き，「監査役会」が設置されている在独日系企業はかなり稀である。そのため，「監査役報酬」が問題になることは少ないと思われる。

この損金不算入に対しては，以前から多くの批判がある。元々全額が損金不算入の対象であったものが，1977年の税制改正に際して，半額だけの損金不算入に変更された。その時の改正の根拠は，「監査役報酬」が過大になることを，なお抑制する必要があるというものであった。監査役については，1990年代から2000年代初めにかけての「コーポレートガバナンス改革」の中で，その監督・監視機能の形骸化の問題が指摘されていた。それ以降，年々監査役の責務は重くなっている。その点からも，半額とはいえ，損金不算入項目になっていることは時代にそぐわないとの批判が強くなっている。

3　営業税における「加算」・「減算」

営業税の課税所得は，ドイツの税法上，「営業収益〈Gewerbeertrag〉」と呼ばれている。その営業収益は，法人税上の課税所得を出発点にして，その課税所得に「加算手続き〈Hinzurechnungen〉」（益金算入または損金不算入：営業税法第8条）ならびに「減算手続き〈Kürzungen〉」（損金算入または益金不算入：営業税法第9条）を行ない，算定される。大まかに区分すると以下のような内容になる。

① 外形標準化課税の観点からの調整

　債務利息，支払ロイヤリティ，動産の賃借料／リース料，不動産の賃借料／リース料，支払年金／継続的負担，匿名出資者の利益取得分の一定部分

② 法人税法と営業税法との間の異なる基準値・前提条件による調整

　出資持分からの配当収益（出資比率等による相違），寄附金（認定条件の相違）

③ 人的会社におけるまたはその出資者に関わる調整

　株式合資会社の無限責任出資者への利益割当分（加算），人的会社の出資者のもとでの損失割当分（加算），人的会社の出資者のもとでの利益割当分（減算）

最後の③のところは，ほとんどの在独日系企業に該当しないものである。人的会社の場合，会社としては，営業税上の課税は行なわれるものの，法人税課税は行なわれず，人的会社レベルでの利益または損失は，各出資者に分配されて，その出資者レベルでの個人所得税上（法人税上）の課税（場合によっては，それに加えて営業税上の課税）が行なわれる。そのため，利益または損失が，人的会社レベルと出資者レベルで二重に課税されるか二重に考慮される可能性があることから必要となっている調整である。

　次項以下において，「加算項目」と「減算項目」のそれぞれの概要を解説し，日系企業にも深く関係してくるものについては，より突っ込んだコメントをしておきたい。

１　加算項目の概要

　「加算手続き」の具体的な内容を規定しているのは，営業税法第8条である。以下に，それぞれの手続き処理の概要をまとめて，それぞれの解説の最後のところのカッコ内に，第8条内の号数を記載している。第1号から第12号まであるが，第2号・第3号・第7号・第11号は，過去の改正により，いわば欠番となっている。

① 　債務利息，支払ロイヤリティ，動産の賃借料・リース料，不動産の賃借料・リース料，支払年金・継続的負担，匿名出資者の利益取得分の一定部分（第1号）

② 　株式合資会社の無限責任出資者に対して，基礎資本金としてではなく出資された出資額について，分配されたか，または，当該無限責任出資者の経営業務執行者としての報酬として分配された利益割当分。株式合資会社レベルでの加算規定（第4号）

③ 　法人税上益金不算入扱いされた配当収益またはそれに類似した受取収益，正確には，所得税法第3条第40号または法人税法第8b条第1項に基づき益金不算入扱いされた配当収益，ならびに，法人税法にいう法人・人的結合・財団に対する出資持分からの収益（第5号）

④ 　ドイツ国内ならびに国外を問わず，合名会社，合資会社，または，出資者が「事業経営」の経営者（共同経営者）として見なされているその他の会社形態の損失割当分（第8号）

⑤ 　法人税上損金算入された寄附金（第9号）

⑥ 　資本会社に対する出資持分の評価減，または，その売却または資産引出し，

または，資本会社の清算または減資により行なわれた課税対象利益の減額分。出資者が資本会社ではない場合の「加算項目」（第10号）。

⑦　所得税法第34c条または同条に依拠して適用される規定に基づき，課税対象利益の算定に際して，損金算入された外国の税金（但し，営業収益の算定に際して考慮されないかまたは第9条に基づき減算された課税対象利益または課税対象利益部分に対する外国の税金である場合）（第12号）

寄付金や配当収益の扱いのような「法人税法と営業税法との間の異なる基準値・前提条件による調整」においては，後述の減算手続きのところとの比較からも分かるように，加算手続きと減算手続きの双方に関係してくる。すなわち，一旦，加算手続きのところで法人税法上の損金算入処理をまったく元に戻すか，あるいは，法人税法上の益金不算入処理を益金算入する。それから，減算手続きのところで，営業税法上の基準値に基づいた損金算入または益金不算入を行なうという方法を取っている。

② 債務利息とファイナンス費用部分の加算

在独日系企業の現地法人（子会社）ないしは支店にとって頻繁に出てくる「加算項目」は，営業税法第8条第1項のものである。すなわち，「債務利息等」の25％ならびに「その他の債務利息等に類似したもの（使用・用益賃借料，リース料，ライセンス料のファイナンス部分）」の25％という加算である。「支払年金・継続的負担」と「匿名出資者の利益取得分」も，同様の扱いになるのであるが，在独日系企業においてはほとんど皆無である。これらの加算項目は，「2008年企業収益税改革」で導入された。そこでは，従来は対象になっていなかったものまでに加算対象が拡大されている。この「2008年企業収益税改革」で，ドイツの営業税は「外形標準化」の傾向を強めたと言われている。

「債務利息」には，その満期期限の長短に関係なく，通常の借入金の支払利子に加えて，通常の取引において付与されることのないようなスコンティ（割引き）や，手形割引部分，ならびに，債権譲渡時の割引部分も含まれる。「その他の類似したもののファイナンス部分」というのは，動産の支払リース料・賃借料の20％，不動産の賃借料の50％（2008年・2009年は65％），各種の権利の賃借料（支払ライセンス料）の25％を意味している。これを「2008年企業収益税改革」以前の2007年以前，それ以後の2008年・2009年，2010年以降とで，その変遷を表にすると以下のようになる。

表2−10　債務利息等の加算額の推移

	2007年	2008年	2010年
債務利息等	50.00%	25.00%	25.00%
ロイヤリティ	0.00%	6.25%	6.25%（25%×25%）
動産の賃借・リース料	50.00%	5.00%	5.00%（20%×25%）
不動産の賃借・リース料	0.00%	16.25%	12.50%（50%×25%）
非加算額	EUR100,000		

　なお，この「非加算額：EUR100,000」は，債務利息等全額＋ロイヤリティの25％＋動産の賃借・リース料の20％＋不動産の賃借・リース料の50％の合計額から控除するという点は留意しておく必要がある。

③　減算項目の概要

　「減算手続き」の具体的な内容を規定しているのは，営業税法第9条である。「①加算項目の概要」（126頁）のところと同様に，以下に，それぞれの手続き処理の概要をまとめている。それぞれの解説の最後のところのカッコ内に，第9条内の号数を記載している。第1号から第10号まであるが，第4号，第6号，第9号，第10号は，過去の改正により欠番となっている一方で，第2a号と第2b号という2つの枝番がある。

① 土地の課税基準価格の1.2％（第1号）
② ドイツ国内ならびに国外を問わず，合名会社，合資会社，または，出資者が「事業経営」の経営者（共同経営者）として見なされているその他の会社形態の利益割当分（但し，当該利益部分が課税対象利益の算定に際して考慮されている場合）（第2号）
③ 事業年度開始時の出資比率が15％以上で，且つ，非課税扱いを受けていない国内の資本会社等（資本会社，公法上の保険・信用機関，営業・経済協同組合，第3条第23号にいう資本出資会社）からの配当収益（第2a号）
④ 第8条第4号に基づき株式合資会社の営業収益に加算された利益割当分。出資者のもとでの減算規定（第2b号）
⑤ ドイツ国内に位置する会社の営業収益で，ドイツ国外に位置する支店に由来する部分（第3号）
⑥ 営業税法上の規定に基づく寄付金控除額（第5号）
⑦ 一定の条件（事業年度開始時から中断しないでの出資比率が15％以上・能動所得基準等）を満たした外国子会社からの配当収益（第7号）

⑧　営業税の最低出資比率以上（15％以上）の外国の会社への出資持分からの配当収益で，租税条約に基づき非課税扱いにされたもの（第8号）

「減算項目」の主要なもののひとつは，第1号の土地の課税基準価格の1.2％の減算（益金不算入）である。営業税と同じく市町村自治体の税収となる不動産税〈Grundsteuer〉という税目がある（「2　不動産税」398頁を参照）。その不動産税は，経済的には事業資産としてその不動産を自ら利用して計上した収益から，あるいは，その不動産を賃貸して得られた収益から納付されることになる。営業収益をそのまま課税すると実質的に二重負担になる。定率であることから完全にではないが，営業税上において実質的に損金化し，二重負担を回避するという趣旨である。また，第3号の外国支店対応分の営業収益の減算は，営業税の課税対象はあくまでドイツ国内の「事業経営」に限定されるという原則（営業税法第2条第1項第1文）を明確にし，外国支店の課税に対して外国税額控除方式が適用される場合の処理を示したものである。

「配当収益」に関しては，法人税上10％，営業税上15％という比率の数値の違いと共に，どの時点の出資比率を基準にするかについても，法人税上と営業税上では異なることには留意する必要がある。法人税上の10％以上・未満の基準は，「暦年年初（1月1日）」であるが，営業税上の15％以上・未満の基準は，原則として「事業年度の期首時点」である。さらに，外国の会社からの配当収益の場合は，「事業年度の期首時点」から該当事業年度中に中断せずに出資が継続していること，さらに当該外国会社の所得が「タックスヘイブン対策税制」（206頁以下）にいうところの「能動所得」（外国税法第8条第1項）という追加前提条件が課される。他方で，同じ外国でもEU加盟国ならびに「欧州経済領域」加盟国の出資先の場合は，「事業年度の期首時点」の出資比率が10％以上であれば（「能動所得」条件はなし），その配当収益は「減算」（益金不算入）の対象となる。

4　繰越欠損と年度欠損の繰戻し

法人税上においても営業税上においても，原則として，欠損金は，金額に制限なく，無期限に繰り越せる。但し，2004年に導入された「最低課税制度〈Mindestbesteuerung〉」と2008年に厳格化された「繰越欠損金利用制限〈Mantelkauf〉」の2つには留意しなくてはならない。前者の最低課税制度のもとでは，確かに，繰越欠損金の使用（利益との相殺）の権利が永久的に失われてしま

うのではない。しかし，一事業年度に相殺する金額に制限が加えられている。後者の「繰越欠損金利用制限」のもとでは，一定比率以上の出資者・株主の変更があった場合，「繰越欠損金」の使用（利益との相殺）の権利が一部または全部永久的に失われてしまう。これについては，後の「4　繰越欠損金利用制限」（209頁）において詳細に解説する。また，合併の場合も，「被吸収会社」に繰越欠損金がある場合，その繰越欠損金の使用の権利は，その時点で永久的に失われてしまう。これについては，「Ⅳ　組織再編に関わる税制問題」（188頁）において詳細に解説したい。

1 最低課税制度

　「最低課税制度」という2004年から導入されている制度は，以下のようなものである。過年度からの繰越欠損がある場合，まず無条件に当該事業年度の利益と相殺できる金額は100万ユーロまでとされている。そして，それを超える分については，そのうちの60％までしか当該事業年度の利益とは相殺ができない。残りの40％部分については，繰越欠損金が十分あるにも拘わらず，一旦税金を納付することになる。その年度で相殺できなかった繰越欠損は，永久的に失われてしまうわけではなく，翌事業年度以降に繰り越すことになる。具体例で示すと以下のようになる。

表2−11　ドイツの最低課税制度の適用の具体例

当期課税所得：EUR4,000,000 期首繰越欠損金：EUR10,000,000		
	課税利益	繰越欠損金
期首繰越欠損金		10,000,000
税務上の当期利益	4,000,000	
繰越欠損金控除額	−2,800,000	2,800,000
当期課税利益	1,200,000	
翌期繰越欠損金残高		7,200,000
法人税・営業税（約30％）	約360,000	
EUR2,800,000の内訳：EUR1,000,000＝最低相殺額 EUR1,800,000＝（4,000,000−1,000,000）×60％		

　もしこの最低課税制度が存在していなければ，10百万ユーロの繰越欠損金に対して，4百万ユーロの当期利益であるから，当該事業年度に法人税・営業税・連帯付加税の納付は発生しないはずである。この最低課税制度は，効果としては，「将来的利益」を前倒し課税するということになる。

② 欠損の繰戻し

営業税上は認められておらず，最高EUR1,000,000（2012年まではEUR 511,500）までであるが，欠損金を繰り戻して前年度の利益と相殺できる。これは，法人税上だけである。この制度を適用した場合，前年度納付していた法人税が還付されることになる。但し，あくまで法人税上だけであることから，繰越の場合（それは営業税上も可能）と経済的効果を十分比較することが勧められる。

III

ドイツの移転価格税制

移転価格税制は，本章の対象である法人税・営業税の課税において，在独日系企業が最も注意を払うべき個別テーマのひとつである。また，2003年以降，移転価格報告書（記録文書）の作成義務が導入されており，その作成義務が遵守されていない場合，あるいは，遅れて提出した場合，ペナルティが課される。

1　ドイツにおける移転価格税制の概要

移転価格問題の背後には，「2つの背反する利害関心の対立」が横たわっている。1つ目は，クロスボーダーでグローバルにビジネス活動を展開し，企業利益の最適化を図ろうとする多国籍企業（私的・民間企業）グループの利害関心である。2つ目は，なお国境ごとに行使されている課税主権に基づき，税収の最適化を図ろうとする各国個別の税務当局（政府）ごとの利害関心である。税務当局側の関係者の中には，民間企業の利害関心と税務当局側の利害関心を同じレベルで対峙させることに違和感を抱く方もいるかもしれない。しかしながら，企業側から見ると，これだけグローバル化した世界経済の中では，移転価格問題は同じレベルでの「2つの背反する利害関心の対立」である，とドライに割り切って考えていった方が，より前向きな解決に繋がるように思える。

移転価格問題は，クロスボーダー取引，より正確に言うと，多国籍企業グループの構成員間のクロスボーダー取引が行なわれた時に問題になる。移転価格税制の規定が国内取引をも対象としている国もあるが，その適用が行なわれた場合でも，あくまで国内問題に留まる。そして，クロスボーダー取引に適用された場合と比較して，問題の質はかなり異なり，多くの場合，より対応が容易である。しかしながら，99.9％までの在独日系企業は，量的な多寡は色々あるものの，グループ間のクロスボーダー取引に関与している。その意味で，移転価格問題は避けて通れない問題である。そして，在独日系企業の移転価格問題を考える時に，①商品（モノ）取引

時の移転価格税制問題，②サービス提供・費用分担時の移転価格税制問題，③無形
資産移転時の移転価格税制問題の３つに区分して考えると理解しやすい。

① クロスボーダーでの「商品（モノ）取引」時の移転価格税制問題

　移転価格問題という時の「移転価格」という言葉には，クロスボーダーの親会社
から子会社へといった多国籍企業グループ内の商品（モノ）の取引価格が含意され
ている。その取引価格が多国籍企業グループ内のクロスボーダー取引ではない場合
の価格に対応しているのかどうか，税務当局からそれを問われるのが移転価格問題
である。多国籍企業グループ内のクロスボーダー取引ではない場合の価格は，「独
立企業間価格〈Arm's Length Price〉」とも呼ばれている。すなわち，その商品の
取引価格の決め方において，租税回避等を目的とした市場原理以外の多国籍企業グ
ループの恣意（＝「非市場原理的要因」）が入り込んでいないか，あるいは，恣意
（＝「非市場原理的要因」）に基づく取引価格になっていないのかが問題にされる。
そして最終的には，恣意があったかどうかではなく，取引価格が「独立企業間価
格」であるかが吟味される。

1　クロスボーダーでの商品（モノ）の仕入

　グローバルにビジネス活動を展開する多国籍企業グループは，まずは，生産・営
業・販売・購買・研究開発・人事政策等の企業活動の様々な面で，グループ内の海
外現地法人・支店等が位置する国のローカルな事情を考慮するように努めるであろ
う。在独日系企業もその例外ではない。しかし同時に，できる限り統一的な方針を
徹底させることにより，企業利益の最適化を図るようにも行動する。仮に法人税率
30％のＡ国にある本社から同45％のＢ国に位置する販売子会社への商品の販売取
引を想定する。資本出資関係のない独立した第三者間であれば需要供給関係から
8,000円で価格の合意がなされたかもしれない。しかし，資本出資関係等の市場原
理外の関係（＝非市場原理的要因）を背景に，Ａ国本社から価格10,000円でＢ国
販売子会社への商品引渡しが行なわれたとしよう。

　これが行なわれた場合，Ｂ国の税務当局は，Ｂ国販売子会社での仕入価格が
8,000円ではなくて10,000円になったことにより，そのもとに残るはずの収益が
圧縮されて課税対象利益が減少したことを問題にする。この際，当該多国籍企業グ
ループに租税負担の最適化の意図があったかどうかは問われない。もちろん，Ｂ国
販売子会社が価格8,000円で仕入れることができたとしても，最終的にそのもとに

課税利益が残るのかどうか，あるいは，より多くの課税利益が確保できるかどうかは，他の要因が加味されて決まる。為替リスクの問題を無視したとしても，当該商品がＢ国販売子会社からどのような価格で売れるのか，そして，他の商品の仕入れ価格と販売価格あるいはその他の費用支出（一般管理費や販売促進費等）がどれ程なのかといった要因である。そのため，価格8,000円での仕入れが，直接的にＢ国の税務当局にとっての税収増となるわけではない。しかしながら，「安く買って高く売る」ということが利益確保の大原則であるということに鑑みて，税収増のための前提条件であることは間違いない。

2　クロスボーダーでの商品（モノ）の販売

　この事例において，Ｂ国の販売子会社の売先が，Ｃ国に位置するＢ国販売子会社の100％子会社（Ａ国本社から見たら孫会社）であったとしよう。Ｃ国に位置するＢ国販売子会社の姉妹会社（他の関連会社）であっても話は同じである。Ｂ国販売子会社がＡ国本社から10,000円で仕入れた商品（モノ）は，Ａ国本社からＣ国孫販売会社に直送される。そして，Ｂ国販売子会社は実質的に何もしていないからという理由で，500円だけのマージンを載せて10,500円で販売していたとする。この場合，同じＢ国の税務当局（税務調査官）は，もし10,000円で仕入れたのであれば，「独立企業間価格」であったとしたら12,000円での販売であろう。10,500円というＣ国孫販売会社への販売価格は低過ぎる，ということを問題にしてくる。最低でも12,000円で販売すべきである，あるいは，2,000円のマージンは確保すべきであると主張してくる。

　Ｂ国をドイツと考えると，商品（モノ）の取引については，ドイツの現地法人等がクロスボーダーで関連会社から購入（仕入れ）する時の価格と，関連会社へのクロスボーダーでの販売の価格の双方の価格を，ドイツの税務当局（税務調査官）は「独立企業間価格」の観点から問題にしてくる。もちろん，その双方の方向性はまったく逆である。購入（仕入れ）時については，高過ぎるのではないかが問題にされ，販売時については，低過ぎる（安過ぎる）のではないかが問題にされる。ドイツの現地法人が，日本本社あるいはアジアの生産会社（姉妹会社）から購入して，他のヨーロッパの国に位置する関連会社に販売しているようなケースにおいては，購入（仕入れ）と販売の双方の価格が，同時的に「独立企業間価格」の観点から「虫眼鏡」で吟味されることになる。

3　民間企業同士の取引への国家的介入

　資本主義の原理原則（取引の自由あるいは経営の自由）を信望する人からすれば，

あるいは、「資本主義vs社会（共産）主義」の対立構図に敏感な人は、そのような税務当局のアプローチに対してある種の疑念を抱くかもしれない。たとえグループ企業内の取引であれ、民間企業同士の取引においては、取引価格は自分達で自由に決めていいはずである。それに対して、干渉してくるというのは、不当・過剰な国家介入（規制）ではないかという疑念である。移転価格税制において、当局の介入の側面がより強いことは間違いない。

　他方で、高度に発達した資本主義システムが根付いている先進工業国では、独占禁止法や環境規制に典型的に見られるように、ある程度の適正な国家規制は必要だとの見解もそれなりに受容されている。そして、個人的資産・民間企業資産（収入・所得）の召し上げである税金の徴収あるいはその他の税務当局の活動に対しても、それなりの認知があることも確かである。そして、独占禁止法や環境規制においては、当局側においては「お金」が絡んでいないので、国家当局は中立的審判者であると思えなくはない。しかし、移転価格問題の場合は、公益目的という大義名分がある税収の最適化のためとはいえ、「お金（税収）」のために当局（税務当局）が民間企業の取引（価格）に介入してくる。会社側からすると、「我々と同じレベルでお金の取り合いをやっている」と思われやすいとも言える。

　この辺の経済・経営哲学的議論は、色々な方面からなされている。ここで挙げている具体例であるクロスボーダーでの企業グループ内の商品取引においても、「自由取引の原則」あるいは「経営の自由の原則」を侵害しているのではないかと思われる程である。しかしながら、税務当局がそこまで突っ込んだ介入をしてくるのが移転価格問題であるという点は、きちんと認識しておくことが重要である。

②　サービス提供と費用負担・分担時の移転価格問題

　多国籍企業グループ間の商品（モノ）の取引価格がドイツ移転価格問題の重要な一側面であることは間違いない。他方で、税務当局にとっての関心事が「（より多くの）課税利益の確保」であり、そしてそれが移転価格問題のより本質的な核心である。そのような状況のもとでは、多国籍企業グループ間の商品（モノ）の取引価格だけが税務当局の関心事でないことは明白である。

1　クロスボーダーの費用負担・分担

　たとえば上の例に従って、B国（ドイツ）販売子会社のもとで、A国（日本）本社からの購入価格8,000円の場合と、購入価格10,000円の場合の2つを考えてみる。そして、B国（ドイツ）販売子会社は、どちらの場合も、B国（ドイツ）内の顧客

（第三者）に販売価格12,000円で売るものとする。しかしながら，前者の8,000円での購入の場合，Ｂ国（ドイツ）販売子会社がＢ国（ドイツ）での当該商品に関する広告宣伝・販売促進さらにはＡ国（日本）本社のブランドイメージを向上させるためのテレビコマーシャル・雑誌広告等の費用も含めて一手に負担している場合にはどうなるだろうか。購入価格だけを見たら，Ｂ国（ドイツ）税務当局は，購入価格8,000円をよしとするであろうが，費用負担・分担を考えると，購入価格10,000円の場合と結果としては同じではないかという分析結果に至るかもしれない。このような「多国籍企業グループ間の費用負担・分担の適正配分」も，価格10,000円の「商品の取引価格」と同様の効果を持つ。そして，Ｂ国（ドイツ）の販売子会社の収益を圧迫し，税務当局にとっての課税利益を狭めるものであり，当然のことながら税務当局にとって重要な関心事である。

2　クロスボーダーのサービス提供

　費用負担・分担の話とかなり似通ったところもあるが，Ａ国（日本）本社が，Ｂ国（ドイツ）販売子会社に指示して，毎月，Ｂ国（ドイツ）内の市場動向調査レポートを送付することを命じていたとする。その市場動向調査レポートの作成のために，Ｂ国（ドイツ）販売子会社の１人のスタッフが毎月５日間そのために時間を費やしている。このようなケースにおいて，Ｂ国（ドイツ）税務当局（税務調査官）は，Ｂ国（ドイツ）販売子会社はＡ国（日本）本社に対して有償のサービス提供を行なっている，それゆえ，Ｂ国（ドイツ）販売子会社はＡ国（日本）本社から，独立企業間価格に基づく「適正なサービス提供対価」を受け取るべきだと主張してくる。移転価格問題というと，クロスボーダーでの企業グループ間の商品（モノ）の取引だけを想像しがちである。しかし，「クロスボーダーでの企業グループ内のサービス提供」も，れっきとした移転価格問題の対象となっていることも肝に銘じておく必要がある。

③　クロスボーダーでの「無形資産移転」時の移転価格問題

　費用負担・分担やサービス提供の場合以上に，これも移転価格問題の対象なのかと思われるものに，「無形資産移転」時の移転価格問題がある。たとえば，次のようなケースである。Ｂ国（ドイツ）販売子会社は，Ａ国（日本）本社から仕入れた商品をＢ国（ドイツ）内の顧客（第三者）に販売している。このような販売は，かれこれ20年近くに及び，このＢ国（ドイツ）販売子会社のＢ国（ドイツ）内の販売ネットワークは，その間にかなり充実したものになっており，年間売上は1,000

万ユーロになるとしよう。各種の事情があり，A国（日本）本社は，欧州ビジネス
の再編の中で，B国（ドイツ）内の顧客に対する販売・営業・アフターサービスを，
B国（ドイツ）の隣国のC国（オランダ）の販売子会社（B国販売子会社の姉妹会
社）から行なうとの決定を行ない，それを実行に移した。

このようなケースにおいて，B国（ドイツ）税務当局（税務調査官）は，当該組
織再編が行なわれた年度についての税務調査において，次のように主張してくる。
この組織再編において，B国（ドイツ）販売子会社は，同社が20年の間培った「営
業権」あるいは「顧客リスト」（無形資産）を，C国（オランダ）販売姉妹会社に
対して譲渡している。B国（ドイツ）販売子会社は，C国（オランダ）販売姉妹
会社からその譲渡についての対価を受け取らないといけないし，同時にその対価
は，独立企業間価格に対応したものでなくてはならない。税務当局にとっての税収
の最適化ということを考えると，そのようなアプローチは明白である。しかしなが
ら，この「無形資産のクロスボーダー移転時の移転価格問題」は，多くの人にとっ
て，これも移転価格税制の対象なのかと思えるもののひとつである。以前から議論
されてきた問題であるが，ドイツにおいては，それをより厳格に適用しようという
「機能移転課税」の制度が2008年に導入されている。

④ 移転価格税制の本源的問題

以上の解説から見て取れるように，移転価格税制では，取引内容が「商品売買取
引」・「サービス提供取引」・「費用負担・分担（取引）」・「無形資産譲渡取引」であ
るかを問わない。企業グループ内（関連会社間）のクロスボーダー取引すべてが
問題とされる。その際の価格あるいは対価報酬の金額が，独立企業間価格〈Arm's
Length Price〉と照らし合わせて，適正なものになっているかが問われる。関連
会社であるかどうかの基準は，ドイツの場合，25％以上の直接・間接を問わない
出資・被出資関係にあるかが主たる基準で，場合によっては，実質支配関係を加味
するというものである。

1 独立企業間価格の存在の有無とその入手可能性

ひとつのクロスボーダーの取引を見る時に，その取引に対応した独立企業間価格
がそもそも存在しているのかという問題がある。そして次には，仮に存在するとし
て，その価格・報酬の情報をすぐに入手できるのかという問題がある。この2つの
問題は，移転価格税制の根本的な問題である。OECDのある統計によれば，世界
の商取引の約60％は，関連者間の取引だと言われる。独立した第三者間の取引は，

量的には少数派である。そのように相対的に少ない中で，比較可能な独立企業間価格が存在している可能性はより限定される。そして，もし比較可能な独立企業間価格が存在したとしても，それをどうやったら入手できるのかが問題になる。世界統計局といった全世界の商取引の価格・報酬データ情報を一手に収集して公開しているような機関が存在しているわけではない。確かに特定の商品については，市場が成立していて，価格情報を入手できる。しかし，それはほんの一握りの商品（モノ）についてでしかない。市場が成立している商品を除き，通常，個々の企業レベルの取引価格・報酬は，その当事者だけしか知らないものである。そして，場合によっては企業秘密になっており，他の者がそれを知り得るというのはかなり偶然と言える。

2　利益の比較への傾斜

　移転価格税制は，独立企業間価格を基準にして，企業グループ内（関連会社間）の取引価格を吟味していく。しかしながら，上で見たように，その比較可能な独立企業間価格の情報の入手が困難という本質的な問題を抱えている。その結果，実務現場では，企業活動の前提である取引の価格あるいは報酬対価を比較するのではなく，企業活動の結果である利益を他の会社と比較して，移転価格税制を執行していくという傾向が年々顕著になっている。極端な言い方をすると，企業努力はまったく無視して，「利益を上げていない会社は，移転価格税制上問題がある会社である」という見方である。「利益がない（少ない）会社＝移転価格問題」ということがある程度妥当することも確かであろう。しかしながら，いつも妥当するとは限らない。このような移転価格を巡る基本的傾向は，ドイツにおいても概ね該当する。多国籍企業グループの構成員である在独日系企業は，とりわけ利益を上げていない場合，税務当局（税務調査官）から「移転価格問題を抱える会社」であると見なされている点は，常に留意しておく必要がある。

2　ドイツにおける移転価格税制の発展と税務調査

　日常的な税務問題（移転価格問題）に遭遇して，日々それを解決処理していく必要に迫られている担当者にとって，過去の歴史は，それほど重要ではないかもしれない。しかしながら，これまでの歴史的発展経緯を知識としてだけではあれ，頭に入れておくと，時にそれが効を奏することもある。

① ドイツにおける移転価格税制の発展

ドイツにおける移転価格税制の発展を年表形式にまとめてみると以下のようになる。

1979年：OECD「移転価格と多国籍企業－OECD租税委員会報告書」

1983年：ドイツ連邦財務省通達「多国籍企業における所得額決定のための原則」

1993年：連邦税務裁判所判決：販売会社創業期損失（2月17日）

1995年：OECD「多国籍企業と税務当局のための移転価格ガイドライン」

1999年：ドイツ連邦財務省「支店通達」（12月24日）

1999年：ドイツ連邦財務省「コストシェアリング契約通達」（12月30日）

2001年：連邦税務裁判所判決　記録文書作成義務非存在（10月17日）

2001年：ドイツ連邦財務省「駐在員派遣通達」（11月9日）

2003年：移転価格報告書作成（記録文書化）義務導入（租税通則法第90条の改正）

2003年：移転価格報告書内容法令（2003年7月1日施行）

2004年：ドイツ連邦財務省「銀行支店資本通達」（9月29日）

2005年：ドイツ連邦財務省「手続通達」（4月12日）

2006年：ドイツ連邦財務省「APA通達」（10月5日）

2008年：機能移転課税の強化（外国税法第1条第3項の改正：1月1日付施行）

2008年：「機能移転法令」（8月12日）

2010年：「2010年OECD支店報告書」の採択・公表（7月22日）

2010年：ドイツ連邦財務省「機能移転通達」（10月13日付公表）

2013年：「AOA」（OECD承認アプローチ）のドイツ国内法への導入（外国税法第1条第5項〔新〕の導入）

2014年：「支店課税所得決定法令」（10月10日可決，2015年1月1日施行）

② 移転価格税制と税務調査の関係

ドイツにおける移転価格に関する調査は，通常の法人税一般税務調査の一環として行なわれる。ドイツにおいては，移転価格だけを対象とする税務調査は制度上存在していない。しかしながら，在独日系企業の場合は，ほとんどがクロスボーダー取引に関与しているという事実から，実質的に「法人税一般税務調査＝移転価格調査」となっているとも言える。法人税一般税務調査は，原則として，法人税申告書が既に提出された過去3年間から5年間を対象期間とする。申告書提出期限が長い

こともあり，税務調査が実際に行なわれている年度から見ると，5年〜7年ほど遡ることになる。前述の申告書添付書類提出のオンライン化（81頁）と絡めて，調査対象期間を2年くらいにして，実質的に5年〜7年遡る現状を改革しようというプロジェクトもあるが，まだ貫徹されてはいない。

　法人税一般税務調査を行なうのは，会社所在地の管轄の税務調査担当税務署であり，通常，申告書査定を担当する税務署とは異なる。業種によっては，連邦の特定の業種に特化している専門担当官がアシストに招請されたり（例：薬品業界等），移転価格税制や税制の他の特定分野に専門化した調査官が加わることもある。移転価格税制のための記録文書（「移転価格報告書」）も，あくまで，法人税一般税務調査の中で提出が要求される。それ以外の期間に突如要求されたり，あるいは，申告書提出時にそれと一緒に提出するのではない（租税通則法第90条第3項）。

3　ドイツにおける移転価格税制の法的根拠

　移転価格税制を直接的に規定した税法規定自体は僅かである。過去におけるドイツの移転価格税制の執行は，連邦財務省通達をベースにして行なわれ，税務裁判所が税務当局を監視するという形で進められてきた。それが大きく変化したのが，2001年の連邦税務裁判所判決以降である。当該判決において，「（当時の）税法規定の中には，税務当局が納税義務者に対して，移転価格に関する特別の記録文書の作成を義務付ける根拠はない」という判断が明確にされた。その後，議会での立法手続きを経て，移転価格記録文書化（報告書）の税法規定上の明確な義務が導入された。税務当局側にとっては，「雨降って地固まる」の諺どおりの経緯を辿ることになった。それ以降は，移転価格税制上の大きな個別テーマについては，きちんとした税法改正が行なわれるようになった。そして，それに対応する法令〈Rechtsverordnung〉も起案・可決され，それに加えて連邦財務省通達が公表されて，実際の執行が行なわれるというパターンが根付き，現在に至っている。

① 「隠れた利益分配」と「所得更正」の条項

　ドイツの税務調査で移転価格問題を指摘されて，それが追加納税（課税所得の引上げ）につながる場合，追加納税の直接的な税法上の根拠となる条項には複数のものがある。しかしながら，在独日系企業の場合においても問題となるのは，法人税法第8条第3項の「隠れた利益分配」と外国税法第1条第1項の「所

得更正」の２つの条項である。とりわけ，前者の「隠れた利益分配〈verdeckte Gewinnausschüttung〉」（略してvGA：ファウ・ゲー・アーと発音）は，最も頻繁に適用されているものである。在独日系企業の現地法人の場合，99.9％までが隠れた利益分配の適用による移転価格税制の執行であると言えるであろう。

1 「隠れた利益分配」と「所得更正」の条項の日本語訳

その２つの条項の日本語訳は以下のようになる。

（1） 法人税法第８条第３項：
「隠れた利益分配〈verdeckte Gewinnausschüttung〉」

課税所得の決定に際して，その課税所得が分配（配当）されているどうかは関係ない。隠れた利益分配，ならびに，資本会社の利益ならびに清算利益の取得権利が連動した資本参加権に基づく各種の配当も，課税所得を減少させるものではない。隠れた投資は，課税所得を増加させない。課税所得は，隠れた投資が出資者の課税所得を減少させた限りにおいて，増加させられる。第４文は，出資者に近い関係にある者の隠れた利益分配に関連し，且つ，出資者の課税において考慮されなかった隠れた投資についても該当するが，隠れた利益分配が，配当をした法人のもとで課税所得が減少させられなかった場合はこの限りではない。第５文の場合，隠れた投資は，出資持分の取得原価を増加させない。

（2） 外国税法第１条第１項：「所得の更正」

外国と関わる取引関係の中で，同じまたは類似の状況のもとで，独立した第三者間であればそう取り決めたであろう条件から乖離する条件，とりわけ価格（移転価格）を当該納税義務者がその所得の決定の基礎としたことによって，近い関係にある者との取引関係に由来する納税義務者の所得が減少させられた場合，他の規定を侵すことなく，当該納税義務者の所得は，独立した第三者間で取り決められた条件のもとで発生したであろう所得額を前提にする。人的会社または共同出資会社もまた，この規定にいう納税義務者であり，人的会社または共同出資会社は，第２項の前提条件を満たす限りにおいて，それ自体が近い関係の者である。独立企業原則の採用に際して，独立した第三者は，取引関係に重要なすべての状況を知り，そして，分別のある誠実な経営責任者の原則に基づき行動することを前提とする。独立企業原則の採用により，他の規定で決められている以上の広範な所得更正に至る場合，当該他の規定の法的効果と並んで，その広範な所得更正もなされなければならない。

2　「隠れた利益分配」と「所得更正」の条項の比較

　法人税法第8条第3項第2文の隠れた利益分配は，一読してすぐにわかるように，暗示的に規定されているだけで，明確な定義にはなっていない。しかも，他の税法条項の中にそれ以上の明確な定義があるわけでもなく，税務判例を通じて確立されてきた概念である。

(1)　「隠れた利益分配」：ドイツ国内取引にも適用

　その税務判例でよく引用される定義は，「隠れた利益分配は，会社関係にその契機を有し，法人税法第8条第1項第1文との関連において所得税法第4条第1項第1文にいう差額（前年度末と当該年度末の間の事業資産額の相違：利益額）に影響し，公然の利益分配（配当）と関連のない資産減少または阻止された資産増加である」となっている。

　これでもまだ抽象的かもしれない。簡単な事例で言えば，次のようになる。ドイツの有限会社〈GmbH〉が，保有する不動産（時価評価額EUR500,000）を単独出資者に対してEUR300,000で売却したとする。その存在目的が利益獲得の最大化である営利企業としての有限会社は，もし第三者に売却する場合には少なくともEUR500,000を要求したであろう。それを行なわなかったのは（単独）出資者への売却という会社法関係（＝出資者－被出資者関係）に影響されたからと見なされる。そして，その差額のEUR200,000は有限会社から出資者に配当したものと見なされる。その税務上の影響は，法人企業のもとでは，法人税・営業税・連帯付加税，それに加えて配当源泉税の追加納付，出資者のもとでは，配当収益課税（出資者が法人：95％非課税）となる。もちろん，繰越欠損金の範囲内での隠れた利益分配の認定であれば，配当源泉税のみの負担となる。

　この隠れた利益分配は，ドイツ税務当局にとって，ドイツ国内のビジネスしか行なっていない，あるいは，資本関係がドイツ国内で完結している法人企業に対しても，その課税所得額の修正を迫る最も有効な武器となっている。そして同時に，在外国の関係会社との取引関係・資本関係がある在独日系企業の現地法人（子会社）のような多国籍企業に対しては，移転価格税制を執行する手段となっている。隠れた利益分配が在独日系企業の移転価格問題に適用された場合，日本の重加算税のような税務当局側の裁量により賦課されるペナルティ的な負担はない。しかしながら，本来納付すべき税金（法人税・営業税・連帯付加税）に加えて，配当源泉税（2017年以降分については0％の予定）と共に，5年から7年程遡っての調査が通常であることから，追加納付利子が発生することには留意しなくてはならない。追加納付

利子は，追加納付の税額発生暦年の終了15ヵ月後から年利6％で計算される。

（2） 外国税法第1条第1項の所得更正

それに対して，外国税法第1条第1項の特に第1文の「所得更正」の条項は，一見すると移転価格税制により合致した条項に見える。そして実際に，そのために導入されたものであった。しかしながら，「他の規定を侵すことなく…」の表現に象徴されるように，他の規定を補完する条項として位置づけられて，そして，他の理由も相俟って，実際には他の条項（特に法人税法第8条第3項の隠れた利益分配）の適用が優先されてきたというのがこれまでの経緯である。

② 関連者の定義

ドイツの移転価格税制においては，日本の移転価格税制にいう関連者に対応するものは，「近い関係にある者〈nah stehende Person〉」と呼ばれている。その定義は，外国税法第1条第2項に謳われている。簡単にまとめると，25％以上の直接的・間接的出資－被出資関係という基準と実質的支配基準である。

③ 取引関係の定義

移転価格税制は，関連者間［関連会社間］（ドイツ語表現の直訳では「近い関係の者の間」）でのクロスボーダーの取引関係に際しての価格・対価報酬が問題にされる。もちろん，国によっては，移転価格税制の考え方・適用のための具体的条項が国内問題を対象にしているケースもある。既に見てきたように，ドイツにおいても，移転価格税制の執行に際しての追加納付の直接的根拠である隠れた利益分配（法人税法第8条第3項第2文）の条項は，国内問題に対しても適用される。しかしながら，在独日系企業の場合は，原則的にはクロスボーダー取引に対してである。

1 外国税法第1条第4項の取引関係の規定

それを踏まえて次に問題になるのが，クロスボーダー取引の中のどのような取引関係が対象となるのかという点である。この点についての定義は，外国税法第1条第4項に規定されている。

外国税法第1条第4項：「取引関係」
当該規定にいう取引関係とは，
1 　納税義務者と近い関係にある者との間の1つまたは関連する複数の経済的過程（取引行為）であり，そして，

　上の第 1 文第 1 号の定義は抽象的なものになっている。移転価格税制の対象が，
「商品（モノ）の売買取引」に限定されず，「費用負担・分担（取引）」・「サービス
提供（取引）」・「無形資産の移転（取引）」にも及ぶことは既に解説した。この上の
抽象的な第 1 文第 1 号の規定は，それらの税法上の根拠となっている。

2　AOAのドイツ国内法への導入

　それに対して第 1 文第 2 号の定義は，クロスボーダーの本支店間の課税所得を決
定するに際して，会社法上は同じ会社の内部での取引であるドイツ本店－外国支
店間の取引ならびに外国本店－ドイツ支店間の取引に，「債権法的関係」を想定し
て移転価格税制の対象とするというものである。簡単に言うと，本支店間の関係
を，親会社・子会社間関係，あるいは，第三者同士の会社間の関係と同じに見てい
くことを意味する。この考え方は，「AOA（OECD承認アプローチ）〈Authorized
OECD Approach〉」と呼ばれているものである。

　ドイツは，その考え方を2013年にここの部分（外国税法第 1 条第 4 項第 2 号）
の補足，そして，外国税法第 1 条第 5 項の新規改正という形でドイツ国内法に導入
した。そしてさらに，2014年10月10日には，当該外国税法の該当規定を詳細に規
定する「支店課税所得決定法令」が可決されている。但し，クロスボーダーの本支
店間の関係を移転価格税制の対象とするという点は，ドイツは以前からその考え方
を取ってきている。2013年における「AOA（OECD承認アプローチ）」のドイツ
国内法への導入は，それまでの本支店関係に対する移転価格税制の適用がより徹底

化・明確化されたものになったことを意味する。

④　移転価格の定義と実務現場での運用

　移転価格が，商品（モノ）の取引価格だけを意味するものではなく，サービス提供の対価報酬や無形資産の譲渡対価あるいは費用負担・分担時の費用をも含意することは繰り返し解説してきた。そのような広義の意味での移転価格を定義しているのが，外国税法第1条第3項である。

1　移転価格の税法上の定義：外国税法第1条第3項の日本語訳

　長い条項であるが，極めて中心的な条項であることから全文訳を記載する。ちなみに，この外国税法第1条第3項の移転価格の定義は，それまで連邦財務省通達の中で規定されていたものを，2008年の税制改正で，ここに導入したものである（第1文～第8文）。また，後述する「機能移転課税の強化」が同じく2008年に行なわれたが，その「機能移転課税」の典拠となっているのが，この外国税法第1条第3項の第9文～第13文である（条文中の番号は第何文かを示す）。

> **【外国税法第1条第3項】**
> [1]第1項第1文にいう取引関係について，移転価格は，担われた機能，投下された資産，得られた機会・引き受けられたリスク（機能分析）を踏まえた適正な調整後，その各々の価格確定方法にとって無限定に比較可能であるような価格値が確定される場合，優先的に，独立価格比準法，再販売価格基準法，または，原価基準法に基づき，決定するものとし，そのような比較値が複数ある場合，価格幅が形成される。[2]そのような独立企業原則に基づく比較値が確定され得ない場合，適正な調整後の限定的に比較可能な価格値を，適正な移転価格決定方法の採用のための基礎とする。[3]第2文の場合において，限定的に比較可能な独立企業原則比較値が複数確定され得る場合，そこで発生する当該価格幅は局限化されなければならない。[4]納税義務者により所得額の決定に採用された価格値が，第1文にいう価格幅の範囲外にある場合，あるいは，第2文にいう局限化された価格幅の範囲外にある場合，中間値が基準となる。[5]限定的に比較可能な独立企業原則比較値が確定され得ない場合，納税義務者は，その所得額の確定のために，第1項第2文を踏まえた上で，推定独立企業原則比較を行なわなければならない。[6]そのために，機能分析ならびに企業内の計画計算値をもとにして，売手・役務提供者側から見た最低価格と買手・受益者側から見た最高価格を確定し（合意範囲），その合意範囲は，各々の利益期待額（潜在的利益額）により確定される。[7]所得額の確定の基礎になるのは，合意範囲の中の価格で，その可能性からして独立企業原則に最も合致する価格であるが，合意範囲内のそれ以外の価格が適正であるとの納得のいく説明がなされ得ない限

り，合意範囲の中の中間値が基準となる。[8]納税義務者により採用された合意範囲が適正ではなく，それゆえに，他の合意範囲が採用されなければならない場合でも，納税義務者により採用された価格値が，他の合意範囲内にある場合には，所得の更正は放棄され得る。[9]それに付随する機会とリスク，それと同時に譲渡されるかあるいは貸与される資産ならびにその他の有益物とともに，一つの機能が移転され（機能移転），そして，その一つのまとまりとしての移転単位について，限定的にでも比較対象となるような独立企業間価値も存在しないことから，移転された機能に対して第5文が適用されなければならない場合，納税義務者は，機能・リスクに対応する資本利子率を考慮して，移転単位を基礎にした合意範囲を確定しなければならない。[10]第9文の場合において，重要な無形資産・有益物が機能移転の対象ではなかったことを，または，評価された個々の移転価格の合計額が，一つのまとまりとしての移転単位の評価から見て，独立企業原則に合致していることを，納税義務者が納得のいくように説明し得る場合には，適正な調整後に確定された該当する個々の資産・役務提供の移転価格は，認められなければならない。同様に，少なくとも1つの重要な無形資産が機能移転の対象となっていることを，納税義務者が納得のいくように説明することができ，そして，それが正確に記述されている場合にも，移転単位の構成部分の個々の移転価格は認められなければならない。[11]第5文ならびに第9文の場合において，重要な無形資産・重要なその他の有益物が取引関係の対象であり，後の実際の利益額の推移が，移転価格の確定時に基礎にされた利益額の推移から大幅に乖離している場合，取引締結時に，価格取決めに関わる不確実性が存在し，独立した第三者であれば，それに対して適正な価格修正条項を申し合わせていたであろう，ということが，反証は可能であるという留保つきではあるが，推定され得る。[12]そのような条項が取り決められておらず，取引締結後10年以内に，第11文にいう大幅な乖離が発生した場合，それが理由で行なわれるべき第1項第1文にいう更正のために，当初の移転価格に対する1回の適正な調整額が，乖離が発生した年度の翌事業年度の課税の対象の基礎にされる。[13]統一的な法律の適用ならびに所得額の決定のための国際的な原則への合致を確保するために，連邦財務省は，第1項ならびに当該第3項の第1文から第12文にいう独立企業原則の適用のための個別規定を法令を通じて規定する権限を附与される。

2　移転価格の設定を巡る実務現場での対応

　第9文～第13文の機能移転課税については，後述の「7　ドイツの移転価格税制の特殊テーマ：機能移転課税」（179頁以下）において少し詳細に解説する。第1文～第8文においては，移転価格の設定方法，価格幅ならびに比較可能データの問題に言及されている。

（1）　基本三法の優先的適用

　第1文において，移転価格の設定方法として，いわゆる「基本三法」（独立価格比準法・再販売価格基準法・原価基準法）が優先的に適用されるべきことが謳われている。これは，それまで連邦財務省通達においてのみ規定されていたものを，2008年にここに盛り込んだものである。

　ここで重要な点は，無条件で比較対象となり得るような独立企業価格データを入手できる場合にのみ，基本三法の優先的適用であるという点である。逆に言うと，無条件で比較対象となり得る独立企業価格データあるいは取引関係データが入手できないのであれば，他の移転価格設定方法が許容されるということになる。これは連邦財務省通達（「2005年移転価格税制手続通達」）においてであるが，基本三法の適用が困難で，しかも，一定の条件が満たされている場合，取引単位をベースにした利益基準法が適用できるとされている。その利益基準法とは，「取引単位営業利益法〈TNMM：Transactional Net Margin Method〉」ならびに「（取引単位）利益分割法〈PMS：Profit Split Method〉」の2つである。他方で，同じ通達の中で，アメリカでよく適用されている「利益比準法〈CPM：Comparable Profit Method〉」は，取引単位をベースとせず，独立企業原則に合致していないという理由から，明確にその適用が否定されている。

（2）　取引単位営業利益法と利益分割法の適用の拡大

　ドイツは，大筋において現在でもそうであるが，基本三法の適用を固守する国のひとつであった（ある）と言える。「2005年移転価格税制手続通達」以前の通達においても，たとえば取引単位営業利益法〈TNMM〉の適用の可能性はまったく排除されていたわけではなかった。しかしながら，1995年7月公表の連邦財務省公式見解では，取引単位をベースにした利益基準法（「取引単位営業利益法」と「（取引単位）利益分割法」）は，独立企業価格の予想と確認以外の目的には適用不可能であるとも言明していた。独立企業価格データあるいは比較対象取引データの入手の困難さが移転価格税制における本源的な問題であることは，既に解説した通りである。それを踏まえて，2005年以前においても，ドイツの移転価格税制の実務現

場では，特に取引単位営業利益法〈TNMM〉の適用が頻繁になっていた。「2005年移転価格税制手続通達」は，基本三法の優先的適用の建前は維持しつつも，そのような実務現場での状況を追認したものと言える。

取引単位営業利益法〈TNMM〉の適用には，一定の条件が付されている。複雑な取引を行なわず，「ルーチン機能」だけを担う企業のみに適用されるというものである。「2005年移転価格税制手続通達」の中にも，ルーチン機能についての詳しい内容は記載されていない。しかしながら，税務当局は，別のところで，「投下資産も僅少で，大きなリスクを負わず，営業利益は低いが相対的に安定している企業のその機能である」と言明している。ルーチン機能の典型的な例は，簡単な販売機能，もしくは，市場で第三者からも得られるようなグループ企業内サービス提供である。その意味で，在独日系企業のビジネス・モデルとして最も多い「販社機能」や「販売・営業のためのサービス機能」はそれに該当すると思われる。

4　ドイツで問題にされる移転価格税制の具体的テーマ

移転価格税制の対象は，商品（モノ）の取引価格，サービス提供の対価報酬，費用負担・分担時の費用，無形資産の譲渡対価である。他方で，これまでのドイツにおける在独日系企業の移転価格税制に関する調査の内容を振り返ってみると，特に2003年以前においては，モノ（商品）の取引価格の適正性に関する否認よりも，サービス提供の対価報酬あるいは費用負担・分担の適正性に関する指摘・否認が多いとの印象が強かった。しかしながら，2003年の移転価格報告書（記録文書）の作成義務の導入，そして，2007年の決算書開示義務の厳格化により，その辺の状況が一変したと言える。特に2007年の年度決算書の開示義務の厳格化により，現在は，在独日系企業を含むドイツの会社の年度決算書の約95％は開示されている。他企業の財務データは格段に入手しやすくなった。その結果，商品（モノ）の取引価格あるいは（営業）利益率により踏み込んだ調査がなされるようになった。無形資産の譲渡対価については，後述の「7　ドイツの移転価格税制の特殊テーマ：機能移転課税」（179頁以下）で少し詳細に解説する。ここでは，商品（モノ）の取引価格，サービス提供の対価報酬，費用負担・分担時の費用についての具体的な論点を解説する。

① 商品（モノ）の取引の価格

　商品（モノ）の取引価格（利益率）の移転価格問題は，在独日系企業にとって，日常的な移転価格問題である。

1　商品（モノ）の取引（仕入・販売取引ビジネス）

　商品（モノ）の取引（仕入・販売取引ビジネス）に関する移転価格の調査に際しての吟味の対象は，本来的には，ビジネス活動の前提条件であるクロスボーダー取引時の価格である。しかしながら，ほとんどの会社は，無数と言えるほどの数多くの品番が異なる商品（グループ）を取り扱っている。そのような場合，その個々の商品（グループ）の価格について個別に比較・吟味していくことが如何に困難であるかは，素人目に見ても明らかであろう。実際の実務現場では，個々の商品あるいは（小さい単位の）商品グループではなく，（より大きな単位の）商品グループ，すなわち，商品セグメントないしは商品取扱ビジネス・ユニットごとの価格（利益率）が問題にされている。

（1）　ドイツにおけるベンチマーク・スタディの位置づけ

　商品セグメントあるいは商品取扱ビジネス・ユニットごとの移転価格税制上の適正な価格（利益率）あるいは価格幅（利益率幅）が税務当局から示されているわけではない。そして，原則として，会社側が設定している商品（モノ）の価格（利益率）に移転価格税制上の問題があるとの証明は，税務当局側が行なわなければならない。挙証責任はあくまで税務当局側にある。しかしながら，2003年の移転価格報告書の作成義務が導入されて以降，取引されている商品（モノ）の価格（利益率）の計算根拠を明らかにすることが会社側に義務付けられている。そして，会社側には，適用されている価格（利益率）が適正であること（独立企業価格であること）のその中での言及が必要となっていることから，部分的に挙証責任の転嫁が起こってしまっているところがある。

　この関連で言及されるべきは，ドイツ移転価格税制におけるベンチマーク・スタディの位置づけである。これは商品（モノ）の取引にだけに該当するものではないが，ベンチマーク・スタディは，多くの場合，会社側が税務当局に対して自らの移転価格設定方法（価格（利益率））が適正であることを主張するために，外部の会計事務所やコンサルタントに依頼して，比較可能な他の会社の価格設定・利益率等を調査させてまとめた報告書である。確かに，ドイツの税務当局も，会社自らが採用している移転価格設定方法（価格（利益率））を適正なものにすること，すなわ

ち，独立企業原則の適用に留意する努力は求めている。しかしながら，外部から独立企業価格を必ず引っ張ってきて，それに基づいて自らの移転価格設定方法（価格（利益率））の正当性を証明するところまでは要求していない。ドイツ税務当局自体が，外部からの比較可能な独立企業価格データの入手が如何に困難であるか，深く認識していることの反映なのかもしれない。他方で，昨今の実務現場では，在独日系企業を含むドイツの企業でもベンチマーク・スタディが作成されることも年々多くなっているし，そして，税務当局側の受容度も年々高まっていることも確かである。

（2） 価格（利益率）の根拠付けと文書化

　以上のような背景を踏まえて，商品（モノ）取引に関して，もし外部から独立企業価格データ（価格幅・利益率水準）を収集できない場合であっても，ドイツの会社が担っている機能と負担しているリスク（販売リスク・売掛金回収リスク・在庫リスク・製品保証リスク等）を勘案した上で，仕入・販売時の価格（利益率）を根拠付けしておく必要がある。また，これは後述の移転価格報告書と関係してくるが，それを文書化しておくことが重要である。価格（利益率）の変更に際しては，何が理由なのかを説明できるようにしておかなくてはいけないし，同様に，簡単なものになるかもしれないが，文書化も必要となる。とりわけドイツの会社（現地法人・支店）の利益が減少する方向での価格（利益率）の変更に際しては，ドイツの税務当局が厳密に吟味してくることから，よりきちんとした説明・文書化が必要となる。また，ドイツの会社に利益が増加する方向での価格（利益率）の変更は，その時点においてはドイツの税務当局の受容するところではある。しかしながら，後日，逆の方向での価格（利益率）の変更に際して，その前の反対方向での変更の理由付けが明確になされていると，説明がより容易になることから，同様にきちんとした根拠付け・文書化が不可欠である。

　為替差損リスクは，「日本親会社（メーカー）－ドイツ販売子会社」というビジネスモデルにおいては，日本親会社（メーカー）が負担している場合とドイツ・販売子会社が負担している場合の双方が見られる。しかしながら，ドイツ税務当局側は，そのようなビジネスモデルにおいては日本親会社（メーカー）側が為替差損リスクを負担するのが通常である，と考えてアプローチしてくることが多い。いずれにせよ，特にドイツ販売子会社が為替差損リスクを負担している場合には，そのリスク負担がきちんとドイツ販売子会社が確保できる利益率（商品〈モノ〉の取引価格）に織り込まれていなければならない。

（3） 特定ビジネスにおける赤字商売と定期的修正条項

　ドイツの税務当局においても，「日本親会社（メーカー）－ドイツ販売子会社」というビジネス・モデルの場合で，特にドイツ販売子会社のリスクが限定されている場合，そのドイツ販売子会社が個々の取引単位（商品セグメントあるいは商品取扱ビジネス・ユニット）でも欠損を計上することはあり得ないという考え方が強い。第三者の販売代理店なら，赤字取引には応じないであろうという観点からである。これは，ドイツ販売会社がその他の商品セグメントあるいは商品取扱ビジネス・ユニットできちんと利益を上げていて，会社全体としては，利益を計上している場合でもそうである。ここのところは，2003年の移転価格報告書の作成義務が導入されて以降，会社側がクロスボーダーの取引関係ごとにその取引内容を記述しなくてはいけなくなったことから，税務調査官にとって，より目に付きやすいものとなった。

　他方で，A取引は低マージンあるいは利益ゼロにほぼ近いのであるが，それと密接に関連するB取引は大きな利益をもたらしていたとする。そして，A取引とB取引を合計しても，総体としては十分な利益が確保されているという場合があろう。その場合，A取引とB取引の密接な関連をうまく説明することにより，税務調査官側の個別取引調査原則をクリアすることができる場合がある。商品セグメントあるいは商品取扱ビジネス・ユニットの規模が大きくなればなるほど，その密接な関連を説明するのが困難になる傾向があるが，重要な点は，その密接な関連の必然性を具体的に説明できるかどうかにかかっている。

　特定の個別の商品取引セグメントあるいは商品取扱ビジネス・ユニットについて，移転価格税制上の観点からも税務調査に際してきちんと調査官に説明できるような対策を講じておいたにも拘わらず，ドイツ会社のもとで実際には当初予定された価格あるいは利益率を確保できない場合が起こる。このようなことが起こる理由として，為替の問題等に加えて，輸送コストの変更等の様々なものが考えられる。なぜそのようなことが起こったのかも，明確にされなければならないのであるが，このような場合，半年ごとあるいは事業年度終了時に関連会社と事後調整を行なうことができる。それに基づき，ドイツ販売会社（場合によっては支店）は，補填を受けたり，逆に，他の関連会社に補填を行なうことが行なわれる。このような事後的価格調整を行なう前提条件としては，予め両当事者間の取決めであり，きちんと書面で申合せがなされていることが望ましい。

② 移転価格税制の観点からのサービス提供

在独日系企業の現地法人（場合によっては支店）が他国の関連会社（親会社・子会社・姉妹会社・本店・支店等）との間で行なうクロスボーダーのサービス提供・受益関係には，色々なものがある。その中でも重要なものとしては，①販売・営業支援サービス，②マネージメント・管理・一般業務サービス，③資金融資サービス（貸付金・借入金），④リースサービス（オフィス・事務機器・その他の資産等の賃貸借），⑤無形資産供与サービスが挙げられる。

クロスボーダーでのサービス提供に限定された話ではないが，関連会社間のサービス提供・受益に関しては，移転価格税制の観点からは，無償のサービスは存在しないという前提で話が進められる。そしてさらに，ある会社が他の会社に何かを行なった場合，そのような行為はほぼサービス提供に該当する，という点を明確に認識しておく必要がある。日本語のサービスという言葉には，レストラン等で「これはお店からのサービスです」という時のように，無料の意味が含意されることがある。そのような日本語表現の背景もあってか，特に関連会社間で「他社のために何かをする」あるいは「他社からの何かの要請に応じる」ということが必ず在独日系企業においては，有償性を有することだという認識が薄くなってしまっていることが多い。「これはお店からのサービスです」という時も，レストランの経営上の観点からすれば，それ自体は領収書（レシート）に代金項目として記載されない。しかしながら，それは他の代金項目の利益でそのサービス分（無料分）がカバーされているに過ぎない。そのようなことがあってか，日本の会社法・税法の専門家は，サービスよりも役務という表現を優先的に使用するのかもしれない。いずれにせよ，関連会社間で他社のために何かをした場合，あるいは，他社から何かをしてもらった場合，それはサービス提供・受益に該当し有償であり，そして，その対価報酬は適正なものであるべきと税務当局側はアプローチしてくる。

1 販売・営業支援サービス

在独日系企業に見られる販売・営業支援サービスも，その具体的なビジネス活動内容の観点からは，かなり包括的で，色々なものが見られる。マーケッティング，顧客ニーズ情報の収集，見積書の提示，売買契約の取決め，在庫管理，納期管理，クレーム処理，請求書発行，売掛金回収・督促，メンテナンス作業等があろう。それに対して，サービス内容に関係してくるところもあるが，対価報酬の精算という観点から見ると，

① コミッション（口銭）方式

② コストプラス方式

③ コミショネア方式（問屋（といや）方式）

の3つに区分されよう。別の方式も存在しているが，上の3つは主要タイプと言えるだろう。①コミッション方式と③コミショネア方式は，カタカナ名称が類似していて，初めて聞いた人などに取り違えられることがたまにある。コストプラス方式は俗称である。移転価格設定方法の基本三法の中の原価基準法〈Cost Plus Method〉の考え方から発展しているものであるが，サービス提供についてのみ適用されているものである。ここでもカタカナ名（英語名称）の類似性で取り違えられる時がある。

（1） コミッション（口銭）方式

①コミッション方式と②コストプラス方式は，「日本親会社－ドイツ子会社」のケースで言うと，日本親会社は，ドイツ（欧州）の顧客に対して，直接に商品を販売し，原則として自らの責任で請求書を発行し，売掛金回収を行なう。ドイツ子会社は，顧客を訪問して，新製品を紹介したり，納品の詳細を協議して取決めたり，販売後のフォローアップを行なったりというサポート業務を行なう。仕入・売上としてドイツ子会社の損益計算書を通ることはない。そこまでの点において，①と②は共通点を有する。異なるのは対価報酬の精算の仕方である。①コミッション方式においては，日本親会社の売上高の一定比率（％）で対価報酬が決められる。この方式のもとでは，日本親会社の売上高が大きくなればなるほど，ドイツ子会社の収益は増加するが，逆に，売上高が小さかった場合，当該ビジネス活動について，ドイツ子会社が赤字になるリスクも付随している。

（2） コストプラス方式

それに対して，②コストプラス方式においては，日本親会社が，ドイツ子会社のもとで発生した費用（コスト）を補填すると共に，それに加えて一定比率（％）のマージンも補填する。費用（コスト）として算定に入ってくるのは，ドイツ子会社がコストプラス方式でのビジネス活動しか行なっていない場合，弁別している場合もあるが，原則としてドイツ子会社の費用すべてとなる。それに対して，ドイツ子会社がコストプラス方式以外のビジネス活動も行なっている場合，各種の費用（コスト）の適正な比率での按分計算も必要になってくる。一定比率（％）について，税法で定められているわけではないが，多くの場合，税務調査官は最低10％を主張してくることが多い。活動内容が単純でルーチン化したものであることを明確に

した上で，5％で貫徹しているケースも見受けられる。当然のことながら，コスト
プラス方式でのビジネス活動だけの会社の場合，赤字になることはない。

（3） コミショネア方式

　コミショネア方式は，カタカナ文字だけからすると，上記のコミッション（口
銭）方式と混同されやすいかもしれない。日本では「問屋（といや）方式」と呼ば
れているものである。簡単な言い方をすれば，仕入販売方式とコミッション方式の
中間形態といったところかもしれない。「日本親会社（メーカー）－ドイツ子会社
（サービス会社）」のビジネスモデルに即して言うと，コミショネアとしてのドイ
ツ子会社は，自らの名義で顧客と契約を締結して，顧客に対して自らの名義で請求
書を送付する。しかしながら，対象商品は，直接日本から顧客に直送されるか，あ
るいは，日本親会社がドイツあるいは欧州内に有する倉庫から送付される。日本親
会社は，同様にコミショネアとしてのドイツ子会社に対象商品の代金である請求書
を送付するが，同時に，手数料としてのコミッションを支払う。コミショネアとし
てのドイツ子会社は，この在庫を保持しないし，売掛金回収リスクを負うことは
ない。対顧客でいうと，日本親会社はまったく前面に出ないことから，たとえば，
「仕入販売方式（バイセル：buy－sell方式）」から「コミショネア方式」に切り
替えたとしても，顧客はまったく気づかないままということがあり得る。

　商品（モノ）の販売に関して，在独の日系企業の販売会社あるいは販売・営業サ
ポート会社は，①仕入・販売ビジネス（商品仕入販売：buy－sell），②　ミッショ
ン方式ビジネス（サービス提供），③コストプラス方式ビジネス（サービス提供）
のどれかに特化してビジネス活動をやっているか，それらを組み合わせてビジネス
活動を行なっているケースが大半である。コミショネア方式でのビジネスは，ドイ
ツでは直ちにPE問題を惹起するということはないのであるが，日系企業において
は，かなり限定されたものとなっている。

2　マネージメント・管理・一般業務サービス

　この中にも色々な内容的にサービス提供が包含されている。最もよく見られるの
が，多くの場合に日本親会社のために行なわれる市場動向調査・情報収集サービス
である。駐在員事務所形態でビジネス活動を展開していた後で現地法人を設立した
場合，その駐在員事務所を現地法人の中に取り込んだようなものである。また，日
本本社のA事業部の主管でドイツ現地法人を設立・運営しているが，B事業部が，
ドイツ・欧州ビジネスの展開準備のための駐在員事務所を開設する代わりに，既に
設立されているドイツ現地法人に市場動向調査・情報収集サービスを委託するとい

うケースも見られる。精算方法としては，先のコストプラス方式と，担当者の時間単価を割り出し，業務記録を作成して発生時間数でもって精算するタイムチャージ方式が行なわれている。一括定額方式で行なうのが管理事務作業の負担の点では容易である。しかしながら，後日作業量を減らすとなった時に，タイムチャージ方式あるいはコストプラス方式は，作業量の変動を明確に反映・根拠づけられることから，融通性があると言える。

　ドイツ子会社がその負担を負わせられるというものであるが，経営指導料あるいはそれに類似した名目（マネージメントフィー等）で日本親会社がドイツ子会社に請求してくる場合がある。ドイツ子会社がその下に子会社（日本から見たら孫会社）を抱えている場合，その子会社に対して類似した対価報酬を請求している場合もあろう。この話は，後述の費用負担・分担の話と部分的に重なり合ってくるところがある。その経営指導サービスが具体的にどのような内容なのか，その子会社のビジネス活動に実際に資するためのものなのかが吟味される。

3　その他のサービス

　ここでのその他のサービスの中にも色々なものが考えられる。ここでは，資金融資サービス（貸付金・借入金），リースサービス（オフィス・事務機器・その他の資産等の賃貸借），無形資産供与サービスの3つを，移転価格税制の観点から取り上げておきたい。

（1）　オフィス・事務機器等の「リースサービス」

　在独日系企業においては，オフィス・事務機器・その他の有形固定資産等の賃貸借といったリースサービスがクロスボーダーでのサービス提供の形になっているケースは，かなり限定されていると思われる。多くの場合，ドイツ国内にある関連会社が複数あり，そしてたとえば同じオフィスに同居していて，事務機器等も共同使用しているようなケースである。同居している複数の関連会社の1社がリース会社あるいはオフィスビル・オーナーとリース契約を締結し，他の関連会社と再リース契約あるいは費用分担取決め契約を締結する。この場合，実質的には後述の費用負担・分担の話になる。また，オフィスや事務機器等の資産のリース料の水準は，市場水準データが入手しやすいこともあり，関連会社間できちんと分担している限りにおいては，大きな問題になることはないであろう。

（2）　ロイヤリティ（使用料）の問題

　無形資産供与サービスは，クロスボーダーでの関連会社間のロイヤリティ（使用料）支払の問題である。ロイヤリティ支払それ自体は，関連会社間だけで行なわれ

るものではない。第三者間でも見られるものである。在独日系企業での典型的な形は，日本親会社がライセンスあるいはブランド（商標）等を有し，それをドイツ現地法人に使用させ（サービス提供し），ドイツ子会社は，日本親会社に対してロイヤリティ（使用料）を支払うというものであろう。

　一般的な話として，ドイツの会社が国外の会社に対して，ロイヤリティ（使用料）を支払うことは，そのライセンスあるいはブランド（商標）の内容が明確にされていて，当該ドイツの会社のビジネス活動に資するものである限りにおいて，ドイツの税法上も，費用計上して損金算入することに問題はない。もちろん，場合によっては使用料源泉税の問題をクリアにしなくてはいけない（4　日本（外国）の会社の源泉税等の納付義務：70頁参照）。しかしながら，ドイツの子会社が設立されて10年〜20年あるいはそれ以上の期間が経過し，その間，親会社の製品を仕入れて販売してきていたという場合で，これからブランド（商標）に対するロイヤリティ（使用料）をドイツ子会社が追加で負担するという場合には大きな困難にぶつかる。その際のドイツ税務当局の見方は，それまでの親会社製品の販売において親会社のブランド（商標）は事実上使用してきている，そうであるとすると，それまでの仕切価格（ドイツ子会社にとっての仕入価格）にロイヤリティ（使用料）は含まれていたと考えなくてはいけないというものである。この主張を突破するのはかなり厳しいと言える。

（3）　貸付金・借入金をめぐる移転価格税制以外の各種の問題

　資金融資サービスの提供・受益，すなわち，ドイツ会社による貸付金の供与またはドイツ会社の借入金の受入れに関しては，移転価格税制上の問題に加えて，他の問題にも留意しなくてはいけない。それは，「利子損金算入制限」の問題（3　利子損金算入制限：207頁）と「出資者貸付金」の問題（(2)　出資者貸付金に対する評価減：102頁ならびに4　出資者貸付金関連の費用の損金不算入：113頁）である。さらに，場合によっては，「利子源泉税」の問題（4　日本（外国）の会社の源泉税等の納付義務：70頁参照）にも留意しなくてはいけない。正確に言うと，ドイツの会社が外国の会社に利子を支払う場合には，ドイツの国内税法規定で利子源泉税の源泉義務は課せられていない。外国の会社から利子を受け取る場合に，その外国で利子支払会社に源泉税納付が課せられているかもしれないという話である。

　移転価格税制上の観点からは，利子の支払いは，貸付金融資サービスの対価報酬の支払である。クロスボーダーの関連会社間の融資の場合，貸付金供与会社と借入金受入会社の双方のことを同時的に考えるならば，独立企業原則に則った適正な利

子率で利子支払は行なわれるべきとなる。他方で，借入金受入会社が利子を支払う必要がない場合，あるいは，適正な利率より低い利子率の負担でよい場合，その借入金受入会社の国の税務当局は，特にそれを問題にすることはないかもしれない。また逆に，貸付金供与会社が適正な利子率より高い利子率で利子を受け取ることができている場合，その貸付金供与会社の国の税務当局は，同様にそれを問題にすることはないであろう。そして，これは移転価格税制上の問題ではないが，もし，借入金受入会社がドイツの会社で，その借入金が長期（1年以上のもの）で無利子という場合，貸借対照表上での計上に際して，5.5％の割引率で現在価値に割り戻して計上しなくてはいけない（(2) 税法規定における「履行額」概念の否認と割引利率の相違，108頁）。その場合，差額が収益として計上される。

（4） 借入金・貸付金の適正な利子率

適正な利子率の確定に関する一般原則は，外国税法第1条第3項（144〜145頁）に準ずるものとされている。しかしながら，それを具体化したそれ以外の税法規定は存在していない。また，税務裁判所判決でも，明確な確定方法を明らかにしたものは僅かしかない。連邦財務省通達レベルでは，1983年のドイツ連邦財務省移転価格税制通達「多国籍企業における所得額決定のための原則」の中で，関連会社間の資金融資サービスにおいても，銀行が一般企業と取引を行なう際の銀行利子率（貸出金利と預金金利）を基準にすべきとの考え方が明らかにされている。それに従えば，貸出金利を上限，預金金利を下限とするレンジの中であれば適正な利子率となる。しかしながら，この銀行利子率を基準にすると，高めの金利設定になると言われている。その理由は，特に貸出金利は，銀行のマーケッティングコストや各種の国家規制等の遵守のための費用も見込んだものになっていることである。そのため，企業グループ内の資金融資の利子率の基準として銀行利子率を引き合いに出すことは適切ではないという見解もある。他方で，企業グループ外から融資を受け，それを他の関連会社に再融資する場合には，その外部調達の場合の利子率を基準にして，それに融資会社のもとでの適正なマージン対応分を上乗せした利子率が適正な利子率とされている（「原価基準法」の適用の考え方）。

③ 費用負担・分担に関する移転価格問題

クロスボーダーの関連会社間の費用負担（分担）の問題に関して，理論的には，企業グループ外部に支払う費用すべての負担・分担が対象となる。しかしながら，在独日系企業における税務調査の場合に特に問題にされる費用としては，市場参

入・開拓費用，広告宣伝費用，在庫関連費用，親会社規制対応費用，企業グループ全体の統一的システム等の導入費用，駐在員人件費等が挙げられる。いずれにせよ，現地法人ないしは支店において，親会社・他の関連会社・本店が関係してくる費用負担（分担）に関しては，常に，自らの現地法人・本店・支店のビジネス活動に資する費用負担（分担）なのかどうかの観点から吟味していくことが重要である。

　また，すべての費用項目に該当するわけではないが，「日本親会社（メーカー）－ドイツ販売子会社」での仕入・販売ビジネスモデルの場合，ここで問題にしている特定の費用項目のために，ドイツ販売子会社が取得する粗利益が既にその分だけ高めに設定されていて，具体的・個別的な費用発生時には，ドイツ販売子会社がそれを負担するという「建付け」（「移転価格基本方針」）も可能である。そのような場合には，費用負担・分担と粗利益の高低との間の関連性を同時的に見ていかなくてはいけない。

1　市場参入・開拓費用

　市場参入費用あるいは市場開拓費用には，ドイツにおいてビジネス拠点を新設してビジネス活動を開始する場合と，ビジネス拠点は既に存在しているが，ドイツ市場における新規の製品を導入しようとする場合の双方の様々な費用が含められる。具体的には，初期的広告宣伝費用，当局等からの各種の免許・許認可取得費用，販売ネットワーク確立費用等が挙げられよう。在独日系企業に典型的に見られる「親会社（メーカー）－ドイツ販売子会社」のビジネスモデルの場合，市場参入費用と市場開拓費用は，原則としてドイツ販売子会社が負担すべきものではなく，親会社（メーカー）が負担すべきものという観点から，ドイツの税務当局はアプローチしてくる。この原則は，少し古い税務裁判所判決であるが，1993年2月17日付の連邦税務裁判所判決に裏づけされている。その結果，ドイツ販売子会社が負担するという場合，親会社（メーカー）からの仕入価格と顧客（場合によっては他の関連会社）への販売価格との差額マージンで，その市場参入費用と市場開拓費用をカバーできることが前提となる。すなわち，その仕入・販売取引においてドイツ販売子会社が取得する粗利益の中に，計算上それはきちんと盛り込まれ，その費用発生時のドイツ販売子会社による負担が，予め明確に取り決められている必要がある。

2　広告宣伝費

　広告宣伝費は，他の費用項目と同様に，基本的に受益者負担が原則である。広告宣伝にも，販売促進キャンペーン，テレビコマーシャル，見本市（メッセ）への出展，雑誌・新聞・インターネット等への広告等，色々なものがある。それぞれにつ

いて，受益者が誰かということを明確にして，対応していく必要がある。

　これも，在独日系企業に典型的にみられる「日本親会社（メーカー）－ドイツ販売子会社」での仕入・販売ビジネスモデルの場合で言うと，たとえばイメージ広告や単なる社名の広告は，日本親会社（メーカー）の負担が原則である。また，ドイツ販売子会社が取り扱っている具体的な製品が対象となっている広告・宣伝の場合，ドイツ販売子会社が負担し得る。しかしその場合でも，ドイツ販売子会社の売上増加は，同時に，日本親会社（メーカー）の売上増加でもあることから，全額をドイツ販売子会社だけが負担するというのは，ドイツ税務当局側も認めない。また，ドイツ販売子会社が部分的にせよ負担するという場合でも，当然のことながら，ドイツ販売子会社が仕入・販売から得る粗利益の中に，その負担分が十分考慮されていることが前提となる。また，欧州で販売されている製品が対象となっている見本市への出展で，ドイツ以外にも販売会社（姉妹会社）があるような場合には，その他の欧州の販売会社との費用分担も考慮しなくてはならない。

　この広告宣伝費用の負担・分担の話は，想像以上に複雑な形になる可能性があり，きめ細かな対応が要求されている。受益者がきちんと定量的に割り出せないケースもあり得る。しかしながら，重要な点は，企業グループ内のルールまたは原則をきちんと定めておき，できる限りそれを書面化しておくことであろう。

3　在庫関連費用

　「日本親会社（メーカー）－ドイツ販売子会社」での仕入・販売ビジネスモデルの場合，在独日系企業が在庫を保有するのか，あるいは，在庫リスクを負うのかは，ビジネスモデル上の問題であり，企業グループの方針の中で決定される。そして，特に在庫リスクを負うという場合には，移転価格税制上の観点からは，日本親会社からの仕入価格，正確には，その仕入価格とドイツ販売子会社からの販売価格とのマージンに，その在庫リスク負担が考慮されている必要がある。すなわち，マージンが在庫リスク負担に対応して厚くなっていなければならない。それがもっとも根本的な問題である。

　会社法上における連結決算が重視されるようになる以前，そしてほぼそれと時を同じくして採用されるようになったサプライチェーン・マネージメントの浸透以前は，在庫を保有している在独の現地法人において，滞留在庫あるいは過剰在庫の問題が頻繁に発生していた。移転価格税制上の観点から，そのような滞留在庫あるいは過剰在庫は，日本の親会社から押し付けられているものと見なされることが多かったと言える。そして，それに直接的に関連する費用（追加的倉庫費用・金利

等）を現地法人が負担している場合には，親会社（関連会社）に対する利益移転と見なされて，隠れた利益分配の認定がなされていた。連結決算主義ならびにサプライチェーン・マネージメントが貫徹している現在においては，滞留在庫・過剰在庫の問題は，かなり限定されたものになったのではないかと思われる。しかしながら，そのような現在においても滞留在庫・過剰在庫の問題が発生しているという場合，たとえドイツ販売子会社が在庫リスクを負担する場合でも，ドイツの税務当局は，日本の親会社から押し付けられているものと見なしてくることが多い。その場合，滞留在庫・過剰在庫の発生がたとえば現地法人の社長の間違った判断によるものであること，すなわち，親会社の意向でそうなってしまったのではないことを，税務調査官に対して証明しなければいけない。しかしながら，それは多くの場合かなり困難である。また，その他の在庫関連費用（製品保証費用・在庫廃棄損等）についても，ドイツ販売子会社において確保できるマージンの厚さとの関係の中で，その費用負担の移転価格税制上の適正・不適正が決まってくる。

その基本的アプローチは，これまで解説してきた市場参入・開拓費用や広告宣伝費用にも多かれ少なかれ該当することであるが，まずは，ドイツ販売子会社のもとでの在庫保有（機能）の有無ならびに在庫保有リスクのレベル（どこまでのリスクを負うのか）を明確にしておかなければならない。そして，機能とリスクに対する仕入価格と販売価格との間のマージンとの関連性，すなわち，可能であるならば，マージンの何％分が在庫保有機能あるいは在庫保有リスクに対応するかを算定し，文書化しておくことが勧められる。

4　親会社規制対応費用の分担

年度決算における連結決算重視ならびに企業スキャンダルに対する規制強化（コンプライアンス遵守）の流れの中で，企業グループ全体（実際には，日系企業の場合は日本の親会社）のもとでの規制対応の費用が発生している。そして，そのような規制対応の施策が在独日系企業の現地法人（場合によっては支店）においても行なわれるようになった。代表的なものとしては，中間決算レビューあるいはUS-SOX対応やJ-SOX対応等が挙げられよう。

現地法人・支店がこのようなプロジェクトに対する費用負担をする場合，移転価格税制上の観点からは，「ドイツの法律規制に基づくものかどうか」と「ドイツの現地法人（支店）にメリットがあるのかどうか」の２つの視点のどちらかで判断される。年度決算書の監査費用は，一定規模の会社にはドイツ商法に基づき課されている会計監査の費用であることから，ドイツでビジネスを営むための費用として認

められるであろう。しかしながら，年度決算時の連結パッケージの監査費用になると，ドイツの法律規制に基づくものではないし，しかも，そこから現地法人が別途のメリットが得られるわけでもないことから，損金算入は受け入れられないのが普通である。中間決算レヴュー費用も同じ延長線上にある。

　他方で，US-SOX対応費用やJ−SOX対応費用も，当該プロジェクト自体は，日本の親会社のイニシアチブでなされていることから，日本の親会社がすべて負担すべきとなるのが通常である。しかしながら，このようなプロジェクトは，ドイツの現地法人（場合によっては支店）自体の内部統制の強化・向上に資する側面があることも否定できない。その観点から，現地法人（支店）が得るメリットに対応する応分の費用負担は主張できると言える。

5　企業グループ全体の統一的システム等の導入費用の分担

　これについても色々な具体的なプロジェクトが想定される。代表的なものとしては，「ERP〈Enterprise Resource Planning〉：統合基幹業務システム」の導入プロジェクトが挙げられよう。これについても，上のUS-SOX対応費用やJ-SOX対応費用の場合と類似した側面がある。親会社のイニシアティブという点だけを捉えると，親会社がすべて負担すべきという考え方も出てくるのであるが，ドイツの現地法人（支店）がメリットを受ける側面も決して否定できないし，それがかなり大きい場合もあり得る。その意味で，「ドイツの現地法人（支店）にどれほどメリットがあるのか」という視点から，プロジェクトの内容を分析し，応分の費用負担を行ない，それを税務調査で主張していくことが必要となる。

6　駐在員人件費

　日本の親会社あるいは他の関連会社からドイツに派遣されている駐在員の給与の支払に関しては，ほとんどの場合，日本払月次給与と賞与が日本の出向元（親会社ならびにその他の関連会社）から駐在員本人の日本の銀行口座に振り込まれている。そして，ドイツ払給与ならびにその他のフリンジベネフィットについては，出向先の現地法人（支店）から支払・供与が行なわれ，ドイツ出向先（現地法人・支店）は，同時に，日本払給与・賞与，ドイツ払給与・その他のフリンジベネフィットの全体に対するドイツ賃金税（所得税源泉徴収分）を税務署に対して納付している。ここの賃金税（個人所得税）上の税務処理は，どの日系企業でも大きな相違はないのではないかと思われる。

　相違が出てくるのは，日本払給与・賞与を日本から現地法人（支店）に付替えてくるかどうかである。この付替えにより，経済的に日本払のものを含めて100％現

地法人（支店）が駐在員の人件費（給与・その他のフリンジベネフィット）を負担している場合と，部分的に日本の出向元（親会社・その他の関連会社）が負担している場合とに分かれる。もちろん，親会社の明確な研修目的での駐在派遣や親会社負担のプロジェクト（最近の例ではリーチ・プロジェクト等）での駐在員派遣の場合で，ドイツ側で支払・納付したドイツ払給与・フリンジベネフィット・賃金税負担を，すべて日本親会社に付け替えるという事例もある。しかしながら，それはあくまで例外的である。いずれにせよ，在独の現地法人（支店）が100％経済的に負担している場合，移転価格税制の観点から，費用負担の面で問題にされる時がある。ここのところのドイツ税務当局側の移転価格税制上の基本的な考え方は，2001年11月9日付「ドイツ連邦財務省駐在員派遣通達」に公表されている。

（1） 移転価格税制上の問題としての駐在員人件費

2001年11月9日付「ドイツ連邦財務省駐在員派遣通達」で問題にされている論点は，以下のようなものである。たとえば在独日系企業の現地法人の駐在員とローカルスタッフの中にそれぞれ同じマネージャーのタイトルを有する者がいたとする。その2人のグロス給与を比較すると，駐在員マネージャー：ローカルスタッフ・マネージャー＝2.0～2.5：1.0くらいの比率になっていることがほとんどである。そうした場合，同じ資格・職能を有するはずにも関わらず，駐在員マネージャーに対して，なぜローカルスタッフ・マネージャーの2倍または2.5倍の高額の給与を支払うのかということが問題にされる。簡単に言うと，その高負担は，親会社に強制されているのではないかという見方を税務調査官はしてくる。在独日系企業の駐在員は3年～6年任期のローテーションで交代していく場合が大半であることから，その税務調査官の見方はなおのこと助長される。

駐在員の派遣は，現地法人（支店）のためというよりも，将来的人材の育成も含めた日本の親会社の人事政策の一環として行なわれているのではないか，もしそうであれば，とりわけその差額部分は出向元（親会社）が負担すべき，というものである。もう1つの論点がある。特に現地法人（支店）の会計経理・総務部門に所属する駐在員に関しては，そもそも当該駐在員は，現地法人（支店）のためだけではなく，出向元の日本親会社のための仕事も同時に行なっているのではないか，もしそうであれば，その人件費を現地法人（支店）が全額負担するのはおかしい，出向元（親会社・その他の関連会社）が部分的に負担すべきである，というものである。

（2） 対 応 策

上の論点からも分かるとおり，駐在員人件費の費用負担の移転価格税制上の問題

は，突き詰めていくと，同レベルの職能・ポジションの者が駐在員とローカルスタッフの中にいる場合のそのグロス給与の差額部分の費用負担と，出向元のための仕事も行なっているのではないかと思われる駐在員の給与の費用負担の2つである。現地法人（支店）による駐在員人件費負担一般が問題にされているわけではない。

　これに対する対応策としては色々なものが考えられる。まずは，出向元（親会社・その他の関連会社）と現地法人との間の出向契約書を作成しておき，その中で，派遣されてきた駐在員が出向先の現地法人（支店）のためだけに勤務していることを明確にしておくことである。もちろん，実際にそうであることが前提となる。また，駐在員の職務内容を文書化しておき，その中で，そのような人材は，ドイツのローカルの労働市場では得がたい人材であることを明確にしておく。その場合のポイントは，現地法人（支店）が取り扱っている商品に対する専門的知識，日本の親会社ならびにその他の取引先関連会社の担当者等との人材ネットワーク，日本語での円滑なコミュニケーションが可能であること等である。簡単に言うと，ドイツのローカル労働市場からの人材との差別化である。もちろん，これも事実関係としてそうであることが前提である。また，1人の駐在員が日本に帰任するという場合，ドイツの現地法人・支店側から，後任の人材の派遣を要請しているということを書面として残しておくことも重要である。

④　創業期損失と慢性的赤字

　ドイツの現地法人・支店が慢性的な赤字状態になった場合，まずは，債務超過あるいは支払不能による破産申請という会社法上の問題が議論・解決されなくてはならない。増資や劣後化宣言等の各種の支援策により，その会社法上の問題が解決されている場合でも，今度は，現地法人・支店が慢性的な赤字状態にある，あるいは，そこまで行かなくても，ほとんど利益を計上していないという場合，税務調査において，移転価格税制上の観点から問題にされる。会社法上の問題は，その年度時点での問題であるが，税務上問題にされるのは，通常数年経ってからである。たとえば，販売会社であるドイツ現地法人が，欠損（赤字）を継続的に計上しながら，あるいは，低い利益率で長期的に販売活動しているということは，親会社またはその他の関連会社が何らかのメリットを得ているからという論理で，税務調査官は攻めてくる。日本の親会社が会社法上の支援によりドイツ現地法人の延命を図るのは，ドイツ現地法人が存続することにより，日本の親会社がメリットを受けている，すなわち，親会社に対する利益移転があるからだという論理になる。

以上のように，赤字状態というのは移転価格税制上の問題にもなるのであるが，税務当局から許容される赤字状態というものもある。いわゆる創業期損失である。もちろん，会社法上の問題は別途考えなくてはいけないのであるが，新たにドイツに現地法人を設立して，ドイツ市場に参入するような場合，3年間のいわゆる創業期損失が認められている。但し，それに続く3年または2年の間に，最初の3年の間に溜め込んだ繰越欠損を一掃し，6年目あるいは7年目からは，ドイツの税務当局に法人税・営業税を納付することも前提とされている。このような先行投資期間としての創業期損失の考え方は，1988年10月17日付ヘッセン州税務裁判所判決や1993年2月17日付連邦税務裁判所判決等に代表される税務裁判所の判決で裏打ちされているものである。そして，この考え方は，既存の現地法人・支店で新しいビジネスを立ち上げる場合にも援用されるものと考えられている。いずれにせよ，現地法人や支店の新設，あるいは，新規ビジネスの立ち上げに際しては，ビジネスプランの入念な練り上げが不可欠である。

5　移転価格報告書の作成（記録文書化）

　ドイツのそれに限定されない一般的な問題として，移転価格税制においては，文書化ということが非常に大きな意義を持っている。

① 書面化と移転価格報告書（記録文書化）の区別

　しかしながら，ドイツの移転価格税制を見ていくときには，「書面化」と「移転価格報告書作成（記録文書化）」を区別していくと理解しやすい。前者の書面化は，関連会社間のクロスボーダー取引契約関係を「書かれたもの」にすることであり，簡単に言うと，（書面での）契約書作成である。ある意味で，こうあるべきという法律的側面の描写という言い方ができるかもしれない。それに対して，後者の移転価格報告書作成（記録文書化）は，取引契約関係の実態の描写ならびにその会社による評価を中心にして，報告書形式で作成するものである。ドイツにおいては，2003年にこの移転価格報告書の作成義務が導入されて現在に至っている。

　ドイツ民法においても，「口頭契約」も立派な「契約関係」であり，「（書面での）契約書」が存在しない契約も法律上有効なものとして当然あり得る。しかしながら，税法分野においては，より正確に言うと，移転価格が問題になる税務調査の実務現場においては，口頭契約の実在を巡る議論は，水掛け論に終始することが大

半である。そのような場合の税務当局（税務調査官）側の基本的スタンスは，クロスボーダーの関連会社間の取引関係について，（書面での）契約書が存在していないと，形式主義的に証拠不十分ということで，当該契約関係がないという前提で移転価格税制の判断をしてくるというものである。それを踏まえて，筆者自身も「取引関係の書面化（契約書の作成）」を繰り返し強調していた。

② 書面化に関わる2012年10月11日付連邦税務裁判所判決

ドイツ連邦税務裁判所は，当該問題に関して，ドイツ子会社からオランダ親会社へのサービス提供対価の支払を対象にした2012年10月11日付の判決において，画期的な判断を公表した。それは，「（書面での）契約書」が存在していないことを理由に，契約関係が予め（事前に）交わされていなかったと判断して，隠れた利益分配の認定（移転価格税制の適用）を行なうのは，租税条約が適用されている二国間の場合には行き過ぎであるという見解である。この見解は，一審（ハンブルク税務裁判所）の判断（2011年10月31日付判決）を追認したものであった。

租税条約の優先的適用の原則から導き出されたこのような考え方は，租税条約の「阻止的効果〈Sperrwirkung〉」と呼ばれている。別の税務訴訟案件において，ケルン税務裁判所でも同種の見解が公表されており，各種の研究文献・コメンタールでも支配的な見解になっていたものである。正確に言うと，このドイツ・オランダの親子会社は，当該訴訟で対象とされた2004年の全期間を通してカバーしてはいなかったが，2003年末に口頭で取り決められていた内容を書面化するという形で，2004年の後半時点に，（書面での）契約書（サービス提供契約）を締結していた。

企業グループ間の取引関係においては，（書面での）契約書は蔑ろにされていることが多く，まさにここのところを移転価格の税務調査において調査官から突かれる。その意味において，この連邦税務裁判所の判決は，納税義務者（会社）側に大変有利な判断である。そして，「書面化義務の緩和」ということも言われている。しかしながら，この判決以降も，門前払いされることはなくなったものの，取引関係の（書面での）契約書なしで税務調査官をやり合うことは，「素手で重装備をしている相手に戦いを挑む」ようなものであることには変わりはない。また，このような書面化の話とは別に，移転価格報告書作成（記録文書化）の義務は厳然としてあり，それを遵守しない場合には，それだけでペナルティを課される。

③ 移転価格報告書（記録文書）の作成義務の法的根拠

　ドイツにおける移転価格報告書作成（記録文書化）義務は，2003年に導入された。しかしながら，ある事情から，その罰則規定は2004年施行だったことから，実質的には2004年からだったと言える。その義務を明記した租税通則法第90条第3項は以下のようになっている。

【租税通則法　第90条第3項〔＝「義務規定」〕】

　納税義務者は，外国に関連する事象を含む事実関係に際しては，外国税法第1条第2項にいう近い関係の者との取引関係について，その種類と内容に関する記録文書を作成しなければならない。この記録文書化義務には，独立企業原則に留意した近い関係の者との間の価格ならびにその他の取引条件の取決めにとっての経済的・法律的な基礎事実に関する記録文書化も含まれる。通常外の取引行為があった場合には，速やかに記録を作成しなければならない。記録文書化義務は，ドイツ国内における課税のために，ドイツ国内部分とその外国の支店との間での利益を分割・確定しなければならない納税義務者，または，外国の会社のドイツ国内支店の利益を確定しなければならない納税義務者にも同様に適用される。統一的な法の適用を確保するために，連邦財務省は，連邦参議院の同意に基づき，法令により，作成すべき記録の種類，内容，範囲を定める権限を付与される。税務当局は，原則として税務調査の実施のためにのみ記録文書の提出を要求すべきものとする。提出は第97条に基づき行なわれるが，同条第2項は適用されない。提出はその都度要求があってから60日以内に行なわれるべきものとする。通常外の取引に関する記録文書については，30日以内に行なわれなければならない。正当な理由がある場合，提出期限は延長されることがある。

　なお，この移転価格報告書作成（記録文書化）義務は，クロスボーダーの関連会社間取引を行なう会社に対して課されているが，在独日系企業の進出形態に即していうと，現地法人だけではなく，支店に対しても同様に課されている点は留意しなくていけない。但し，現地法人の場合でも支店の場合でも，クロスボーダーの関連会社間取引が一定のレベルに達していない場合には，免除規定が適用される（後述の「1　作成義務の免除規定」，169頁参照）。

④ 義務の非遵守の場合のペナルティ

　移転価格報告書作成（記録文書化）義務を履行しなかった場合について，不履行の具体的な内容に応じて，税務当局による「推定課税」と「賦課金の査定・徴収」

という２つの種類の制裁措置が規定されている。場合によっては，その２つの制裁措置が同時に負わせられる。具体的に言うと，移転価格報告書（記録文書）が提出されなかった場合，提出されたがその大半が使用不可能な場合，特定の移転価格報告書部分について速やかに作成されなかったことが確認された場合の３つのケースについては，まず推定課税規定に従って，税務調査官は，申告済み該当課税所得が低く申告されているものと見なし，入手できたその他の資料に基づき推定課税ができる。そして，特に関連会社間の移転価格の推定値（価格）がひとつの価格幅として確定される場合，その価格幅の中で納税義務者（会社）側に不利なように，すなわち，ドイツの税務当局にとっての課税所得が増加する方向で推定値を最終的に確定してもよいとされている。

また，賦課金規定に従って，未提出の場合と大半が使用不可能な場合の義務の不履行については，推定課税に加えて（すなわち，二重に），最低5,000ユーロの賦課金が賦課される。その賦課金が5,000ユーロを上回る場合には，推定課税規定で修正された追加課税所得の最低５％から最高10％までの範囲で賦課金が査定される。また，使用可能な移転価格報告書（記録文書）が提出されたがそれが遅延した場合（要求があってから60日または30日を越えてから提出された場合）については，最低で遅延１日あたり100ユーロ，最高で総額100万ユーロの賦課金の賦課の査定権限が税務当局側に確保されている。

以上の「２つの種類の制裁措置」というところで強調されるべきは，その「形式主義」である。関連会社間の移転価格が適正であるかどうかという実質とは関係なく，その移転価格を紙（電子ファイル）の上に言葉として表現しておかなければ制裁を受ける。仮に税務調査の過程で移転価格が実際には適正であることが判明したとしても，原則として，その制裁は撤回されることはない。また逆に，移転価格報告書作成（記録文書化）義務をしっかり遵守し当該義務抵触による制裁は心配する必要がない場合でも，移転価格税制対策としてそれで十分という訳ではない。実際に取引されて，移転価格報告書（記録文書）の中にも記録されている移転価格が不適正と判断されて多額の追徴税額を課税されることも十分にあり得るのである。このような「移転価格報告書作成（記録文書化）義務の制裁の性格」をしっかり理解しておくことが重要である。

⑤　移転価格報告書の構成と具体的内容

　関連会社（「近い関係の者」）との間にクロスボーダーの取引関係があった場合，移転価格報告書作成（記録文書化）義務が負わせられている。その作成しなければならない具体的な移転価格報告書（記録文書）の種類・内容は，2003年10月に可決された「租税通則法第90条第3項の記録文書の種類・内容・範囲に関する法令（移転価格報告書内容法令）」の「第4条：一般的に必要な記録文書」と「第5条：特定の場合に必要となる記録文書」に詳細に列挙されている。その2つの条項において，ドイツの移転価格報告書（記録文書）で税務当局側から要求されている内容は，大きく言って，次の4つの部分から構成されている。その提出期限をも付してまとめると，以下のようになる。

　①　会社・関連会社・取引関係の事実関係に関する記述部分（提出要請後60日以内に提出）

　②　移転価格の適正性（独立企業原則への合致）に関する記述部分（提出要請後60日以内に提出）

　③　ビジネスモデル変更時あるいは組織再編時等の通常外の取引に関する記述部分（年度終了後6ヵ月以内に作成，提出要請後30日以内提出）

　④　事業年度を越えてあるいは税務調査の対象期間を超えて締結されているような長期的契約関係に関する記述部分（提出要請後60日以内に提出）

　第4条の「一般的に必要な記録文書」の中で要求されている移転価格報告書部分（記録文書）を例にしていうと，同条第3号「機能分析・リスク分析」（①事実関係記述部分），あるいは，同条第4号「移転価格分析」（②適正性記述部分）の中の記録文書のように，その基本的な情報は会社自身の中に散在しているのであるが，それを最初に収集して作成する場合，あるいは，会社の機能・リスク負担・移転価格設定方法に変更があった場合等には，外部の専門家のアドバイスを仰ぎつつ作成する方が賢明だと思われる記録文書もある。

　他方で，同条第1号「出資関係・事業経営内容・組織構成に関する一般情報」（①事実関係記述部分）ならびに第2号「近い関係の者との取引関係」（①事実関係記述部分）の中の移転価格報告書部分のように，少なくとも現地人スタッフの中に経理・税務を担当しているマネージャーレベルの人材がいるような在独日系企業においては，最初の作成形式の見本あるいはフォーマットさえ示されていれば，その作成に関して会社自身で十分対応できる移転価格報告書部分がある。

また，通常外の取引と呼ばれているのは，「仕入・販売ビジネス」から「コミッションビジネス」へのビジネス・モデルの変更（ビジネス再編）やクロスボーダーでの会社組織の再編である。これが実施されると，移転価格税制上でよく問題にされる機能とリスクの変更を伴うのが常である。ここのところは，ドイツの税務調査においても必ず問題にされると言ってよい。移転価格報告書（記録文書）を基本的に会社内で作成しているという場合でも，この通常外の取引があった事業年度のここの部分に関しては，必ず外部の専門家のアドバイスを仰ぐべきである。

⑥　使用言語・作成時期・提出時期・免除規定

　移転価格報告書（記録文書）の内容がどんなものかと共に，移転価格報告書（記録文書）がどのような言語で，いつまでに作成されなければならないのか，あるいは，いつまで提出しなければならないのか，そしてまた，それを免除される会社はあるのかといった点も，実務現場にとっては大変重要なテーマである。

1　作成義務の免除規定

　上述の「移転価格報告書内容法令」の第6条に「小規模企業に対する特別適用規定」という移転価格報告書（記録文書）作成義務の免除規定がある。ここでいう「小規模企業」とは，①近い関係の者との間の取引関係おける商品の納品に対する報酬の合計が事業年度あたり5百万ユーロを超えず，かつ，②近い関係の者との間の取引関係における商品の納品以外の他のサービス等に対する報酬が50万ユーロ超えない企業である。上記の2つの金額（5百万ユーロと50万ユーロ）は付加価値税額を含まない金額とされる。また，ドイツ国内の関連会社との取引関係における報酬額は上記の金額の中に含める必要はない。すなわち，上の取引額はあくまでクロスボーダーの関連会社間取引からのものである。但し，日本の親会社から仕入れて，その商品を他のヨーロッパの関連会社に販売している場合，仕入と販売の双方をカウントしなくてはいけない。いずれにせよ，上の前提条件を満たす小規模企業は，税務調査において，作成された移転価格報告書（記録文書）を提出する代わりに，要請があってから60日以内に，その内容を口頭で情報を伝えるか，存在する書類を提出することで義務を果たしたと見なされる。

2　作成時期と提出時期

　「2005年4月12日付移転価格手続通達」の中に，税務当局は，納税義務者が，移転価格決定に重要なデータや事実関係情報を定期的に速やかに収集し，それらを適切に整理して準備しているものと前提にするとだけあり，移転価格報告書（記録

文書）全体の作成時期に関する明確な規定はない。しかしながら，「移転価格報告書内容法令」第3条第1項によれば，通常外の取引に関する移転価格報告書（記録文書）部分だけは，当該取引が発生した事業年度終了後6ヵ月以内に作成すべきものとされている。他方で，この期限がどのようにコントロールされるのかについての明確な規定は見当たらない。原則として，事業年度ごとに作成するが，実務的には，数年分まとめて作成することも行なわれている。

　移転価格報告書（記録文書）の提出は，税務調査に際して，税務調査官からの提出要請があってから，60日（または30日）以内に提出すればよいとされている。30日以内というのは，通常外の取引に関する移転価格報告書（記録文書）部分についてのものである。いずれにせよ，税務調査とはまったく無関係に，年度ごとに提出したり，あるいは，申告書に添付して提出するというものではない。あくまで，税務調査時に調査官の要求に応じて提出する形になっている。

　作成・提出に関して，厳格な規定は存在していないのであるが，「税務調査時に提出要請後60日（30日）以内に提出すればよい」というルールは，在独日系企業の場合は，忘れた方がよいのではないかと思われる。その理由は，第一に，その期間を短縮しようという動きもあるが，ドイツの（移転価格問題を包括する）税務調査は3年から5年を単位して行なわれることから，数年前の過去のことの詳細は，担当者レベルでも忘れてしまっていることが多いからである。第二には，移転価格報告書（記録文書）の作成あるいはそのチェックを行なうべき日本人コントローラーは，税務調査の時には，人事異動でもうドイツにいないことも多いという理由からである。理想的には，たとえば監査義務に服している会社の場合で言えば，年度会計監査が終了した時点で，その年度の移転価格報告書（記録文書）の作成または前年度のものの加筆・修正の作業を行なう体制を，年度の作業サイクルの中に組み込むことである。

3　移転価格報告書の使用言語と翻訳

　移転価格報告書（記録文書）は，原則として，ドイツ語で作成・提出されなければならない（「移転価格報告書内容法令」第2条第5項）。

（1）　ドイツ語での作成の原則

　2005年4月12日付の「移転価格手続通達」の中では，移転価格報告書（記録文書）についても，多くの言及がなされている。その「2005年手続通達」に拠れば，ドイツ語以外の他の言語で作成されている場合は，まったく同じ期限でその翻訳を提出しなければならず，移転価格報告書（記録文書）全体が，ドイツ語以外の言語

で作成されて，そのまま提出された場合，税務当局は，その報告書全体を「使用不可能」であると見なすこともできるとしている。使用不可能と見なされた場合，賦課金規定に従って，推定課税に加えて（すなわち，二重に），最低5,000ユーロの賦課金が課せられる。また同様に「2005年手続通達」に拠れば，外国語で作成された移転価格報告書（記録文書）が部分的に翻訳されて，翻訳された部分と翻訳されていない部分の双方が提出された場合，翻訳されていない部分に記載された情報は，税務当局（税務調査官）に伝えられたとは見なされないともしている。またさらに，正当な理由がある場合，税務当局側は，翻訳認証付きの翻訳を要求することができるとも言われている。

（2） 外国語での作成と翻訳の義務

　他方で，税務署は，納税義務者（会社）側からの申請に応じて，その例外として，現在使用されている他の言語での作成・提出を認めることができるとしている。この申請により，作成・受理が認められる言語としては，現実的には英語によるものしか考えられないであろう。その申請は，理論的には税務調査に際して提出するまでの間いつでも可能であるが，「税務調査実施通知書」が送付される前の時点では，「査定担当税務署（申告書を提出している税務署）」に対して行なわれ，税務調査実施通知書が送付された後では，「税務調査担当税務署」に対して行なわれる。実際に，この申請により，外国語（英語）での作成・受理が正式に認められるケースは，どちらかと言えば少数派という印象がある。他方で，正式な形での作成・受理が認められていない場合でも，実際の税務調査においては，英語で作成された移転価格報告書（記録文書）を受け取っている場合や，受け取って，会社側に部分的に翻訳させている場合等の現実的な対応も見られる。

（3） 在独日系企業における使用言語に関する実務的対応

　以上のような使用言語・翻訳に関するドイツの税法・通達レベル・税務調査時の状況を踏まえた場合，在独日系企業の現地法人・支店の対応としては，原則的に英語で税務調査前に（理想的には，事業年度終了後できるだけ速やかに）作成するものとし，翻訳の必要がある場合には，その時点（実際には，税務調査時点）でドイツ語に翻訳するというアプローチが勧められる。色々な観点を考慮すると，このアプローチが最も効率的なものと考えられる。移転価格報告書（記録文書）は，ドイツの現地法人・支店のローカル・スタッフが作成する場合でも，ドラフト段階から，駐在している日本人コントローラーがその内容をチェックすべきであるし，それ以上に，日本の親会社の担当スタッフもチェックすべきである。それは，日本の親会

社の移転価格税制の基本的方針と齟齬があっては不都合であるという観点からである。そして，税務調査前の段階で（作成の前後において），査定担当税務署に対して，英語での提出・受理のための申請を提出しておくことも考えておくべきであろう。

7 移転価格報告書に関わる在独日系企業の対応策

このような移転価格報告書作成（記録文書化）義務対策としての在独日系企業における基本的なアプローチは，まず，そもそも「移転価格報告書内容法令」の第6条の小規模企業特別適用規定の適用による義務免除が可能かを検討することであろう。小規模のサービス提供会社の場合等は，十分に義務免除の可能性が考えられる。他方で，義務免除が可能な場合でも，移転価格対策あるいは移転価格文書対策が不必要であることを意味しないことには留意しなくてはいけない。

1 書面化と文書化（報告書化）の両面的対応

移転価格報告書作成（記録文書化）義務を免除されないことが確認された場合には，

① 関連会社との間の取引関係の総棚卸（リストアップ）

② 移転価格設定方法を含む取引関係（契約関係）すべての書面化

③ 取引関係の背景情報・採用されている移転価格設定方法の根拠付け等を含む文書化（報告書化）

④ 移転価格（モノ・サービス・無形資産の取引価格と費用負担配分）の適正性の検討

という手順で対応措置を進めていくことになる。正確に言うと，②関連会社との取引関係（契約関係）の書面化は，③文書化（報告書化）と一緒に行なわれるというよりは，日常的に行なわれるべきものである。すなわち，関連会社が絡むクロスボーダー取引が新たに行なわれる時，あるいは，それが変更される時，そのつど当該取引関係を書面にしておく。移転価格報告書作成(記録文書化)義務への対応という意味では①～③までのアクションで十分で，それをしっかり実行に移せば少なくとも移転価格報告書作成(記録文書化)に関わる制裁は回避できる。しかしながら，包括的な移転価格対策としては，当然のことながら④のアクションが不可欠である。ほとんどの場合，③の作業あるいは②の作業の中で，同時に④の作業が行なわれる。

2 2003年以降の形式的観点からの制裁の回避

2003年に導入されたドイツ移転価格税制の移転価格報告書作成（記録文書化）

義務は，ドイツでビジネスを営む日系企業にとって事務的負担増につながるものである。しかし，「移転価格報告書（記録文書）」の中で要求されている個々の文書・記録・契約書等は，2003年の当該義務導入以前の過去においても，税務調査をうまく乗り切るための重要な手段であった。その意味では，税務調査対策という観点からはまったく根本的な変更がなされたというわけではない。但し，たとえ移転価格（「モノ」・「サービス」・「無形資産」の取引価格ならびに費用負担配分）が結果的に適正であったとしても，形式である移転価格報告書（記録文書）をしっかり整備することを怠っていたがために，制裁に甘んじなければならない状況に追い込まれるという意味で，親会社や他の関連会社を巻き込んだ組織的で真剣な取組みが要求されていると言えるであろう。

3　BEPS以降の移転価格文書の対応

2013年からOECDレベルで，「BEPS（**B**ase **E**rosion and **P**rofit **S**hifting：税源浸食と利益移転）」という多国籍企業のアグレッシブな租税回避行為に対する税務当局の「アクションプラン（行動計画）」が議論されている。そして，2015年10月にその最終報告書が公表された。このアクションプランが実行に移された場合，これまでの国際税務の枠組みに大きな変更が加えられることになる。ここで問題にしている移転価格文書についても，一定額以上の売上げ規模を有する場合，企業グループ全体として，「マスターファイル」・「ローカルファイル」・「国別報告書〈CBCR〉」を作成しなければならない（「アクションプラン13」）。在独日系企業に即していうと，マスターファイルと国別報告書は，日本本社が作成するが，国別報告書のドイツに関わる数値は，在独の現地法人・支店の担当者が準備して日本に送付することになるであろう。ローカルファイルは，上で解説してきた在独日系企業今現在義務付けられているドイツの移転価格報告書（記録文書）にほぼ対応するものと考えられているが，2016年以降に施行されるであろう国内法の改正により，大筋のところで同じではあるものの，部分的な修正が加えられることも予想されている。

この「BEPSアクションプラン」のもとでの移転価格文書では，税務当局同士の情報交換がより活発に行なわれることが企図されている。たとえば日本本社で作成されて管轄の税務署に提出される国別報告書を，ドイツの税務当局は入手できることが予定されている。納税者（多国籍企業グループ）がガラス張り状態になることを意味する。在独日系企業に関していうと，これまでも，移転価格問題に関する日本本社との緊密な情報交換は必要であった。しかしながら今後は，移転価格報告書

の内容がドイツの税務当局に対してだけは防衛手段となり得るが，日本の税務当局の観点からは問題があるものでは許されなくなる。これまで以上に，企業グループ内の緊密な情報交換が必要になってくる。

6　ドイツにおける事前確認

移転価格問題における会社側のリスクを最小化するためのものとして，「事前確認」（英語：Advance Pricing Agreement〔Arrangement〕：英語略称APA，独語：Vorabverständigungsverfahren）という制度がある。いわば税務当局からの「お墨付き」である。この事前確認は，クロスボーダー取引を行なう多国籍企業にとって，重要な検討課題になっている。事前確認は，移転価格税制が対象となっている場合，「ユニラテラル」（一国の税務当局からの事前確認），「バイラテラル」（二国の税務当局からの事前確認），「マルチラテラル」（三国以上の税務当局から事前確認）を区別する。但し，移転価格問題は，問題の性格上，二国以上に跨ることから，一国だけの税務当局からの事前確認は，実質的な意味をなさないことが多い。その意味で，ほとんどの場合，バイラテラル事前確認かマルチラテラル事前確認である。

事前に関係する税務当局に対して移転価格設定方法（ビジネスモデルの内容・移転価格設定方法・利益率等）を開示して，審査・当局間交渉をしてもらい，将来について（通常3年前後），税務調査時の事後的更正がないようにするものである。税務調査があって，移転価格税制の執行で過去の課税所得が更正（修正）されて二重課税状態になった時に，解決のために関与する二国間で税務当局同士が過去の年度について，事後的に協議する「相互協議〈英：Mutual Agreement Procedures：MAP・独：Verständigungsverfahren〉」とは区別される。ドイツにおいても，移転価格問題で事前確認の申請・取得が年々多くなっているが，税務当局がそれを積極的に推進し，企業側も申請・取得を真剣に検討して，本格的に現実的な選択肢として考えるようになったのはつい最近のこと，正確には，2006年以降である。

①　2006年以前におけるドイツ事前確認

2006年以前は，確かに，租税通則法第204条〜第207条に依拠して，税務調査において確認された税務処理方法を次の税務調査対象期間にも適用するという，い

わばユニラテラル事前確認は行なわれていた。そしてそれに対して，1987年6月24日付連邦財務省通達や2003年12月23日付連邦財務省通達が公表されていた。但し，偶然にこの形で移転価格問題が対象となることはあったものの，上の2つの通達も，移転価格の問題を想定したものではなかった。他方で，その2006年以前においても，少数の大多国籍企業がその管轄の税務当局と協議して，関係する外国の税務当局を巻き込んだ移転価格税制に関係するバイラテラル事前確認の申請・取得を行なっている事例は散発的に報告されている。ドイツの税務当局も，バイラテラル事前確認・マルチラテラル事前確認をまったく拒否していたわけではないのであるが，超大企業から要請があった場合に例外的にやっと重い腰をあげるという消極的な姿勢だったと言われている。

　ドイツ税務当局の移転価格税制の外国の税務当局を巻き込んだ事前確認に対する2006年以前における消極的姿勢については，税務行政の連邦政府と州政府との間の管掌分担により，どこが担当するかが不明確だったことが理由として挙げられている。また，税務当局内部では，連邦政府・州政府を問わず，大学の法学部出身の法律専門家が多く，経営学・経済学を専門として国際問題に対応できるスタッフの養成が本格的にはなされていなかったことも指摘されていた。

　他方で，バイラテラル事前確認・マルチラテラル事前確認に対して2006年以前において消極的だったという点では，少数の例外を除き，ドイツ企業側にも多かれ少なかれ該当する。その理由として，対応する法律規定あるいは通達が欠如していたことに対する不安，申請により，過去の移転価格の問題が追及されるのではないかという税務当局に対する不信感等が挙げられていた。また，特に2003年に移転価格報告書（記録文書）の作成義務の導入以前は，挙証責任が税務当局側にあるために（現在も原則的にはここの部分は変わっていない），高額なペナルティの恐怖が必ずしも緊迫性を有していなかったとも言われる。さらに，法的な整備がなされていなかったこと，当局側の人員も確保されていなかったことからすれば当然と言えば当然であるが，取得できるまでの期間が長過ぎたことも，企業側が消極的だったことの理由として挙げられていた。「ニワトリが先か卵が先か」の議論のところもあるが，いずれにせよ，2006年までのドイツは，「事前確認制度の発展途上国」だったと言えるかもしれない。

② 2006年以降のドイツ税務当局の積極的姿勢と法的整備

　2003年に移転価格報告書作成（記録文書化）の義務が導入された。ドイツの移

転価格税制において，移転価格が独立企業原則に合致していないこと指摘して，移転価格税制を執行する際の挙証責任は，依然として税務当局側にあるとされている。しかしながら，移転価格報告書作成（記録文書化）の義務の導入により，実務現場では，かなりその基本的原則が覆されてしまっている印象は否めない。その分だけ，会社側は移転価格税制リスクに晒されるようになったと言える。

　また，他の先進国では移転価格税制に関する事前確認制度が積極的に奨励され，実際に数多くの件数が成立している国際的状況を踏まえ，ドイツの経済界からも，移転価格問題をも包括する事前確認制度の整備・明確化の声が年々強くなっていた。それに対して税務当局は，2006年以降，移転価格問題に限定されない税制一般に関するユニラテラルのものをも包括する事前確認を歓迎・支援する意向を明確に打ち出している。税務調査の期間短縮にも資するであろうという期待も込められていたと言われている。税制一般に関するユニラテラル事前確認制度については，2007年税制改正において，租税通則法第89条の改正が行なわれ，2007年5月3日付の連邦財務省通達，2007年11月30日付の「事前確認法令」（租税通則法第89条第2項第4文に基づくもの：全3条）が公表されている。

③　移転価格税制に関する「事前確認制度」の概要とその料金

　2006年から2007年にかけて整備されて現在に至っている移転価格税制に関する（バイラテラル・マルチラテラル）事前確認制度は，手数料だけは税法規定（租税通則法第178a条）で明確にしているものの，（バイラテラル・マルチラテラル）事前確認制度の内容・運用については，連邦財務省通達（2006年10月5日付）をベースにするという形になっている。

1　ドイツにおける移転価格税制に関する「事前確認制度」の具体的内容

　2006年10月5日付の連邦財務省通達を中心にして，2006年以降の移転価格税制に関するドイツの（バイラテラル・マルチラテラルの）事前確認制度の具体的内容を見ていくと以下のようになる。

　ドイツの担当当局は，ボンの「連邦中央税務局〈Bundeszentralamt für Steuern〉」である。同局が申請書類を受理し，相手国の税務当局との交渉を行なう。ドイツが「租税条約」を締結していて，その中にOECDモデル租税条約の第25条第1項・第3項に該当する条項がある相手国である場合を前提にして，具体的な申請・交渉のプロセスならびに事前確認有効期間中の会社側の義務は，標準的な形で示すと以下のようになる。

（1）　事前協議（プレファイリング）の申請とドイツ国内関連者による事前協議

　このプレファイリングに応じて，連邦中央税務局側は，申請会社の地域管轄税務署（査定管轄・調査管轄）の担当者，申請会社が特定の業界に属する場合等は連邦当局の専門調査官も加えて，当局側のプロジェクトチームを作る。申請会社側と当局側の事前協議においては，会社側から，事前確認の対象内容が説明される。その際当局側からは，必要となる書類等が示唆されると共に，あくまで見込みという前提であるが，合意の見通しや見込み交渉期間について説明がなされる。会社側からの依頼を受けた会計事務所のスタッフが，会社名を挙げない匿名ベースで，事前協議がなされる可能性もある。

（2）　申請書ならびに必要添付書類の提出

　会社が必要書類（申請書と必要添付書類）4部を連邦中央税務局に提出する。申請会社は，手続手数料（原則20,000ユーロ）を連邦中央税務局に納付する。また，これは必ずしもこの時点で行なわれる必要がないが（但し，遅くとも交渉成立前まで），申請会社は，地域の管轄税務署に対して，事前確認書〈verbindliche Vorabzusage〉の交付申請を行なう。マルチラテラル事前確認の申請は，複数のバイラテラル事前確認が同時に申請されたものという考え方である。

（3）　相手国の税務当局との交渉

　相手国の税務当局との交渉は，連邦中央税務局が行なう。しかしながら，相手国の税務当局との合意の上で，それにより交渉の迅速化が図られるような場合においては，申請者（あるいは，依頼を受けた会計事務所等の代理人）を交渉の席に同席させる可能性がある。連邦中央税務局は，申請会社に対して，適宜に交渉の進捗状況を連絡する。

（4）　事前確認取極め〈Vorabverständigungsvereinbarung〉の締結

　相手国との交渉の成立（「事前確認取極め」の署名）後，連邦中央税務局は申請会社に書面で連絡し，申請会社は同意の旨を書面で返答する。その際同時に，申請会社は，管轄税務署に対して，事前確認の対象年度につき交付される査定書に関して，異議申立てを放棄する旨の書面を送付する。

（5）　管轄税務署による事前確認書〈verbindliche Vorabzusage〉の交付

　申請会社の同意・異議申立て放棄がなされた後，管轄税務署は，予めなされていた申請に基づき，事前確認書を交付する。

（6）　会社側による年次報告書〈Jahresbericht〉の提出

　原則として法人税年度申告書の提出期限までに，管轄税務署ならびに連邦中央税

務局に年次報告書（ドイツ語）を提出する。

　事前確認の対象年度は，原則として申請書提出時の事業年度が最も早い開始事業年度とされているが，相手国の事情を考慮することを留保しつつ，年度申告書の提出が行なわれていない（規定の提出期限が過ぎていない）事業年度を開始事業年度とする可能性を残している。対象期間に明確な規定はないが，3年以上5年以内が望ましいとされている。

2　事前確認制度の税務当局へ納付の手数料

　移転価格税制に関わる（バイラテラル・マルチラテラルの）事前確認制度についての税務当局に納付する手数料は，租税通則法第178ａ条で定められている。以下のようになっている。

基本手数料	EUR20,000 オルガンシャフト〔グループ納税制度〕が設定されている場合は一件として見なす
延長手数料	EUR15,000 最初に申請がなされたものについて，その有効期間を延長する場合
変更手数料	EUR10,000 最初に申請がなされたものについて，その正式な決定内容が公表される前に，または，その有効期限が切れる前に，申請者側より変更の申請がなされる場合

　また，「移転価格報告書内容法令」第6条第2項第1文にいう「小規模会社」の場合については，基本手数料：EUR10,000，延長手数料：EUR7,500，変更手数料：EUR5,000の減額された手数料額が適用される。小規模会社とは，関連会社との「モノ」の取引が事業年度あたりEUR500万を超えず，かつ，関連会社とのサービスの取引がEUR50万を超えない規模の企業とされている。

　これらの手数料は，日独間のような二国間の（バイラテラル）事前確認の場合（ドイツから見た場合，交渉相手国は日本一ヵ国）を前提としており，もし，日独蘭（ドイツ―日本―オランダ）のような三ヵ国間の（マルチラテラル）事前確認の場合は，ドイツにとっての交渉国が一ヵ国（日本）ではなく二ヵ国（日本とオランダ）となることから，基本手数料は，EUR20,000ではなく，EUR40,000ということになる。当該手数料の納付は前払いを原則とし，申請の取下げ，申請の拒否，関連国間の協議の頓挫の場合であっても，還付は行なわれない。

7 ドイツの移転価格税制の特殊テーマ：機能移転課税

① 機能移転課税の概要

　ドイツにおける移転価格税制の中の重要な個別テーマの１つとして，機能移転課税がある。無形資産の関連会社間でのクロスボーダー移転に対する課税強化を意味するこの機能移転課税は，2008年に税法上の根拠が明確に導入されて現在に至っている。その税法上の根拠とそれに関連する連邦財務省通達のうち主要なものは次の３つである。

- ・外国税法第１条第３項第９文～第13文の導入（2008年１月１日付施行：当該箇所の日本語訳は145頁参照）
- ・機能移転法令（2008年８月12日付公表，2008年課税年度から適用）
- ・連邦財務省機能移転通達（2010年10月13日付公表）

　無形資産に対する移転価格問題は，特に「技術先進国」あるいは「ノウハウ先進国」である先進工業国において見られる最も先鋭的なテーマとなっている。しかしながら，それをきちんと法制化して課税しようとしている点では，ドイツの税務当局が最も先頭を走っていると言えるであろう。この機能移転課税は，クロスボーダーでの組織再編・ビジネス再編に密接に絡んでくるものであることから，在独日系企業も必ずその概要を知っておくべきテーマとなっている。

② 機能移転課税強化の具体的内容

　上の税法上の根拠である外国税法第１条第３項第９文～第13文ならびに「機能移転法令」の具体的内容をベースにして，部分的に「2010年連邦財務省機能移転通達」の内容にも言及しつつ，そして，この間数多く公表されている論考を参照して，ドイツが絡む欧州においてのクロスボーダー組織再編・ビジネス再編を行なう際に留意すべき点を明らかにしていく。

1　機　　　能

　「機能移転法令」第１条第１項によれば，機能とは，「企業内の特定の部署等により処理されるところの，それに付随するチャンスとリスクを含む同種の事業経営上の課題〈Aufgaben〉の集合体」と定義されている。抽象的で分かりづらい表現ではあるが，具体的には，研究開発，資材調達，在庫管理，生産，販売・営業活

動，特許やノウハウの応用といった企業がそのビジネス活動のために実際に行なっている個別の活動行為そのものである。その結果，たとえば企業内組織の部署としての研究開発センターや資材調達部あるいは生産工場がそっくり外国の関連会社に移転すること，あるいは，ドイツの税法上の概念として重要な「部分事業経営体〈Teilbetrieb〉」（その典型的具体例としては，支店や事業所が挙げられる）が移転すること等だけを想定しているのかというと必ずしもそうではない。

たとえば，研究開発部門の一部のスタッフは，「利益の潜在的稼得可能性」を伴った研究開発を担っているという意味で，ここでいう機能として見なされる。あるいは，工場の1つの製品または製品グループの生産が外国に移転される場合でも（それが複数の工場で生産が行なわれていることもあるかもしれない），ここでいう機能と見なされる。すなわち，企業内組織の1つの部署内部に1つの機能が見出されることもあるし，逆に，企業内組織の複数の部署（事業所）に跨る企業活動をまとめて1つの機能として認識されることもあり得る。また，直接的な課税対象は何かという観点から突き詰めてみると，この機能は，「利益の潜在的稼得可能性」を伴った，そして，移転元企業の貸借対照表に計上されているかは問われない無形資産ならびに有益物であると言える。

2 機能移転

機能がある会社（「移転元企業」）から「他の近い関係にある会社（関連者・関連会社）」（「移転先企業」）に移転された場合（「永久的移転」），あるいは，機能が使用に委ねられた場合（「一時的移転」）の双方を機能移転があったと見なす。「近い関係にある会社（関連会社）」とは，ドイツの移転価格税制上の定義では，原則として25％以上の出資・被出資関係がある会社である。この点からも，機能移転課税の問題は，移転価格の問題である。

また，機能移転という場合，移転元企業で問題となる機能が喪失しあるいは制限され，それに対応して移転先企業において，その機能が発生・増加することが前提となっている。したがって，ある企業グループが，ドイツに存在する工場をモデルとして，たとえばポーランドにそのコピー（複製）とも言える工場を建設したが，当該ドイツ工場の生産活動は引き続き同レベルで継続されるという場合には，確かに機能移転ではあるが，課税の対象となる機能移転とは見なされない（「機能複製移転〈Funktionsverdoppelung〉」，但し，「5年観察対象期間規定」には留意）。さらに，確かに機能移転のその他の前提条件は満たしてしまっているが，移転先企業は，移転された機能を移転元企業のためだけに行使し，その対価もコストプラス

方式（原価プラスマークアップ）で算定されている場合には，2008年以降の課税強化の対象となる機能移転としては見なさないとしている。その意味で，たとえ機能移転があっても，即座に機能移転課税に結果するわけではないことには留意する必要がある。

3 「移転単位〈Transferpaket〉」の総合評価—「機能移転」の場合の移転価格—

「永久的移転」の場合の機能移転の価格（移転価格）は，機能移転前と機能移転後の機能・リスク分析をベースにして，移転される機能全体に対する価格としての算定が行なわれる。この移転される機能全体を「移転単位〈Transferpaket〉」と呼んでいる。移転単位は，①機能およびそれに付随する利益獲得の機会（チャンス）およびリスク，②資産およびその他の有益物，そして，③移転に関連してもたらされた役務（サービス）の3つから構成されると見なされている。そして，一定の例外，すなわち，後述するような「総合評価回避条項」の適用のケースがあるものの，原則として，それらの3つについて「個別評価」を行なってそれを合計するのではなくて，はじめから，移転単位全体をひとつの有機体と見なして評価する。より正確にいうと，移転単位の3つの構成部分の最初の構成部分であり，移転元企業のもとで資産評価されていない「『機能』およびそれに付随する利益獲得の機会（チャンス）およびリスク」を含めた全体としての総合評価がなされる。すなわち，クロスボーダー移転される個別の資産（この中には，場合によっては既に「無形資産」も包含されている場合もある）や役務提供が一緒に移転されることに付随している「利益獲得のチャンスとリスク」を，（追加的な）無形資産と見なして評価して，課税対象所得の算定に取り込もうとするものと言える。

（1）「移転単位」の総合評価

2008年に法制化されたドイツの「機能移転課税（の強化）」については，色々な視点からその特徴を指摘できる。その中でも最も重要な点は，この「資産の個別評価ではなく機能（移転単位）としての総合評価」という点であろう。その意味において，機能移転課税に際しての評価は，企業買収の時の評価と比較できる。多くの企業買収に際して，被買収会社の買収前の「純資産額」と，買収後の買収会社の貸借対照表に計上される被買収会社についての「資産額」は一致せず，多くの場合，「前者の『純資産額』＜後者の『資産額』」であり，その差額は被買収会社の超過収益力としての「のれん代」として認識される。すなわち，被買収会社の個々の資産の純資産価値の合計額として被買収会社を評価するのではなく，被買収会社を有

機体として総合評価して超過収益力対応価値分を上乗せして買収後の買収会社の貸借対照表に計上する。この比較は，被買収会社は存在しなくなるという点で，必ずしも1対1で対応しないところもあるのであるが，機能移転課税の総合評価の意義を理解するには少しは役に立つ。

　移転単位の評価は，独立企業の分別のある誠実な経営責任者の観点から行なうべきとされている。すなわち，移転元企業については，当該機能が失われることで逸失する潜在的利益にもとづき，最低限いくらの価格（最低価格）を要求するかを見る。それに対して，移転先企業については，当該機能を得ることで獲得される潜在的利益に対して最低どの額（最高価格）まで支払う用意があるかをもとに行なわれる。そして，それを下限・上限とする合意範囲が確定される。原則として，他の値が適正であることが証明されない限り，その「中間値」が移転単位の価格となる。移転対象となる機能が移転元企業で利益を計上している場合，その最低価格ならびに最高価格の算定は，それぞれ移転元企業での（税引後の）利益の減少額ならびに移転先企業での（税引後の）利益の増加額をベースにする。最終的に，それに適正な「資本利子率」ならびに「資本化対象期間」を考慮して算定することになる。適正な資本利子率は，リスクのない投資の場合の基本利子率に，リスク・機能プレミアム（上乗せ部分）を上乗せ加味した形で算定される。資本化対象期間は，別途に適正な期間が証明されない限り，原則として無期限を前提にするとされている。

（2）　総合評価におけるその他の留意点

　移転元企業のもとでは，生産工場の閉鎖の場合のような機能閉鎖費用が最低価格において考慮され，移転先企業での利益増加額の算定に際しては，移転後の機能行使可能性，立地有利性（不利性）ならびにシナジー効果その他の事情が考慮されるべきとされている。また，移転元企業のもとで，たとえば重要な顧客がドイツでの生産に代わり，顧客自らの海外生産拠点の近隣での生産を要求してきた場合のように，各種の理由からもはやドイツで当該機能を担うことができず，それを機能移転する場合や，当該機能が継続的に損失をもたらしている場合には，それらを考慮して最低価格がゼロまたはマイナスになり得る可能性も想定されている。

4　総合評価回避条項（エスケープ条項）

　当然のことながら，そのような総合評価の場合，ほとんどの場合は，移転元企業が受け取るべきとされる対価は大きくなり，移転元企業の管轄の税務当局（ドイツ）の課税所得は大きくなる。また，移転単位を全体として見ていく総合評価においては，移転単位を構成する個々の資産の個別評価の積み上げよりも，多大な労力

と時間を要することが通常であり，会社側の負担は相対的に大きなものとなる。それに対して，既に外国税法第1条第3項第10文に，3つの「総合評価回避条項（エスケープ条項）」が設けられている（1　移転価格の税法上の定義：外国税法第1条第3項の日本語訳：145頁）。これは，移転元企業（移転先企業）にとっての緩和規定である。

5　機能移転の具体的な形態（パターン）と課税対象の可否

　関連会社間のクロスボーダーでの機能移転が直ちに機能移転課税（強化）の対象になるのではないことは，既に言及した。その意味で，「機能移転の形態（パターン）」の区別が重要である。その機能移転パターンの区別に基づき，課税対象となる場合とならない場合に分けられる。理論的には，永久的移転と一時的移転の区別もあり得るのであるが，実務的には永久的移転が大半であると考えられることから，以下においては，永久的移転のケースについて検討していく。また，ドイツ国外の関連会社からドイツ国内の関連会社への機能移転もあり得るのであるが，以下においては，機能移転課税の基本的性格を理解するという目的から，ドイツ国外への機能移転の事例に限定して，そこでの移転元企業における問題点を中心にして解説していきたい。

　永久的移転の中のそれぞれの「パターン」について，よく，1）機能完全移転〈Funktionsausgliederung〉，2）機能限定移転〈Funktionsabspaltung〉，3）機能拡大移転〈Funktionsausweitung〉，4）機能縮小移転〈Funktionsabschmelzung〉，5）機能複製移転〈Funktionsverdoppelung〉の5つに区分して議論することが多い。3番目の機能拡大移転は，機能限定移転と機能縮小移転との「間の子」の性格を有しており，そのどちらかに区分する論者もおり，また，それぞれの様々な更なる変型パターンもあり得るが，ここでは一応その5つのパターン区分に沿って見て行きたい。

（1）　機能完全移転

　「機能完全移転〈Funktionsausgliederung〉」は，ひとつの機能全体が関連会社間でクロスボーダー移転されることで，たとえば，ドイツの工場が閉鎖されて（「機能喪失・制限」），ポーランドに移転され，そこで，ドイツで生産されていた製品の生産・販売が開始される（「機能発生・増加」）という場合である。ここで完全ということの意味は，「利益の潜在的稼得可能性」をも含めての移転ということであり，後述の「機能限定移転（機能アウトソーシング移転）」との対比が重要である。すなわち，当該ドイツの工場で，たとえばA・B・Cの3種類の製品を生産していた

が，Ａ製品の生産（販売）だけをポーランドに移転したという場合でも，３種類の製品の中の一部だけに限定された生産機能の移転ということは言える。しかしながら，Ａ製品に関する利益の潜在的稼得可能性を伴う（販売）機能をクロスボーダー移転させたのであれば，ここでいう機能完全移転に該当する。

（２）　機能限定移転

　この「機能限定移転〈Funktionsabspaltung〉」は，「機能移転法令」の第２条第２項に明記されているものである。「機能アウトソーシング移転」と言い換えると，より分かりやすいかもしれない。この機能限定移転は，機能移転課税の対象にはならないとされる。上の機能完全移転のところでの事例に即してみていくと，ドイツの工場（会社）（移転元企業）から，製品の生産という機能は，ポーランドにクロスボーダー移転されるものの，このポーランドの（新）工場（移転先企業）は，移転された機能をドイツの移転元企業のためだけに行使し（受託生産あるいは受託加工），その対価も，コストプラス方式（原価プラスマークアップ方式）で算定されているような場合である。ここでは，移転先企業には，機能移転後のビジネス活動において，最低限の利益は確保されるものの，市場から遮断されていて広範で包括的な「利益の潜在的稼得可能性」は移転されていない。その意味において，移転された機能は限定されている。その結果，ドイツの移転元企業においては，機能移転に対する対価は受け取る必要がないとされる。重要な点は，ポーランドの移転先企業で生産される製品に関する意思決定権限あるいは当該製品の販売に関するチャンスとリスクは，完全に移転元企業に残ったままであり，その結果，利益の潜在的稼得可能性も移転元企業が保持したままであるという点である。

　このような機能移転課税の対象とならない機能限定移転は，上で例示した生産機能に限定されるものではない。販売機能や研究開発機能，あるいは，補助的な機能である経理（処理）や仕入／調達・広告宣伝・マーケッティング等の企業活動の中での機能すべてが，機能限定移転の対象になるとされる。そして，この場合に移転先企業に限定されて移転された機能を「定型的機能〈Routinefunktion〉」，あるいは，そのような移転先企業を「定型的機能企業〈Routineunternehmen〉」と呼ぶことが多い。また，販売機能について機能限定移転の形で機能移転が行なわれるのは，外国の関連会社がコミショネア（問屋：といや）や代理店として販売機能を引き受けるような場合であり，研究開発機能については，外国の関連会社が受託研究機関として，研究開発機能を引き受けるような場合である。

（3） 機能拡大移転

　前記の機能限定移転の形で限定された機能（定型的機能）がドイツの移転元企業から外国の移転先企業に移転された後，一定の時間的間隔を経て，移転先企業においてその「限定された機能」が拡大されて，「完全な機能」（「利益の潜在的稼得可能性」を伴う機能）になる場合を「機能拡大移転〈Funktionsausweitung〉」と呼んでいる。当然のことながら，移転元企業における機能喪失・制限が前提となる。ここでの拡大の意味は，移転先企業で起こる機能の拡大である。

　上の機能限定移転のところでの事例に即してみていくと，当初，ドイツの工場（会社）（移転元企業）から，製品の生産機能はポーランドにクロスボーダー移転されたが，このポーランドの（新）工場（移転先企業）は，あくまで移転元企業のためだけの受託生産あるいは受託加工を行なっていた。その後５年して，ポーランドの移転先企業は，ドイツの移転元企業のための受託生産ではなくて，自らのリスクのもと，市場と直接的にコンタクトを持つ（販売する）ようになるか，あるいは，他の関連会社に対して移転元企業を通さず直接的に販売をするようになった場合に，機能拡大移転として見なされる。この機能拡大移転は，機能移転課税の対象となるものである。

（4） 機能縮小移転

　この「機能縮小移転〈Funktionsabschmelzung〉」は，上の機能拡大移転の逆の現象であり，同様に，機能移転課税の対象となる。ここでいう「縮小」（「機能喪失・制限」）は，移転元企業のもとで起こるものである。移転元企業のもとに確かに機能は残るのであるが，利益の潜在的稼得可能性は移転先企業に移転してしまう。たとえば，それまで第三者に対して自らのリスクにおいて直接に販売を行なっていたドイツの販売会社が，グループ企業内部のクロスボーダーのビジネス・組織再編の一環として，他の外国の関連会社に当該販売機能を移管して，自らはコミショネア（問屋：といや）になった場合等が典型的な事例として挙げられる。また，それまで市場向け生産を行なっていたドイツの生産会社が，引き続き当該生産活動は継続するのであるが，外国の他の関連会社のためだけに生産を継続する場合も（受託生産会社への機能転換＝機能喪失・制限），利益の潜在的稼得可能性がその外国の関連会社に移転されたという意味で，同様に機能縮小移転と見なされる。

（5） 機能複製移転

　この「機能複製移転〈Funktionsverdoppelung〉」は，確かに，ドイツから外国の関連会社にクロスボーダーで機能が移転されるのであるが，ドイツの移転元企業

において該当する機能の喪失・制限が発生せず，謂わば，機能がクロスボーダーで複製されて移転された場合である。この機能複製移転は，機能移転課税の対象とならないとされている。たとえば，ドイツの生産会社が，そこで生産される製品に対して，市場での需要が大幅に増加したが，そのドイツの生産会社（工場）での生産規模では対応できないということで，ポーランドにそれと同じ設備の工場（会社）を設立して，同じ製品の生産を開始するというケースが当て嵌まる。もちろん，この際，ドイツの生産会社の生産技術やノウハウがポーランドの工場（会社）に伝授されたり，あるいは，ドイツの生産会社（工場）のスタッフが，ポーランドに出かけていって，技術指導を行なったりした場合に，そのノウハウの伝授あるいは技術指導サービスが，独立企業原則に基づき適正な報酬（ロイヤリティ等）でそれに対する対価が支払われなければいけないことは言うまでもない。

　他方で，機能複製移転の場合でも，その移転が行なわれてから5年以内に移転元企業において機能喪失・制限が起こる場合には，そして，その機能喪失・制限が機能複製移転と直接的な経済的関連性を有する場合には，その機能喪失・制限が発生した時点をもって，機能移転が行なわれたと認定され，機能移転課税の対象となる。また，この機能複製移転が行なわれてから「5年以内の機能喪失・制限」に関して，「機能移転通達」においては，1事業年度において移転元企業のもとで100万ユーロの売上減少が見られた場合，機能制限が発生したと見なすとしている。機能移転を暫時的に行ない，機能移転課税を回避することに対する濫用防止策である。

6　事後調整条項と税務当局による所得額更正

　移転後の推移が移転時の予想とは異なって展開した場合，すなわち，移転時の想定より好調に利益状況が推移し，事後的に算定された最高価格が移転時に算定された最高価格を上回った場合，逆に，移転時の想定より利益状況がネガティブに推移し，事後的に最高価格が移転時の最低価格を下回った場合に，「大幅な乖離〈eine erhebliche Abweichung〉」があったと見なされる。そして，移転元企業と移転先企業との間で，機能移転の価格に関する「事後調整条項」が取決められていなかった場合で，かつ，機能移転後10年以内にそのような「大幅な乖離」が発生した場合，1回に限り，税務当局側からの所得額の更正が，発生した事業年度の翌事業年度の課税所得の計算で考慮されることが規定されている。

　このような税務当局（税務調査）による事後的な「課税所得額更正」の規定は，ドイツの税法規定の中でも初めてのものとされている。そして，「機能移転後10年以内における所得額更正」に関しては，当該問題をテーマとして取り扱っている論

稿のほぼすべてにおいて，長過ぎるとの批判がなされている。その際，大きく言っ
て2つの観点がある。1つは，10年間遡及するということは，現在のドイツの税
務調査のサイクルあるいは法人税年度申告書の提出のタイミングから見た場合，機
能移転の時点と税務調査の時点が12年〜13年ほど乖離する可能性があり，税務関
連書類の保存期間が最長10年間となっていることと矛盾することとなるし，実務
的にも，納税義務者（会社）に対して過度な要求であるというものである。2つ目
は，移転された機能は，通常，移転先企業において，他の機能と統合され，そして，
現在の変化の激しい市場動向からすると，継続的なビジネス再編・組織再編が要求
されることから，10年間の半分の期間である5年間の経過後でさえ，その収益状
況を分析する場合，5年前に移転された機能に帰属するものなのか，または，移転
先企業が元々有していた機能から派生するものなのか，あるいは，機能移転後の市
場動向への純粋な対応の中から生まれた収益なのか，区分することが実務的に困難
であるというものである。このように，税務当局による「課税所得の事後的更正」
の規定は，批判の集中砲火を浴びている規定ではあるが，機能移転課税の対象とな
る機能移転を実施した会社は，関連会社との取決めの中に，「事後的調整条項」を
盛り込んでおくことは最低限の対応策であろう。

IV
組織再編に関わる税制問題

　2007年以降，「2005年クロスボーダー合併会社法EC指令〈Verschmelzungsrichtlinie〉」とその主旨内容の加盟国各国国内法への導入により，EU〈欧州連合〉加盟国間でクロスボーダー合併が会社法上でも可能になった。他方で，「含み益課税」なしの税制上中立的なクロスボーダー合併は，「1990年クロスボーダー組織再編税法EEC指令〈Fusionsrichtlinie〉」により，1990年以降に既に可能になっていた。しかしながら，加盟国が独自の法律根拠あるいは裁判所等の判断で会社法上でクロスボーダー合併を認める個別事例はあったものの，EUレベルでの統一的な会社法上の法的整備がきちんとなされていなかったために，2007年までは，多くの場合，税法上の指令はある意味で「宝の持ち腐れ」状態になっていたと言える。

　経済のグローバル化の中で，在独（在欧）日系企業においても，これまでのビジネスモデルを見直していくという機運が年々顕著になってきている。そして，上記のEUワイドの組織再編のツールを活用して，実際にクロスボーダーの事業再編・組織再編を実行に移している事例も多い。事業再編・組織再編を実行に移す場合，ビジネス戦略面からの検討に始まって，法的側面に限定した場合でも，会社法・税法・労働法・競争法等の色々な観点から検討しなくてはいけない。また，税法に限定してみただけでも，法人税上（含み益課税・繰越欠損金・移転価格税制），付加価値税上，不動産取得税上という具合に，色々な税金が絡んでくる。ここでは，会社法上の問題にも若干言及しつつ，ドイツ国内の法人税上（含み益課税・繰越欠損金・移転価格税制）ならびに不動産取得税の組織再編に関する留意点を中心に，そして，あくまでドイツから見た「EU域内クロスボーダー事業再編・事業再編」の展望について，その簡単な概要を解説していきたい。

1 組織再編法と組織再編税法

ドイツで合併・分割・法形態の変更・出資持分（株式）の交換といった事業・組織再編を行なう場合に，重要な法律としては，「組織再編法〈Umwandlungsgesetz〉」（全325条：組織再編に関する会社法上の規定）と「組織再編税法〈Umwandlungssteuergesetz〉」（全28条：組織再編に関する税法上の規定）の2つが挙げられる。この2つの法律は，何度かの改正は加えられているが，最初のものは，1990年代半ばに同じ日付（1994年10月28日）で公布されている。

日本の「持分会社」に対応する「人的会社〈Personengesellschaft〉」は，ドイツの会社法上の実務において重要な意義を有しており，そのため，人的会社が絡む組織再編に関する規定も，この「組織再編法」の大きな分量を占めている。しかしながら，在独日系企業の場合は，ほとんどが「資本会社〈Kapitalgesellschaft〉」（具体的には，その中の有限会社）であることから，本書のここでの概要の解説も，資本会社（有限会社）の組織再編の話に限定する。

① 組織再編の会社法上の形態

「組織再編法」に規定されている組織再編の形態としては，①合併〈Verschmelzung〉，②分割〈Spaltung〉，③法形態の変更〈Formwechsel〉，④資産譲渡〈Vermögensübertragung〉の4つがある（組織再編法第1条第1項）。

1 組織再編法適用のメリット

これらの組織再編形態に際しては，何らかの形でのある担い手から別の担い手への「資産移転」が伴う。組織再編法という特別に設けられた法律で別途規定されていることからも分かるように，平易な言い方をすれば，その資産移転の法的手続きを簡略化するというのが，この会社法上の規定である組織再編法の目的である。そして，その「簡略化された法的手続き」が，会社の関係当事者あるいは出資者（株主）にとって，組織再編法を適用した場合のメリットということになる。

簡略化された法的手続きは，概ね「清算手続きの省略」と「（法的関係の）包括承継」の2つに集約される。たとえば合併（正確には，ここでは吸収合併）は，2つの会社のうちの一方の会社が他方に吸収されて1つになる。会社が1つ消滅するわけであるから，本来的には，その会社の清算手続きが行なわれなくてはいけない。組織再編法の合併のツールを適用できた場合，その消滅する会社の「清算手続きの

省略」が可能となる。

　また，同じ吸収合併でいうと，吸収される会社（消滅会社）の様々な法律的関係は，合併新会社に引き継がれる。ここでいう法律的関係とは，債権者・債務者（取引先等）との関係・各種の当局との関係・従業員との雇用関係等である。本来的には，この引継ぎに際して，契約当事者の相手方からの法的関係ごとの個別的同意が必要となる。組織再編法の合併のツールを適用できた場合，道義的な観点から色々な形で連絡はするであろうが，相手方の法的関係ごとの個別的同意は必要とされない。これは，個別的同意を前提とする通常の引継ぎである「個別承継〈Einzelrechtsnachfolge〉」に対して，「包括承継〈Gesamtrechtsnachfolge〉」と呼ばれているものである。ちなみに，日本の会社法の呼び方では，個別承継は「特定承継」と呼ばれている。直感的に少し理解しづらいところもあるが，この包括承継は，会社の一部を切り出して別の会社（新会社・既存会社）に移転する「分割」の場合にも適用される。分割の場合，一定の前提条件を満たして切り出された「分割部分」に関わる一切合財の権利関係が，契約関係の相手方の法的関係ごとの個別的同意なしに新会社の方に移転される。

2　組織再編形態の個々の分類(1)：合併と分割

　上記の4つの組織再編形態のうち合併と分割については，さらに形態上の小区分がある。

（1）　合併の小区分

　合併については，日本の会社法における区分と同じなので多弁を要しないかもしれない。「吸収合併〈Verschmelzung zur Aufnahme〉」と「新設合併〈Verschmelzung zur Neugründung〉」の2つが区分されている（組織再編法第2条）。また，これは組織再編法の中で明確に区分されているものではないが，吸収合併は，吸収されて消滅する会社と吸収して存続する会社との資本関係の観点から，親会社が子会社を吸収する「アップストリーム合併〈Aufwärtsverschmelzung〉」，逆に子会社が親会社を吸収する「ダウンストリーム合併〈Abwärtsverschmelzung〉」，それ以外の直接的な資本関係がない会社あるいは横並びの資本関係等の会社がどちらかを吸収する「サイドステップ合併」に区別される。これらはすべて，清算手続きの省略ならびに包括承継のもとで行なわれる。

（2）　分割の小区分

　分割は，組織再編法第123条において，「消滅分割〈Aufspaltung〉」・「部分分

割〈Abspaltung〉」・「現物出資分割〈Ausgliederung〉」に区分される。3つのどの場合でも，切り出された分割部分については，（部分）包括承継が保証され，また，消滅分割は，清算手続きの省略のもとで行なわれる。そして，分割部分の受入れ会社としては，新設会社と既存会社の双方が想定されている。「消滅分割〈Aufspaltung〉」は，日本の会社法には対応するものが見当たらないものである。そこでは，元の会社は2つ以上に分割されるのであるが，その元の会社も清算手続きなしで消滅してしまう組織再編形態である。新設合併の逆と考えると分かりやすいかもしれない。

「部分分割」は，一般人の感覚からして最も理解しやすい分割の形態かもしれない。元の会社から1つ以上の単位で切り出された分割部分は，新設会社または既存会社に移転される。消滅分割と異なり，元の会社は存続する。ちなみに，消滅分割においても部分分割においても，切り出された分割部分の対価は，分割部分を受け入れた会社の「出資持分（株式）」であり，その対価の受取人は，分割の前の元の会社の出資者（株主）である。その結果，消滅分割により分割部分を受け入れた会社同士，あるいは，部分分割により分割部分を受け入れた会社と元の会社は，姉妹会社関係になる。

最後の「現物出資分割」は，元の会社から1つ以上の単位で切り出された分割部分を他の会社（新設会社・既存会社）に移転させる。そして，元の会社は存続したままであるという点では部分分割と同じである。異なるのは，分割部分の対価である出資持分（株式）を受け取るのは，その元の会社自体となる点である。その結果，元の会社と分割部分を受け入れた会社との関係は，出資比率にも拠るが，親子会社関係あるいは出資者・被出資会社関係になる。

なお，合併の場合でも分割の場合でも，誰がその受取人（法人）になるかの違いはあるものの，あくまで対価は原則として出資持分（株式）である。但し，合併の場合，合併後の出資比率調整のために，交付される出資持分（株式）の10%までの現金追加交付は認められている（組織再編法第54条第4項：有限会社の場合，第68条第3項：株式会社の場合）。

3 組織再編形態の個々の分類(2)：法形態の変更と資産譲渡

「法形態の変更」は，①資本会社（株式会社・欧州会社〔SE〕・株式合資会社・有限会社），②人的会社（合名会社・合資会社・パートナーシップ等），③その他の法人組織（社団・協同組合等）について，合名会社から株式会社への変更という①・②・③の相互の間での法形態の変更や，有限会社から株式会社への変更といっ

た資本会社（１つのグループ）の中で（①・②・③の内部で）の法形態の変更というように，組織再編法には色々なケースが想定されている。在独日系企業の場合は，現地法人の99％までが有限会社であることを踏まえると，その有限会社から欧州会社〈Societas Europaea：SE〉への法形態の変更くらいだけしか，現実的な検討対象にはならないのではないかと思われる。その可能性の理由は，欧州会社〈SE〉はEU〈欧州連合〉域内においては自由に登記所在地のクロスボーダー移転が可能であるという点である。

　「資産譲渡」のその日本語訳は，いわゆる「事業譲渡〈asset deal〉」との混同を招くかもしれない。ドイツの組織再編法第４部（第174条～第189条）で規定されている資産譲渡は，上で解説してきた合併あるいは分割と同じプロセスを辿り，清算手続きの省略ならびに包括承継のもとで行なわれる。しかしながら，対価の交付が出資持分（株式）によっては可能でないことから，出資持分（株式）以外の対価が交付される場合の組織再編である。公的団体への合併・分割の場合，「相互保険会社〈Versicherungsverein auf Gegenseitigkeit〉」への合併・分割の場合等が考えられる。その意味で，在独日系企業がこのツールを利用して組織再編を行なうことは想定しなくてもよいと思われる。

4　組織再編法以外の手法に基づく組織再編

　上の組織再編法に基づく実際の組織再編の手法の中で，在独日系企業の実際の利用対象になるのは，合併と分割，そして，場合によっては法形態の変更であろう。それらは，一定の条件の充足と決められた手続きステップの遵守を前提とするが，組織再編法によりバックアップされて，清算手続きの省略と（法的関係の）包括承継のメリットを享受できるわけである。組織再編法によるバックアップはないが，組織再編の古典的手法として挙げられるのが「事業譲渡」である。

（1）　事業譲渡による組織再編

　「事業譲渡〈asset deal〉」は，「ビジネス（事業活動）」を商法上（民法上）の譲渡対象と見なして，対価（原則としてキャッシュ）と引き換えに移転させるという，古典的な組織再編の手法である。物理的な存在としての商品（モノ）を譲渡するわけではなく，取引先との関係等も一緒に移転される。ある会社が，複数の事業活動の内の一部を事業譲渡で移転させた場合，ビジネス上の観点からは，最終的に分割と同じ結果が得られる。また，事業全体あるいは複数の事業活動をすべて事業譲渡で他の会社に移転させれば，そして，「もぬけの殻」となった会社をその後に清算すれば，同様にビジネス上の観点からは，最終的に吸収合併と同じ結果が得られる。

しかしながら，この2つの事業譲渡の場合，後者の合併に対応する事業譲渡においては，別途清算手続きを行なわなければならないし，そして，どちらの事業譲渡の場合も包括承継のメリットがないことから，原則として，取引先等との関係の引継ぎは，個別の同意が必要とされる。また，対価に関しては，誰が受け取るかは別にして，合併ならびに分割の場合は出資持分（株式）であるが，事業譲渡においては，相殺等により回避できる場合もあるものの，「キャッシュ」を動かす必要が出てくる可能性がある。

　合併・分割による組織再編・事業再編と事業譲渡による組織再編・事業再編を比較すると，会社法レベルだけで見ても，合併・分割という組織再編法のバックアップを背景にした「ツール」の方のメリットが多いと言える。しかしながら，そのメリットと引き換えに，一定の条件を充足し，決められた手続きステップを遵守しなくてはいけない。特に分割の場合，移転される事業内容が単純なケースにおいては，（部分）包括承継のメリットが大きくないために，そして，一定の条件の充足と決められた手続きのステップの遵守の義務が面倒に見えるような時もあるために，ドイツにおいても，今なお事業譲渡が選択されているケースも多いことには留意しておくべきであろう。

（2）　会社の移転

　組織再編法の中に規定されていることではないが，組織再編・事業再編の一環として会社を移転させるということが行なわれる。会社法上，移転という場合，「登記所在地〈Sitz〉」の移転と「本社機能所在地〈Verwaltungssitz〉」の移転の2つを区別しなくてはいけない。登記所在地〈Sitz〉は，定款に規定されている所在地であり，日本の登記上の用語でいう「本店所在地」に対応する。ちなみに，登記所在地は，デュッセルドルフ，フランクフルト，ミュンヘンというように，原則として市町村自治体の行政地域単位になっている。それに対して，本社機能所在地は，明確な規定はないようであるが，通常の住所表示である。そのため，登記所在地：デュッセルドルフの在独日系企業の現地法人（有限会社）が，デュッセルドルフ内で移転したとしても，引き続き「登記所在地＝本社機能所在地」である。在独日系企業の場合は，ほとんどが「登記所在地＝本社機能所在地」である。そして，ドイツ国内で移転するという場合，定款を変更して，登記所在地と本社機能所在地を同時に移転させることがほとんどである。しかしながら，登記所在地はデュッセルドルフ，本社機能所在地はミュンヘンということは可能である。

　「2008年有限会社法改革」により，ドイツの有限会社は，たとえば登記所在地の

デュッセルドルフをそのままにしておいて，本社機能所在地を外国（たとえばアムステルダム）に移転させることが可能になった。もちろん，税務上の問題としては，ドイツとオランダ双方で居住者と見なされる可能性があることには留意が必要である。しかしながら，ドイツ有限会社〈GmbH〉が，「登記所在地：デュッセルドルフ」を「登記所在地：アムステルダム」に変更することはできない。理由は簡単で，オランダで登記されるのは，オランダ会社法に基づく会社形態（たとえばドイツの有限会社に対応するオランダ有限会社〈BV〉）であり，ドイツの会社法に基づくドイツ有限会社は，ドイツにおいてしか登記されないからである。ドイツの有限会社〈GmbH〉が，自動的にオランダの有限会社〈BV〉に法形態が変更されて，オランダで登記されるほどには，「EU会社法」は調和されていない。もし敢えてそれをやろうとしたら，オランダの有限会社〈BV〉を新規に設立し，ドイツの有限会社〈GmbH〉の資産等をそこに事業譲渡して，その後に「もぬけの殻」となったドイツ有限会社〈GmbH〉を清算するという法律的手続きを踏まないといけない。その例外をなしているのが「欧州会社〈SE〉」である。ドイツで設立・登記されている欧州会社〈SE〉は，クロスボーダーでオランダに移転して，同一の法人格を有したままで，そこを登記所在地とすることができる。

② 組織再編税法による税制上のメリット：法人税法（収益課税）上の問題の解決

　組織・事業再編時の税務上の問題としては，細かいその他の税目の話を除けば，大筋において，法人税法〔収益課税〕上の問題と不動産取得税上の問題に分かれる。また，法人税法〔収益課税〕上の問題は，さらに，含み益課税の繰延べの可能性の問題，繰越欠損金の使用制限，移転価格税制上の問題に分かれる。そして，法人税法〔収益課税〕上の問題に対して，「組織再編税法〈Umwandlungssteuergesetz〉」により，一定度の税制上のメリットが確保されるという「建付け」になっている。

1　移転された資産の含み益課税

　組織再編法に基づく合併・分割が行なわれる場合，消滅する会社あるいは分割会社の資産（＋債務）は，通常，物理的な移動等を伴うことなく，その法的な担い手だけは変わることになる。この場合，税法上の考え方としては，一方の消滅会社・分割会社から，他方の存続会社・分割引受会社への「売買行為」があったと想定する。そして，消滅会社あるいは分割会社の最終税務貸借対照表においては，当該資産（＋「債務」）の評価（「年金引当金債務」は別途の規定）を「公正

価値〈gemeiner Wert〉」（時価）で行ない，計上することが原則である（組織再編税法第11条第1項ならびに第15条第1項）。しかしながら，この原則に基づくと，「含み損」が計上されることもあるものの，「含み益」が計上される場合，多額の課税が発生する可能性がある。

　一定の条件を見たす場合，最終税務貸借対照表の提出時までに管轄税務署に対して申請を行ない，簿価（または「中間価額〈Zwischwert〉」：簿価と公正価値との間の価額）で移転するができる。そしてそれにより，その含み益の課税を繰り延べるかあるいは軽減することができる（組織再編税法第11条第2項ならびに第15条第1項）。一定の条件とは，①移転後に当該資産が引き続きドイツ法人税の課税に服すること，②後に当該資産が売却される場合にドイツの課税権が排除されたり，制限されたりしないこと，そして，③当該資産移転の対価が，まったくなされないか，または，出資持分（株式）の場合，というものである。

2　繰越欠損の組織再編後の利用の制限

　組織再編時に留意すべき2番目の法人税上の問題は，合併・分割に関与する会社に「（税務上の）繰越欠損金」が存在している場合に，組織再編（合併・分割）後に存続する会社または新規設立された会社のもとで，組織再編前の繰越欠損金が使用できるかどうかという問題である。繰越欠損金は，税務上の観点から，将来的な利益との相殺（＝節税）ができるという意味において，ひとつの資産と見なされる。組織再編の話を税務専門家に持ちかけた場合，必ずその組織再編に関与する会社の繰越欠損金の有無を尋ねられる。それは，組織再編後の繰越欠損金の使用が，まずは組織再編税法によって場合により制限されるようになっており，そして，組織再編スキーム如何によっては，その繰越欠損金の喪失を回避する，あるいは，最小限に抑えることができるという理由からである。

　第一に，合併の場合の消滅する（吸収される）会社の繰越欠損金ならびに分割（消滅分割・部分分割）の場合の移転される分割単位に対応する繰越欠損金は，組織再編税法の規定に基づき（第4条第2項・第12条第3項・第15条第1項），合併の場合の存続会社あるいは分割の場合の分割単位の引受会社において，組織再編（合併・分割）後には使用できなくなる。すなわち，繰越欠損金は一緒に移転されない。また，部分分割の場合の分割単位が切り出された会社の繰越欠損金は，切り出された分割単位に対する繰越欠損金分だけ減額される。少し例外的なのは，現物出資分割の場合の現物出資した会社の繰越欠損金は，減額されることもなく，そのまま残される。そのような最後の例外はあるものの，大筋の理解としては，「移転

対象となる会社・分割単位」に対応する繰越欠損金は，組織再編に際して，喪失してしまうと考えてよい。また，法人税法第8a条の「利子損金算入制限」（後述の「3 利子損金算入制限」，207頁を参照）において問題となる「繰越利子」ならびに「繰越EBITDA」についても，同じ原則が適用される。

　第二に，合併の場合の存続会社のもとでは，あるいは，消滅分割・部分分割・現物出資分割の場合の分割単位の引受会社のもとでは，組織再編以前からの繰越欠損金については，組織再編税法に基づき直接的に失われてしまうことはない。しかしながら，その組織再編に際して「出資比率の変更」あるいは「新規の出資者の誕生」等がある場合で，「25％以上の出資者変更」あるいは「50％超の出資者変更」に該当する場合には，法人税法第8c条の按分または全額の繰越欠損金利用制限が適用される可能性がある（後述の「5 繰越欠損金利用制限」，209頁を参照）。

　この繰越欠損金の話は，上の解説でも明らかなように，組織再編税法の規定だけではなく，法人税法の他の規定（第8c条）も絡んできて少し複雑になる場合がある。そして，繰越欠損金を有していない会社だけが関与する組織再編においては，まったく関係のない話である。いずれにせよ，どの会社が存続会社あるいは「分割単位」引受会社になるか等により，すなわち，組織再編スキーム如何によって，繰越欠損金の喪失の有無・喪失の金額が変わってくるという点が重要なポイントである。

3　移転価格税制と組織再編・事業再編の絡み合い

　関連会社間のクロスボーダー取引が問題とされる「移転価格税制」が，なぜ「事業再編・組織再編」と関係してくるのかは，少し理解しづらいところがあるかもしれない。当然のことながら，移転価格税制と関係してくるのは，事業再編・組織再編の中でも，企業グループ内の「クロスボーダー事業再編・組織再編」である。そして特に，事業再編の場合に，移転価格税制上の問題も同時的に考えていかなくていけない。そのようなケースは，在欧日系企業においても，最近とみに増加しているものである。

　「クロスボーダー合併」はここでの対象ではない。しかしながら，2007年以来，上でドイツ国内の合併について解説してきた会社法上ならびに税制上の留意点を遵守していけば，加盟国ごとの細かい相違点はあるものの，原則的に，清算手続きの省略・包括承継・含み益課税の繰延べのメリットを享受しつつ，クロスボーダー合併は可能になっている。たとえばオランダA社とドイツB社がクロスボーダー合併して，オランダA社が存続会社となり，ドイツのビジネス拠点はそのまま残すとい

う場合，ドイツB社は，合併新会社（本店オランダ）のドイツ支店となる。それをドイツ側から見ると，確かに，独立した会社から支店になったものの，ビジネスを行ない利益を計上したら法人税（営業税）を納付するという「納税主体」としての実態は変化がないことから，問題ないと見なされる。

　しかしながら，同時的に行なわれる事業再編の一環として，ドイツ支店（旧ドイツB社）の資産としてドイツにあった棚卸資産（在庫）を，オランダ本店（旧オランダA社）に移管して，旧来のオランダA社の棚卸資産（在庫）と一緒にして，本店の棚卸資産（在庫）としてビジネスをやっていくことになったとしよう。このような棚卸資産（在庫）の移管という事業再編に対するドイツ税務当局の見方は，ドイツ支店は，「独立企業原則〈Arm's Length〉」の観点から，オランダ本店から対価を受け取るべきだし，その対価は適正なものでなくてはいけないというものである。

　さらに，上の同じ事例で，棚卸資産（在庫）とは別に，しかし同様に事業再編の一環として，旧ドイツB社が組織再編前にやっていたベルギーとフランスの既存の顧客に対する販売ビジネスを，オランダ本店に移管したとする。ドイツ税務当局の見方は，ドイツ支店は，オランダ本店に「顧客リスト」という「無形資産」を移転させた。独立企業原則の観点から，ドイツ支店は，それに対する適正な対価をオランダ本店から受け取るべきということになる。これをさらに発展させて，販売ビジネスと共に，旧ドイツB社でベルギーとフランスのビジネスを実際にやっていたスタッフもオランダ本店に人事異動させたとなると，機能移転が行なわれたと見なされて，顧客リストあるいは異動したスタッフが有しているノウハウを含む機能全体を総合評価した上で，それに応じた適正な対価をドイツ支店は受け取るべきということになる（詳しくは，「7　ドイツの移転価格税制の特殊テーマ：機能移転課税」，179頁以下を参照）。

　多くの場合，（純粋な）組織再編だけであれば移転価格税制の問題は発生しない。しかしながら，その組織再編と同時に，有形資産・無形資産の如何を問わずにクロスボーダーで資産移転を伴う「事業再編」が行なわれる場合，あるいは，通常資産としても認識されない機能が移転される「事業再編」が行なわれる場合，移転価格税制上の問題が発生してくる。これまでの筆者の経験からすると，在独を含む在欧日系企業のクロスボーダー組織再編の場合，ほとんどの場合，資産（場合によっては機能）のクロスボーダー移転を伴うクロスボーダー事業再編も並行して行なわれる。その場合には，移転価格税制も理解できる組織再編・事業再編税務の専門家に

依頼するか，あるいは，プロジェクトのシュミレーションの段階から，別途に移転価格税制の専門家を当初より必ず関与させることが勧められる。

4 「出資持分（株式）交換」による組織再編

日本の会社法の「株式移転」ないしは「株式交換」にほぼ対応する組織再編の手法として，「出資持分（株式）交換〈Anteilstausch〉」がある。これは組織再編税法第21条に規定されている。この出資持分（株式）交換では，合併や分割あるいは事業譲渡とは異なり，会社の「中味（ビジネス活動）」に触れることはない。出資者（株主）レベルでの出資持分（株式）の移転が行なわれるのみである。そのため，合併（場合によっては分割）の場合の会社清算や包括承継が問題とならないために，資本会社については，会社法上の法律である組織再編法には規定されていない。ドイツの「出資持分（株式）交換」も，日本の「株式移転」ないしは「株式交換」の場合のように，分散株主の場合の交換・移転も想定されている。しかしながら，在独・在欧日系企業の場合でこの手法が採用される場合には，ほとんどが企業グループ内での出資持分（株式）交換である。その結果，100％子会社あるいは100％親会社が関与会社となり，ある意味では簡単なものと言える。

（1）「出資持分（株式）交換」の基本パターン

出資持分（株式）交換にも種々のパターンがある。そして，5社〜10社，場合によってはそれ以上の数の会社が関与する場合も想定される。それでも，最も基本的なパターンとしては，3社（または4社）が関与する形での①既存会社間の出資持分（株式）交換（日本の株式交換に対応）と②新設会社を絡ませた出資持分（株式）交換（日本の株式移転に対応）の2つに区分すると分かりやすいかもしれない。但し，ドイツの組織再編税法では，出資持分（株式）を現物出資して，現物出資した会社は，現物出資された会社に対する出資持分（株式）を受け取ることに定義の重点があり，現物出資を受けた会社が既存会社であるか新設会社であるかは問題にされないことには，留意しておくべきであろう。

① 既存会社間の「出資持分（株式）交換」

まずは，①既存会社間の出資持分（株式）交換の最も分かりやすい例は，B社とC社の双方がそれぞれA社の100％子会社という状況のときのものである（B社とC社は横並びの姉妹会社関係）。A社は，「C社に対する出資持分」をB社に現物出資して，（当然のことであるが）それと交換で，「B社に対する出資持分」を追加で取得する。その結果，B社とC社の関係は親子関係になる。もちろん，この逆も出資持分（株式）交換である。

② 新設会社を絡ませた「出資持分（株式）交換」

　それに対して，②新設会社を絡ませた出資持分（株式）交換の具体例は，同じく
B社とC社がそれぞれA社の100％子会社という状況で示すと次のようになる。A
社は，100％子会社であるX社を設立するが，その際，「C社に対する出資持分」
と「B社に対する出資持分」を，X社に現物出資する。（これも同様に当然のこと
であるが）それと交換で，「X社に対する出資持分」を取得する。その結果，B社
とC社が姉妹会社関係であることには変更がないが，双方の直接の親会社は，もは
やA社ではなく，その間に新設された中間ホールディング会社としてのX社となる。

　かなりの数の関与会社がある場合でも，原則としては，この2つの基本的パター
ンの同時的または段階的な「積み重ね」あるいは「組合せ」になっているケースが
ほとんどである。さらには，組織再編法でバックアップされた合併と分割（場合に
よっては，法形態の変更）とこの出資持分（株式）交換を組み合わせて組織再編が
行なわれることも多い。

（2）　単純出資持分交換と適格出資持分交換の区別

　出資持分（株式）交換は組織再編税法の中に規定されている手法であ
る。その際，ドイツの税法専門家は，「単純出資持分（株式）交換〈einfacher
Anteilstausch〉」（組織再編税法第21条第1項第1文）と「適格出資持分（株式）
交換〈qualifizierter Anteilstausch〉」（組織再編税法第21条第1項第2文）を区
別している。後者の「適格出資持分（株式）交換」は，出資持分（株式）の現物出
資を受けた会社が，当該出資持分（株式）の会社に対して，議決権上直接的に多数
を占める場合の出資持分（株式）交換である，と定義されている。それに対して，
「単純出資持分（株式）交換」は，それ以外の出資持分（株式）交換すべてとされ
る。そのどちらの場合でも，出資持分（株式）交換に際して，移転されるか交付さ
れる出資持分（株式）は「公正価値〈gemeiner Wert〉」（時価）で評価・計上が
原則とされる。しかしながら，適格出資持分（株式）交換の場合には，合併・分割
の場合と同様に，税務署に対する申請により，簿価または中間価額での評価・計上
が認められ，含み益の課税が繰り延べられるか，あるいは，軽減される。

　この適格出資持分（株式）交換の場合の出資持分（株式）の簿価による評価・計
上という取扱いは，関与会社がすべてドイツの法人税法に服するということが前提
である。前述の具体例でいうと，A社・B社・C社がすべてドイツ法人税納税義
務に服する場合である。しかしながら，2007年に改正された「1990年クロスボー
ダー組織再編税法EEC指令〈Fusionsrichtlinie〉」にも同様の原則が謳われており，

EU域内の会社が関与会社となっている場合も，加盟国ごとの細かい留意項目が存在する場合があるものの，含み益の課税の繰延が原則である。日本を含めた他の第三国の会社が関与会社となる場合も，その都度，個別の案件ごとにチェックを行なうべき項目であるが，同様の繰延べ課税措置が講じられている場合が多い。

2　不動産取得税の問題

「不動産取得税〈Grunderwerbsteuer〉」は，ドイツ国内に位置する「不動産」が売買される場合に，その売買価格に賦課される税金である。連邦州政府の税収となる税金で，2005年以前は，ドイツ全体で統一された税率が適用されていた。2006年以降は，「不動産取得税法」で決められているドイツ全体に適用の統一税率3.5％から乖離した税率を，州政府自身が定めることができるようになっている。その結果，2015年時点では，バイエルン州とザクセン州は，3.5％になっているが，他の州はそれより高い税率を設定している。最も高い税率は，ザールラント州，シュレスヴィッヒ・ホルシュタイン州，ノルトライン・ヴェストファーレン州の6.5％である。そして，5％以上になっている州が大半である。

①　組織再編時の不動産取得税の発生

本来的には，不動産の売買に賦課される税金である。しかしながら，法人税上の資産の含み益課税の問題と同様に，組織再編においても，実際には売買行為がないにも拘わらず，売買行為があったと見なされて不動産取得税の負担が発生する場合がある。具体的には，合併・分割等により土地を所有する会社（法的担い手）が変更されたり（不動産取得税法第1条第1項第3号），あるいは，会社（法的担い手）に変更がなくても，出資者レベルで95％以上の変更があった場合である（不動産取得税法第1条第2ａ項，第3項，第3ａ項）。そのため，この不動産取得税の負担発生は，組織再編（事業再編）の大きな障害と見なされている。

②　不動産取得税の発生時の緩和規定

他方で，2010年税制改正により，企業グループ内の組織再編時の不動産取得税の負担発生の問題を緩和するために，不動産取得税法第6ａ条が導入された。それに拠れば，「支配会社」と「被支配会社」が関与する組織再編，または，「被支配会社」のみが複数関与する組織再編があった場合で，一定の条件を満たす組織再編に

ついては，この緩和規定により，不動産取得税の納付を免除することになっている。被支配会社の定義は，間接・直接を問わず，または，部分的間接・部分的直接であるかを問わず，組織再編前の5年間そして組織再編後の5年間に亘って（中断することなく合計10年間），支配会社が最低95％以上の出資比率を被支配会社に対して有していることである。

　この不動産取得税の問題も，組織再編に関与する会社がドイツにおいて不動産を所有していない場合には原則的に問題にならない。不動産を所有する関与会社がある場合には，もし発生する場合にいくらの負担になるかを算定して，場合によっては，組織再編スキームの手法あるいは緩和規定の適用の可否等を，シュミレーション段階で十分に検討しなくてはいけない。

3　組織再編時の税制上の問題のまとめ

　組織再編の話を税務専門家に持ちかけた場合，もちろんそればかりではないものの，その組織再編に関与する会社の「繰越欠損金」の有無と「不動産」所有の会社の有無を必ず尋ねられる。ここまでの解説でも明らかなように，組織再編で留意されるべき問題点は，それに限定されるものではない。しかしながら，関与する会社に繰越欠損金も不動産所有もない場合には，組織再編スキームの選択肢の幅が広がり，融通性がより利くことも確かである。

[1]　EU域内におけるクロスボーダー組織再編

　本書のここでの解説の重点は，ドイツ国内における組織再編である。しかしながら，2007年以降，合併については，会社法上も税法上も，EUレベルでの指令が整備されており，加盟国各国はその主旨内容を国内法に導入している。その結果，実際のプロジェクトの実施に際しては，関係する加盟国の細かい規定には留意する必要があるものの，クロスボーダー合併がEU域内であれば可能になっている。基本的に税法上の問題である出資持分（株式）交換も，「1990年クロスボーダー組織再編税法EEC指令」においてカバーされており，その結果，原則としてクロスボーダー出資持分（株式）交換も可能となっている。確かに，「クロスボーダー分割」は，「1990年クロスボーダー組織再編税法EEC指令」においてカバーされているものの，それに対応する会社法上の「EU指令」は存在していない。このクロスボーダー分割の会社法上の未整備の問題は残されている。それもあって，まだま

だ「ドイツ国内の組織再編」と「EU域内クロスボーダー組織再編」が1対1で同じようにできるわけではない。しかしながら、「2005年クロスボーダー合併会社法EC指令」の整備により、従来のEU域内クロスボーダー組織再編における大きな障害のひとつが除去されたことも確かである。その結果、EU域内クロスボーダー組織再編・事業再編においては、移転価格税制上の問題がより注意を払うべき問題として認識されるようになっている。

② 組織再編時の日本の税制への配慮

さらに、ドイツまたはEUにおいて、会社法上・税法上の様々な問題がクリアできた組織再編が可能な場合でも、日本の親会社（他の関連会社）において、税法上の問題が発生しないかについても、予め明確にしておくことが重要である。その点からも、ドイツまたはEUにおける在欧日系企業の組織再編プロジェクトには、移転価格税制の専門家だけではなく、日本の税制専門家も関与させることが不可欠となっている。

V
その他の法人税・営業税上の個別問題

　移転価格税制と組織再編に関わる税制問題は，ドイツにおける法人税・営業税の中の個別テーマとして，在独日系企業にとっても最も重要なものの２つである。しかしながら，在独日系企業が留意すべき法人税・営業税の個別テーマはその２つに限定されているわけではない。

1　オルガンシャフト（ドイツのグループ納税制度）

　ドイツには，「法人税目的」・「営業税目的」・「付加価値税目的」での「グループ納税制度〈オルガンシャフト：Organschaft〉」がある。2002年の税法改正で，基本的には法人税目的と営業税目的でのグループ納税制度の条件は統一されており，営業税目的のグループ納税制度は，法人税目的のグループ納税制度を前提にしている。ここでは法人税目的と営業税目的のグループ納税制度について解説する。法人税目的のグループ納税制度は，法人税法の第14条から第19条がその根拠となっている。

① ドイツの法人税上のグループ納税制度の概要

　ドイツの「法人税目的（営業税目的）」の「グループ納税制度（オルガンシャフト）」は，株式法第291条に準拠した「損益譲渡契約」を締結することにより，「（グループ納税）子会社〈Organgesellschaft〉」の損益（利益と欠損）を，「（グループ納税）親会社」〈Organträger〉に譲渡するものである。それにより，欠損をグループ会社間でリアルタイムで使用することが可能になり，それが最大のメリットとなっている。親会社と子会社との間の取引あるいは子会社間相互の取引を消去するわけではなく，グループ納税制度（オルガンシャフト）の適用を受けている会社が，あくまで個々に「課税所得」（「営業利益」）を計算する。その意味で，ここでのグループ納税は，個々の会社の課税所得（損益）を合算するという意味であり，

商法決算上の「連結決算」の時の利益のように，グループ間の取引を消去して課税所得を計算するわけではない。

　「親会社」は，個人・人的会社・資本会社のどれでも構わないが，事業活動を営んでいることが前提となっている。そして，資本会社については，2002年査定年度より，ドイツ国内に登記所在地がなくても本店機能所在地があればいいことになっている。それに対して，「子会社」は，登記所在地と本社機能所在地の双方をドイツ国内に有する資本会社とされる。但し，2013年の税制改正において，EU加盟国ならびに「欧州経済領域」加盟国に登記所在地を有し，本社機能所在地はドイツという場合には，その会社は子会社になれるとの規定になった。いずれにせよ，外国の会社のドイツ支店（制限納税義務の支店）ならびに外国子会社（ドイツの課税権に服しない会社）は，グループ納税制度の子会社になり得ない。

② グループ納税制度（オルガンシャフト）の適用のための前提条件

　2000年までは，その重要な前提条件として，財務面（親会社が子会社の議決権の過半数）・経済面（子会社の業務が親会社の業務に寄与）・組織面（親会社〔持株会社〕と子会社の役員が同一であるとか，親会社と子会社の間で「支配契約（Beherrschungsvertrag）」が締結されている場合）のすべての面から親会社との一体性が要求されていた。しかしながら，2001年以降は，経済的・組織的一体性は必要なくなり，「財務的一体性〈finanzielle Eingliederung〉」（間接出資を含む議決権上50％超の出資）という前提条件の充足のみでよいことになった（法人税法第14条第1項第1号）。ちなみに，付加価値税目的のグループ納税制度の場合は，現在でも引き続き，経済的・財務的・組織的一体性の3つがその前提条件となっている（売上税法第2条第2項第2号）。

③ 損益譲渡契約

　この「損益譲渡契約」は，配当という会社法上の行為を行なわずに，子会社の利益を親会社に合法的に移転することを親子会社間で取り決める契約である。そして，それが実際に施行されていることが，グループ納税制度の前提となる。書面でなされる必要があり，契約開始時の有効期限が最低でも5年とされている。これはドイツ語の問題であるが，株式法第291条で言及されている名称は，「Gewinnabführungsvertrag」であり，そのまま訳せば，「利益譲渡契約」である。しかしながら，実際には，子会社の損失についても，特に有限会社等の場合には損

失の引受けが明記される必要があるものの，当該契約に基づき他の追加的行為も伴わずに親会社に合法的に移転される。その意味で，「Ergebnisabführungsvertrag」（損益譲渡契約）あるいは「Ergebnisübernahmevertrag」（損益引受け契約）が正確だとの指摘もある。

　株式法第291条に準拠した「損益譲渡契約」については，当該契約の締結に関する親会社および子会社の双方の出資者総会決議を行なう（75％以上の同意）。そして，その損益譲渡契約を商業登記簿に登記しなくてはならず，商業登記簿に登記されて初めて効力を発するものと見なされている。株式会社の場合，株主総会の決議は原則として「公正証書」の形を取るが，有限会社の出資者総会決議の場合は，定款の変更等の特定の場合だけ公正証書形式が要求されている。有限会社が子会社になる場合の損益譲渡契約に関する決議についても，公正証書形式が必要となっている。なお，損益譲渡契約は，事業年度途中で締結されて，その事業年度内に登記が完了した場合，商法上も税法上も，当該事業年度の期首に遡及して適用される。

④　繰越欠損にかかわる処理

　子会社がグループ納税制度の適用前に計上していた繰越欠損は，グループ納税制度の適用期間中に計上された自らの利益とも，他の適用会社の利益とも相殺されない。適用期間中は，いわば凍結されることになる。それに対して，親会社がグループ納税制度の適用前に計上していた繰越欠損は，適用期間中に自らが計上した利益ならびに子会社の方で計上された利益と相殺することができる。また，グループ納税制度の適用終了時に，グループ納税制度全体で欠損の場合，その欠損金は親会社が引き継ぐものとされる。

⑤　営業税上のグループ納税制度の特殊性

　2001年の税制改正により，法人税目的のグループ納税制度と営業税目的のグループ納税制度は，ほぼ統一されたと言える。その結果，上で解説してきた法人税目的のグループ納税制度の前提条件が満たされている場合には，同時に，営業税目的のグループ納税制度が成立する。しかしながら，法人税の場合とは少し異なり，グループ納税制度適用のもとにある子会社は，親会社の支店として見なされて，営業税上の課税所得である営業収益が算定される。すなわち，営業収益は，第一段階目として確かに子会社のもとで個別に算定されるが，それらは，第二段階目としては，親会社のもとで集計されて，捕捉もれ・二重捕捉を回避するための調整が行な

われる。そして，親会社のもとで合計された営業収益（営業損失）が，親会社ならびに各々の子会社の支払給与総額に応じて分配される。

2　CFC税制（タックスヘイブン対策税制）

　低税率国・地域（無課税国・地域）に外国子会社等を設立し，そしてそこに無形資産等を移転しての事業活動により，低税率・無税のメリットを享受しようという租税回避行為がよくみられる。それを制限する税制として，「タックスヘイブン対策税制」がある。最近では，「タックスヘイブン（租税回避地）」の外国子会社だけが問題にされるのではないことから，「CFC税制」と呼ばれることも多い。「CFC」は「Controlled Foreign Company」（支配下にある外国の会社）の略称である。ドイツでは，外国税法〈Außensteuergesetz〉の第7条～第14条が根拠となっている。ちなみに，CFC税制のことをドイツ語では，「Hinzurechnungsbesteuerung」と呼んでおり，そのまま訳せば「合算課税」である。

1　ドイツのCFC税制（合算課税）の概要

　ドイツの「CFC税制（合算課税）」は，1972年の税制改正により，外国税法の中に導入されて現在に至っている。不適正な利益移転と課税負担格差の濫用を是正し，同時に，課税逃避の防止を目指す税制とされている。ドイツの居住者である会社が，50％超の出資比率の外国子会社（中間会社）を有しているケースで，当該中間会社の所得が「受動的活動からの所得」の場合で，「低税率（25％未満）」でしか課税されていない場合に，当該受動的活動からの所得をドイツの親会社の課税所得に合算して課税するというものである。

　この例外をなしているのは，EU加盟国または「欧州経済領域」加盟国に，登記所在地または本社機能所在地を有する会社である。事業活動内容に関する基準を充足する限りにおいて，これらの会社にはCFC税制（合算課税）は適用されない。この例外規定は，CFC税制（合算課税）が場合によってはEU法に抵触する可能性があるという欧州司法裁判所における判決の趣旨を考慮したものである。

2　受動的活動からの所得

　他の外国のCFC税制の規制の方式を見ると色々なやり方が見られる。ドイツの

CFC税制（合算課税）においては，「受動的活動からの所得」の低税率（25％未満）での課税の場合に適用というように，所得に区別を行ないその適用の可否を判断するという方式になっている。しかしながら，受動的活動からの所得は直接的には定義されておらず，外国税法第8条第1項には，10項目の「能動的所得」（正確には，「能動的活動」）が挙げられており，それに該当しないのが受動的活動からの所得という建付けになっている。その意味で，何が受動的活動からの所得と断定するのかは，時により困難な場合が多い。

受動的活動からの所得のよく挙げられる具体例としては，実体性の薄い販売・仕入活動からの所得，特許権からの所得，リース所得，ファイナンス取引所得等である。しかしながら，これらの例でも，場合によっては，能動的活動からの所得と見なされることもあることには十分に留意する必要がある。他方で，資本会社からの配当所得あるいは出資持分（株式）の売却益は，受動的活動からの所得とは見なされない（外国税法第8条第1項第8号，第9号）。低税率国に普通の持株会社を設置すること自体は有害ではないが，孫会社が低税率国で受動的活動からの所得を挙げている場合には，孫会社の所得もドイツのCFC税制（合算課税）により課税対象となる（外国税法第14条）。

③　CFC税制（合算課税）の具体的適用

外国子会社の未配当利益は，ドイツにおいては課税されない。しかし，低税率国（収益に対する実質税率が25％未満）における50％超の出資比率の外国子会社（中間会社）の受動的活動からの所得については，当該外国子会社が該当する所得を計上した翌事業年度に，「みなし配当」としてドイツにおいて課税される（外国税法第10条第2項）。この際，配当非課税に関する所得税法第3条第40号，法人税法第8b条第1項は適用されない（外国税法第10条第2項第3文）。CFC税制（合算課税）により一旦ドイツで課税された後，実際に配当があった場合，配当受領時は単に非課税となるだけであり，過去に支払った税金の還付がある訳ではない。

3　利子損金算入制限

「2008年企業収益税改革」において，それまでの「過少資本税制」に代わって導入されたのが「利子損金算入制限〈Zinsschranke〉」である。2010年税制改正で緩和措置が講じられ，現在の内容になっている。この法人税法第8a条に規定され

ている利子損金算入制限の基本的内容は，次のようにまとめられる。

① 利子損金算入制限の概要と非適用条項

一事業年度において，「支払利子額」と「受取利子額」の夫々の合計を算定して，受取利子額が支払利子額を上回る場合は何も起きない。逆に，支払利子額が受取利子額を上回る場合は，上回った金額（「支払ネット利子額」）を「基準利益額」（EBITDA：利子・税金・減価償却費の考慮前の利益）と比較する。その比較の結果，支払ネット利子額が基準利益額の30％以内であれば，同様に何も起こらない。しかしながら，30％を上回った場合は，その上回った支払利子額は，当該事業年度には損金算入できず，翌事業年度に繰越しすることになる（「繰越利子」）。

② 非適用条項

他方で，とりわけ銀行融資等で経営を回している中小企業ならびに同族企業のために，

① 非適用限度額の設定（支払ネット利子額が，EUR3,000,000未満の場合，利子損金算入制限は適用しない：所得税法第4h条第2項a）

② 対非グループ内企業非適用条項（企業グループに属しない企業，または，僅少な出資比率においてしか企業グループの出資を受けていない企業には適用しない：所得税法第4h条第2項b）

③ 対グループ内企業非適用条項（企業グループに属するが，その自己資本比率が，企業グループ全体の自己資本比率と同じか〔下回る場合でも，2％以内の場合は許容：「2％ルール」〕，あるいは，それより高い企業には適用しない：所得税法第4h条第2項c），

④ EBITDA枠の繰越相殺制度（「EBITDA」：利子・税金・減価償却費の考慮前の利益）

という3つの「非適用条項」と緩和措置が設けられている。

③ 「EBITDA」枠の繰越相殺制度

「EBITDA枠の繰越相殺」制度の内容は次のようにまとめられる。ある事業年度の「基準利益額（EBITDA）の30％」を「税務上の相殺可能なEBITDA」とし，その「税務上の相殺可能なEBITDA」がある事業年度において「支払ネット利子額」を上回る場合，その上回る「税務上の相殺可能なEBITDA」は，翌年度

以降に繰り越すことができる（「繰越EBITDA」）。ただし，5年経過すると「繰越EBITDA」は喪失する。3つの非適用条項のどれかが適用された事業年度においては，繰越EBITDAは生じない。ある事業年度において，支払ネット利子額が税務上の相殺可能なEBITDAを上回った時に初めて，その上回った支払ネット利子額を，過年度からの繰越EBITDAと相殺するが，その繰越EBITDAとの相殺は，「先入先出法」に基づき，すなわち，古い事業年度のものから相殺の対象になる。

　5年経過による喪失に加えて，繰越EBITDAは，事業所の放棄・譲渡，人的会社の場合の共同経営者の撤退（比率按分），資本会社が人的会社に吸収合併される場合，資本会社資産のスピンオフ（比率按分），組織再編税法に基づく現物出資等があった場合にも，繰越利子と同様に，喪失してしまう。ただし，後述の出資者交代の場合の繰越欠損金利用制限が適用される場合でも，繰越EBITDAは存続するという点は留意する必要があろう（法人税法第8 a条第1項第3文）。

④　在独日系企業への影響

　在独日系企業の現地法人（子会社）のドイツにおけるビジネス活動からいうと，支払ネット利子額が「300万ユーロ未満」という非適用限度額は，年利5％から逆算すれば，6,000万ユーロの借入金でも大丈夫ということになり，ほとんどの場合，利子損金算入制限の適用を危惧しなくてもよいと思われる。他方で，数的に少ないと思われるが，それを上回る規模のファイナンスでドイツ・ビジネス展開している場合には，対グループ内企業非適用条項（自己資本比率比較）ならびに「EBITDA枠の繰越相殺」制度の利用等の検討が不可欠である。

4　繰越欠損金利用制限

　一般の人の感覚からすると意外に感じられるかもしれないが，税務の専門家から見ると，将来において利益が出てきたらそれと相殺して節税できるという意味で，繰越欠損金は資産と見なされる。出資者が変更された場合に，その資産を喪失させるという繰越欠損金利用制限は，それ以前からあったものであるが，様々な紆余曲折を経て，「2008年企業収益税改革」で厳格化された。この規定自体は，たとえば繰越欠損金を大量に抱える会社を二束三文で買収して節税に利用するという行為に対して規制を加えるというものである。

① 繰越欠損金利用制限の具体的内容

その基本的な内容は次のようなものである。繰越欠損を抱える会社に対して，1人の出資者が出資比率25％超の出資持分の取得を行なった場合，それまで累積していた繰越欠損の利用・相殺を部分的にまたは全額否認する。具体的には，1人の出資者が5年以内に合計で25％超で50％までの出資持分の取得を行なった場合，その出資持分比率でその時点までの繰越欠損金と当該年度の比率按分の欠損金の利用・相殺を否認する（按分否認）。また，1人の出資者が同様に5年以内に合計で50％超の出資持分の取得を行なった場合には，その時点までの繰越欠損金と当該年度の比率按分の欠損金の利用・相殺は全額否認される（全額否認）。さらに，「直接的出資者」の変更ばかりでなく「間接的出資者」の変更の場合にも適用対象となり，営業税上の繰越欠損も同様に否認される（営業税法第10a条第8文），というものである。

② 3種類の非適用条項（緩和措置）

2008年から厳格にされた繰越欠損金利用制限に対しては，2009年と2010年の税制改正により，1）再建時持分移転非適用条項，2）対グループ内企業非適用条項，3）含み益相当の繰越欠損金維持条項，という3つの非適用条項（緩和措置）が講じられている。

1 再建時持分移転非適用条項

その基本的内容は，会社の事業経営の「再建」目的の出資持分の取得（出資者の変更）の場合は，繰越欠損金利用制限は適用されないというものである。「再建」とは，支払不能または債務超過を阻止するか，または，排除するか，且つ，同時に本質的な事業構造を維持することを目指した施策である，と定義されている。「本質的な事業構造の維持」とは，①会社が雇用に関する規定を有する社内協定を締結すること，または，②持分取得後5年以内の会社の「支払年額基準賃金」の合計額が，開始年度支払賃金の400％を下回らないこと，または，③会社に対して，出資により相当額の〈wesentlich〉経営資産が付加されること，とされる。最後の③のところの「相当額の経営資産の付加」とは，出資持分取得後12ヵ月以内に，当該再建対象会社に対して，直前事業年度末の税務貸借対照表に計上されている借方資産の最低25％［相当額］の新たな経営資産が付加される場合としている。そして，会社の出資持分の一部分だけが取得される場合は，借方資産の按分比に応じた

額だけが付加されることが条件となっている。但し，この「相当額の経営資産の付加」があっても，その付加から３年以内に新出資持分所有者に対して「配当等〈Leistungen〉」が行なわれた場合，それは「経営資産の付加」のマイナスとして見なす，という濫用防止規定も導入されている（法人税法第８ｃ条第１ａ項第３号第５文）。

2　対グループ内企業非適用条項

　２番目の繰越欠損金利用制限における「対グループ内企業非適用条項」は，2010年に最初に導入されたものである（法人税法第８ｃ条第１項第５文）。そして，2015年に改正が行なわれた。その2015年に改正された規定は，①持分譲渡者に対して，持分取得者が間接・直接を問わず100％出資し，当該持分取得者が，個人・法人・人的会社である場合，②持分取得者に対して，持分譲渡者が間接・直接を問わず100％出資し，当該持分譲渡者が，個人・法人・人的会社である場合，③持分譲渡者ならびに持分取得者に対して，同一人（個人・法人・人的会社）が，間接・直接を問わず，それぞれ100％出資している場合，欠損利用制限が発生する出資持分取得とは見なされない（法人税法第８ｃ条第１項第５文），というものである。

　最も典型的なケースでそれを例示すると以下の**図１**ならびに**図２**のようになる。**図１**についていうと，持分譲渡者はB-GmbH，持分取得者はC-GmbHであり，その両者に100％出資（この例では直接出資）しているのがＡ社ということになる。この事例は，上の③の規定に該当して，「対グループ内企業非適用条項」の前提条件に合致し，D-GmbHが移行前に計上していた繰越欠損金は，今回の60％の出資持分の移行（出資者の変更）にも拘わらず，取得された後に計上した利益と相殺できることになる。

　他方で，**図２**のケースは，持分譲渡者はC-GmbH，持分取得者はＡ社であり，持分取得者Ａ社は，持分譲渡者に100％出資（この例では直接出資）している。この事例は，上の①の規定に該当して，「対グループ内企業非適用条項」の前提条件に合致し，同様に，D-GmbHが移行前に計上していた繰越欠損金は，今回の60％の出資持分の移行（出資者の変更）にも拘わらず，取得された後に計上した利益と相殺できることになる。ちなみに，この**図２**の事例は，2010年の導入時の法人税法第８ｃ条第１項第５文では，「対グループ内企業非適用条項」の適用が不可能であった事例である。2015年の改正で，これが可能になり，しかも，2015年の改正内容は，2010年１月１日以降に行なわれた「持分譲渡」に遡及して適用されることになった。

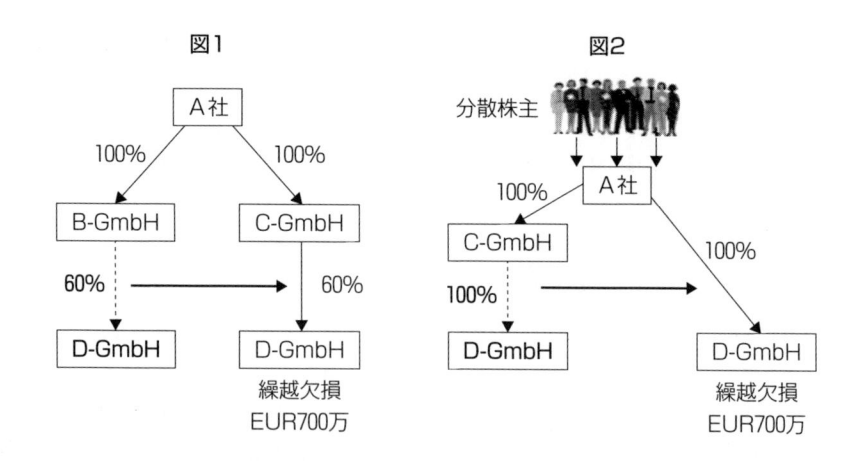

図1 / 図2

3 含み益相当の繰越欠損維持条項

　最後の3番目の非適用条項は、「含み益相当の繰越欠損維持条項」である。按分否認であれ全額否認であれ、繰越欠損の利用制限が適用される場合において、取得された出資持分の中に含まれる含み益相当部分までの繰越欠損に対しては、利用制限を課さないというものである。分かりやすくするために、持分取得の対象となる会社の期首における100%の取得を前提にして説明すると、ここでいう含み益とは、100%の出資持分の「取得価格」（＝「公正価値〈gemeiner Wert〉」）と当該会社の前期末の「税法上の自己資本額」（登記資本金ならびに資本準備金等の合計額：繰越欠損金はマイナスしない）との差額とされている。グループ内組織再編等の場合で「支払われた取得価格」が存在しない場合には、各種の企業価値評価方法で算定された値を適用することが想定されている。

　具体例で言うと、たとえば、支払われた取得価格が10百万ユーロ、税法上の自己資本額が8百万ユーロ、繰越欠損金が5百万ユーロの場合、含み益は2百万ユーロ（10－8）となり、3百万ユーロ（5－2）の繰越欠損金は取得後に計上された相殺・利用を否認されるが、含み益相当分の2百万ユーロの繰越欠損金は、出資持分取得後に計上された利益との相殺に利用できる。他方で、出資持分の取得対象となった会社の資産の中に、ドイツ国内で課税対象とならない資産が含まれている場合（たとえば「国外所得免除方式」が適用されている外国支店や在外国の他の会社に対する出資持分）、そのような資産の含み益は、ここの含み益の計算から除外されなければならないこと、また、出資持分の取得対象となる会社の事業年度期中に持分取得が行なわれた場合、あるいは、100%未満の出資持分の取得については、

按分計算が必要となることから，実務上の計算はかなり複雑になることには留意する必要がある。

第 3 章

付加価値税

売上に対する課税

「付加価値税（VAT）」は，ビジネス活動に関係するという意味においては，前章で取り上げた法人税・営業税・連帯付加税と同じである。しかしながら，法人税・営業税・連帯付加税は，ビジネス活動において計上された「利益」に課税されるのに対し，付加価値税は，「売上」に対して課税される。また，ビジネス活動を行なう者は，付加価値税法上，「事業者」と呼ばれているのであるが，その事業者は，付加価値税上の納税義務を負わされてはいるものの，最終的には経済的に負担する必要はない。

　ここでは，法人税・営業税・連帯付加税の場合と同様に，制限されたビジネス活動しか行なっていない駐在員事務所に関しては，付加価値税との関わり方も限定されていることから，支店と現地法人（子会社）を中心として，付加価値税の一般原則と詳細な内容を解説し，駐在員事務所ならびに日本本社のドイツ（EU）付加価値税との関わり合いに関しては，最後にまとめてその留意点を解説したい。

　なお，次の「Ⅰ　付加価値税五大原則」の275頁以下は，日本人にとってのドイツ（EU）付加価値税の押さえどころをコンパクトにまとめている。まずとにかくドイツ（EU）の付加価値税のエッセンスの中のエッセンスを理解したいという人には，この部分を熟読していただきたい。

I

付加価値税五大原則

　この「付加価値税五大原則」は，ドイツの付加価値税法（VAT）の教科書を見ても，そこに出ているわけではない。在独（在欧）日系企業の関係者あるいは日本にいてドイツビジネス（欧州ビジネス）に関与している関係者が，日本的な感覚ゆえの先入見から，誤解してしまうポイントをまとめている。クロスボーダー取引を含む「モノの取引」ならびに「サービス提供取引」について，ぜひ頭の中に叩き込んでおいていただきたいものである。

1　請求書金券原則

　EU付加価値税における「請求書（インボイス）」は，それでもって仕入先等に支払った付加価値税（前段階税）を税務当局から還付（相殺控除）してもらえる「金券」である。その還付（相殺控除）してもらえる付加価値税に対して，日本語では「前段階税」とか「インプットVAT」あるいは「仕入VAT」等の訳語を充てている。いずれにせよ，顧客に間違った請求書を出すことは，「偽札」を発行することを意味し，また，取引先から不正確な請求書を受け取ることは，偽札を掴まされることと同じである。請求書に対する社内の意識改革が不可欠である。

2　モノ基準原則（モノの取引）

　「モノの取引」は，「モノ（商品）」が物理的にどこの国に存在しているのか，あるいは，物理的にどの国からどの国へ動いたのかによって，課税が行なわれる。商流に関与した会社がどこの国の会社なのか，あるいは，請求書がどう動くのかはまったく関係がなく，対象となるモノが存在していない国あるいは動いてもいない国の付加価値税が賦課されることはない。

3　受益者所在地国原則（サービス提供取引）

　「サービスの提供」の課税地は，「事業者へのサービス提供（B2Bビジネス）」の場合，受益者所在地国が「サービスの提供の場所（国）」と見なされて，その国の付加価値税が賦課される。いくつかの例外規定もあるが，それは「サービスの内容」で判断していく。

4　事業者還付原則

　会社（事業者）は，たとえば購入・仕入したモノ（サービス）について支払った付加価値税（前段階税）を「還付（相殺控除）」してもらえる。それは，そのモノ（サービス）を更に販売するから，還付（相殺控除）してもらえるのではなくて，そのモノの購入・仕入が事業者としての活動の一環である限りにおいて，還付（相殺控除）してもらえるのである。すなわち，事業者というステータスゆえに，還付（相殺控除）してもらえるのである。

5　付加価値税非コスト原則

　付加価値税（VAT）は，会社（事業者）にとって本来的にはコスト（費用）ではない。しかしながら，間違った処理をしていると，コストになってしまうことがある。それに対して，会社（事業者）は「付加価値税登録」の義務を負わされたり，申告・納付の義務を負わされたりするが，それにかかる経費（社内スタッフの投入・会計事務所等への支払経費）はコスト（費用）である。

　ドイツ（EU）の付加価値税を考えていく時に，大きく「モノ（棚卸資産・商品）の取引」と「サービス（役務）提供取引」の２つに分けて考える。この「五大原則」のうち，２番目のモノ基準原則はモノの取引についてのみ，３番目の受益者所在地国原則はサービス提供取引についてのみに関わるものである。それに対して，請求書金券原則・事業者還付原則・付加価値税非コスト原則の３つは，モノの取引とサービス提供取引の双方に該当する。以下において，この「付加価値税五大原則」の内容の視点から，ドイツ（EU）の付加価値税を素描してみたい。

1　請求書金券原則

　現在のドイツ付加価値税制度のベースとなっているEU付加価値税の現行のシステムは，1967年に可決・公表された「付加価値税第１号指令」ならびに「付加価値税第２号指令」以来のものである。フランスの制度をモデルとして，1968年から数年の間に，当時の「欧州経済共同体〈EEC〉」加盟国において，従来のシステムからの「統一的なシステム」への切替が行なわれた。それ以後の新規加盟国は，その加盟時に当該システムに適応するための措置を講じている。1967年以来の現行システムの核心的部分は，「前段階税控除制度」である。前段階税控除制度の中の「前段階税」は，ビジネスを行なう者（事業者）の視点で，仕入・購入時に納入業者・サービスプロバイダーに支払っている付加価値税のことをそう呼んでいるも

のである。ドイツ語では「Vorsteuer」という。

① 前段階税控除システム

　日本の一般消費税では，ドイツの前段階税控除制度に相当するものを「仕入税額控除」と呼んでいる。ドイツの前段階税控除制度のもとでは，受け取った請求書（インボイス）をもとに，会社（事業者）は他の会社（事業者＝納品業者またはサービスプロバイダー）に支払っている付加価値税（前段階税）を税務署から還付（相殺控除）してもらっている。発行された請求書は，それが売掛金の回収のための証書であるという意味で，元々その性質を備えているのであるが，受け取った請求書についても，前段階税控除のための金券あるいは紙幣に相当する機能を担わされていると言えるだろう。もちろん，原則として月次または四半期ごとの申告に際しては，受け取ったオリジナルの請求書をいちいち税務署に提出しているわけではない。しかしながら，税務調査等があった場合にはしっかりと提示できなくてはならない。

② 請求書（インボイス）の形式要件

　請求書（インボイス）に記載されるべき項目は厳格に規定されている。取引内容により追加の記載が必要となる場合もあるが，最低限の記載項目（売上税法第14条第4項）として，

① 請求書発行事業者の正確な名称（会社名）と住所
② 請求書受取人の正確な名称（会社名）と住所
③ 請求書発行事業者の「VAT-ID番号」または「納税者番号」
④ 請求書発行日付
⑤ 請求書発行番号
⑥ モノ・サービスの内容記載とその数あるいは量
⑦ 請求書発行日付と異なる場合のモノの納品の日付またはサービスの提供の日付または前払日
⑧ 適用税率・課税免除ごとの付加価値税込みのグロス金額
⑨ 適用税率
⑩ 適用税率ごとの税額

の10項目が記載されていることが要求される。これが満たされていないと偽札ということになる。上の形式要件でよく問題にされるのが，「②請求書受取人の正確

な名称（会社名）と住所」である。まず第一に，会社の備品等を通常のデパートや一般商店に行なって買うといった小口の仕入時の領収書や飲食接待時のレストランでの領収書等における問題がある。これらの領収書においては，後述の「小額請求書」の緩和形式要件が適用できる場合を除き，お客の方が何も言わなければ，この「②請求書受取人の正確な名称（会社名）と住所」が記載されない。その結果，それらの領収書は，ここでいう請求書の形式要件を満たさない。

　2番目は，名称（会社名）の「正確な〈vollständig〉」が，どこまで正確でないといけないのかという点である。もちろん，登記されている正式な会社名であることがベストであり，そうなっていない場合には，できる限り修正してもらうようにするべきであろう。しかしながら，実務的には他の会社との混同がない限りにおいては，会社名の一部が省略されている場合でも許容されることが多い。この時によく引き合いに出される例が，同じに住所に「Ikeda Electronics Germany GmbH」と「Ikeda Electronics Europe GmbH」の2社が存在しているような場合である。この場合，「Ikeda Electronics GmbH」と省略されている場合には，2社のうちのどちらなのか判別できないことから否認されるが，もし，その住所に「Ikeda Electronics Germany GmbH」しか存在しておらず，「Ikeda Electronics GmbH」と省略されたのであれば，住所はきちんと記載されていることを前提に，他の会社との混同はないから受容されるであろう。

③　小額請求書：請求書の緩和形式要件

　上の請求書形式要件の緩和措置として設けられているのが，「小額請求書」の緩和形式要件規定である。小額請求書は，付加価値税込みで150ユーロ以下の請求書である。小額請求書については，上の10の必須項目のうち，いくつかについては，省略できたり，緩和された記載内容で受容するというものである。ドイツの場合，150ユーロという金額だけで決められているが，具体的な内容は以下の通りである（売上税法施行令第33条）。

　①　請求書発行事業者の正確な名称（会社名）と住所
　④　請求書発行日付
　⑥　モノ・サービスの内容記載とその数あるいは量
　⑪　適用税率とグロス金額

　ここの4項目の番号は，上の標準の形式要件の番号と同一にしてある。「⑪適用税率とグロス金額」は，標準の形式要件10項目には1対1で対応するものがない

ことから⑪としてある。この「⑪適用税率とグロス金額」が記載された領収書（請求書）が頻繁に見られるのはタクシーを利用した場合の領収書であろう。日本のタクシーでは，車の中に備え付けられた機器からのレシート式の領収書がほとんどである。しかしながら，ドイツのタクシーでは今なおほとんどの場合，運転手が所定の用紙に手書きで日付・金額・税率（場合によっては行程）を書いてくれる方式である。また，小額請求書の形式要件において最も実際に現場の事務作業の緩和になっているのが，標準の形式要件の中の「③請求書受取人の正確な名称（会社名）と住所」が要求されていないことであろう。上述の小口の仕入時や飲食接待時のレストランの領収書等の場合，この小額請求書の緩和形式要件が大きな助けになっている。

　他方で，小口の仕入時や飲食接待時のレストランの領収書等の場合でも，150ユーロを超えてしまえば，標準の形式要件が要求される。その意味で，やはり領収書等の受け取りの場合でも，正式な会社名と住所をきちんと記入してもらうことを励行すべきである。その際に勧められるのは，各々の駐在員・スタッフが自分の名刺の社名と住所のところをマーカーですぐに分かるようにしておき，それをお店・レストラン・ホテル等の店員・担当者に支払・精算時に見せて，社名と住所を記入してもらうことを社内で徹底させることである。

④　請求書（インボイス）の社内チェック体制の確立

　「請求書＝金券」の観点から，発行する請求書が上の規定を満たしたものになっているかの社内チェック体制を確立しなければならない。そうしないと顧客に迷惑をかけることになる。同時に，本来税務署から還付（相殺控除）してもらえる付加価値税（前段階税）を否認されることもあり得ることから，受け取る請求書（領収書）が前提条件を満たしているかの社内チェック体制もしっかりしておく必要がある。この際，税務当局は，請求書（領収書）を発行した会社が税務署に納付しているであろうことをまったく顧慮することはない。すなわち，上の形式要件を満たしていない請求書を受け取ってしまった会社は，税務当局に対して，請求書（領収書）を発行した会社が納付しているかどうかを調査して，還付（相殺控除）の可否を判断してくれと主張する権利はないのである。確かに，後述する「非課税売上」の場合のように，仕入と販売の関連性が問題にされることはある。しかしながら，原則としては，一枚の請求書に関わる一方における付加価値税の納付と，他方における付加価値税（前段階税）の還付（相殺控除）は，まったく異なるプロセスと考

えておかなくてはいけない。そして，この請求書（領収書）の発行・受取の問題は，社内全体の問題であり，経理担当者・税務担当者だけの問題ではない。

2　モノ基準原則

付加価値税上，モノとサービスの2つを区別する。モノの付加価値税上の課税がどうなるか，あるいは，どこの国の付加価値税が問題になるのかは，モノ（商品）の「物理的な存在場所（国）」あるいは「物理的な移動の場所（国）」を基準として決められる。取引に関与している会社がどこの国の会社であるか，あるいは，請求書がどこの国で発行され，どこの国に送付されるか等は原則としてまったく考慮されない。以下において，具体例でそれを明確にしておきたい。

1　具体例①：外国（日本）の会社が関与，但し，モノはドイツ国内だけで移動

「ドルトムント（ドイツ）のビール醸造会社A社」からビン詰機械設備の納入注文を受けた「日本の機械取扱商社B」は，日本のメーカーからはA社のニーズに対応するビン詰機械設備を見つけることができなかったので，「ミュンヘン（ドイツ）の機械製作メーカーC社」から納入を受けて，それをA社に販売することにした。実際には，当該機械設備はミュンヘンからドルトムントへ直送され，請求書は，ミュンヘンのC社から日本のB社の本社へ送付され，日本のB社は，マージンを載せた請求書を日本からドルトムントのA社に送付した。

ここでの具体例は，モノ（機械設備）は，ミュンヘンからドルトムントへのドイツ国内でしか動いていない。しかしながら，関与している3社のうち，2社はドイツの会社であるが，1社は日本の会社である。「請求書」も日本へ送られているし，日本で作成されたものが日本からドイツへ送られてもいる。

「ミュンヘンC社から日本B社への取引」も，「日本B社からドルトムントA社への取引」も，ドイツ国内でモノが移動している。このような取引においては，「モノ基準原則」に基づき，ドイツに課税権が帰属する。そして，「ドイツ国内取引」と見なされ，ドイツの付加価値税に服する。すなわち，どちらの請求書にもドイツの19%の付加価値税が賦課されていなくてはならない。それに加えて，日本のB社について言うと，この取引に関与するためには，まず（取引以前に），ドイツの税務署に対して「付加価値税登録」を行ない，「納税者番号」あるいは「VAT-ID

番号」を取得しなくてはいけない。これらの話はすべて，モノ（機械設備）がドイツだけで移動しているからである。

② 具体例②：ドイツの会社間の売買取引，但し，モノは外国の倉庫から納品

ハンブルク（ドイツ）のD社は，ミュンヘン（ドイツ）のE社から電子部品の長期納品契約を獲得した。D社は納品対象となる電子部品の在庫は，プラハ（チェコ）の倉庫業者の倉庫に集積・管理していた。そのため，納期管理・請求書発行・売掛金回収はすべてハンブルクで行なうのであるが，納品だけはプラハの倉庫からミュンヘンE社に行なうことにした。

この取引は，モノ（電子部品）がプラハからミュンヘンに輸送されることから，もはやドイツ国内取引ではない。EU加盟国間をモノ（電子部品）が移動していることから，モノ基準原則に基づき，チェコとドイツの間の「EU加盟国間取引」（後述の258頁以下参照）になる。その結果，D社がE社に対して発行する請求書にはドイツの付加価値税19％は賦課されない。後述の解説を先取って言えば，この請求書は非課税（免税）扱いとなり０％である。そして，その取引以前に，D社がこの取引を行なうためには，原則としてチェコの税務当局に対して付加価値税登録がなされていることが前提となる。

③ クロスボーダー取引も含めたモノ基準原則のまとめ

上の解説はドイツが絡むモノ基準原則の適用についてである。しかしながら，他のEU加盟国での国内取引あるいはA加盟国からB加盟国への取引についても，モノの動きを基準として，どこの国に課税権が帰属するかを判断していく。モノ（商品）がたとえばフランス国内に物理的に留まる場合，あるいは，フランスでしか移動していない場合，たとえフランス以外の国の会社（事業者）が商流に関与している場合であっても，フランスの付加価値税だけが問題となる。それどころか，フランス以外の国の会社（事業者）は，その取引に関与しようとすると，原則としてフランスで「付加価値税登録」をしなくてはいけない。

また，フランスからイタリアにモノが販売された場合，フランスの付加価値税とイタリアの付加価値税だけが問題になる。たとえドイツの会社（事業者）がその商流に関与している場合でも，フランスの付加価値税とイタリアの付加価値税だけが問題である。ドイツの付加価値税はまったく問題にならない。同様に，そのドイツ

の会社（事業者）は，フランスまたはイタリアで付加価値税登録（場合によっては「税務代理人」の指名，あるいは，その双方）をしなくてはいけないかもしれない。

　モノ基準原則は，モノの取引においてどこの国の付加価値税が問題になるか，すなわち，どこの国に課税権が帰属するかを確定するための原則である。ここのところは，若干の例外がなくはないのであるが，EU加盟国28ヵ国で共通である。しかしながら，後で詳細に解説する点を先取って結論だけを言えば，課税権が帰属する国で，実際に課税が行なわれるか，あるいは，当該国から見た外国の会社がその国で付加価値税登録を行なわなければならないかは，それぞれの加盟国の裁量に委ねられているところがある。そこのところが，日系企業のような外部の者から見た場合に，他の税法と比較してEUにおいて最も調和が進んでいる税法であるにも拘わらず，EU付加価値税法が複雑怪奇に見えてしまう原因のひとつとなっている。

3　サービス：受益者所在地国原則

　前述のように，付加価値税上，モノとサービスの2つを区別する。サービス取引の場合の大原則が受益者所在地国原則である。

① サービスの提供の場所の確定

　サービス提供に対する付加価値税の課税は，「サービス提供の場所（国）」で行なわれる。クロスボーダーでサービス提供が行なわれる場合，サービス提供の場所がどこ（どこの国）かを確定して，その国に課税権が帰属すると見なして付加価値税の処理を行なう。小売業・レストラン経営等の場合を除き，在独日系企業は「事業者へのサービス提供（B2Bビジネス）」のみに関わっていることがほとんどであろう。事業者へのサービス提供（B2Bビジネス）においては，サービス提供の場所は，サービス**受益者**所在地国となる。サービス提供者がどこの国の事業者であるかは問題にされない。ちなみに，「最終消費者へのサービス提供」（「B2Cビジネス」）の場合は，特定の例外ケースを除き，サービス**提供者**所在地国である。

② サービスの内容

　「サービス：受益者所在地国原則」は，「事業者へのサービス提供（B2Bビジネス）」の場合の基本原則である。この基本原則に対しては，いくつかの例外規定がある。例外規定が適用されるかどうか，すなわち，サービス提供の場所（国）が受

益者所在地国以外の場所（国）になるかは，「サービスの内容」によって決まってくる。「（短期の）輸送手段リースサービス」（輸送手段が供された場所）や「旅客輸送サービス」（行程の地理的所在地）等が具体的な例外規定の代表的なものとして挙げられる。モノ（商品）の取引の場合も，請求書への取扱商品の正確な記載は必須である。以上のような理由から，サービス提供の場合の請求書においては，サービスの内容はモノの場合以上に明確に記載されていないといけない。

　最終消費者へのサービス提供（B2Cビジネス）の場合のサービス提供の場所の確定についての基本原則は，前述のように，まったく逆の「サービス：提供者所在地国原則」である。そして，（短期の）輸送手段リースサービスや旅客輸送サービス等の事業者へのサービス提供（B2Bビジネス）の基本原則の例外規定は，ほとんどの場合，最終消費者へのサービス提供にも該当する。ここまでのところをまとめると，サービス提供があった場合，まずは，事業者へのサービス提供なのか最終消費者へのサービス提供なのか確認しなくてはいけない。そして，事業者へのサービス提供の場合，サービスの内容から判断して，基本原則の適用か例外規定の適用かを判断していくことになる。在独日系企業の場合，ほとんどが事業者間サービス取引であることから，最後の基本原則の適用か例外規定の適用かの判断が最も重要である。

4　事業者還付原則

　在独日系企業を含む会社（事業者）のもとでは，たとえばモノを仕入れた時に納品業者に代金と一緒に支払っている付加価値税は，銀行や保険会社等の特定の例外を除き，原則として申告手続きの中で還付（相殺控除）され，最終的には負担しないで済むものである。しかしながらこれは，購入したモノ（商品）をさらに販売するから，購入した時の付加価値税（前段階税）を還付（相殺控除）してもらえるのではない。あくまで事業者としてそのモノ（商品）を購入したから，その購入・仕入時に支払った付加価値税（前段階税）を税務署から還付（相殺控除）してもらえる。同じことは，サービスを購入した場合にも該当する。

　たとえ仕入れたモノをさらに販売する場合でも，仕入・購入の時に払っている付加価値税（前段階税）の還付（相殺控除）のプロセスと，販売して顧客から代金と一緒に払ってもらった付加価値税を納付するプロセスは，まったく独立したプロセスと見なされている。確かに，仕入・購入したモノ（商品）を同じ月に販売すれば，

還付（相殺控除）してもらう付加価値税（前段階税）と販売時の納付する付加価値税が同じ月次申告書の中で直接的に相殺される。しかしながら，そのようなケースは，付加価値税システムの本質から見ると，まったくの偶然に過ぎない。

① オフィスの接客用ソファに支払ったVAT

ドイツで日本の本社から電子部品を仕入れて，ドイツで販売している販売会社（現地法人）がある。この在独販売会社がオフィスの応接室のために「接客用ソファ」を購入した。電子部品の販売会社であるから，その接客用ソファを取扱商品としてさらに販売することはないだろう。それでも，この在独販売会社は，家具商に支払った付加価値税（前段階税）は税務署から還付（相殺控除）してもらえる。それは，その接客用ソファを事業者としてのビジネス活動（取引先等との商談等）に使用するという前提だからである。

② 長期間在庫の購入時に支払ったVAT

この在独販売会社が取扱商品である電子部品を日本から輸入した場合，通常，「輸入VAT」（「輸入付加価値税」）という付加価値税を輸入通関時に税関当局に納付する。この輸入VAT（付加価値税のひとつの種類）も，接客用ソファの購入時に家具商に支払った付加価値税と同様に，前段階税として還付（相殺控除）してもらえる。たとえ当該電子部品が在庫として半年から1年間（あるいはそれ以上）の間，在独販売会社の倉庫に保管されるようなことがあったとしても，すなわち，すぐに再販売されるのではないにも拘わらず，その輸入VATの還付（相殺控除）は，通常税関への納付後数ヵ月以内に行なわれる。この輸入VATも，在独販売会社が事業者として税関当局に納付したからである。

③ サービス購入時に支払ったVAT

「後で売るから還付されるのではなく，事業者だから還付される」という事業者還付原則は，通常買ってそのままさらに販売することはほとんどない，サービスの受益の場合により明白になる。たとえば上の在独販売会社がそのドイツ国内の会計事務所のサービスを受けていたとする。当然に，当該会計事務所は，同じドイツ国内の会計事務所であれば，請求書に19％の付加価値税を載せて請求してくる。この在独販売子会社は，その付加価値税（前段階税）も税務署から還付（相殺控除）してもらえる。会計事務所のサービスを事業者としてのビジネス活動（実績のコン

トロールならびに商法・税法上の義務の遵守等）に使用しているからである。

5　付加価値税非コスト原則

　在独日系企業（現地法人・支店・駐在員事務所）のような会社（事業者）にとって，銀行や保険会社という例外はあるものの，付加価値税は「コスト（費用）」ではない。すなわち，モノを購入するにしても，サービスを購入（受益）するにしても，一旦，モノの納品業者やサービスのプロバイダーに付加価値税を支払うが，後日税務署から還付（相殺控除）してもらえる。また，顧客に対してモノ（商品）を販売するにしても，サービスを提供するにしても，原価計算に基づき，利益を含めたネット価格を確定して，それに付加価値税額を載せて請求し，顧客にその付加価値税も支払ってもらって，それを税務署に納付することから，コスト（費用）にはならない。

1　個人事業主や小売業者の付加価値税コスト感覚

　顧客との関係で言うと，とりわけ個人事業主や小売業者等の「最終消費者」を顧客にする事業者（会社）は，付加価値税込みの値段で競争している。すなわち，付加価値税込みの値段で顧客（最終消費者）が買ってくれるか，あるいは，店に来てくれるかを考えている。どの視点から見るかの問題であるが，そのような最終消費者相手のビジネスのケースにおいては，付加価値税が仕入原価・製造原価と同様に，コスト（費用）と見なされて，自分の「利ざや」を狭めるものという感覚を持ちがちである。実際にそのような原価計算をしていることも多いであろう。しかし，在欧日系企業が関わりをもつのは，ほとんどの場合，「事業者間取引（B2Bビジネス）」である。そこにおいては，実際の支払がある場合には，付加価値税込みのグロス価格で支払いが行なわれるが，その付加価値税は，税務署から前段階として還付（相殺控除）されることから，それほど気にせず，ネット価格ベースで価格を交渉して，その取引が課税対象であれば，顧客に払ってもらって税務署に納付するという感覚である。

2　付加価値税コスト（費用）化のリスク

　上のような最終消費者を相手にする個人事業主や小売業者等の感覚・意識は別にしても，付加価値税は，事業者（会社）にとってコスト（費用）ではない。しかし，

請求書の処理・対応を正しく行なっていなかったがゆえに，コスト（費用）になってしまうことがある。コスト（費用）になってしまう場合は，大きく２つに分けられる。

1　非課税扱い請求書の否認によるコスト化

　一つ目は，「非課税扱い」（場合によっては，「免税扱い」・「不課税扱い」）の請求書の否認のケースである。たとえば，非課税扱い（免税扱い・不課税扱い）の請求書を発行していたが，実際は，その取引が非課税扱い（免税扱い・不課税扱い）の取引ではなかったことが後日の税務調査等で確認された場合，あるいは，非課税扱いのための「輸出証明」や「モノの移動証明」等の「添付書類」がしっかり入手・保管されておらず，それが税務調査等で指摘された場合で，その税務調査による確認・指摘に基づき，「非課税（免税・不課税）扱いの否認」による追加納付が発生する。

2　還付・相殺控除の否認によるコスト化

　二つ目は，「還付・相殺控除の否認」による追加納付のケースである。付加価値税が賦課された請求書を受け取り，それを月次・四半期段階で還付（相殺控除）してもらったが，数年後の税務調査において，「受取請求書」が付加価値税法に準拠したものではないと指摘されたような場合である。その際，受取請求書を発行した納品業者あるいはサービス・プロバイダーが付加価値税を納付しているかどうかを確認して，納付が確認できたら，還付・相殺控除の否認による追加納付の決定を撤回するといった面倒で手間のかかることは，税務署側は原則として行なわない。その結果，税務当局側から見れば，理論的には二重取りになることもあり得る。

③　数年後の事後修正の困難さ

　「非課税（免税・不課税）扱いの否認」による追加納付であれ，「還付・相殺控除の否認」による追加納付であれ，税務当局の指摘を受けた後，請求書を顧客に対して修正して発行し，あるいは，納品業者・サービスプロバイダーから修正して発行してもらい，更に顧客からは付加価値税を支払ってもらえば，付加価値税処理の間違いにも拘わらず，最終的に税負担がコスト（費用）にならないで済む可能性はある。しかしながら，税務当局がそのような事後修正を認めるとしても，継続取引におけるそのような付加価値税処理の間違いは，数年単位あるいはそれ以上の期間に亘ることが多いため，修正だけでも大変である。また，社内のスタッフの追加勤務や会計事務所への支援を依頼すれば追加費用が発生する。そして，税務調査は数年

経てから行なわれることが多いので，その顧客や納品業者・サービスプロバイダーが，そのような修正・追加支払に応じてくれるか分からない。それどころか，倒産・組織再編等で，責任を持って修正・追加支払に応じてくれる相手先がなくなっているかも知れない。その場合には，税務署への追加納付（税負担）は，そのままコスト（費用）になってしまう。

とりわけ最後の付加価値税非コスト原則については，最悪シナリオで解説している。細かい具体的なところでの税務当局・税務調査官の対応は，同じドイツ国内でも，地域あるいは税務署ごとの厳格さの相違や温度差があったりする時もある。現場レベルでは，そのような個別実務レベルでの対応の相違も重要なポイントになるが，原則は原則としてしっかり理解しておくことが重要である。

Ⅱ
付加価値税の基礎知識

　上述の「Ⅰ　付加価値税五大原則」においては，付加価値税上の専門用語について，最低限の内容説明をしつつも，正確な定義・解説を加えることなく言及してきた。ここでは，その専門用語も含めて，付加価値税の基礎項目を解説しておきたい。

1　モノとサービスの区別

　ドイツ（あるいはEU）の付加価値税を理解しようとする場合，まず，モノとサービスを区別する必要がある。日常生活の中に存在する物または繰り広げられる様々な活動を，付加価値税目的で，強引にモノとサービスに区分してしまうのである。モノについては，「商品」とか「棚卸資産」という言い方もなされる。また，特にサービス（提供）については，日本語において「サービス＝無料」という日常的な感覚があるためか，専門家の間では「役務」あるいは「役務提供」という表現がなされることが多い。しかしながら，モノとサービスとした方が視覚的にも区別がつく。また，ドイツの付加価値税に関わりを持ってくる在独日系企業あるいは日本本社のドイツ（欧州）ビジネスの担当者は，それ以外では税法とまったく関わりを持たない部署の人も多い。その場合にも，「モノ（の納品）」と「サービス（の提供）」と言う方が，すっきり理解してもらえるというのが，筆者のこれまでのコンサルティング活動での印象である。

① ビジネスマンの一般的感覚での区別

　モノの定義・具体的内容ならびにサービスの定義・具体的内容は，概ね一般的ビジネスマンのビジネス感覚で判断して間違うことはほとんどないと思われる。モノの代表的なものは，一般的有体物である商品としての棚卸資産，有形固定資産，不動産等である。しかしながら，時折，微妙なものもある。電気・熱・ガス等である。これらは，その物理的存在が通常のモノと比較して明確ではないが，モノと見

なされる（売上税法第3ｇ条）。また，動物は，「生き物」であり，モノの感覚には
合わないところがあるが，付加価値税上はモノとして扱われる。さらに，「営業権
（のれん代）」や「顧客リスト」等は，以前はモノとして見なされていた。しかし，
2009年の欧州司法裁判所の判決以降，サービスとして見なされている。

　ドイツの付加価値税法上の表現としては，モノに対応するのは「Lieferung」
であり，正確には，「モノの納品」である。また，サービスに対応するのは，
「sonstige Leistung」であり，逐語訳すれば，「その他の給付」ということになる。
「Lieferung」（「モノ（の納品）」）ではないものは「sonstige Leistung」という定
義になっている。その「sonstige Leistung」を意訳すれば，サービス提供である。
本書においては，モノとモノの納品，ならびに，サービスとサービスの提供は，相
互に同義に使用している。

② 同一物のモノからサービスへの変身

　同一物が，モノと見なされたり，サービスと見なされたりするものもある。たと
えば「ソフトウエア」は，原則として，標準品はモノとして扱われる。しかしなが
ら，カスタマイズされたもの，とりわけ，ある特定の会社のために開発されたソフ
トウエアは，サービスの提供の成果物として見なされる。また，食料品についても，
スーパーマーケットで「牛乳（ミルク）」を買えば，それはモノを買ったこととし
て，付加価値税上の処理がなされる。現在ミルクが喫茶店のメニューに載っている
かは別にして，喫茶店に行なってミルクを飲めば，サービスの提供を受けたと見な
されて，付加価値税上の処理が行なわれる。この場合，スーパーマーケットでの
牛乳（ミルク）は，「基礎食料品」の販売であり，軽減税率の7％が適用されるが，
喫茶店で出されたミルクは，サービス提供と見なされ，標準税率の19％の適用で
ある。

　このモノかサービスかの区別で税率が変わるということでよく引き合いに出され
るのが，ファーストフード店での購入である。たとえば，マクドナルドで「ビック
マック」を買う場合，店員は，店内で食べるのか，「テイクアウト」なのかを訊い
てくる。店内で食べるという場合，サービス提供と見なされ，標準税率の19％が
適用されるのに対して，テイクアウトの場合，基礎食料品の販売と見なされて軽減
税率の7％が適用される。店内で食べる場合でもテイクアウトの場合でも，価格は
同じであるから，19％と7％の差額は，全額その店の利益となる。そして，店員
はそのお客さんの回答に応じて，レジキーを変えているのである。

③ モノとサービスの混在

　理論的には，契約上分離してやれば，混在することは回避できる場合もあるが，実務的には，モノの納品とサービス提供とが混在する場合がある。

1　サービス付随納品 〈Werklieferung〉

　たとえば大きな「プラント機械設備」を製造している会社が，顧客に納入して，「据付け作業」を同時に行なうというような場合である。プラント機械設備の納入だけであれば，モノの納品である。また，据付け作業だけであれば，サービス提供である。通常，このようなケースにおいては，ひとつの契約になっている場合（ドイツ語ではこのような契約を「Werkvertrag」と呼ぶ），金額ベースでプラント機械設備が据付け作業より大きく，前者が主たるもので後者が副次的なものであろうことから，「サービス付随納品 〈Werklieferung〉」と呼び，モノの納品として処理する。

2　納品付随サービス 〈Werkleistung〉

　機械設備の修理作業を請け負う会社は，「修理作業サービス」に際して，「スペアパーツ」を持参して修理作業を行なうケースがある。純粋に修理作業サービスだけであれば，サービス提供である。また，スペアパーツだけを見たら，モノの納品である。この場合は，スペアパーツの内容により，上のサービス付随納品に区分されるケースもあろう。スペアパーツが副次的なもので，契約がひとつになっている場合（ドイツ語ではこのような契約を「Werkvertrag」と呼ぶ）には，「納品付随サービス 〈Werkleistung〉」と呼び，サービスの提供として処理する。

　サービス付随納品なのか納品付随サービスなのかの区別は，大きな差が出てこないケースもある。しかしながら，時には，特にクロスボーダー取引の場合等，付加価値税上の処理が大きく変わってくることもあり，留意が必要である。

　他のEU加盟国とのクロスボーダー取引に際しては，モノとサービスの区別，あるいは，サービス付随納品と納品付随サービスの区別に関しても，場合によっては加盟国ごとの事細かい相違が存在している可能性がある。しかしながら，加盟国ごとのモノとサービスの厳密な定義やそれらの例外的事象を細部まで覚えておく必要はないであろう。但し，モノであるかサービスであるかによって，場合によっては付加価値税上の取り扱いが大きく違ってくる可能性があることだけはしっかり記憶しておく必要はある。

2 付加価値税の課税対象と納税義務者（事業者）

付加価値税の本来的な課税対象は，モノの最終消費とサービスの受益（最終消費）である。しかし，「最終消費という行為」は広く拡散して存在している。その結果，最終消費時点で課税するとなると，きわめて徴税効率が悪くなることから，その最終消費の前段階に位置する「売上」の時点で課税が行なわれる。すなわち，現代の発達した経済活動のもとでは，モノやサービスの最終消費に際して，その前の段階に最終消費する者（最終消費者）に対して，必ずモノやサービスを販売している者（売り上げる者）がいるはずだと考える。そして，徴税の効率性の観点から，その「売上〈Umsatz〉」を行なう者に納税義務を負わせるわけである。付加価値税の課税対象を「課税売上〈steuerbare Umsätze〉」と呼ぶ。ちなみに，ドイツにおける付加価値税を規定した税法は，「売上税法〈Umsatzsteuergesetz〉」（略称：UStG）となっている。本書においても，「付加価値税法」と言ったり，「売上税法」と言ったりしているが，まったく同義である。

1 付加価値税上の2人の登場人物：事業者と最終消費者

付加価値税法は，基本的に「事業者〈Unternehmer〉」と「最終消費者〈Endverbraucher〉」という2人の登場人物を想定すると理解しやすい。事業者は，モノを販売（納品）する者ならびにサービスを有償で提供する者である。付加価値税法（売上税法）の第2条できちんと定義された用語である。しかしながら，最終消費者という表現は，付加価値税法の中にきちんと規定されているわけでもなく，また，言及されてもいない。そうではあるが，本書においては，そう考えると理解しやすいという観点から，事業者ではない人（法人・個人）を最終消費者と呼んでいる。

付加価値税法上の事業者の定義は，上述のように，売上税法第2条第1項に規定されているが，それを要約的にまとめると，「収入獲得のために事業活動〈gewerblich〉または職業的活動〈beruflich〉を持続的に且つ独立に営む者（個人・法人）」ということになる。そして，事業活動と職業的活動をまとめて，「事業者〈Unternehmer〉」の「事業〈Unternehmen〉」と呼んでいる。「利益獲得」ではなく，「収入獲得」となっているところが重要である。それにより，より広い範囲の個人・法人が付加価値税の納付・申告義務に服するようになっている。

事業者には，付加価値税を一旦支払うことはあっても，還付してもらって最終的に負担することはない代わりに，「納税義務者」としての様々な義務が課せられている。まずは，管轄の税務署に登録し，モノやサービスの売上に際して，購入者または受益者から規定の付加価値税額を商品・サービス代金に上乗せして請求して支払ってもらう。ドイツの場合，所定の付加価値税額は19％か７％である。そして，それに関して定期的に付加価値税申告を行ない，その付加価値税額を管轄の税務署に納付する。定期的にというのは，１ヵ月または四半期ごとの仮申告と，一暦年間の仮申告を総括した年度申告を行なうという意味である。

　在独日系企業の進出形態である駐在員事務所・支店・現地法人（子会社）のどれも，原則として事業者と見なされる。支店と現地法人が事業者であるというのは，すぐに理解できるかもしれない。しかしながら，原則として「営業活動」をせずに「売上」を計上しないはずの駐在員事務所が事業者というのは意外だと思われる方が多いかもしれない。確かに，日本の公的な機関や大学等のドイツの駐在員事務所は，事業者ではない。日本のメーカーや商社等のドイツの駐在員事務所は，その事務所自体としては，モノを販売したり，サービスを提供したりはしないかもしれない。しかし，ドイツの駐在員事務所は，一般的なビジネス活動を行なっている日本の会社の一構成部分であり，「市場動向調査」や「補助的活動」といったビジネス活動をやっていると見なされて事業者に区分される。

② 課税売上の定義とその具体的内容

　上述のように，付加価値税の本来的な課税対象は，モノの最終消費とサービスの受益（最終消費）である。しかしながら，徴税技術上の効率性の観点から，最終消費の前の段階に位置する売上に課税する。その際，当然のことながら，ドイツの税務当局は，ドイツの課税権に服する売上のみに課税する。ドイツの税務当局の課税権に服する売上のことを，ドイツ語では「steuerbare Umsätze」と呼んでいる（売上税法第１条）。逐語訳すれば，「課税可能な売上」ということである。本書では，「steuerbare Umsätze」を「課税売上」と訳しているが，その背景には，「ドイツ税務当局の課税権に服する」（ドイツ税務当局が課税可能な）という意味が含意されていることを頭に入れておくと，色々なところで様々な事象のより深い理解の手助けになる。

　課税売上の反対が「不課税（売上・取引・行為）〈nicht steuerbare Umsätze〉」である。不課税という表現は，耳慣れないものであろう。付加価値税が賦課されな

いという意味では，不課税も非課税（あるいは，後述する「免税」）も同じである。たとえば，ドイツの会社がロシアでモノを仕入れて，ドイツに持ってくることなくそこで販売したとしよう。その販売（売上）は，当然のことながら，当該ドイツ会社の損益計算書で売上として計上される。しかしながら，ドイツ税務当局の付加価値税上の観点からは，このロシアでの売上は，課税売上ではなくて不課税（売上・取引・行為）である。理由は，ドイツの税務当局の課税権に服しないからである。

　正確に言うと，この不課税（売上・取引・行為）は，ドイツ国外で行なわれる取引・売上・行為についても存在している。たとえば，社内の部門間の取引は，ひとつの経済的行為ではあるが，売手と買手が同一であることから，不課税取引とされる（「有償性」あるいは「対価交換性」の欠如）。相続においても，大きな資産・現金が移転される経済的行為ではあるが，相続人は一方的に受け取るだけで，対価交換性がなく，不課税取引とされる。このような社内部門間取引や相続がドイツで行なわれても，課税売上の前提条件を満たさないという理由から，不課税取引（行為）となる。

1　課税売上の付加価値税法上の定義

　売上税法第1条第1項に拠れば，ドイツにおける課税売上は次の3つである。もし，外国の会社が次の3つのどれかでも，ドイツでの課税売上を計上する場合，その外国の会社は，ドイツで「付加価値税登録」を行ない，ドイツの税務当局に対して申告・納税を行なわなければならない。

① 事業者がその事業の一環として行なうドイツ国内における有償のモノの納品とサービスの提供

② モノの（第三国からの）ドイツ国内またはオーストリアのユングホルツとミッテルベルクにおける輸入

③ 有償のEU域内取得

「ユングホルツ〈Jungholz〉」と「ミッテルベルク〈Mittelberg〉」は，ドイツとオーストリアの国境付近にある地域で，政治的にはオーストリアの領域に属している。前者のユングホルツは，点だけでオーストリアの国土に接しているが，ドイツの国土に取り囲まれている。後者のミッテルベルクは，高い山に取り囲まれていて，他のオーストリアの地域からそこに車で行こうとすると，一旦ドイツ領域を経由しなくてはいけないという地域である。そのような地理的な関係から，この2つの地域は，関税・付加価値税上は，ドイツの税関・税務当局の管轄下にある。

2 「輸入とEU域内取得＝課税売上」の不思議さ

「1）ドイツに国内における有償の『モノの納品』と『サービスの提供』」について
は，その具体的な内容についてはともかくも，これまでの説明からでも，ある程
度理解できるのではないかと思われる。しかしながら，「2）第三国からのモノの
輸入〈Einfuhr〉」と「3）EU域内取得innergemeinschaftlicher Erwerb」はそ
もそも何なのか，そして，その2つがなぜ「課税**売上**」になるのかについては説明
がいるであろう。

「第三国からのモノの輸入」は，第三国（EU加盟国以外の国：日本・アメリカ・
スイス等）の売主からモノを購入し，ドイツの買主が税関・税務手続きを行なうか，
あるいは，保有者（所有者）が第三国からモノをドイツに自ら持ち込み，税関・税
務手続きをすることである。それに対して，EU域内取得は，他のEU加盟国の売
主（事業者）からドイツの買主（事業者）がモノを購入し，税務上の手続きを行な
うことである。場合によっては，事業者がEU加盟国からドイツにモノを持ち込ん
だ場合も，ドイツから見るとEU域内取得と見なされる。前者の第三国からのモノ
の輸入に際しては，その時点で「輸入VAT（付加価値税）」が発生し，後者のEU
域内取得に際しては，「EU域内取得VAT（付加価値税）」が発生する。しかしな
がら，その双方において，「購入」あるいは「持込み」の行為はあるものの，「売
上」行為は介在していない。それにも拘わらず，第三国からのモノの輸入とEU域
内取得は，「課税**売上**」とされている。

　第三国からのモノの輸入とEU域内取得の具体的な付加価値税上の処理あるいは
その2つの相違等については，後述の「1　モノの二者間取引の基本原則」（252頁
以下）において詳細に解説する。この双方とも，外国からの「購入」であれ「持込
み」であれ，ドイツの付加価値税システム（＝ドイツ市場）に外国（他のEU加盟
国と第三国）からモノを移動させてきた時の「入場手続き」と考えると理解しやす
いであろう。そして，その時に発生する輸入VATならびに域内取得VATという
付加価値税は，いわば「入場料」である。これにより，外国からのモノも，ドイツ
国内で生産されたモノあるいはドイツ国内に既に存在しているモノの売上の場合と
同じスタートラインに立つことになる。保有者が自ら「持ち込む」場合はともかく
も，本来的には，外国にいるモノの売主（事業主）にその売上として納税義務を負
わせたいところであるが，ドイツの税務当局の権限外にいることで，税務上の捕捉
はできない。そのため，国境をクロスオーバーさせた者に納税義務を負わせている
わけである。その意味において，第三国からのモノの輸人とEU域内取得の2つは，

売上という行為が介在しないにも拘わらず，「ドイツ国内における有償の『モノの納品』と『サービスの提供』」と同様に課税売上というカテゴリーに括られる。

③ 非課税・免税・不課税の相違点

　非課税・免税・不課税の3つは，付加価値税が賦課されないという意味においては同じである。そのため，混同されて，区別がつかなくなることも多い。特に非課税と免税は，ドイツの付加価値税法上の用語では，同じ表現になっていることから（売上税法第4条：Steuerbefreiungen），ドイツの税法専門家も，当人はその根本的な違いは分かっていても，同じ表現をする。そのため，本質的な相違が理解しづらくなることも多い。しかしながら，その区別，すなわち，付加価値税が賦課されない理由をしっかり把握しておくことは，付加価値税のより深い理解のために非常に役に立つ。

1　不課税（売上・取引・行為）

　「不課税（売上・取引・行為)」については，課税売上の解説のところでも少し言及した。2つに分けて考えると分かりやすいかもしれない。①（地理的・領土的に）ドイツ税務当局の課税権に服しないか，あるいは，②課税売上の前提条件を満たさないがゆえに，付加価値税が賦課されない，場合の2つである。最初の（地理的・領土的に）ドイツの税務当局の課税権に服しない事例は，先のドイツの会社がロシアでモノを仕入れて，ドイツに持ってくることなく，そこで販売した場合のそのロシアにおける売上である。このロシアにおける売上は，ロシアの税務当局の観点からは，ロシアの付加価値税法に基づき，課税売上（それに類似する概念規定）に区分されるであろう。しかしながら，ドイツの税務当局にとっては，不課税（売上）である。それに対して，後者の課税売上の前提条件を満たさない事例は，地理的・領土的にはドイツの税務当局の課税権下で行なわれるのであるが，課税売上の「有償性」・「対価交換性」といった前提条件を満たさない相続や社内部門間取引等の売上・取引・経済取引である。

2　非課税と免税の共通性

　非課税（売上）と免税（売上）の背景にある売上は，あくまで課税売上である。しかしながら，社会政策上の観点等から，あるいは，国際市場での競争力確保の観点等から，当該売上に対して付加価値税を賦課しないというのが非課税と免税である。ドイツの税務当局の課税権に服しないか，あるいは，課税の前提条件を満たさないゆえに付加価値税を賦課しない不課税とは明確に異なる。たとえば，医療サー

ビスは非課税である。医療サービスの受益という最終消費に付加価値税を賦課するのは，社会政策上の観点から好ましくないという配慮である。また，モノを第三国に輸出する場合，あるいは，モノを他のEU加盟国の事業者に販売する場合，その売上は免税である。

　ドイツの付加価値税が賦課されたままでモノがドイツから出ていくと，そのモノが価格の面で国際競争力上負けてしまうという点と，ドイツで最終消費されないモノにドイツの付加価値税が賦課されるのはおかしいという点の2つがその理由として考えられよう。また，ドイツの事業者がモノを他のEU加盟国の事業者に販売する場合は，本来的には，ドイツでの課税売上なのであるが，EU付加価値税システムの調和という観点から，出荷地国ドイツでは，課税売上であるが免税としている。ここの話は，少し深くテクニカルな話になるが，非課税にしても免税にしても，いずれにせよ，ドイツの税務当局の観点からは課税売上なのであるが，各種の理由から付加価値税が賦課されない。

3　非課税と免税の相違点

　非課税売上あるいは免税売上を行なう場合でも，それを行なうために，モノを購入したりサービス提供を受けたりして，納入業者・サービスプロバイダーに付加価値税を支払っているであろう。非課税と免税の相違は，前段階（仕入段階）の付加価値税（前段階税）が還付・相殺控除できるのかどうかの違いである。非課税の場合は不可能で，免税の場合は可能である。医療サービスの提供は非課税（売上税法第4条第14号）であるが，たとえばその医療サービス提供を行なう病院は，当然のことながら，そのサービス提供に必要となる様々な医療機器・治療用具等を購入する。その際，医療機器・治療用具等に対して賦課された付加価値税を納入業者に支払っている。その病院においては，医療サービスの提供が非課税であるがゆえに，医療サービスの提供のために購入（仕入）した医療機器や治療用具等に賦課されている付加価値税（前段階税）を還付・相殺控除することはできない。

　それに対して，第三国にモノを輸出する場合，それは「免税」（売上税法第4条第1号aと第15条第3項第1号）となる。この場合，輸出する在独日系企業等の会社（事業者）が，そのモノをドイツの納入業者から購入する場合，その購入に際して，付加価値税（前段階税）を支払っているであろう。「輸出」が免税であるがゆえに，当該輸出業者は，購入（仕入）時に支払っている付加価値税（前段階税）を還付・相殺控除することができる。

　これは付加価値税法（売上税法）上のテクニカルな話であるが，免税も非課税も，

売上税法の第４条に「Befreiungen」（付加価値税が賦課されないこと）として一緒に列挙されている。そして，売上税法第15条（前段階税控除）のところで，非課税売上については，そのための仕入（モノの購入・サービスの受益）について前段階税の還付・相殺控除が否認されること（第２項），免税については，そのための仕入（モノの購入・サービスの受益）について前段階税の還付・相殺控除が否認されないこと（第３項）が謳われている。

４　非課税と免税の具体例

　免税の対象となる課税売上も数としてはいくつかあるが，基本的にモノの「輸出取引」（第三国への輸出とEU域内の事業者への納品）とそれに関連する取引あるいはそれに類似する取引が主たるものである。ここでいう関連取引としては，「輸出入関連の特定のサービス提供」・「輸入品の委託加工」・「保税倉庫に関わるモノの納品」等である。類似取引といっているのは，クロスボーダーでの「航空・船舶輸送サービス」等である。ちょっと風変わりなものとして，「連邦銀行への金の納品」というものがある。

　それに対して非課税売上としては，「特定の金融関連サービス」，「不動産取得税の課税に服する売上」，「特定の保険関連サービス」，「（医師・病院等の）医療行為」，「介護・養護施設における介護・養護サービス」，「文化施設（動物園・植物園・劇場・美術館・博物館等）におけるサービス」，「私立学校における普通教育・職業教育」，「盲人が行なう販売・サービス」，「不動産の賃貸」等が主要なものとして挙げられる。社会政策的な観点からのものが多い。在独日系企業の観点からいうと，銀行・保険会社は，特定の金融関連サービス・特定の保険関連サービスが非課税売上になっていることから，他の事業会社の場合とは異なる付加価値税処理を行なうことになる。

５　非課税扱いの放棄

　非課税売上を行なう事業者は，その非課税売上のための仕入（モノの購入・サービスの受益）に賦課されていた付加価値税（前段階税）を還付・相殺控除してもらえない。状況により異なるが，前段階税を還付・相殺控除できないことが，かなりのコスト増要因になる場合がある。そのような場合のために，売上の相手があくまで事業者であることを前提に（B2Bビジネスの場合のみ），売上税法第９条に基づき，いくつかの非課税売上については，課税扱いを選択するオプションが認められている。具体的には，特定の金融関連サービス，不動産取得税の課税に服する売上，不動産の賃貸，盲人が行なう販売・サービス等である。

これに基づき，たとえば日系企業の銀行等の支店の場合でも，オプションを選択すると，他の企業向けサービスについての課税扱い処理を行ない，そのための仕入（モノの購入・サービスの受益）に賦課されている前段階税を還付・相殺控除してもらうことができる。当然のことながら，「B2Cビジネス」も行なっている場合には，それには「課税扱いオプション」は適用されないため，付加価値税上の処理を明確に区分する必要が出てくる。そのための社内の体制の確立が必要となる。ここの部分のコスト増要因も，課税扱いオプションの適用に際してしっかり考慮しなくてはいけない点である。

　これとの関連で言及されておくべきは，在独日系企業の多くに該当するオフィスの賃借料である。オフィスの所有者のもとで，課税扱いオプションを適用している場合，店子の方は，付加価値税が賦課された賃借料を支払うことになる。オフィス賃借料に付加価値税賦課の場合と賦課されていない場合の双方のケースが出てくるのであるが，その背景には，この課税扱いオプションの適用の有無があることは記憶しておくべきであろう。

④　事業者の例外規定

　上述の非課税売上の話にも関わってくるが，ビジネス活動をやっているにも拘わらず，付加価値税の徴収・納付義務あるいは申告義務を免除されるケースがある。もちろんその場合，原則として前段階税の還付・相殺控除もできない。

1　小規模事業者

　売上規模が小さく，その他の一定の前提条件を満たす場合，例外的な申告義務免除規定としての「小規模事業者〈Kleinunternehmer〉規定」の適用が可能である（売上税法第19条）。一定の前提条件とは，①ドイツ国内の居住者である事業者であり，②前暦年度の売上が17,500ユーロ（付加価値税込み）を超えず，かつ，③当該暦年度の予想売上が50,000ユーロ（付加価値税込み）を上回らないというものである。この適用の具体的事例としては，ビジネス規模（売上量）が大きくないフリーランサー等で，課税売上を行ない請求書を発行するべきなのであるが，付加価値税申告を行なうことの事務的労力・コスト（会計事務所等への報酬）と，還付・相殺控除の対象となる前段階税の金額を勘案して，そのようなフリーランサー等が適用するかどうかの判断をすることになる。これを適用した事業者は，当然のことながら，ビジネス活動のための購入したり受益したりした際に支払っている付加価値税（前段階税）を還付してもらうことはできない。

在独日系企業の現地法人等で，自らについてこの小規模事業主規定の適用が問題になることはないと思われる。しかしながら，たとえばフリーランサー等に通訳等の依頼をしている場合，そのフリーランサーの人がこの小規模事業主規定を適用して，付加価値税が賦課されていない請求書を送付してくることには，よく遭遇するかもしれない。また，日本本社が1回限りのドイツでの課税売上に関与して付加価値税登録が必要となる場合に，この小規模事業主規定が適用できないのかとの話が出てくるが，あくまでこの規定は，ドイツ国内の居住事業者に対するものであることから，日本本社には適用できない。この点もしっかり頭に入れておくべきであろう。

2　銀行・保険会社

　銀行のような金融機関ならびに保険会社の主たる事業活動は，特定の金融関連サービス，特定の保険関連サービスである。そしてそれは，付加価値税上，非課税売上として扱われるものである。他方で，保険会社が提供する保険サービスは，付加価値税の代替というわけではないが，そして，保険商品により税率が変わる場合があるものの，原則として標準税率19％の「保険税」が賦課されている。また，特定の金融関連サービスについては，課税扱いオプションの適用の可能性があることから，銀行と保険会社を全く同列に論じるのは，正確な議論ではないかもしれない。しかしながら，付加価値税上の非課税売上とそれに直接関連する仕入（モノの購入とサービスの受益）を，場合によっては，他の課税売上とそれに関連する仕入から分離しなくてはいけないという問題を常に抱えている。

3　純粋持ち株会社

　「純粋持ち株会社」の場合も，株式・出資持分を取得し，保有し，場合によっては売却するだけの場合，すなわち，非経済的活動しか行なっていない場合，付加価値税上の事業者としては見なされない。そして，そこで発生している仕入（モノの購入とサービスの受益）に賦課された付加価値税（前段階税）は，還付・相殺控除の対象とはならない。他方で，単に取得・保有・売却だけではなく，子会社に対してコンサルティング・サービス等を提供している場合には，事業者としての経済的活動と認められ，仕入（モノの購入とサービスの受益）に賦課された付加価値税（前段階税）は，還付・相殺控除の対象となるとされている。

　しかしながら，どのような状況のもとで，すべての付加価値税（前段階税）が還付・相殺控除の対象になるのか，あるいは，銀行や保険会社と同様に，仕入（モノの購入とサービスの受益）について，「非事業者活動」部分と「事業者活動」部分

をどのように分けるのかについては，必ずしも明確な原則が打ち出されているわけではないことには留意しておく必要がある。

3 付加価値税の種類と用語

「付加価値税」と「売上税」という表現があり，本書では同義に使用していることについて既に言及した。ここでは，その用語の整理と，付加価値税の種類について明確な解説を加えておきたい。

① 付加価値税と売上税

付加価値税と売上税の独語と英語の対応する表現を列記しておく。ドイツでも，「VAT」の略称を耳にすることがある。しかし，VATは，英語の「value added tax」からの略称であり，付加価値税あるいは売上税と同義であり，英語のその略称に対応するドイツ語は，「USt」である。たとえばフランスでは，フランス語の略称「TVA〈taxe sur la valeur ajoutée〉」が使われ，EU加盟国各国において，その言語に応じた略称で呼ばれている。

	ドイツ語	略　称	英　語
付加価値税	Mehrwertsteuer	MwSt	value added tax
売上税	Umsatzsteuer	USt	turnover tax

付加価値税と売上税の相違を簡単にいうと，売上税は，売上が行なわれるごとに課税が発生するものの総称であり，場合によっては，税金に税金が賦課されることが起こる。それに対して，付加価値税は，価値創造分に対してのみ税金を課すというものである。ドイツでは，当時の欧州経済共同体〈EEC〉の付加価値税の調和施策の一環として，1968年に「前段階税控除システム」が導入された。それにより，売上ごとに課されるが最終的に価値創造分にしか賦課されないことにより，「売上税＝付加価値税」となり，現在に至っている。ちなみに，ドイツの該当する税法は，「売上税法〈Umsatzsteuergesetz〉」（略称：UStG）となっている。

② 間接税と共同税

間接税も共同税も，財政上の観点からの呼称である。付加価値税は，税負担者（最終消費者）と納税義務者（売り上げる者＝事業者）が異なることから「間接税〈indirekte Steuer〉」と呼ばれる。他方で，個人所得税や法人税は，納税義務者

がその税金の最終負担者となることから，「直接税」と呼ばれている。

　これはドイツの連邦制度に根差す固有の呼称かもしれないが，その税収が連邦政府と州政府の双方に帰属するという観点から，付加価値税は，「共同税〈Gemeinschaftsteuer〉」と呼ばれる。正確には，1998年からは，若干であるが地方自治体にも分配されている。2015年時点でのその分配比率は，連邦政府：51.4％，州政府：46.6％，市町村自治体：2％となっている。ちなみに，付加価値税以外の共同税として，法人税・所得税・資本収益税・賃金税が挙げられる。

③　前段階税・輸入VAT・EU域内取得VAT

　「前段階税」・「輸入VAT（輸入売上税）」・「EU域内取得VAT（EU域内取得売上税）」の3つは，どれも付加価値税（売上税）であることではまったく相違がない。さらに，3つのどれも，在独日系企業を含む会社（事業者）にとって，原則として，還付・相殺控除の対象となるという意味でも共通性を有している。先と同様に，ドイツ語と英語の呼称の一覧を明記しておきたい。

	ドイツ語	英　語
前段階税	Vorsteuer	input VAT
輸入VAT（輸入売上税）	Einfuhrumsatzsteuer	import VAT
EU域内取得VAT（EU域内取得売上税）	Innergemeinschaftliche Erwerbsteuer	intra-community acquisition VAT

　前段階税は，事業者の立場から見て，仕入（モノの購入ならびにサービス受益）時に受け取る請求書に賦課され，納入業者・サービス提供者に一旦支払っている付加価値税の別称・総称である。その事業者が自らモノをドイツ国内に持ち込んで納付している場合も含まれているのであるが，「輸入VAT」も「EU域内取得VAT」も「前段階税」に包含されている。

　輸入VAT（輸入売上税）は，第三国（EU加盟国外の国：日本・スイス・アメリカ等）から，モノを輸入するか，あるいは，第三国からその事業者が自らモノをドイツに持ち込んだ場合に，場合によっては関税と一緒に税関当局に納付するものである。付加価値税であることには相違がないことから，ドイツにおける税率は，19％または7％である。後述のEU域内取得VATとは異なり，税関手続きの時点で一旦キャッシュアウトが発生する。ドイツ国内の事業者からモノを購入したり，サービスを受益した場合と同様に，月次の付加価値税申告において，前段階税として還付・相殺控除してもらえる。

　EU域内取得VATは，他のEU加盟国の事業者から，モノを購入するか，あるい

は，他のEU加盟国から自らドイツにモノを持ち込んだ時に発生する付加価値税である。これも同様に，税率は19％と7％である。前述の輸入VATとは異なり，この場合にはキャッシュアウトが発生しない。すなわち，モノを購入したかあるいは自らドイツに持ち込んだ事業者は，それが行なわれた暦月の月次申告書上で，このEU域内取得VATを申告する一方で，同じ申告書の中で前段階税として相殺控除し，プラス・マイナス＝ゼロとなるからである。

④ VAT-ID番号

ビジネス拠点(現地法人・支店・駐在員事務所)を新規に設立した場合，他の税金（賃金税・法人税・営業税）と一緒に付加価値税上も管轄の税務署に登録され，そこから「納税者番号」の交付を受ける。さらに，ザールルイという町にある連邦中央税務局(支局)から「VAT-ID番号〈Umsatzsteuer-Identifikationsnummer〉」の交付を受ける。ドイツのVAT-ID番号は，「DE＋9桁の数字」から構成され，もともと「EU加盟国間取引」のためのものであったが，2004年税制改正で，ドイツ国内取引の場合にも，請求書の最低記載項目のひとつとして使用することができるようになった。ドイツの場合，納税者番号とVAT-ID番号が異なったものになっているが，他のEU加盟国では，納税者番号に国表示のアルファベット2文字を付けるとVAT-ID番号になるという場合もある。

4 ドイツにおける付加価値税の税収

ドイツにおける付加価値税税収は，過去数年の平均でいうと税収総額の約30％～34％であり（2014年：EUR2,031億ユーロ＝26兆4,043億円，換算率：1ユーロ＝130円），個人所得税に次ぐ第2位の税収源となっている。この税収は，連邦政府と州政府がほぼ半分ずつ分け合うもの（共同税）であるが，市町村自治体にも数％で分配される。付加価値税の税収は，本来的に連邦政府と州政府にのみに帰属するものであったが，市町村自治体の税収であった営業資産税の1998年の廃止に伴い，その廃止の代替財源として市町村自治体にも分配されるようになったものである。

5 付加価値税の税率：標準税率と軽減税率

　ドイツにおいては，標準税率19％，軽減税率7％となっている。EU付加価値税法（EU付加価値税システム指令）では，基本的には，「標準税率」（最低15％：これを下回ってはならない）と「軽減税率」（最低5％：これを下回ってはならない）の2つである。但し，後者の軽減税率は2つまでの税率を設定することができ，フランスやベルギーに代表されるように，実際に2つの軽減税率を採用している国がある。他方で，デンマークのように，軽減税率をまったく設定していない国も存在している。また，「中間税率」・「特別軽減税率」・「ゼロ税率」というものもあったりして，ちょっと複雑になっている。その意味で，ドイツの標準税率と軽減税率1つというのは，簡単な構造になっているといえるであろう。

☐ 付加価値税税率のEU比較

　付加価値税率に関するドイツの位置づけを理解するという観点から，他のEU加盟国の付加価値税率を概観すると，以下のようになる。

（2015年9月時点）

国名	標準税率	軽減税率	特別軽減税率	中間税率	ゼロ税率
ベルギー	21％	6％／12％	－	12％	有
ブルガリア	20％	9％	－	－	－
チェコ	21％	10％／15％	－	－	－
デンマーク	25％	－	－	－	有
ドイツ	19％	7％	－	－	－
エストニア	20％	9％	－	－	－
アイルランド	23％	9％／13.5％	4.8％	13.5％	有
ギリシャ	23％	6％／13％	－	－	－
スペイン	21％	10％	4％	－	－
フランス	20％	5.5％／10％	2.1％	－	－
クロアチア	25％	5％／13％	－	－	－
イタリア	22％	10％	4％	－	有
キプロス	19％	5％／9％	－	－	－
ラトビア	21％	12％	－	－	－
リトアニア	21％	5％／9％	－	－	－
ルクセンブルク	17％	8％	3％	14％	－
ハンガリー	27％	5％／18％	－	－	－
マルタ	18％	5％／7％	－	－	有
オランダ	21％	6％	－	－	－
オーストリア	20％	10％	－	12％	－

ポーランド	23%	5%／8%	－	－	
ポルトガル	23%	6%／13%	－	13%	
ルーマニア	24%	5%／9%	－	－	
スロベニア	22%	9.5%	－	－	
スロヴァキア	20%	10%	－	－	
フィンランド	24%	10%／14%	－	－	有
スウェーデン	25%	6%／12%	－	－	有
イギリス	20%	5%	－	－	有

　ドイツとは直接的な関係はないが，「特別軽減税率」・「中間税率」・「ゼロ税率」について説明を加えると次のようになる。特別軽減税率は，適用対象品目は軽減税率と同じであるが，その税率が５％未満ということである。中間税率は，軽減税率適用対象品目以外のものに適用されるが，税率は標準税率ではないものである。最低12％以上とされている。ゼロ税率は，基本的に軽減税率適用対象品目に対してであるが，その税率が「０％」，すなわち非課税である。しかし，通常の非課税との違いは，そのゼロ税率が適用されるモノ・サービスを取り扱っている事業者は，通常の軽減税率適用対象品目を販売・提供している事業者とまったく同様に，当該業務のために購入・受益しているモノ・サービスについて「前段階税控除システム」の適用を受けられる，すなわち，仕入控除を受けられる。その意味では，免税であるが，特定の例外を除き，原則として軽減税率適用対象品目に限定されている。

　これらの３つの他のEU加盟国における特別な付加価値税率は，すべて「歴史的遺物」と言える。これらは，EU付加価値税の大改革であった1993年１月１日の「域内市場」の確立時点で，当該加盟国で設定されていた税率（特別軽減税率），あるいは，その準備段階（1991年１月１日）時点で当該加盟国で設定されていた税率（中間税率とゼロ税率）である。当事国の各種の状況を考慮した「妥協の産物」あるいは「（永久的）移行措置」として残存しているものである。

② ドイツにおける軽減税率の適用

　軽減税率の適用は，付加価値税に付随する「逆進性」を緩和するためである。多くの場合，収入の多寡に応じて累進税率が適用される個人所得税とは異なり，付加価値税は，その本質上，金持ちの人も貧乏人も同じ値段の商品を買った限りでは，同額の税金を納め，負担することになる。相対的な税負担という観点から見て，すなわち，標準税率だけだと，低所得者に相対的に重い負担を課してしまうという認識である。それを付加価値税の「逆進性」と呼んでいる。その逆進性を少しでも緩

和するという意図から，万人にとって必要不可欠なものとしての水・食料品・薬品・医療機器等，そして，万人の文化的欲求を満たす出版物・文化的催し物への入場料・テレビ・ラジオ放送等，そして更には，旅客輸送・宿泊等に適用される。

6　付加価値税登録と申告手続・前段階税還付手続

在独日系企業が付加価値税に関してドイツ税務当局と関わりを持つのは，付加価値税登録とその後に繰り返し行なわれる「申告手続」においてである。ビジネス拠点（現地法人・支店・駐在員事務所）が新規に設立された場合，他の税金（賃金税・法人税・営業税）と一緒に，付加価値税登録も管轄の税務署に対して行なわれる。また，たとえば日本の本社がドイツ（あるいは欧州）の商流に直接的に関与して，ドイツで課税売上を計上する場合，前もってその日本本社の付加価値税登録がなされなければならない。付加価値税登録がなされて申告手続が行なわれるという意味で，その両者はワンセットになっている。

それに対して，ドイツ以外の国の会社（事業者）が課税売上は計上しないのであるが，ドイツの付加価値税が賦課された請求書を受け取っている場合，それを還付してもらうための「前段階税還付手続」というものがある。特に申告手続と前段階税還付手続は，付加価値税（前段階税）が還付してもらえるという点において，部分的な共通点を有しているが，手続きとしてはかなり異なるものなので，その違いをきちんと理解しておく必要がある。また，前段階税還付手続は付加価値税登録を前提としていない。

1　付加価値税登録

付加価値税登録は，ビジネス拠点（現地法人・支店・駐在員事務所）の新規設立の場合か，あるいは，ドイツで課税売上が発生することから，ビジネス拠点は設立されないが，付加価値税上だけ税務署に届出が必要となる場合に行なわれる。

1　管轄税務署の相違

現地法人の場合，所在地の管轄の税務署に対して，他の税目（法人税・営業税・賃金税）の登録と一緒に行なわれるために，特別に付加価値税登録が行なわれているという印象はないかもしれない。それに対して，支店と駐在員事務所の付加価値税登録の場合，支店・駐在員事務所の所在地の管轄税務署ではなく，原則として，本店・本社の所在地国ごとにドイツ全体に散らばる20数か所の担当税務署に割り

振られている（**表1−27**「外国会社の付加価値税の管轄税務署」，50頁以下参照）。

　日本本社の支店あるいは駐在員事務所の場合，付加価値税だけはベルリンのノイケルン税務署が担当である。そこに付加価値税登録を行ない，後述の申告手続もそこに対して行なうことになる。ちなみに，イギリスの会社はハノーファー北税務署，フランスの会社はオッフェンブルク税務署といった具合である。他方で，特に支店の場合，他の税目（法人税・営業税・賃金税）と統一された支店所在地の管轄税務署の方がよいという場合，双方の税務署が同意する限りにおいて，管轄を移管させることも可能となっている。

　また，ビジネス拠点なしに付加価値税登録を行なうという場合にも，この管轄分担原則に従うことになる。その結果，日本本社がドイツあるいは欧州の商流に直接的に関与することになって，ドイツで課税売上が発生して，直接的に付加価値税登録を行なう場合には，ベルリンのノイケルン税務署が管轄となる。その後の申告手続も同税務署に対して行なうことになる。

　EU域内におけるインターネット等を利用してのコンテンツ（音楽・写真その他）を最終消費者に提供するオンラインサービス（「オンラインB2Cサービス」）については，2015年1月1日から，当該最終消費者の所在地国で課税が行なわれることに変更された。その結果，原則として，最終消費者の所在地国ごとに付加価値税登録が不可欠となっている。それに対して，「簡便化規定」として，EU域内非居住者の会社がEU域内でオンラインB2Cサービスを行なう場合，EU加盟国のどこか1国に付加価値税登録を行ない，申告手続を行なうという制度が導入されている。その場合のドイツにおける付加価値税登録は，上の規定とは異なり，ボンの「連邦中央税務局」に対して行なわれる。

2　付加価値税登録に必要となる書類

　付加価値税登録に必要となる書類は，そのつど事前に管轄の税務署に照会することが勧められる。日本本社が，通常のモノの取引等ゆえに，直接に付加価値税登録するという場合を前提にして例示すると，基本的に以下のようなものである。

（1）　ビジネス活動内容把握のためのチェックリスト

　予想売上，取扱い商品・サービスの内容，商流等に関する質問事項について，登録時点での予想に基づき記入するものである。

（2）　居住者証明

　通常，日本本社の管轄の税務署に発行してもらうものであり，要式は決まったものはないが，会社側が日本語・英語の2言語表記のものを用意して，それに日本の

税務署から署名・スタンプをしてもらっているケースが多い。

（3） 現在事項証明書（商業登記簿謄本）のドイツ語訳

　日本本社の管轄の法務局に発行してもらうものであり，翻訳事務所にドイツ語の翻訳をしてもらい，それを提出する。

② 申告手続（月次申告・四半期申告・年度申告）

　ドイツにビジネス拠点を有する場合であれ，日本本社が直接に登録する場合であれ，一旦付加価値税登録が行なわれた場合，月次ごとまたは四半期ごとの「仮申告〈Voranmeldung〉」を行ない，暦年終了後に，仮申告をまとめた「年度申告〈Jahreserklärung〉」を行なわなければならない。年度申告は，会社（事業者）の事業年度に関わりなく，暦年単位で行なわれる。法人税や営業税あるいは個人所得税は，「賦課課税方式」であるが，この付加価値税申告は「申告納税方式」である。税額を会社側が算定しなくてはいけない。年度申告の提出期限は，法人税等の年度申告の提出期限と同じで，自ら申告を行なう場合は翌暦年の 5 月31日，会計事務所等を通じた場合は翌暦年の 9 月30日である。他の税務申告と同様に過去数年の間，通達により 9 月30日の期限は12月31日まで延長されている。また，数年前から，これらの仮申告と年度申告は，オンライン申告が義務となっている。

1　月次申告か四半期申告かの相違

　仮申告を月次ごとで行なうか四半期ごとで行なうかは，要納付の付加価値税額の多寡による。まず，原則的には「四半期申告」であるが，前年の要納付の付加価値税額が7,500ユーロ超の場合は，月次申告が義務となる。また，1,000ユーロ以下の場合には，会社側からの申請に基づき，管轄の税務署は仮申告を免除することができる。但し，ビジネス拠点（現地法人・支店・駐在員事務所）の新規設立の場合，外国の会社の新規の付加価値税登録の場合，または，休眠会社等が活動を再開したような場合，要納付の付加価値税額の多寡に関わりなく，最初の 2 年間は，月次申告が義務付けられている。「付加価値税詐欺」への対応策として義務付けられたものである。また，還付額（前段階税額）が要納付付加価値税額を上回り，そして，前年度ネット還付額が7,500ユーロ超の場合は，会社側は月次申告をオプションとして選択することができる。

2　仮申告の提出期限と継続期限延長

　月次申告ならびに四半期申告の場合の申告書提出期限は，翌月の10日までである。1 月分については 2 月10日まで，第 1 四半期は 4 月10日までとなる。これについ

ては，翌々月の10日までの「継続期限延長〈Dauerfristverlängerung〉」を申請することができる。この月次申告の場合の継続期限延長の場合のみ，前年度の「仮払納税額」の11分の１に相当する金額を「特別前払額」として管轄の税務署に納付することが前提条件となっている。

③ 前段階税還付手続

ドイツに限らずEU加盟国はどの国においても，付加価値税登録までの必要はなかったが，一旦支払わなくてはいけなかった付加価値税（前段階税）があった場合，一定の期限までに申請をすれば還付してもらえるという制度がある。ドイツでは，「前段階税還付手続〈Vorsteuervergütungsverfahren〉」と呼んでいる。

1 前段階税還付手続と申告手続の相違

前段階税還付手続は，上記の付加価値税登録をした上での申告手続とは異なり，要納付の付加価値税はなく，還付だけを申請するものであり，管轄の税務署も異なり，申請方法も異なっている。一定の前提条件を充足している限りにおいて，その前段階税還付手続は，日本のような第三国の会社（事業者）に対しても認められている。この前段階税還付手続は，申請者がEU域内居住事業者であるか，日本のような第三国の会社（事業者）であるかによって根拠法が異なる。正確にはその趣旨を導入したドイツの売上税法の該当条項に基づきということであるが，EU域内居住事業者の場合は，かつての「付加価値税第８号指令」を代替する「付加価値税EU加盟国事業者還付指令」（Directive No.2008/9）に基づき行なわれる。また，日本のような第三国の会社（事業者）の場合は「付加価値税第13号指令」に基づいて行なわれる。この前段階税還付手続は，義務ではなく，あくまで会社側の権利である。実際にやるかどうかは，会社の裁量に委ねられている。

2 EU加盟国事業者の前段階税還付手続（申請）

「2010年付加価値税改革」以降，翌年９月30日までに，たとえばフランスの会社（日本の会社のフランス現地法人も含む）であれば，そのフランス（居住地国）の税務当局のインターネット・ウェブサイトにオンライン申請する。2009年までとは異なり，原則としてオリジナル・インボイスは添付する必要がない。ドイツの前段階税還付申請を受理したフランス税務当局は，それをドイツの連邦中央税務局に転送する。その際同時に，フランス税務当局は，当該申請事業者が確かにフランスの税務上の居住者であることを，ドイツ税務当局に対して連絡する。これ以後のやり取りは，当該フランス会社とドイツ連邦中央税務局の間になる。また，オリジ

ナル・インボイスは申請時に提出されないが，ドイツ連邦中央税務局は，コピーの送付を要求することができ，合理的に疑念が正当化される場合には，オリジナルの送付を要求できるとされている。還付までの期間は，申請受理後４ヵ月から最大で８ヵ月までとされ，当局側の都合でそれ以上になった場合，当局側に利子支払い義務が発生する。

3　日本を含む第三国の事業者の前段階税還付手続

　日本を含む第三国の会社がドイツにおいて前段階税還付手続ができるかは，付加価値税（あるいはそれに類似する税目）について，当該第三国とドイツの間で「相互性」があるかどうかによる。すなわち，たとえば日独間の相互性は，日本の一般消費税について，ドイツの会社が日本で同じようなメリットが享受できるかどうかである。1990年代後半に，ドイツ側で調査が行なわれていたが，相互性があるとの結論が出され，現在に至っている。

　第三国（たとえば，日本）の会社（事業者）の前段階税還付手続は，翌年の６月30日にまでにボンの連邦中央税務局に対して行なわれる。この期限はかなり厳格であり，原則として延長等は認められない。第三国の会社の場合，ガソリンに対する付加価値税（前段階税）の還付は除外されている。通常，１年分をまとめて申請することが大半である。その際の還付額が500ユーロ以上でないと申請を受理してもらえない。また，還付額が大きい場合，四半期ごとの還付申請も受容されている。原則として，申請のための提出書類は，①記入された申請書，②日本の管轄税務署から入手する居住者証明書，③請求書オリジナルの３つである。居住者証明書は，付加価値税登録の場合と同様に，要式は決まったものはないが，会社側が日本語・英語の２言語表記のものを用意して，それに日本の税務署から署名・スタンプをしてもらっているケースが多い。

　後述するように，「2010年付加価値税改革」により，サービス提供の課税方法が大きく変更された。その結果，2009年以前によく見られた見本市・展示会のサービス受益に際して，日本本社が受け取る請求書にドイツ付加価値税が賦課されなくなった。それ以外にも，ドイツの付加価値税が賦課された請求書の受け取る機会が減少した。その結果，日本本社の従業員がドイツ出張した際のホテル代・レンタカー代等，前段階税還付申請手続の対象となるものはかなり限定されてきている。

Ⅲ
モノの売買に対する付加価値税

付加価値税は,「モノの売買取引」と「サービス提供」の2つに分けて考える必要がある。ここでは,モノの売買取引について解説する。「付加価値税五大原則」の中に「モノ基準原則」があるが,モノの売買取引においては,常に,モノがどこにあるのか,あるいは,モノがどこからどこに動いたのかが最も重要な情報である。

1 モノの二者間取引の基本原則

クロスボーダー取引も含めた最も基本的な2つの会社間でのモノ（商品）の売買取引（二者間取引）を考えると,次の①～⑥の6つのパターンがある。厳密に言うと,モノがたとえば日本の港（空港）を出港して,EU域内の税関手続が済む前の期間に,売買が行なわれているような「公海上の販売取引」と「公海上の購入取引」というのもあり得る。しかし,ドイツ（EU）付加価値税には関係してはこないので,考慮対象外としても問題はない。在独日系企業が関与してドイツ（EU）付加価値税が関係してくる「二者間取引」としては,いずれの取引も,以下の6つのどれかに分類される。そして,後述する「チェーン取引」といった「モノの複雑な三者間以上のクロスボーダー取引」は,結局のところ,数学の「因数分解」のように,以下のどれかの二者間取引に分解して考えていくことになる。すなわち,以下の6つのパターンは,モノの複雑なクロスボーダー売買取引を理解するための基本である。

① ドイツ国内での販売取引（国内販売取引）
② ドイツ国内での購入取引（国内購入取引）
③ 第三国（たとえば日本）への販売取引（輸出取引）
④ 第三国（たとえば日本）からの購入取引（輸入取引）
⑤ 他のEU加盟国への域内クロスボーダー販売取引（EU域内納品）
⑥ 他のEU加盟国からの域内クロスボーダー購入取引（EU域内取得）

上の①～④のドイツ国内販売取引・ドイツ国内購入取引と輸出取引・輸入取引は，日本の一般消費税においても同じものがある。その点で，日本からヨーロッパ（欧州）に駐在に来た人でも，それほど戸惑うことはない。しかし，⑤のEU域内納品と⑥のEU域内取得は，ドイツ（EU）固有のものである。1993年1月1日の「EU域内市場の確立」により，モノの取引に関するEU加盟国間の「物理的国境」（税関検問所）は撤廃された。他方で，税金（付加価値税）上の国境は厳然として存在し続けている。その結果として，その時に新たに誕生した「付加価値税上の取引形態」の区分が，EU域内納品とEU域内取得である。ある意味で，クロスボーダー取引のEU付加価値税を難しいものにしている「ボトル・ネック」，あるいは，極端な言い方が許されるとするならば，「諸悪の根源」とも言えるものである。逆に言うと，このEU域内納品とEU域内取得の2つをその背景まで含めてしっかり理解できると，クロスボーダー取引のドイツ（EU）付加価値税の理解はにわかに深まる。

① ドイツ国内販売取引とドイツ国内購入取引

　この2つは「クロスボーダー取引」ではない。しかし，考え方として，後の4つのクロスボーダー取引は，この「国内売買取引」（国内販売取引と国内購入取引）を基本として，そこから変異した形として，追加の書類が要求されたり，帳簿上の処理が補足される必要があったりという「建付け」になっている。その意味で，この国内販売取引と国内購入取引は，「基本の中の基本」である。この2つのパターンをその具体的処理の背景にある基本思想を含めて理解することは，後の4つのクロスボーダー取引，ひいてはチェーン取引等の複雑な取引の付加価値税処理を理解する上で極めて有益である。

1　国内販売取引

　たとえばデュッセルドルフの日系企業の現地法人が，日本から輸入して自らの倉庫に在庫として保管していた機械部品（モノ）を，ミュンヘンのドイツ企業のもとに発送・販売したというケースを考える。モノ（機械部品）がドイツ国内のデュッセルドルフからミュンヘンへ動くということから，日系企業の現地法人から見て，（ドイツ）国内販売取引ということになる。

【ドイツ国内販売取引を行なうとする現地法人のなすべきこと】

　① 19%のドイツの付加価値税を載せた，そして，形式要件を満たした請求書を作成・送付し，経理記帳する。

② 　請求書を発行した日付に対応する申告期間（通常は月次）において申告して，19％の付加価値税を税務署に納付する。実務的には，同一期間の他の取引の納付分を加え，他の取引の前段階税分を相殺控除して，差額分を納付する（場合によっては，キャッシュの還付）。申告は，原則として請求書発行日（納品日）が基準となり，入金ベースではない。

③ 　ミュンヘンのドイツ企業から，19％の付加価値税分を機械部品の代金と共に支払ってもらう。

　留意すべき点は，当たり前のことのように見えるが，モノ（商品）の実際の動きがデュッセルドルフからミュンヘンというドイツ国内であるがゆえに，ドイツの付加価値税の課税に服していることである。もし，当該日系企業・現地法人が，オランダのロッテルダムに通関済み在庫を保管するための倉庫を有していて，そこからミュンヘンに発送・販売した場合には，話が変わってくる。請求書はデュッセルドルフからミュンヘンに送付されるという点では同じであるが，付加価値税上はまったく違った処理になる。それは，もはやドイツ国内販売取引ではなく，後述のオランダとドイツの間の「EU域内納品」（クロスボーダー取引）に該当する。

2　国内購入取引

　デュッセルドルフの日系企業の現地法人が，日本本社から大型機械設備を輸入した。同社は，当該機械設備に取り付けるための付属部品としての機器（モノ）を，ハンブルクのドイツの会社から購入した。モノ（機器）がドイツ国内のハンブルクからデュッセルドルフへ動くということから，日系企業の現地法人から見て，（ドイツ）国内購入取引ということになる。

【ドイツ国内購入取引を行なう現地法人のなすべきこと】

① 　当該機器（モノ）の受取・検収後，19％のドイツの付加価値税が記載された請求書を受け取り，規定どおりの請求書になっているかの確認をして，経理記帳する。

② 　請求書の日付（納品日）に即した申告期間（通常は月次）において申告して，その中で，19％の付加価値税（前段階税）の還付（相殺控除）を申請する。実務的には，同一申告期間の他の取引の納付分と前段階税分と一緒に相殺控除して，差額分を納付する，あるいは，還付してもらう。申告は，原則として請求書発行日（納品日）が基準となり，支払ベースではない。

③ 　ハンブルクの会社に対して，19％の付加価値税分を機器の代金と共に支払う。

日系企業の現地法人の担当者は，請求書を受け取った時点で，それが付加価値税上の請求書の前提条件を満たしているのかチェックしなくてはいけない。あるいは，会社経営責任者は，社内にそのコントロールを行なう体制をきちんと確立しておかなくてはならない。

② 輸出取引と輸入取引

　在独日系企業にとって，輸出入取引の取引先会社が位置する主要な国としては，日本や他のアジア諸国，ヨーロッパ（欧州）では，スイス，「欧州経済領域」加盟国ではあるがEU加盟国ではないノルウェー，ロシアならびに他の旧ソ連からの独立国，そして，トルコといった国であろう。トルコは，EU加盟国ではないものの，1996年以来，EUと関税同盟を締結していることから，ちょっと特殊なステータスにある。また，2004年5月1日付の旧東欧諸国を中心とする10ヵ国の新規加盟と2007年1月1日付のルーマニアとブルガリアの新規加盟，2013年7月1日付のクロアチアの新規加盟により，それまでは輸出入取引相手国だった国が，後述のEU域内納品ならびにEU域内取得の相手国となった。

近年における輸出入取引における当局側のシステム整備

　第三国との輸出入取引については，税関手続き面において，2005年前後から，ニューヨーク（2001年）・マドリッド（2004年）・ロンドン（2005年）等におけるテロ事件等を背景にした安全保障対策という観点から，そのための「EU指令」が公表されて，EUレベルでの様々な改革が実行に移されている。税関当局によるリスクマネジメントの観点を取り入れた物流の税関コントロールの強化，「税関認可事業者〈authorized economic operator：AEO〉」の推進，輸出入時の「オンライン事前申告制度」（輸出入に際して事前に，輸送手段に応じて一定期限前までに，税関当局にオンラインで輸出入対象商品の概要を連絡する義務），「電子オンライン輸出税関申告」（EU域内から第三国に輸出するに際しての輸出申告のオンライン化）等である。

1　輸出取引

　デュッセルドルフの日系企業の現地法人は，日本の本社工場で生産された自動車部品を輸入して，自らの通関済みの在庫としてデュッセルドルフの倉庫に保有していた。当該自動車部品をロシアのペテルスブルクに位置する会社に販売する。これは，ドイツ（EU加盟国）からロシア（第三国）にモノ（自動車部品）が動く，ドイツ側の日系企業の現地法人から見ての輸出取引である。

【輸出取引を行なう現地法人のなすべきこと】

① 電子オンライン輸出税関申告（場合によっては，それに加えてオンライン輸出事前申告）を行ない，「輸出証明〈proof of export〉」を入手する。場合によっては，輸送業者等からの「輸送証明」を入手する。

② 付加価値税を賦課しない請求書を作成して，ロシアの会社宛に送付し，追加的必要事項も含めて，経理記帳する。その際，当該請求書には，輸出取引であるがゆえに免税扱いであることを，「EU付加価値税システム指令」の該当条項（第146条），または，ドイツ売上税法の該当条項（第6条）と共に明記する。

③ 請求書を発行した日付に対応する申告期間（通常は月次）において，免税（非課税）扱いの輸出取引として申告する。

④ ロシアの会社から当該自動車部品の代金を支払ってもらう。

⑤ 電子オンライン輸出税関申告からの輸出証明〈Proof of Export〉を，免税のための添付書類・データとして保管しておく。

日本においても，第三国（外国）にモノを輸出する場合，その取引先に対して発行する請求書に「一般消費税」を賦課する必要はない。この「非課税扱い（免税措置）」は，付加価値税は本来的には最終消費に賦課されるものであり，最終消費がドイツ国内で行なわれないことが明確な第三国への輸出取引に対して課税するのはおかしいという「最終消費課税原則」の観点からと，ドイツ産商品の国際市場での価格競争力あるいは税制上の中立性を確保するためという観点からである。

（1）　税務当局側のスタンス

この輸出取引において重要な点は，先の国内販売取引との比較である。税務当局側の基本的スタンスは，「そもそも『モノ』の販売（売上）が行なわれた場合，それは，原則としてその売上が行なわれたところでの課税対象の取引であり，税金（付加価値税）が納付されるべきである。もし，非課税扱い（免税）で税金が納付されないのであれば，それについては，会社（事業者）がしっかりその前提条件を明確にすべきである」に留意する必要がある。

とりわけその後半部分が，この輸出取引には該当する。具体的には，「輸出証明〈Proof of Export〉」（場合によっては，輸送業者等からの「輸送証明」）を「免税扱い」のための「添付書類・データ」として保管しておくことが不可欠となる。

（2）　売上の計上の場所

ここで「売上が行なわれたところ」に，少し解説がいるかもしれない。ヨーロッパ（欧州）内でも，売買取引においてとりわけ陸路（内陸河川路もあり得る）の長

い輸送経路を辿る場合，１日あるいは数日かかる場合がある。その場合，付加価値税法上の「売上の場所」の問題として，インコタームにより例外的になることはあるものの，輸送開始国で売上が計上されると見なすのが原則となっている。ここのケースもドイツからロシアへの輸出であるが，付加価値税上の売上はドイツで立つという考え方である。ちなみに，これは，会計基準上のいつ売上を計上するかという話とは無関係である。

２ 「輸入取引」

ハンブルク（ドイツ）の日系企業の現地法人は，日本の本社工場で生産された電気製品を，そこからヨーロッパ（欧州）各地に販売するために，コンテナ船からハンブルク港で陸揚げ・輸入して，自らの倉庫に在庫として保管している。このルートで購入されている電気製品は，日本（第三国）からドイツへモノ（電気製品）が動いていることで，日系企業の現地法人から見ての輸入取引である。

【輸入取引を行なう現地法人のなすべきこと】

① ハンブルク港において税関手続きを行ない（場合によっては，それに先立ってオンライン輸入事前申告），関税ならびに19％の輸入VAT（輸入付加価値税）を納付する。

② 日本からのドイツの付加価値税が賦課されていない請求書を受け取り，関税・輸入VATと共に，経理記帳する。

③ 輸入VAT納付書（査定書）の日付に対応した申告期間（通常は月次）において申告して，その中で，19％の輸入VAT（前段階税）の還付（相殺控除）を申請する。実務的には，同一申告期間の他の取引の納付分と前段階税分の還付分と一緒に相殺控除して，差額分を納付する，あるいは，還付してもらう。申告は，原則として輸入VATの納付書（査定書）の日付が基準となり，日本への電気製品の代金の支払いとは関係がない。

④ 日本の本社へ電気製品の代金を支払う。

この輸入VATの賦課は，輸入されたモノ（商品）を，既にドイツ国内の流通ベースに載り付加価値税が賦課されている他のモノと同じ土俵に載せるための措置である。その税率は，付加価値税の税率と同じである。軽減税率適用対象のモノが輸入された場合には，その軽減税率が輸入VATの税率となる。この輸入VATは，税関手続き時に一旦納付する必要があるものの，他の会社（事業者）に支払った付加価値税と同様に，前段階税として税務署から還付（相殺控除）してもらえる。実務的には，月次の付加価値税の申告時に還付（相殺控除）する。

③ EU域内納品とEU域内取得

「EU域内納品〈intra-community supply〉」と「EU域内取得〈intra-community acquisition〉」の2つの二者間取引は，1993年1月1日付の「EU域内市場の確立」により誕生した。その時から，モノの取引にとっての「物理的国境」（税関検問所）の撤廃が行なわれ，EU域内の国境においては，何のコントロールもなくモノの流通が行なわれるようになった。それにも拘わらず，モノの売上に賦課される付加価値税の徴収等の執行は，加盟国各国ごとに分かれていて，付加価値税の税率も異なることから，「一時的な解決方法」として導入されたものである。「一時的」なものだったはずなのであるが，導入されてから既に20年以上になる。現時点においても，いつ最終的な形になるのか，あるいは，今のシステムが最終的なものなのか，明確にされていない。

請求書のことだけで言えば，どちらも「付加価値税が賦課されていない請求書」になることから，輸出入取引に類似している。他方で，輸入取引の時の輸入VATとEU域内取得の時のEU域内取得VATも，類似したものではある。しかしながら，後述するように，後者においてはキャッシュアウトは発生せず，帳簿上・申告書上だけの課税手続きである。いずれにせよ，このEU域内納品とEU域内取得の二つをしっかりと理解することが，EU付加価値税をしっかり理解できるかの「鍵」になっていることは，しっかりと頭に入れておく必要がある。

1 EU域内納品

デュッセルドルフ（ドイツ）の日系企業の現地法人は，日本の本社で製造された化学製品をヨーロッパ（欧州）に輸入し，そのいくつかの物流拠点から，ヨーロッパ（欧州）各地の顧客に当該製品を販売している。そのヨーロッパ（欧州）の顧客の中に，北フランスに工場を有するフランス企業があり，定期的にデュッセルドルフ近郊の町にある倉庫（物流拠点）から，北フランスの工場に納品している。この取引は，デュッセルドルフ近郊（ドイツ）からモノ（化学製品）が北フランスまで動いて納品・販売されていることから，日系企業の現地法人から見て，ドイツからフランスへの「EU域内納品〈intra-community supply〉」となる。

【EU域内納品を行なう現地法人のなすべきこと】

① 請求書に記載するために，当該フランス企業から，取引開始前に同社のVAT-ID番号（VAT番号）を入手する。継続取引の場合は，その会社が組織再編等で付加価値税登録を変更しない限り，一旦入手したものを継続して使用

することになる。

② 輸送・納品に際して，運送業者あるいは購入者（この場合においてはフランス企業）等からの「着荷証明」を入手するか，あるいは，その他の代替的方法により，モノ（化学製品）が確かにフランスに移動していることを証明できるようにしておく。

③ 所定の請求書を作成して，当該フランス企業に送付して，経理記帳する。また，免税（非課税）扱いであるため，請求書には，ドイツの付加価値税もフランスの付加価値税も賦課しないが，フランス企業のVAT-ID番号（VAT番号）の記載とEU域内納品ゆえに免税（非課税）扱いである旨を，「EU付加価値税システム指令」の該当条項（第138条）と共に，または，ドイツ売上税法の該当条項（第6 a 条）と共に明記する。

④ 請求書を発行した日付（納品日）の属する申告期間（通常は月次）において，免税扱いのEU域内納品として申告する。

⑤ EU加盟国間取引報告書〈european sales listing〉」において，納品先とそのVAT-ID番号（VAT番号）ならびに取引額とを申告する。また，これは付加価値税とは関係がないのであるが，「EU物流報告書〈Intrastat〉」（物流統計目的）において申告する。

⑥ フランス企業から当該化学製品の代金を支払ってもらう。

上の「会社のなすべきこと」は，少し詳細に書いていることもあるが，他の二者間取引に比較してなすべきことが多い。これは，クロスボーダー取引に際して「税関によるモノのコントロール」があればそこで行なわれるべきことが，取引当事者に転嫁され，取引当事者の事務管理作業の増加に結果している。税関当局の作業が，取引当事者により担われていると言えるだろう。もし「EU域内市場」が本当の意味で統合された市場であるならば，そのような追加の事務作業は消失するものなのであるが，「EU域内市場」はそこまでには至っていない。

2　EU域内納品の背後にある付加価値税上の基本的考え方

このEU域内納品は，輸出取引に類似したものであり，結果として，どちらの場合も免税扱いで，発行する請求書に付加価値税を賦課しない。しかしながら，その背景には，根本的な考え方の相違が横たわっている。すなわち，輸出取引の場合は，モノがEU域外へ出て行くことから免税（非課税）扱いされているのであり，国境の後ろに控える購入者が，会社（事業者）であるか個人消費者であるかはまったく問題にされていない。それに対して，EU域内納品の場合は，相手方からVAT-

ID番号（VAT番号）を入手することにより，購入者が会社（事業者）であること
を確認して，その購入者（事業者）に付加価値税納付義務を転嫁することで（後
述する「リバース・チャージ制度」に類似した考え方なのであるが，「リバース・
チャージ」とは呼ばれていない），納品者の売上（EU域内納品）が免税扱いにさ
れる。そして，その「納税義務の転嫁」が，「EU加盟国間取引報告」での申告に
おいて，税務当局に連絡されるという「建付け」になっている。課税権限（納税義
務）が納品者の国（ここではドイツ）から購入者の国（ここではフランス）に移
転されている。これを付加価値税の専門家の用語を使えば，「出荷地国課税原則」
から「着荷地国課税原則」への「切替」ということになるのだが，本来，EU域内
の付加価値税率が統一されていて，EU税務署というのが存在しているのであれば，
そのような切替も必要なく，国内の事業者（会社）への販売取引と他の加盟国への
事業者（会社）への販売取引は，まったく同じにやれるのであろうが，残念ながら，
EU（欧州連合）はその段階にまでは至っていない。

3　EU域内取得

　EU域内納品と対をなしているのが，他の加盟国の側の購入者（事業者）のもと
での付加価値税処理となっている「EU域内取得〈intra-community acquisition〉」
である。次のような具体例で解説する。

　デュッセルドルフの日系企業の現地法人は，大型機械設備を日本本社から仕入
れ，ドイツの顧客に納入する。その付属部品機器をオーストリアの会社から購入す
ることにした。当該機器は，オーストリアのリンツから，最終チェックのために，
デュッセルドルフ近郊の倉庫に納品された。この取引は，リンツ（オーストリア）
から「モノ（付属部品機器）」がデュッセルドルフ（ドイツ）まで動いて輸送・受
領されていることから，日系企業の現地法人から見て，ドイツにおけるオーストリ
アからのEU域内取得となる。

【EU域内取得を行なう現地法人のなすべきこと】

①　取引開始前に，当該オーストリア企業に対して，自らのVAT-ID番号（VAT
　　番号）を連絡する。

②　請求書を受け取り，経理記帳する。

③　請求書の日付（納品日）に対応した申告期間（通常は月次）の申告において，
　　当該取引のネット金額を課税対象のEU域内取得として記入し，それに賦課
　　される19％のEU域内取得VATの金額をも記入する。同時に，還付（相殺控
　　除）の対象の前段階税がそれと同額で記入される。すなわち，「19％のEU域

内取得VAT」（加算）と「19％の前段階税」（減算）が当該申告書上で両建てで記入されることから，これに関係してのキャッシュアウトは発生しない。実務的には，他のEU域内取得との合計額が記入される。申告は，原則として請求書発行日（納品日）が基準となり，代金支払ベースではない。

④　オーストリア企業に対して，付属部品機器の代金を支払う。

EU域内取得は，受取る請求書には付加価値税が賦課されていないという点で見ると，輸入取引と類似したものである。そして，1993年1月1日の「EU域内市場の確立」以降，他のEU加盟国からのモノの購入を輸入取引と言わず，単にEU域内取得と言い換えているという側面はある。しかしながら，決定的な相違は，輸入VATに代わるEU域内取得VATは，帳簿・申告書上だけの処理であり，キャッシュアウトは発生しない。

④　特殊な二者間取引

以上は，国内取引を含めた「二者間取引」の基本的パターンである。繰り返しになるが，二者間取引の付加価値税処理は，複雑なクロスボーダー取引時の付加価値税を理解するための基本である。しかしながら，二者間取引ではあるのだが，上の基本的パターンからちょっと乖離した特殊な二者間取引がいくつかある。

1　EU域内移送

この「EU域内移送〈intra-community movement〉」での問題は，ある会社が販売するのではなく，単にモノをEU域内の国境を越えて移動させた時の付加価値税上の問題である。二者間取引というよりは，いわば社内取引（自社内取引）なのだが，「EU域内市場」が税制上加盟国ごとに分断されていることから，あたかも二者間取引のような体裁を整えないといけないという話である。もちろん，「4つ（モノ・ヒト・カネ・サービス）の基本的移動の自由の原則」の観点から，「EU域内市場」内においてクロスボーダーでモノを移動させることに対して，何の制限もないし，何の物理的なコントロールもない。しかしながら，付加価値税上の処理がきちんとなされなければならない。具体的には，以下のような事例である。

デュッセルドルフの日系企業の現地法人は，日本の本社から輸入した自動車部品をヨーロッパ（欧州）の各所に位置する自動車メーカーに納入している。オランダのロッテルダムに物流拠点（倉庫）を有し，そこで通関した商品を在庫として管理している。そして，同社は，オランダにおいても付加価値税登録をしている。デュッセルドルフの近郊にも倉庫を借り，通関済みの在庫を有していたが，コスト

削減の観点から，ドイツの物流拠点を閉鎖して，そこにあった在庫をすべてロッテルダムの倉庫に移送した。

【EU域内移送を行なった現地法人のなすべきこと】

①　ドイツ側において，在庫管理台帳に基づき，移送したモノ（在庫）を，移送日の属する申告期間（通常は月次）の申告書において，免税扱いの「EU域内移送〈Intra-community movement〉」として申告する。

②　ドイツ側において，「EU加盟国間取引報告書〈european sales listing〉」により，納品先（自社：ロッテルダムの倉庫）と自らのオランダのVAT-ID番号（VAT番号）ならびに移送額とを申告する。また，付加価値税とは関係がないのであるが，「EU物流報告書〈Intrastat〉」（物流統計目的）において申告する。

③　オランダ側において，移送日の属する申告期間（通常は月次）の申告書に，移送額を課税対象のEU域内取得として記入し，それに賦課されるオランダの21％のEU域内取得VATの金額をも記入する。同時に，還付（相殺控除）の対象の前段階税がそれと同額で記入される。すなわち，「21％のEU域内取得VAT」（加算）と「21％の前段階税」（減算）が当該申告書上で両建てで記入される（これもキャッシュアウトは発生しない）。

以上の「会社のなすべきこと」からも分かるように，日系企業の現地法人は，EU域内納品を行なう販売者（①と②）とEU域内取得を行なう購入者（③）の2人の役割を1人で同時に担う形になる。当然のことながら日系企業の現地法人が移送先（ここではオランダ）で付加価値税登録を行なっていることが前提となる。

2　DDPを伴う輸入取引（日本からの輸出取引）

上のEU域内移送は，本来的には，社内取引（自社内取引）なのであるが，「EU域内市場」の付加価値税法上の現状から，あたかもクロスボーダーでの二者間取引（EU域内納品とEU域内取得）の体裁にしないといけないというものである。それに対して，ここの「DDPを伴う輸入取引」（日本から見た場合の輸出取引）は，本来的には二者間取引なのであるが，「DDP〈Delivery Duty Payed〉」というインコターム（国際的貿易取引条件）のために，付加価値税法上（関税法上），「三者間取引」のようになってしまうというものである。具体的な例で示すと以下のようになる。

日本の貿易商社は，北ドイツの港町ハンブルクの近郊に位置するドイツ企業と3年間に亘って機械部品を納入する契約を締結した。ところが，この商品はそれまで

海外には輸出した実績がなく，当該取引を担当していたのが国内営業部のスタッフだったために，取引条件が「DDP」となってしまっていた。すなわち，当該ドイツ企業（顧客）に納品する時には，ドイツの関税と輸入VATは納付済みということである。

【日本からDDPで輸出する日本の貿易商社のなすべきこと】

① 取引開始前に，ドイツで付加価値税登録を行なう。同時に，ハンブルクの港で税関手続きを行なってくれる「間接代理人（場合によっては，税務代理人）」を指名する。

② 日本から船便で発送されたモノ（機械部品）がハンブルク港に陸揚げされ，間接代理人（税務代理人）が，税関手続きを行ない，当該貿易商社に代わり関税と19%の輸入VATを税関当局に納付し，それを貿易商社に請求してくる。貿易商社はそれを支払う。

③ ハンブルク港からドイツ企業（顧客）の所在地まで輸送させて，納品する。

④ 当該ドイツ企業（顧客）に対して，請求書を作成して送付する。ここの取引は，ドイツ国内販売取引と見なされるために，19%の付加価値税を賦課した請求書となる。

⑤ 輸入VAT納付書（査定書）の日付ならびにドイツ企業（顧客）宛の請求書の日付（納品日）に対応した申告期間（通常は月次）において申告して，その中で，19%の「輸入VAT」（前段階税）の還付（相殺控除）と19%の付加価値税の納付を申告する。仮に同じ申告期間にこの2つの取引しかなかった場合，実務的には，差額分を納付することになるであろう。

⑥ ドイツ企業（顧客）から，機械部品代金と共に，19%の付加価値税を支払ってもらう。

この日本から見た輸出取引は，単純な二者間の輸出入取引のように見える。しかしながら，「DDP」というインコタームゆえに，貿易商社は，あたかも「在日本の貿易商社」と「在ドイツの貿易商社」の2つが存在しているかのごとく見なされる。まずは，「在日本の貿易商社」が「在ドイツの貿易商社」に輸出・販売すると見なされて，在ドイツの貿易商社（実際には，その依頼を受けた間接代理人あるいは税務代理人）が，税関手続きを行ない，関税ならびに輸入VATを納付する。さらには，その在ドイツの貿易商社がドイツ企業（顧客）にドイツ国内販売取引を行なうと見なされて，付加価値税上の処理をしなくてはならない。すなわち，単純な二者間取引ではなく，二つの二者間取引が連続する三者間取引になっている。

「会社のなすべきこと」の最初のところにあるように，これをやろうとすると，ドイツでの付加価値税登録が前提である。付加価値税登録をして付加価値税の納付義務を負うとしても，付加価値税自体は「コスト（費用）」にはならず問題ではないが，あくまで登録ならびにその後の申告・納付義務に関わる管理費用がコスト（費用）になる。本来的には，「DDP」のインコタームが回避できることが望ましい。

3　コンサイメント・ストック

　これはEU域内全体に及ぶ話になる。在欧日系企業の間では，顧客のもとにある在庫（顧客の倉庫内であったり，その顧客の工場敷地内であったりする），あるいは，その隣接地の倉庫にある在庫のことを，総称的に「コンサイメント・ストック」と呼んでいることが多い。このコンサイメント・ストックを介しての取引関係は，部品納品業者と組立メーカー（自動車・電気製品等）との間によく見られるものである。誰がその在庫を管理するか等によって，厳密には異なる呼称で呼ばれているのであるが（コールオフ・ストック等），いずれにせよ，モノ（在庫）の所有権は，通常，顧客が必要としてその在庫から個々のモノを取り出した時に移行し，その後に精算・支払が行なわれるという形態になっている。

　ここでの問題は，そのようなコンサイメント・ストックのために，ドイツから他のEU加盟国（他のヨーロッパ諸国）に対してクロスボーダーでモノを移動させた時に，場合によっては，付加価値税上の問題が発生する点である。このコンサイメント・ストックを介しての取引関係も，一見したところでは，単純なクロスボーダーの二者間取引のように見える。

（1）　原則的取扱い：付加価値税登録（少数派）

　デュッセルドルフの日系企業の現地法人（電子部品メーカーの販社）は，ブルガリアに工場を建設した欧州電機メーカーと向こう4年間の部品供給契約を締結したが，その前提条件は，日系企業の現地法人が当該工場敷地内に在庫を持ち，随時その在庫から必要なだけ工場側が取り出せるようにしておくというものであった。

【他のEU加盟国にコンサイメント・ストックを持つ日系企業の現地法人のなすべきこと】

①　ブルガリアで付加価値税登録を行なう。

②　EU域内移送のドイツ側の手続きを，コンサイメント・ストック用の在庫の移送日に基づき行なう。移送日の属する申告期間（通常は月次）の申告書において，免税扱いのEU域内移送として申告する。EU加盟国間取引報告書にお

いて，納品先（自社：ブルガリアの取引先の敷地内の倉庫）と自らのブルガリアのVAT-ID番号（VAT番号）ならびに移送額とを申告する。また，付加価値税とは関係がないのであるが，EU物流報告書〈Intrastat〉（物流統計目的）において申告する。

③　EU域内移送のブルガリア側の手続きを，同様に，コンサイメント・ストック用の在庫の移送日に基づき行なう。移送日の属する申告期間（通常は月次）の申告書において，移送額を課税対象のEU域内取得として記入し，それに賦課される（ブルガリアの20%の）EU域内取得VATの金額をも記入することになるが，同時に，還付（相殺控除）の対象の前段階税がそれと同額で記入される。すなわち，「（20%の）EU域内取得VAT」（加算）と「（20%の）前段階税」（減算）が当該申告書上で両建てで記入される（これもキャッシュアウトは発生しない）。

④　ブルガリアの会社に対して，コンサイメント・ストックから取り出したモノ（電子部品）について請求書を作成する。その請求書には（ブルガリアの20%の）付加価値税を賦課する。

⑤　原則として，請求書の日付（納品日：コンサイメント・ストックからの取出日）が属する申告期間（通常は月次）において申告して，その中で（20%のブルガリアの）付加価値税の納付を申告し，付加価値税をブルガリア当局に納付する。上の③の申告と同じ申告期間になる場合も当然あり得る。

⑥　ブルガリア企業（工場）から，電子部品代金と共に，（ブルガリアの20%）の付加価値税を支払ってもらう。

「原則的な取扱い」になった場合，以上の作業ステップから見て分かるように，クロスボーダーでのコンサイメント・ストックの設置は，上のEU域内移送とDDPを伴う輸入取引（日本から見ての輸出取引）の後半部分（国内販売取引）を組み合わせたものになっている。このコンサイメント・ストックの設置国での付加価値税登録の問題は，「モノのクロスボーダーの移動」と「モノの売買（所有権の移転）」が同時的ではないというところに起因している。

（2）　例外規定による対応（多数派）

以上の「原則的な取扱い」に対して，例外規定を設けているEU加盟国があり，現在のところ，多数派である。例外規定の内容は，クロスボーダー移送の時点ではなくて，顧客がコンサイメント・ストックから在庫を取り出した時点で，EU域内納品（納品業者側）とEU域内取得が起こると見なして，納品業者（コンサイメン

ト・ストックの設置者）の付加価値税登録を免除するというものである。但し，例外規定を認めている国においても，コンサイメント・ストックの定義（コールオフ・ストックとも呼ばれたりしている）が異なったり，在庫の保有期間（クロスボーダーでの移送から所有権の移転までの期間）に一定の制限があったりする。具体的なプロジェクトの実施の場合には，そのつど，関係各国の付加価値税専門家への照会が勧められる。

⑤ 二者間取引のまとめ

　以上において，基本的な二者間取引を含めて解説してきた。「基本の中の基本」は国内販売取引である。これがいわば「普通の取引」であり，後はすべてそれからの「派生的パターン」であり，それに「追加的な措置」が講じられなくてはならない，というその「建付け」の理解が重要である。それを踏まえて，三角取引あるいはチェーン取引と呼ばれる「クロスボーダー取引」に際しての付加価値税問題を，以下において解説していきたい。

2　三角取引ならびにチェーン取引―基礎編―

　在独日系企業が関わる「三角取引」（３社が関与）あるいは「チェーン取引」（四社以上が関与）は，「モノの動き」と「請求書の動き」が異なる取引である。最初に，よく混同される二者間取引とチェーン取引（三角取引）の相違を次頁の図において明確にしておきたい。

　３社が関与していることでは，上も下も同じなのであるが，モノの動きが，上は２つで，下は１つという違いがある。付加価値税上は，上の取引は，あくまで二者間取引が２つ連続していると考える。それに対して，下の取引のように一つのモノの動きに複数の請求書の動きが対応している取引を，三角取引とかチェーン取引とか呼んでいる。これからの解説の背景にある考え方のルールになっているものである。

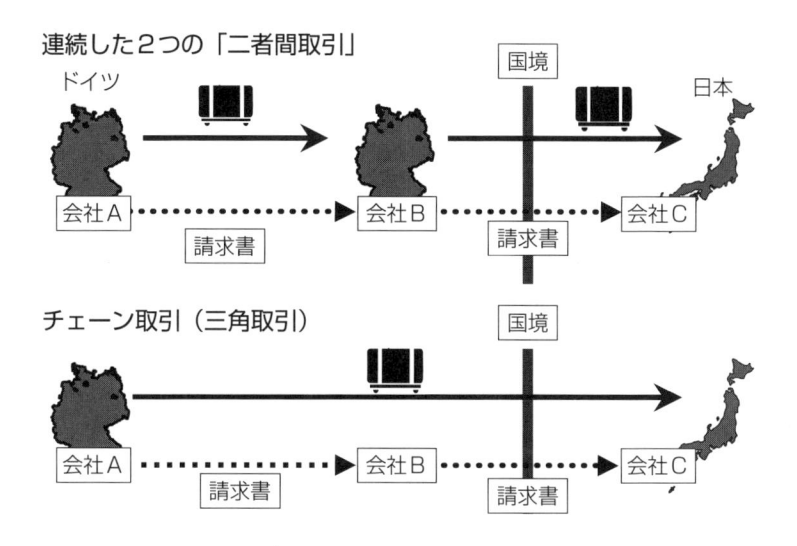

　以下において，１つのモノの動きに対して，３つの請求書の動きが対応している「四社間取引」を例にして，基本原則を解説していきたい。最終的には，それぞれの請求書にどこの国の付加価値税が賦課されるのかという点が問題である。

☐ 移動取引と非移動取引の区別

　クロスボーダーの「チェーン取引」または「三角取引」に際してのドイツ（EU）付加価値税の考え方として，「移動取引〈bewegte Lieferung〉」と「非移動取引〈unbewegte Lieferung〉」を区別する。複数ある請求書の動きに関して，その中の１つだけを「移動取引」と見なし，後はすべて「非移動取引」とする。複数の請求書の動きの中で移動取引が複数存在することはない。この点は，欧州司法裁判所も確認しており，EU（欧州連合）で統一されている。そして，国境を跨ぐ取引は必ず移動取引になると考える。すなわち，移動取引を確定することにより，どこに「付加価値税上の国境」が来るかを決定することになる。これにより，各々の請求書の動き（取引）の課税国が決まる。

1　ドイツにおける「移動取引」の決定方法の過渡期問題

　2015年４月（後述の連邦税務裁判所の判決の公表）以降，移動取引と非移動取引を決定する方法について，実務担当者にとっては，ある意味で面倒な状況になってしまっている。長らく，ドイツ付加価値税法では，移動取引の決定方法に関して，「輸送手配基準」（ドイツ売上税法第３条第６項）が適用されてきている。しかし

ながら，欧州司法裁判所の2010年12日16日付の「ユーロタイヤ・ホールディング判決」以降，その解釈を巡って，ドイツにおいても色々な議論が噴出している。この「ユーロタイヤ・ホールディング判決」において，欧州司法裁判所は，①EU付加価値税法（付加価値税システム指令）の中には，チェーン取引について明確な規定がないことを確認すると共に，②処分権の移転時点を基準にして，移動取引を決定すべきであり，その際，「インコターム」が重要な基準になる，という判断を示した。

その欧州司法裁判所の判決を受けて，ドイツ連邦税務裁判所は，2011年8月11日付「ⅤR3/10」（第5法廷）の判決，2013年5月28日付の「ⅪR11/09」（第11法廷）の判決，2015年2月25日付の「ⅪR15/14」と「ⅪR30/13」（第11法廷）の2つの判決において，欧州司法裁判所の「ユーロタイヤ・ホールディング判決」を部分的に反映させる判断を示している。他方で，同じドイツ連邦税務裁判所の中でも，「第5法廷」と「第11法廷」の見解が統一されているわけではない。特に，「第11法廷」の2015年2月25日付の判決（公表は2015年4月）は，これまでドイツの税務当局も実務現場で適用していた「輸送手配基準」のみで移動取引の決定が行なわれないとの見解を明確にしている。これは，これまで税務当局が適用し，ドイツの実務現場では一般的原則になっていた「輸送手配基準」を明確に否認するものであり，ドイツにおける「『移動取引』の決定方法の過渡期」を決定的なものにした。

EU（欧州連合）（特に欧州司法裁判所）レベルでの議論，ドイツの連邦税務裁判所の種々の判決の内容，これまでドイツの実務現場で採用されている処理が，それぞれ異なっており，錯綜した状況になっている。以上のような背景を踏まえて，以下の解説も，「過渡的性格」を有しているものという前提でなされている。

2 「移動取引」の決定方法(1)：輸送手配基準による決定

輸送手配基準による移動取引の決定方法においては，移動取引は，輸送を自ら行なうか，または，輸送を第三者に依頼しそれを手配する会社（事業者）が，その輸送対象のモノについての請求書を受け取る取引，ということが原則になる。ここでは，自ら行なう場合も第三者に依頼する場合もまとめて，「輸送手配」と呼ぶ。「四社間のチェーン取引」の場合には，以下の3つのケースが考えられる。以下の図において，実線矢印は「モノの動き」を表し，点線矢印は「請求書の動き」を表している。すなわち，モノはドイツ（会社A）からイタリア（会社D）まで直送されるが，請求書は，A社，B社，C社からそのつど発行される。また，貨物トラックの

位置は，輸送手配者の会社（事業者）を表している。

移動取引の確定：輸送手配の原則ルール①

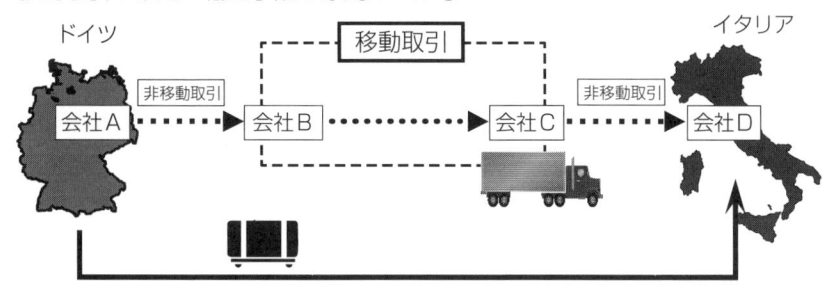

移動取引の確定：輸送手配の原則ルール②

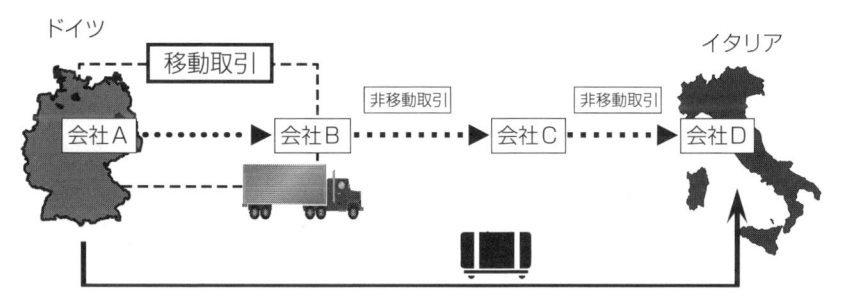

移動取引の確定：輸送手配の原則ルール③

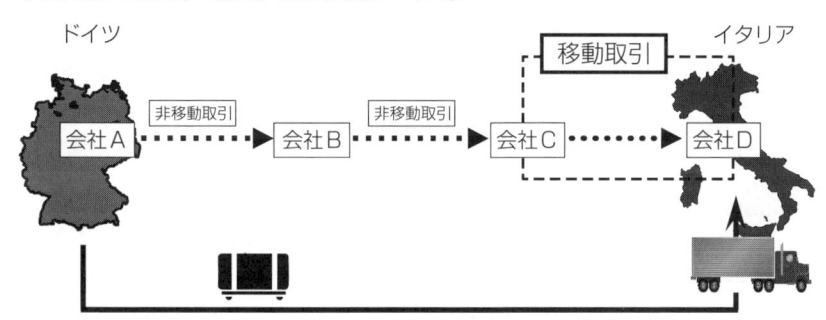

3 「移動取引」の決定方法(2)：輸送手配基準の例外規定

　輸送手配基準による移動取引の決定方法においても，いくつかの例外規定がある。まずは，発荷事業者（ここの事例では会社A）が，輸送手配を行なう場合には，当該発荷事業者（最初の会社）が，輸送対象のモノについての請求書を発行した取引

が移動取引となる。そして，それ以外の取引は，非移動取引となる。

輸送手配基準の例外規定①：出荷者による輸送手配

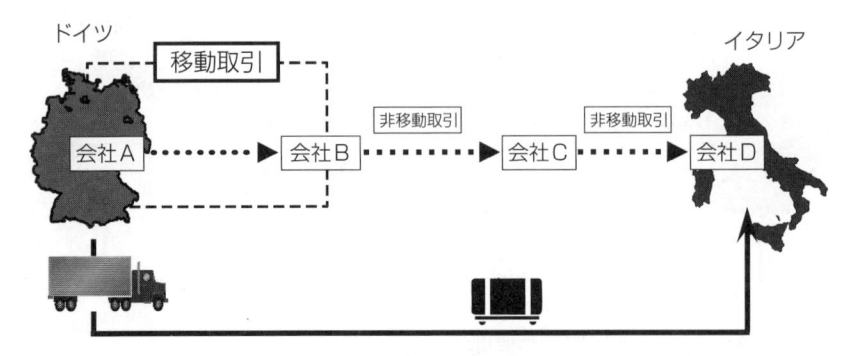

「会社A」の前にはそもそも取引が存在していないのであるから，例外というよりは，当然のことと言える。

　輸送手配基準による移動取引の決定方法における次の例外規定は，中間事業者（ここの事例では「会社B」か「会社C」）が，納品者として輸送手配を行なう場合には，当該中間事業者が，輸送対象のモノについての請求書を発行した取引が移動取引というものである。これは，「会社B」と「会社C」の双方に考えられるが，「会社C」の場合で見ると以下のようになる。

輸送手配基準の例外規定②：中間業者の納品者としての輸送手配

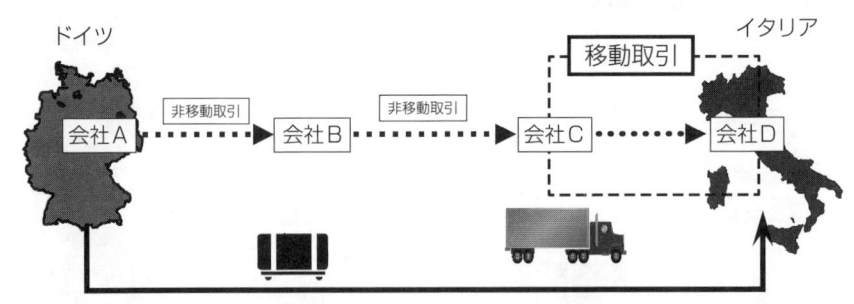

　この「納品者としての輸送手配」ということは，具体的には，前の納品者（上の例では「会社B」）と後の顧客（上の例では「会社D」）との契約により，輸送費用と輸送リスクを当該中間業者（上の例では「会社C」）が負担する，ということである。そしてそれが，帳簿上も必要な情報がしっかり記録されていることが重要である。輸送費用と輸送リスクの負担は，インコタームが明確にされている場合，通

常，それでもって明らかになっている場合が多い。インコタームに関しては，色々なバリエーションが考えられるのであるが，ひとつの具体例を示すと以下のようになる。

移動取引の確定：例外規定②：納品者としての輸送手配：インコターム

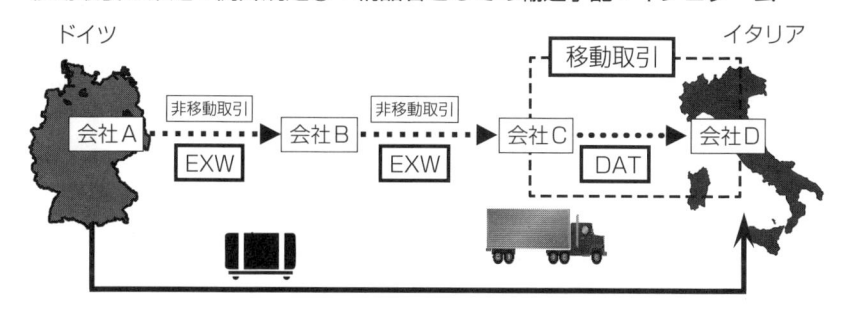

但し，この「例外規定②：中間業者の納品者としての輸送手配」による移動取引の確定（シフト）は，特定の加盟国においてしか認められていないことから，前もって確認することが重要である。

4 「移動取引」の決定方法(3)：処分権移転時基準

様々な客観的状況を考慮しつつも，最終的には，「処分権〈Verfügungsmacht〉」の移転が，どの時点で，どこで，誰から誰に対して行なわれたかを基準にして，移動取引を決定するというものである。但し，処分権の移転が行なわれた（請求書上の）取引が直ちに移動取引になるわけではないことにも留意する必要がある。処分権は，当該対象物（モノ）に対する「所有権」またはそれにほぼ匹敵する当該対象物（モノ）に対する権利（場合によっては，リスク移転）とされている。この「処分権移転時基準」の考え方は，2010年の「ユーロタイヤ・ホールディング判決」でまずは抽象的な形で唱えられた。その判決を受けて，ドイツ連邦税務裁判所は，それをより具体化する判断を示している。

他方で，そのドイツの税務判例においても，処分権の移転が，どの時点で，どこで，誰から誰に対して，どのように行なわれた時に，移動取引があると見なされるのかに関しては，立法機関が正確に定義すべきとの見解も表明されている。その意味で，上で解説した輸送手配基準のように具体化されているわけではなく，「過渡期状態」にある。当然のことながら，輸送手配基準と処分権移転時基準とで同じ結論になる場合があるし，まったく異なってくる場合も出てくる。実際に連邦税務裁判所の判決で言及されている事例（三角取引の場合）では以下のようになる。

処分権移転時基準①：三角取引の場合

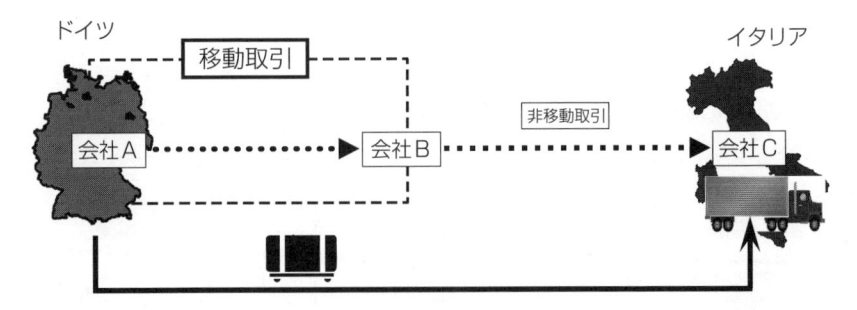

　輸送手配基準では，会社Ｃが輸送手配をした場合，Ｂ－Ｃ間の（請求書上の）取引が移動取引と見なされる。Ａ－Ｂ間の（請求書上の）取引が移動取引と見なされることはない。しかしながら，処分権移転基準に拠れば，「会社Ａ」・「会社Ｃ」・「会社Ｃ」の間のリスク移転等に関する契約関係により，Ａ－Ｂ間の（請求書上の）取引が移動取引と見なされることがあり得る。連邦税務裁判所の判例では言及されていないが，４社間のチェーン取引に敷衍すると，以下のような位置に移動取引が来るケースが出てくる。これらは，輸送手配者基準ではあり得ないケースである。

処分権移転時基準②：四社間チェーン取引の場合

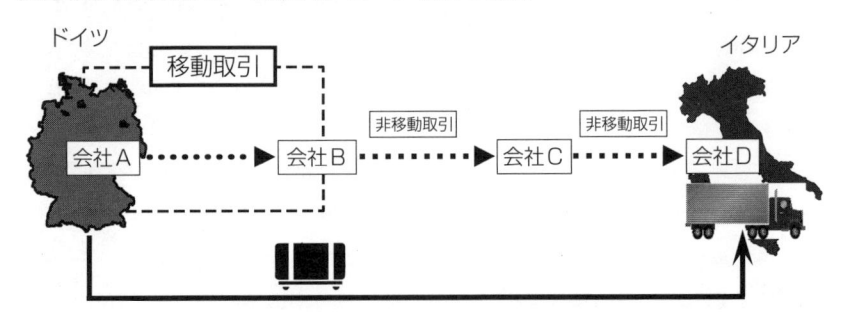

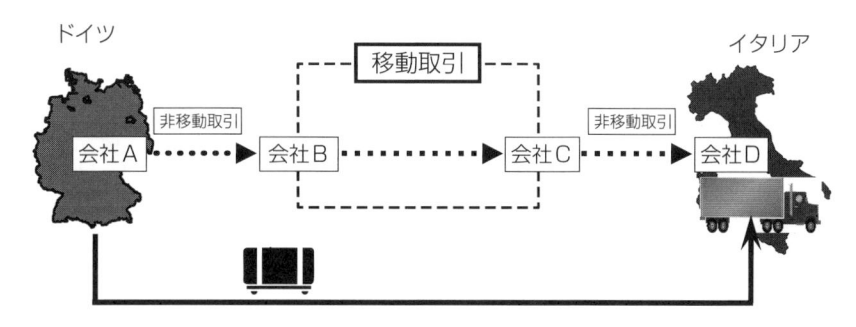

処分権移転時基準③：四社間チェーン取引の場合

5 「移動取引」の決定方法のまとめ

　ドイツ税務当局も受容して積極的に適用し，納税義務者側の実務現場でも浸透している輸送手配基準と，欧州司法裁判所の判決で抽象的には唱えられているものの，実務的にはまだ具体的な処理方法は明確にされていない処分権移転時基準とが錯綜している。その意味で，チェーン取引の付加価値税処理にとっても最も重要な「移動取引の決定方法」はまったく「過渡期状態」にある。どちらの基準を適用した場合でも，同じ結論になるケースもかなりあると考えられる。他方で，まったく異なる結論が出てくる極端なケースも考えられよう。ドイツの税務当局あるいは立法機関による実務的処理の明確化・統一化，あるいは，EUレベルでの各加盟国の実務対応の統一的調整が必須の状況になっている。

② （EU域内の付加価値税上の）国境の確定

　輸送手配基準であれ処分権移転時基準であれ，付加価値税上の国境は，移動取引の位置が決定されると，ある意味で後は自動的に決まってくる。「移動取引」のところに国境が重なる。すぐ下の図のように，「会社Ｂ」と「会社Ｃ」の間の取引が移動取引の場合（原則ルール①の場合），その「会社Ｂ」と「会社Ｃ」の間に「ドイツとイタリアの国境」が位置することになり，当該二者間取引は，EU域内間のクロスボーダー取引ということになる。もちろん，実際の地図を開いてみればすぐ分かるが，ドイツとイタリアは，地理的には国境を接していない。ここでの「ドイツとイタリアの国境」は，付加価値税上の課税国を確定するために想定された国境という意味である。

国境の確定：原則ルール①

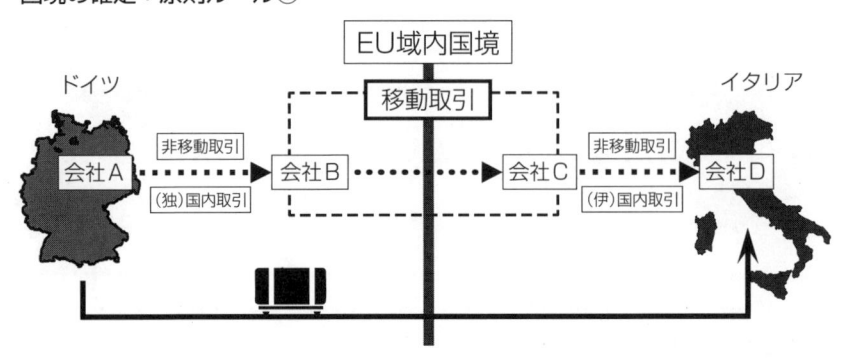

　同時に，非移動取引は，それぞれの国（ここではドイツとイタリア）での国内取引と見なされる。すなわち，移動取引のところに国境がくることで，複数ある請求書の動き（請求書上の取引）は，二者間取引の基本パターンに分解される。ここでは，「会社A」と「会社B」の間の取引はドイツの国内取引になるし，「会社C」と「会社D」の間の取引はイタリアの国内取引になる。

　他の会社が輸送手配を行なったケースも合わせて図示すると以下のようになる。

国境の確定：原則ルール②

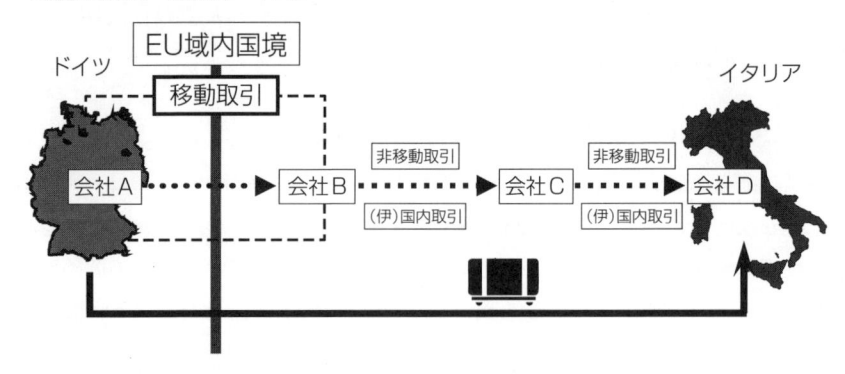

国境の確定：原則ルール③

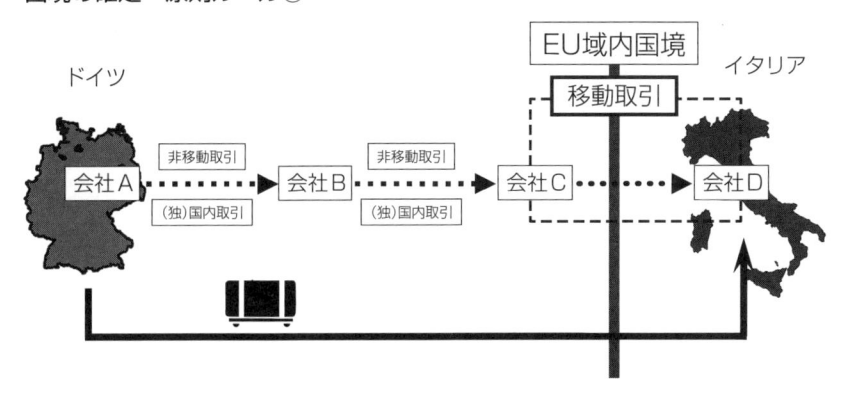

③ 請求書に賦課する税率の確定

　課税国が確定された後には，それぞれの請求書の付加価値税がどこの国の付加価値税であるか，あるいは，免税（0％）であるかが決まってくる。再度「原則ルール①」の場合で図示すると以下のようになる。

税率の確定：原則ルール①

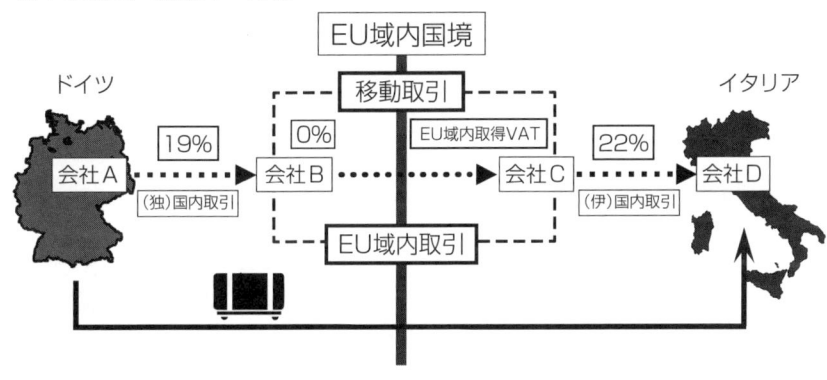

　「会社B」が「会社C」に発行する請求書は，ドイツからイタリアへのEU域内納品であることから，免税になる。そのために，「会社B」は，前もって「会社C」からイタリアのVAT-ID番号（VAT番号）を入手しなくてはならない。「会社A」が「会社B」に発行する請求書には，ドイツ国内販売取引であることから，19％のドイツの付加価値税が賦課される。「会社C」が「会社D」に発行する請求

書には，イタリア国内販売取引であることから，22%のイタリアの付加価値税が賦課される。

　それ以上に，より根本的な問題としては，原則として，「会社B」はドイツにおいて付加価値税登録がなされていること，また，「会社C」はイタリアにおいて付加価値税登録がなされていることが前提となっている。このようなクロスボーダーのチェーン取引において，とりわけ「会社B」と「会社C」のところに，日本の本社を含むドイツまたはイタリア以外の会社が関与することは可能である。しかし，付加価値税登録が前提になるという点が重要である。しかも，どちらの国で登録しなければいけないかは，国境（すなわち移動取引）がどこに来るかによって，以下に見るように，大きく変わってくるのである。

税率の確定：原則ルール②

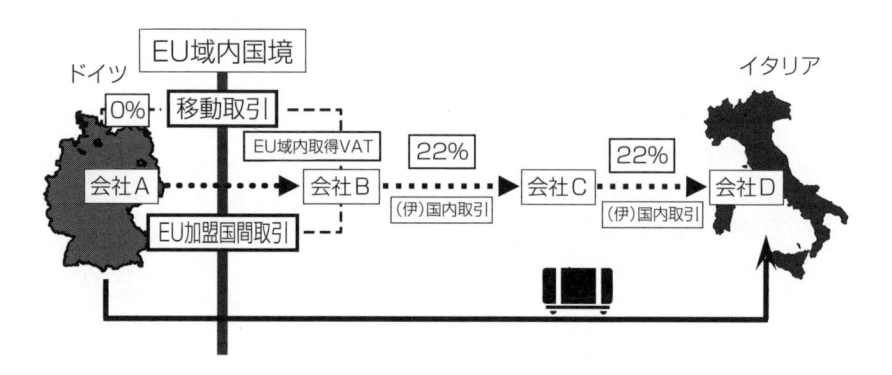

税率の確定：原則ルール③

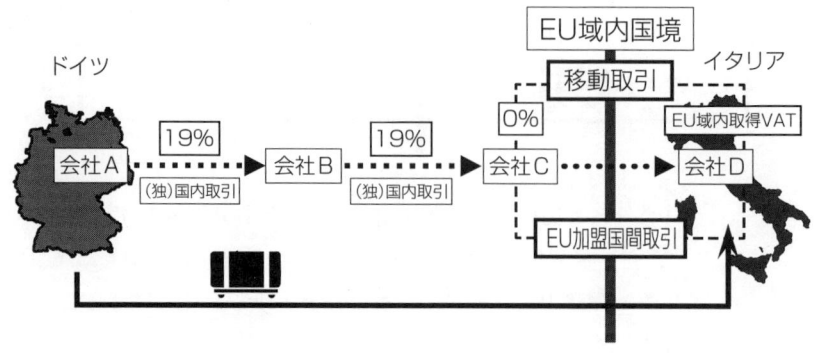

④ 付加価値税登録の回避

　付加価値税登録の問題は，クロスボーダーのチェーン取引に際しての最大の問題である。どうしても回避できないケースがあることも確かで，そのために，在独日系企業の場合でも，ドイツ以外の数ヵ国に付加価値税登録をしていることは珍しくなく，10ヵ国前後の加盟国に登録している在独日系企業もある。しかしながら，付加価値税登録はコスト要因であり，できる限り回避することが望ましい。ここでは，「国境の移動」と「リバースチャージ」をうまく利用しての付加価値税登録の回避のための施策をまとめておく。

1　国境（移動取引）の移動による付加価値税登録の回避

　課税地国の確定において，どこに付加価値税上の国境（すなわち移動取引）が来るかが重要問題である。輸送手配基準が適用されるという前提での下図の場合，「会社C」がドイツの会社（日系企業の在独現地法人の場合も該当する）で，イタリアには付加価値税登録をしていないという場合，原則として，この取引のために前もってイタリアで付加価値税登録をしないと，正しい付加価値税処理をした上でこの取引に関与することはできない。

国境の移動の可能性

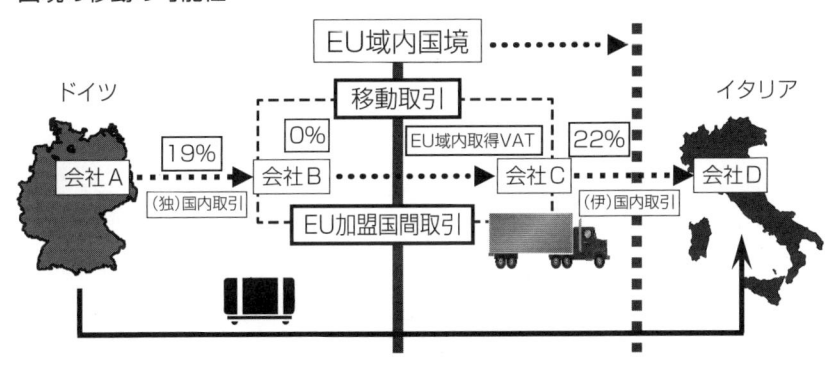

　上の状況のもとでは，「会社C」と「会社D」との間の取引が移動取引となれば，「会社C」は，イタリアにおいて付加価値税登録をせずに，当該取引に関与することができる。取引先とのビジネス関係上それが可能かどうか，あるいは，それが適用可能な国かどうかは関係なく，輸送手配基準に基づき移動取引を決定できるとの前提のもとでの選択肢を挙げると以下のようになる。

　選択肢(1)：「会社D」が輸送手配を行なうような取引契約にする

選択肢(2)：「会社Ｃ」が「会社Ｄ」に対する納品者として輸送手配を行なう取引契約にする

「選択肢(1)」は，このビジネスに関与している取引先とのビジネス関係ならびにビジネスそのものの内容に深く関わっている。また，「選択肢(2)」は，取引先との関係もあるが，そのような国境の移動（移動取引の移動）を該当する国が認めているかということに左右される。ドイツ・ハンガリー・オーストリア等は認めているが，ここのところはいろいろ変更が多いところでもあり，ビジネスごとにその時点で，関係国の専門家に照会する必要がある。

また，具体的な実務処理がまだ明確にされていない段階ではあるが，処分権移転時基準が適用される場合には，取引先との取引条件の交渉時点において，追加の付加価値税登録を回避できるように移動取引（国境）の位置を調整する段取りが不可欠である。

2　リバースチャージ制度による付加価値税登録の回避

「リバースチャージ制度」の詳細については後述するが，リバース・チャージ制度による付加価値税登録の回避は，簡単に言うと，本来「販売者」が負う付加価値税の納税義務を「購入者」（事業者）に転嫁して，販売者は納税義務を免れ，それに加えて，付加価値税登録の義務も免除される，というものである（詳細は，「2　リバースチャージ制度とは？」，302頁）。

下の図は，輸送手配基準の原則ルールの適用を前提にしたドイツからスペインへのクロスボーダーのチェーン取引を表している。ここでは，「会社Ｂ」と「会社Ｃ」との間が移動取引（EU加盟国間取引）であることは変えず，「会社Ｃ」のEU域内取得はスペインの課税に服することと，「会社Ｃ」と「会社Ｄ」との間がスペイン国内売買取引であることを前提にする。スペイン国内の付加価値税法に基づき，その「会社Ｃ」の納税義務を購入者である「会社Ｄ」に転嫁することを認め，「会社Ｃ」のスペインでの付加価値税登録の義務まで回避させるというものである。このように，モノの取引について，リバースチャージ制度による付加価値税登録の回避を認めている国としては，スペイン・フランス・ベルギー・フィンランド・オランダ等がある。

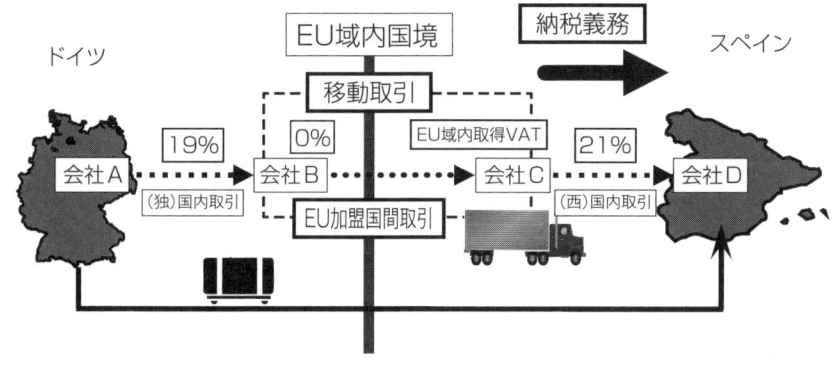

リバースチャージ

3　三角取引ならびにチェーン取引―応用編―

　クロスボーダーでの三角取引あるいはチェーン取引との関連で，少し変則的な処理になっているもの，あるいは，優遇措置が講じられているものがある。

① 三角取引簡素化規定

　付加価値税登録は，「EU域内市場」でビジネス活動を展開する会社（事業者）にとって，面倒で厄介なものである。これは，在独（在欧）日系企業に限られた話ではない。それに対応する形で，EU付加価値税法と言える「付加価値税システム指令」の中で明確に「緩和措置」として規定され，加盟国各国の付加価値税法に導入されている「三角取引簡素化規定〈simplification of the triangular deal〉」と呼ばれるものがある。先ほどのモノの取引に対するリバースチャージ制度の適用による付加価値税登録の回避の話は，課税権を割り振られた加盟国の国内付加価値税法に基づく任意のものであったが，この「三角取引簡素化規定」はEU全体のものである。これにより，付加価値税登録を回避できる可能性がある。適用できるケースならびにその前提条件は，具体的には以下のようになる。

1　典型的な適用可能ケース

　上の「2　三角取引ならびにチェーン取引―基礎編―」（266頁以下）の解説から理解できるように，以下の図のようなケースにおいて，輸送手配基準の適用の場合，「会社B」が輸送手配をする場合も同じことになるが，「会社A」と「会社B」と

の間の取引が移動取引（EU加盟国間取引），「会社B」と「会社C」との間の取引はイタリア国内取引となる。この場合，「会社B」は，イタリアで付加価値税登録を行なっていることが，付加価値税処理を正しく行なった上で当該取引に関与する前提条件となる。もちろん，輸送手配者の変更による国境の移動（移動取引のシフト）の可能性がない場合，「着荷地国」（ここではイタリア）でのリバースチャージ制度の適用による付加価値税登録の回避の可能性がない場合，あるいは，処分権移転時基準の適用の場合で，このA－B間に移動取引が位置する可能性しかない場合，最後の手段として，三角取引簡素化規定がある。

三角取引簡素化規定の適用可能性

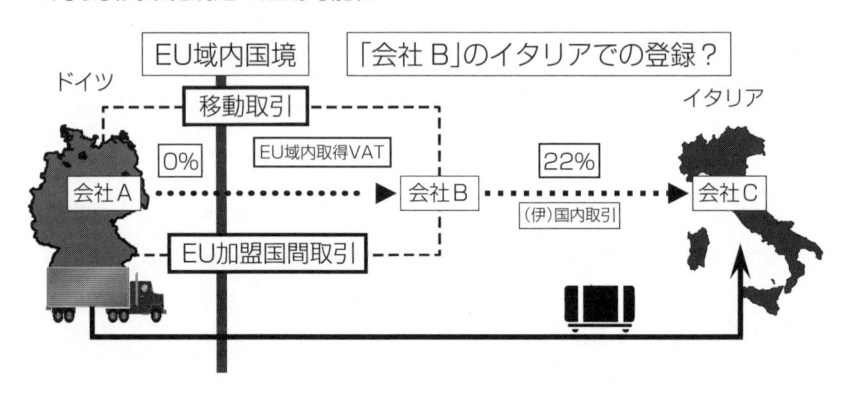

【三角取引簡素化規定を適用する「会社B」のなすべきこと】

① 「会社A」に対して，取引開始前に，ドイツとイタリア以外のVAT-ID番号(VAT番号）を連絡する。オランダの会社であれば，そのオランダのVAT-ID番号（VAT番号）を連絡する。また，日本の本社がEUにおけるビジネスに直接的に関与していて，ベルギーに付加価値税登録を行なっており，その日本の本社がこの商流に「会社B」として入る場合には，そのベルギーのVAT-ID番号（VAT番号）を連絡する。「会社B」がオランダのVAT-ID番号（VAT番号）を使用するとした場合，「会社B」が発荷地国（ここではドイツ）あるいは着荷地国（ここではイタリア）に付加価値税登録がされている場合（あるいは，発荷地国または着荷地国の会社である場合）には，それを認めない国が少数存在していることから，事前チェックを行なう必要がある。

② 「会社A」から，連絡したVAT-ID番号（VAT番号）が記載された，そして，付加価値税は賦課されていない請求書を受け取る。但し，連絡したVAT-ID

番号（VAT番号）の加盟国でのEU域内取得VATの申告書上での申告は，原則として必要ないが，当該国（この場合はオランダ）でのEU加盟国間取引報告書において，納品先（上の例ではイタリアの「会社C」）とそのVAT-ID番号（VAT番号）ならびに取引額とを申告する。

③ 「会社C」から取引前に連絡を受けていた同社のイタリアのVAT-ID番号（VAT番号）を請求書に記載し，三角取引簡素化規定の適用の旨を明記し，付加価値税は賦課しないで，「会社C」に送付する。

2　原則的に適用不可のケース

典型的な適用可能ケースというのは，輸送手配基準の場合で言うと，三角取引の中の発荷地国の会社（下図では「会社A」）または中間業者（下図では「会社B」）が輸送手配を行なった場合とされている。あるいは，処分権移転基準適用の場合には，A－B間に移動取引（国境）が来る場合である。その結果，下図のように，着荷地国の会社（下図では「会社C」）が輸送手配を行なった場合，あるいは，処分権移転基準適用の場合でB－C間に移動取引（国境）が来る場合には，原則的に三角取引簡素化規定は適用できない。しかしながら，少数ながら，着荷地国の会社（事業者）が輸送手配を行なった場合でも，三角取引簡素化規定の適用を認めている国があること，あるいは，原則として認めていないが，輸送手配の内容（輸送契約の中身）により適用を認める加盟国があることから，この部分も，具体的な適用に当たっては，関係国への照会が不可欠である。

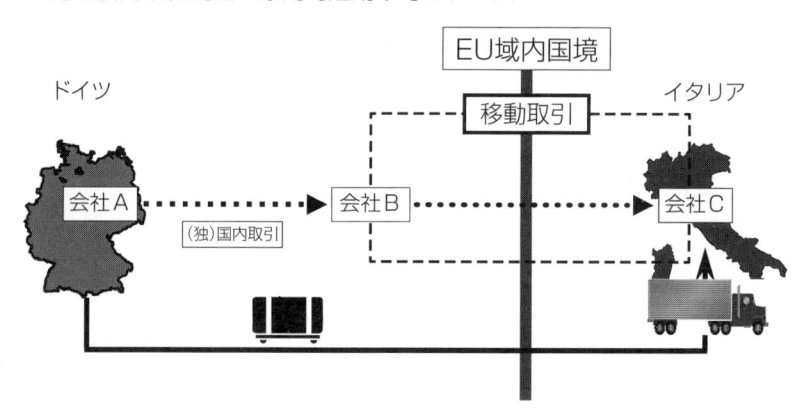

三角取引簡素化規定の原則的適用不可のケース

② 三角取引簡素化規定の拡大適用

　三角取引簡素化規定は，その呼称からも推測できるように，原則として，3社が関与していることが前提とされ，4社以上の関与の場合は適用できない。しかしながら，4社が関与するチェーン取引なのであるが，その一部（三社間の取引）だけを取り出してみて，そこに三角取引簡素化規定の前提条件が満たされているのであれば，三角取引簡素化規定を適用を認めるというケースがある。

三角取引簡素化規定の拡大適用

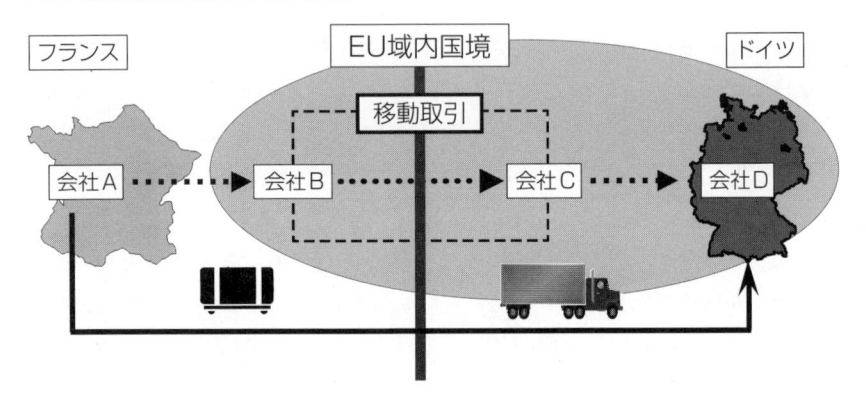

　上の図のような4社間のチェーン取引は，上の「2　三角取引ならびにチェーン取引―基礎編―」（266頁以下）で解説してきた典型的なものである。この場合の移動取引の位置関係においては，「会社B」のフランスでの付加価値税登録ならびに「会社C」のドイツでの付加価値税登録が前提とされ，それなしでは，原則的には，正しい付加価値税処理をベースにした両社の当該取引への関与はあり得ないというのが結論である。

　仮に，「会社B」がフランスの会社であり（あるいは，フランスで付加価値税登録がなされており），「会社B」の当該取引への関与は問題がないという前提の場合，「会社C」のドイツでの付加価値税登録だけが問題になる。この際，「会社B」・「会社C」・「会社D」の三社間だけを取り出してみて，三角取引簡素化規定を適用する。すなわち，「会社C」は，「会社B」に対してフランスとドイツ以外のVAT-ID番号（「VAT番号」）を連絡し，それが記載された請求書（付加価値税は賦課されていない）を受け取り，「会社D」に対しては，同様に付加価値税を賦課しない請求書（「会社D」のドイツのVAT-ID番号と三角取引簡素化規定適用の旨の明

記）を送付し，EU加盟国間取引報告書での申告を行なう。これにより，「会社C」はドイツでの付加価値税登録を回避することができる。

このような対応が可能かどうかは，着荷地国の対応如何である。それを認めている国としてドイツが挙げられる。この拡大適用は，可能性が少ないものではあるが，具体的な取引の付加価値税上のチェックに際しては頭に入れておくべきものである。

③ 輸入チェーン（三角）取引

輸入チェーン（三角）取引も，在独日系企業においてよく見られるものである。「会社B」または「会社C」のところに在独の現地法人が来ることが多い。この取引の場合，輸送手配基準の適用で言うと，輸送手配は「会社A」が行ない，「会社C」は，輸入手続きを行なって輸入VATを納付する場合がほとんどである。

輸入チェーン取引

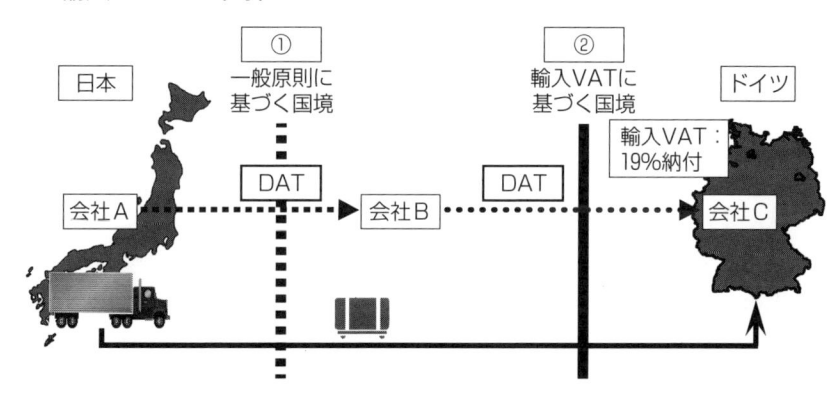

上で解説してきたチェーン（三角）取引の原則的ルール（輸送手配基準）からすれば，「会社A」が輸送手配を行なっていることから，「会社A」と「会社B」の間が移動取引となり，そこが日独間の付加価値税上の国境となる。その結果，「会社B」と「会社C」の間の取引は，ドイツ国内取引となり，「会社B」が発行する請求書には19％の付加価値税が賦課されなければならない。そうした場合，「会社C」は，輸入VATと「会社B」に対しての付加価値税と同じ取引について2度付加価値税を負担することになる。これについては，売上税法第4条第4b号に基づき，輸入VATを納付する前の取引，すなわち，「会社B」と「会社C」の間の取引ならびに「会社A」と「会社B」の間の取引は，非課税扱いと見なされる，という特例措置が講じられている。簡単に言うと，「①一般原則にもとづく国境」では

なく，「②輸入VATに基づく国境」を付加価値税上の日独国境と見なすということになる。

4　ここまでのまとめ

EU加盟国の国境をまたぐクロスボーダーのチェーン（三角）取引の場合，まず第一に，請求書上の取引がどこのEU加盟国の付加価値税の課税権に服するかというルール（課税権の割振りのルール）がまずあり，それがチェックされなければならない。これは，輸送手配基準の場合でも処分権移転時基準の場合でも，最終的には同じである。第二には，課税権が割り振られた国で付加価値税登録が実際に必要になるのかがチェックされなければならない。リバースチャージの適用あるいはコンサイメントストックに対する例外規定の適用等による付加価値税登録の回避策の有無のチェックである。輸送手配基準に基づく「課税権の割振りのルール」は，ドイツの税務当局側はまったく文字通りそれを適用している。他方で，2010年12月16日付の欧州司法裁判所「ユーロタイヤ・ホールディング判決」以降，ドイツにおいても処分権移転時基準が議論されている。その結果，この最初の「課税権の割振りのルール」のチェックに際して，移動取引（EU加盟国の国境）が前後にずれる可能性があることには留意する必要がある。

以上の点を踏まえて，クロスボーダー取引に関与する場合の事前チェックの留意点をまとめると以下のようになる。

①　自社に関する状況確認の一環として，自社の付加価値税登録がどうなっているのか，すなわち，ドイツ以外でそもそも登録しているのか，登録しているとすれば，どの加盟国で登録しているのかを確認しておく。

②　具体的な取引の事前チェックに際して，二者間取引なのかチェーン取引（三角取引）なのか明確に区別し，二者間取引の場合については，6つの基本パターンのどれに属するか，あるいは，「特殊な二者間取引」に属するかを確定し，処理・対応を決める。

③　特殊な二者間取引の場合，特にコンサイメント・ストック取引の場合等で，当該国に付加価値税登録がなされていない場合には，当該国における例外規定の有無を照会し，付加価値税登録の回避が可能か確認する。

④　チェーン取引の場合には，モノの移動先，すなわち，そもそも移動するのか，移動する場合，どこの国からどこの国へ移動するのか，そして，誰が輸送手配

を行なうのか（行なう予定なのか）を確認する。場合によっては，インコターム等からどの時点で誰から誰にどこで（ここのところの不明確性がまだクリアにされていないが……），モノについての「リスク移転（処分権移転）」が起こるか，あるいは，起こることになるのか確認する。

⑤　自らが関与する「請求書上の取引」がどこの国の課税権に服するか，あるいは，輸入VATあるいはEU域内取得VATの納税義務が発生するのかを確認する。もちろん，EU域内取得VATは申告書の上だけの話であり，相殺されて最終的にキャッシュアウトは発生しないが，付加価値税登録を前提とした納税義務であることには変わりはない。

⑥　自らが関与している請求書上の取引が課税される国において，付加価値税登録がなされているか確認し，もしなされていない場合には，輸送手配（移動取引）の移動あるいは処分権移転時点の調整が取引先とのビジネス関係から見て可能なのであれば，それにより，追加の付加価値税登録を回避して，取引に関与できるか検討する。

⑦　三角取引簡素化規定が適用できないかどうか検討する。

⑧　「中間検討チェック結果」において，追加での付加価値税登録が不可避という結論になった場合，次には，当該国でリバース・チャージ制度等による外国の会社に対する当該加盟国での登録回避策が可能かどうか確認する。

⑨　当該国で付加価値税登録が最終的に不可避という結論になった場合，登録手続・申告手続にどれだけの費用（コスト）がかかるのか見積もりを入手し，当該取引への関与のメリットと追加の費用を勘案し，実際に登録するか最終的に決定する。

とりわけチェーン取引の場合の⑥〜⑨のステップは，順序不同のものであり，同時的な検討が行なわれる必要がある。これだけからでも分かるように，そして，上においても示唆されているように，このような検討は，取引の話が最終的に決定する前に，営業・物流・仕入調達等の経理・税務関係以外の担当者も巻き込んで行なわれなければならない。

取引先と取引条件を交渉する場合，インコタームや決済通貨は，重要な取引条件となっている。その結果，国際貿易に関与する者にとって，これらに関する知識が絶対不可欠なものであるという認識は，外国との取引に経験が長い日系企業においては常識となっているかもしれない。ドイツならびにヨーロッパ（欧州）のビジネスにおいては，それに加えて，関係する取引がどこの国の付加価値税の課税に服

するか（VAT問題）も同様に重要な問題である。在独の日系企業（現地法人・支店）において，クロスボーダー取引に関わらない会社はない。そして，その在独日系企業の営業・物流・仕入・調達等の関係者にとっても，上で解説してきた「クロスボーダー取引時のEU（ドイツ）付加価値税」についての基礎的素養は不可欠である。そして，そのために「社内研修」や「社内ワークショップ」を実施することが必要になってくる。

IV
サービスの提供・受益に対する付加価値税

　在独日系企業において，ドイツ国内取引だけの会社は皆無と言える。サービスの提供・受益に関しても，ドイツ国内サービス取引だけではなく，クロスボーダー・サービス取引も同時的に視野に入れなくてはいけない。モノの売買については，モノが物理的にどこにあるか，ないしは，どこからどこに移動するかにより課税国を決定する「モノ基準原則」が該当した。それに対して，サービスの提供・受益については，どこでサービスが行なわれるか（＝サービス提供の場所（課税国））が基準となり，サービス提供の場所と見なされた国の付加価値税（税率）が賦課される。但し，モノ基準原則と少し異なっているのが，このサービス提供の場所は，サービスの実際的遂行の場所（物理的・地理的接点）から乖離する場合もある。また，サービス提供の性質からして，そもそも物理的・地理的接点があいまいなケースも多い。そしてもし，日本やスイスといったドイツ（EU加盟国）から見ての第三国がサービス提供の場所（国）と見なされる場合には，当然のことながら，ドイツ（EU加盟国）の付加価値税は賦課されない。

　さらに，サービス提供の場所は，どのようなサービスが提供されるのか（＝「サービスの内容」）によって自動的に決定される。そのため，サービスの内容の正確な把握が，きわめて重要である。当然のことながら，請求書の発行に際しては，サービスの内容を正確に記載すること，請求書を受け取るに際しては，サービス内容の記載が正確か，しっかり確認する必要がある。このことは，モノの売買取引の請求書にも該当する。しかしながら，モノの場合は，モノであることがそれなりに分かるのであれば，その細かい内容までは，それほど目くじらを立てられることはないが，サービスの場合は，その内容により，サービス提供の場所（課税国）の決定が大きく変わってくるために，その正確性の要求度が格段に違っている。

1 サービス提供の場所の決定

　モノの売買取引についても，その区別が重要になることがあるが，サービスの提供・受益の場合は，モノの売買取引の場合以上に，「最終消費者へのサービス提供」（「B2Cビジネス」）と「事業者へのサービス提供」（「B2Bビジネス」）を分けて考える必要がある。在独日系企業の場合，ほとんどのケースが「事業者へのサービス提供（B2Bビジネス）」であり，しかも，クロスボーダーのサービス取引もかなり大きな比重を占めていることから，本書においても，その2つを中心にして解説していきたい。また，基本原則と例外規定という形になっていることから，例外規定を具体的・個別的に記憶しておき，後は基本原則に沿って対応することになる。

1　サービス提供の場所：基本原則＝受益者所在地国原則

　事業者へのサービス提供（B2Bビジネス）については，ドイツ売上税法第3a条第2項に基づき，受益事業者が所在する国がサービス提供の場所（課税国）という受益者所在地国原則が基本原則となっている。正確に言うと，「受益者所在地国」ということの意味は，当該受益者が「事業活動の拠点」を有しているところということである。必ずしも税務上の居住地国という意味ではない。もし外国に支店（事業所・営業所）が存在していて，その支店（事業所・営業所）がそのビジネス活動の一環としてサービスを受益したのであれば，事業活動の拠点はその支店（事業所・営業所）が所在している国ということになり，同時に，提供者から見てのサービス提供の場所は，その支店（事業所・営業所）の所在地国となる。ちなみに，「最終消費者へのサービス提供（B2Cビジネス）」の場合は，ドイツ売上税法第3a条第1項に基づき，全く逆になり，「提供者所在地国原則」が基本原則となっている。

1　2009年までの受益者所在地国原則

　ドイツ（EU）においては，2010年に「2010年付加価値税法改革」が施行・実施された。その改革の中にはいくつかのポイントがある。在独日系企業にとって最も重要な点は，事業者へのサービス提供（B2Bビジネス）について，サービス提供の場所（課税国）の決定の基本原則が，「提供者所在地国原則」から受益者所在地国原則に変更されたことである。他方で，2010年からのこの受益者の所在地国がサービス提供の場所という規定は，特定のサービス内容（コンサルタント・サー

ビス，広告宣伝，著作権・特許権等の利用権限の供与，テレビ・ラジオ等による
サービス等）に関して，2009年までの規定にも存在していた（「EU付加価値税シ
ステム指令」旧第56条）。そしてそれは，他のEU加盟国に居住する最終消費者へ
のクロスボーダーのサービス提供の場合は別途の規定があり，少し複雑にはなって
いたものの，原則として，最終消費者へのサービス提供（B2Cビジネス）につい
ても適用されていた。

　2009年以前においても，たとえば，ドイツの会計事務所が在独日系企業の現地
法人（子会社）にコンサルタント・サービスを提供すると，サービス提供の場所は
ドイツということから，当該会計事務所はドイツの19%の付加価値税が賦課され
た請求書を発行する。それに対して，同じコンサルタント・サービスが日本本社に
対してなされた場合，サービス提供の場所は日本（第三国）ということになり，ド
イツ（EU）付加価値税とは関係がなくなるということから（不課税），付加価値税
が賦課されていない請求書が発行されていた。

　その意味において，受益者所在地国（課税地）原則は，「2010年付加価値税法改
革」において突然に登場したものではない。2010年以降の規定（現行の規定）と
の関連で重要な点は，事業者へのサービス提供（B2Bビジネス）においては，そ
れまでの提供者所在地国原則に代わり，受益者所在地国原則が基本原則となり，よ
り広い範囲のサービス提供がこの基本原則の適用を受けるようになったことである。

2　2010年（以降）に受益者所在地国原則に変更されたサービス

　理解の方法としては，いくつかあるサービス提供の場所（課税国）の決定方法の
例外規定（重要なものは5つ）を具体的・個別的な事例として記憶しておき，後は
受益者所在地国原則で対応することで問題ない。しかしながら，受益者所在地国原
則が適用されるサービス提供の中で，提供・受益を問わず在独日系企業に頻繁に関
係してくるもので，個別事例として頭の中に入れておくべきものがいくつかある。
その多くが，2009年までは別のサービス提供の場所の決定方法に服していたもの
が，「2010年付加価値税法改革」において受益者所在地国原則に変更されたもので
ある。

（1）　仲介・斡旋サービス

　在独日系企業においてもよく「口銭」とか「コミッション」とか呼ばれているも
のも，原則として，この「仲介・斡旋サービス」の対価として見なされる。また，
付加価値税が賦課されることが忘れられて，税務調査に際して，更正の対象となる
こともよく散見される。2009年までは，付加価値税が賦課される場合，特定の例

外を除き，原則として，仲介・斡旋サービスの対象となっていた売上が計上されている場所がサービス提供の場所とされていた。たとえばオランダの会社がフランスの会社へモノを販売した際には，売上の場所はオランダとなり，ドイツの会社がその販売の仲介・斡旋をしている場合でも，そのオランダが仲介・斡旋サービスのサービス提供の場所（国）と見なされた。この原則は2010年に撤回された。

この仲介・斡旋サービスは，サービスの実際的遂行の場所（物理的・地理的接点）が認識しにくいサービス提供である。2010年以降は，原則として受益者所在地国原則が適用されている。この場合，仲介・斡旋サービスの対象となるモノ・サービスの買手・受益者が仲介・斡旋サービスの受益者になる場合と，売手・提供者が受益者になる場合とで，サービス提供の場所（国）が変わってくる場合があることには留意しなくてはいけない。

（2）　貨物輸送サービス

2009年までは，「行程（道のり）基準原則」を基本原則として，「EU域内貨物輸送」（異なるEU加盟国間の輸送）については，別途の決定方法（「輸送開始国基準原則」）が適用されていた。2010年以降，以前から輸送業者の所在地国は問題にされていなかったものの，輸送の行程がどこかもまったく問題にされなくなっている。そして，受益者（輸送依頼者）の所在地国がサービス提供の場所（国）と見なされることになっている。その結果，ポーランドの運送業者がポーランドの会社（受益者）の依頼を受けて，ポーランド（EU加盟国）のワルシャワからドイツ（EU加盟国）のハンブルクへ「貨物輸送サービス」を行なった場合であれば，2009年までは，「輸送開始国基準原則」でサービス提供の場所はポーランド，2010年以降は，受益者所在地国原則でサービス提供の場所はポーランドというように，結果として同じになる。しかし，同じくポーランドの運送業者がポーランドの会社（受益者）の依頼を受けて，ドイツ（EU加盟国）のハンブルクからミュンヘンまで貨物輸送サービスを行なった場合，もちろん当該運送業者は「カボタージュ制限」に留意しなくてはいけないものの，依頼主（受益者）がポーランドであることから，サービス提供の場所はポーランドとなる。2009年までであれば，これはドイツであった。

実際の課税がどうなるかは別にして，輸送依頼者（受益者）がEU加盟国内の会社で，輸送の行程がやはりEU加盟国域内という場合には，同一の原則が適用されることから，2009年以前より，サービス提供の場所の決定は分かりやすくなったと言える。さらに，モノの輸出入に関係する第三国へ（から）の輸送の場合（たと

えば，ドイツ［EU加盟国］のハンブルクからスイス［第三国］のチューリッヒまでの輸送）でも，行程が第三国の国内で完結する場合（たとえば，スイス［第三国］国内のチューリッヒからジュネーブまでの輸送）でも，あるいは，2つの第三国間の輸送の場合（たとえば，ウクライナ［第三国］のキエフからロシア［第三国］のモスクワまでの輸送）でも，また，輸送依頼者（受益者）が第三国の会社という場合でも，サービス提供の場所（課税国）の決定方法に関するこの受益者所在地国原則は，後述する例外規定を別にして，ドイツ（EU）付加価値税法から見て一貫して適用される。その際，第三国が絡んでくる場合，当該第三国の付加価値税あるいはそれに類似する税金にも留意しなくてはならない。この貨物輸送サービスは，サービスの実際的遂行の場所（物理的・地理的接点）と付加価値税上のサービス提供の場所が最も明確に乖離しているサービス提供のひとつである。

（3）　貨物輸送関連サービス（積荷・荷降ろし・積替え作業等）

2009年までは，「作業場所基準原則」が基本で，実際に作業が行なわれたところがサービス提供の場所となり，例外的に，「EU加盟国間貨物輸送」の関連サービスの場合には，輸送依頼者がEU加盟国内の会社である限りにおいて，その輸送依頼者の所在地国がサービス提供の場所（課税国）と見なされるという変則的な形になっていた。

2010年からは，上述の貨物輸送サービスと同じく，受益者所在地国原則が適用され，通常，貨物輸送サービスと貨物輸送関連サービスは同一の会社（事業者）により依頼されるであろうことから，その場合には，サービス提供の場所（課税国）は双方とも同じになる。この貨物輸送関連サービスも，サービスの実際的遂行の場所（物理的・地理的接点）と付加価値税上のサービス提供の場所（課税国）が最も明確に乖離しているサービス提供のひとつである。

（4）　動産関連サービス（自動車修理・専門鑑定等）

「動産関連サービス」の中に含まれるものの主要なものとしては，自動車・機械等の修理・メンテナンス，それらに関連する専門鑑定サービス（鑑定書の作成）等がある。

2009年までは，「作業場所基準原則」が基本で，たとえば，ドイツの会社がその会社所有の乗用車を国境を越えてオランダの修理工場に持って行なって修理してもらったという場合，オランダで修理作業が行なわれたということで，サービス提供の場所（課税国）はオランダということになっていた。ちなみにこの場合に，ドイツの会社の従業員がその会社の（ドイツ）VAT-ID番号（VAT番号）を修理工場

側に提示して，当該乗用車をドイツに持って帰るという前提条件のもとで（通常そうするであろう），サービス提供の場所（課税国）はドイツに移動するという特別な規定が存在していた。

2010年以降，上のケースは，受益者がドイツの会社ということで，受益者所在地国原則に基づき，サービス提供の場所（課税国）はドイツということになる。この動産関連サービスも，サービスの実際的遂行の場所（物理的・地理的接点）と付加価値税上のサービス提供の場所（課税国）が最も明確に乖離しているサービス提供の一つである。

（5）　見本市・展示会関連サービス

2009年までの規定では，日本の本社がたとえばハノーファー（ドイツ）で開催される見本市に出展して，ブースのアレンジを見本市・展示会会社に依頼した場合，「不動産関連サービス」のカテゴリーに括られてサービス提供の場所（課税国）は不動産が位置するところ（ここではドイツ）となり，見本市・展示会会社は，19％の付加価値税を載せた請求書を日本本社に送付してきていた。見本市・展示会のブース面区画の賃貸料だけではなく，それに関連する一切合切のサービス全体を「不動産関連サービス」と見なしていたわけである。

2010年からは，見本市・展示会会社のそのような見本市・展示会に関連するサービスについて，見本市・展示会のブース面区画の賃貸料は，引き続き，不動産関連サービスと見なされ，その点についてのサービス提供の場所（課税国）は不動産の位置するところである。それに対して，それ以外のサービス（ブース設備の賃貸，ブース設計・組立，ブースへの電気・ガス・水道等の供給，ブースの管理・維持，ブースの清掃，事務機器の賃貸，秘書業務サービス，翻訳・通訳サービス等，連邦財務省通達には15項目に分けて列挙してある）は，「文化・芸術・スポーツ・学術・教授／研修活動・エンタテイメントならびにその他の催し物に関するサービス」（「催し物関連サービス」）という別途の括り方をされている。

そして2011年からは，「催し物関連サービス」には受益者所在地国原則が適用され，上記の見本市・展示会へのブース出展の例では，受益者（日本の会社）の所在地国である日本がサービス提供の場所（課税国）と見なされることになっている。さらに，連邦財務省通達に基づき，ブース面区画の賃貸料と上記の15項目のサービスの3項目以上が一緒の契約で取り決められている場合には，包括的な催し物関連サービスと見なして，それ全体のサービス提供の場所（課税国）が受益者所在地国になるとしている。但し，見本市・展示会の入場券（入場させるサービス）に関

しては，見本市・展示会の開催場所がサービス提供の場所（課税国）と見なされて，上記の包括的な催し物関連サービスには含められない。

② サービス提供の場所：例外規定

「事業者へのサービス提供（B2Bビジネス）」については，例外規定の具体的事例を記憶しておき，後は受益者所在地国原則（基本原則）の適用で対応する。その意味で順序が逆になるが，以下において，例外規定の主要なものについて，具体的事例と共に解説する。記憶しておくべきは，以下の6つの例外規定である。

① 不動産関連サービス（「不動産所在地規定」）
② 輸送手段の短期的リース（「引渡地規定」）
③ レストラン／ケータリング・サービス（「食事提供地規定」）
④ 旅客輸送サービス（「行程基準規定」）
⑤ 催し物入場チケットサービス（「開催場所規定」）
⑥ 第三国関連のサービスに関する例外規定（「使用・利用地規定」）

なお，以上の例外規定は，部分的に「例外規定の例外規定」とも言える「⑥第三国関連のサービスに関する例外規定（「使用・利用地規定」）」を除き，事業者（会社）・最終消費者を問わずに適用される。

1　サービス提供の場所：例外規定＝不動産関連サービス

不動産関連サービスは，2010年以降も，不動産が位置するところがサービス提供の場所（課税国）と見なされている（「不動産所在地規定」）。これは，2009年までの規定でもそうであった。この最も具体的な例は，建築家による設計・建築企画等のサービス，不動産鑑定士のサービス，不動産業者のアパート仲介サービス等であり，ホテル宿泊サービスもこのカテゴリーの中に含められる。上述のように，見本市・展示会に関連するサービスは，2010年以降，ブース面区画の賃貸料を例外として，不動産関連サービスとは見なされていない点には留意する必要がある。ここのところは，2010年のEU付加価値税改革以前の時期を対象としてはいたものの，2011年10月27日付の欧州司法裁判所判決（インターマーク判決）においても確認されている。

2　サービス提供の場所：例外規定＝輸送手段の短期的リース

「輸送手段」とは，具体的には乗用車・トラック（レンタカー），ボート・その他の船舶，航空機等であり，「短期的」とは，原則として30日以内であり，船舶等は特別に90日以内とされている。「短期的リース」の場合，事業者（会社）・最終消

費者を問わず，当該輸送手段がリースのために引渡された場所がサービス提供の場所（課税国）とされる（「引渡地規定」）。他方で，「長期的リース」の場合，「事業者（会社）へのサービス（リース・レンタル）」であれば，基本原則である受益者所在地国原則が適用される。日本本社からの出張者が，たとえばドイツでレンタカーを1週間借りたという場合，サービス提供の場所（課税国）はドイツとなる。また，2ヵ月間のドイツ出張の間に，1ヵ月半の間レンタカーを借りていた場合には，長期的リースということで，サービス提供の場所（課税国）は日本になる（サービスの受益者は日本本社）。この場合，リース業者が日本本社が事業者であることの何らかの証明を要求してくる可能性があることには留意しておかなければならない。

3　サービス提供の場所：例外規定＝レストラン等の売上

　レストラン・ケータリング等のサービスについては，受益者が事業者（会社）か最終消費者であるかに関わりなく，その食事・飲物等が供された場所がサービス提供の場所（課税国）となる（「食事提供地規定」）。ただし，EU域内で行き来する船舶・航空機・電車内での食事・レストランサービスの場合は，これも受益者が事業者（会社）か最終消費者かに関わりなく，その旅客輸送の開始場所がサービス提供の場所（課税国）とされる。たとえばオーストリアのウィーン発のドイツの数都市に向けての「ICE」（日本の新幹線に対応するドイツの超高速列車）があるが，ドイツ国内走行中でもその中の食堂・ビストロ車両で食事をすると，20％のオーストリアの付加価値税が賦課された領収書を受け取ることになる。

4　サービス提供の場所：例外規定＝旅客輸送

　これは従来（2009年まで）と同様に，受益者が事業者（会社）か最終消費者かに関わりなく，「行程（道のり）基準」に基づき，行程（道のり）の地理的位置がサービス提供の場所（課税国）となる（「行程基準規定」）。たとえば，パリ（フランス）からミュンヘン（ドイツ）まで電車で行く場合，その行程（道のり）のうち，フランス区間は，フランスがサービス提供の場所（課税国）となり，ドイツ区間はドイツがサービス提供の場所（課税国）となり，それぞれの付加価値税の賦課が行なわれる。なお，電車・トラム・タクシー・バス等の「近距離旅客輸送サービス」については，標準税率の19％ではなくて，軽減税率の7％が適用されるとの特別規定がある。「近距離」とは，ひとつの地方自治体の領域内の旅客輸送または50キロ以内の旅客輸送である。ちなみに，事業者（会社）に対する「貨物輸送サービス」（積荷・荷降ろし・積替え作業等の関連サービスも含む）については，基本原

則である受益者所在地国原則が適用されること，すなわち，旅客輸送と貨物輸送ではサービス提供の場所（課税国）の決定方法が異なることをここで再度強調しておきたい。

5　サービス提供の場所：例外規定＝催し物についての入場券

　文化・芸術・スポーツ・学術・教授／研修活動・エンタテイメントならびに見本市（メッセ）・展示会ならびにその他の「催し物」への入場券（入場させるサービス）は，受益者が事業者（会社）か最終消費者かに関わりなく，当該「催し物」が開催される場所がサービス提供の場所（課税国）となる（「開催場所規定」）。たとえば，見本市（メッセ）・展示会の出展企業（日本の会社）が，出展ブース・スタンドに関係するサービスをドイツの見本市・展示会会社に依頼した場合，その出展ブース・スタンドに関するサービスは，「（包括的）催し物関連サービス」としてサービス提供の場所（課税国）は日本となり，ドイツの付加価値税は賦課されない請求書が送られてくる。しかし，取引先等に配布するという目的で，その見本市・展示会の「入場券」も併せて送ってもらうと，「入場させるサービス（入場券チケット）」のサービス提供の場所（課税国）は開催場所のドイツということになり，その請求書には，ドイツの付加価値税19％が賦課されてくる。

6　サービス提供の場所：第三国関連の例外規定

　ドイツはヨーロッパ大陸の真ん中に位置し，大部分がEU（欧州連合）加盟国に取り囲まれているが，第三国であるスイスとも国境を接している。また，まだEU加盟国ではないバルカン諸国やウクライナ・ベルラーシ・ロシアといった第三国の国とも他のEU加盟国を通じて陸続きで繋がっている。たとえばドイツの貨物トラックがウクライナ・ベルラーシ・ロシアに向けて輸送サービスを行なったりということは日常的に行なわれている。第三国が絡むその他のクロスボーダーサービス提供も，当然のことながら，頻繁に行なわれている。そのような状況を背景として，上記の基本原則と例外規定だけでは，当該第三国の付加価値税法ないしはそれに類似する税法規定との関連で，様々な問題が発生する可能性がある。そのため，第三国関連の例外規定（場合によっては「例外規定の例外規定」）がいくつか設けられている。それらは，基本的に「使用・利用地規定」にもとづきサービス提供の場所（課税国）が決められている。

（1）（特定の）輸送手段のリースに際しての第三国関連の例外規定

　輸送手段（乗用車・トラック［レンタカー］，ボート・その他の船舶，航空機等）の短期的リース（船舶90日以内，その他は30日以内）は，受益者が事業者か

最終消費者かを問わず，輸送手段がリースされた場所がサービス提供の場所（課税国）となる（「引渡地規定」）。これは，受益者所在地国原則の例外規定である（売上税法第３a条第３項第２号）。この例外規定については，第三国との関連で，二つのいわば「例外規定の例外規定」がある。そしてそのどちらも，いわゆる「使用・利用地規定」に服するものである。

　一番目のものは，輸送手段すべてではなく，「特定の輸送手段（鉄道車両・バス・トラック等）」についてだけである。そして，ドイツ国内の事業者による第三国所在の事業者への「短期的リース」に関してのものである（売上税法第３a条第７項）。具体例として，ドイツとスイスとの国境に位置するドイツの都市：コンスタンツの町のレンタカー会社が，スイスの会社に３週間小型トラックをリースし，スイスの会社の従業員がコンスタンツのレンタカー会社までその小型トラックを取りに来て，スイス国内で使用するというケースを考える。この場合，本来的な例外規定（「引渡地規定」）に基づけば，小型トラックがレンタカーとして引き渡されたのがコンスタンツ（ドイツ）であることから，サービス提供の場所（課税国）はドイツとなる。その結果，コンスタンツのレンタカー会社は，ドイツの付加価値税19％が賦課された請求書をスイス（第三国）の会社に送付することになる。しかしながら，当該小型トラックがスイス（第三国）で輸送手段として利用される限りにおいて，当該第三国をサービス提供の場所（課税国）と見なし，レンタカー会社は，ドイツの付加価値税が賦課されない請求書を送付する。

　二番目のものは，輸送手段（乗用車・トラック［レンタカー］，ボート・その他の船舶，航空機等）すべてについて，第三国の事業者が他の事業者または最終消費者にリースして，当該輸送手段がドイツ国内で使用される場合，サービス提供の場所（課税国）がドイツ国内になるというものである（売上税法第３a条第６項第１号）。この際，どこでその輸送手段がリースのために引き渡されたか，短期的リースであるか長期的リースであるかは問われず，また，受益者が事業者であるか最終消費者であるかにも関係なく，どこで使用・利用されたかのみが，サービス提供の場所（課税国）の決定の基準となる。

（２）　提供者・受益者の所在地＝ドイツの場合の第三国関連の例外規定

　ドイツの運送会社が，ドイツ企業の依頼でバーゼルからチューリッヒまで貨物輸送を行なった場合，これまでの解説から分かるように，受益者所在地国原則が適用されて，サービス提供の場所（課税国）はドイツとなる。そして，ドイツの運送会社は，受益者であるドイツ企業に対して，ドイツの付加価値税19％が賦課された

請求書を送付することになる。この場合，スイスの付加価値税法がそうなっているかどうかは別にして，第三国の付加価値税ないしはそれに類似する税金の規定があり，ここで問題にしている貨物輸送サービスが，当該第三国で課税対象になるケースが十分に想定される。そのような時の二重課税を回避するために設けられているのがここで解説している例外規定である（売上税法第3a条第8項）。その中で次のようなサービス提供は，当該サービスがそこで（第三国で）実際に使用または利用される場合，ドイツの税務当局側から見て，ドイツをサービス提供の場所（課税国）とは見なさないとしている（「使用・利用地規定」）。

- ・貨物輸送サービスならびにそれに関連するサービス（積荷・荷降ろし・積替え作業等）
- ・動産関連サービス（修理・専門鑑定等）
- ・旅行前段階でのサービス
- ・見本市・展示会等の催し物関連サービス

③ 基本原則と例外規定の関係

「2010年EU付加価値税改革」以降は，例外は残っているものの，「事業者へのサービス提供（B2Bビジネス）」の場合のサービス提供の場所（課税国）の決定方法については，受益者所在地国原則が基本原則になり，現在に至っている。ここまでの頭の中の整理として，少しまとめておく。

サービス提供の場所（課税国）は，付加価値税法上の定義により，サービスの内容に基づき決められている。人間の一般的な場所的感覚とは異なるケースもある。例外規定に基づき決定されるサービス提供の場所（課税国）はどれも，サービスの実際的遂行の場所と何らかの物理的・地理的接点（「不動産の地理的所在地」，「食事提供の場所」，「旅客輸送の行程」等）がある。それに対して，事業者へのサービス提供（B2Bビジネス）における基本原則のもとでは，場合によってはその物理的・地理的接点とはまったく無関係に，サービス提供の場所（課税国）を受益者所在地国としている。とりわけ「貨物輸送サービス」は最もドラスティックな例になる。たとえば次のようなケースである。

【サービス提供の場所とサービスの実際的遂行の場所との乖離の事例】

日本の電子部品製造メーカーは，ドイツに現地法人（子会社）を有しているのであるが，色々な事情があって，ドイツ国内のハンブルクからミュンヘンまでの同社の製品の輸送を，直接にドイツの運送会社に依頼した。

このケースにおいて，サービスの実際的遂行の場所（物理的・地理的接点）はハンブルクからミュンヘンへの「行程」ということでドイツである。それにも拘わらず，「貨物輸送サービス」のサービス提供の場所（課税国）は，受益者所在地国原則に基づき決定されることから，電子部品製造メーカーの所在地国の日本ということになる。その結果，課税関係について言うと，ドイツから見て不課税ということになり，電子部品製造メーカーがドイツの運送会社から受け取る請求書には，ドイツの19%の付加価値税は賦課されない。また，このようなケースにおいては，第三国（ここでは日本）での課税（付加価値税あるいはそれに類した税金の課税）がどうなるかのチェックが必要となる。サービス提供の場所（課税国）とサービスの実際的遂行の場所の乖離は，サービスに関する付加価値税処理の理解を困難にしている原因のひとつである。他方で，モノの取引のEU加盟国間取引の場合と同様に，そのようなポイントが理解できると，ドイツ（EU）付加価値税に対する知識はにわかに深まると言える。

2　サービスに対する実際の課税

　モノの取引の「基本の中の基本」である二者間取引に関しては，モノの動きに準じての「ドイツ国内取引」・「EU加盟国間取引」・「第三国との輸出入取引」という3区分が，一般人の感覚からしてもそれなりに理解しやすい。そして，付加価値税の具体的な課税処理の内容理解のためにも，非常に有効な区分である。それに対して，サービスの提供・受益においては，サービス提供の場所（課税国）が基準になっている。そして，「B2Bビジネス」の場合は，受益者所在地国原則が基本原則となっているために，課税処理の相違の根拠となるサービス提供の場所（課税国）と一般人がすぐにそうと認識できるサービスの実際的遂行の場所（物理的・地理的接点）とが乖離している場合がある。

　さらには，コンサルタントサービスやインターネットを通じてのサービスのように，サービスの実際的遂行の場所（物理的・地理的接点）がそもそも明確ではなく，半ば人為的にサービス提供の場所（課税国）を決めているようなものもある。その結果，サービスの提供・受益については，モノの取引とは異なる区分をしていかなくてはいけない。

① サービス提供の場所（課税国）の観点からの３つのサービス取引のタイプ分け

ここでは，ドイツの事業者（在独日系企業の現地法人・支店・駐在員事務所等）の視点から，そして，サービス提供の場所（課税国）を中心に据え，部分的にサービス提供者とサービス受益者の所在地国，場合によっては，サービスの実際的遂行の場所（物理的・地理的接点）を考慮した考え方で，①ドイツ国内サービス提供・受益，②クロスボーダーのドイツ国内サービス提供・受益，③クロスボーダーの外国サービス提供・受益の３つに区分して解説していく。

1　ドイツ国内サービス提供・受益

サービス提供の場所（課税国）はもちろんのこと，サービス提供者の所在地，サービス受益者の所在地，さらに場合によっては，サービスの実際的遂行の場所（物理的・地理的接点）の４つがドイツ国内の場合である。すなわち，すべてがドイツ国内で完結しているようなサービス取引（提供・受益）である。この場合の課税処理は，モノのドイツ国内販売・購入取引の場合と基本的に同じで，モノがサービスに取って代わっただけである。

2　クロスボーダーのドイツ国内サービス提供・受益

ここでも，あくまでもドイツの事業者（日系企業の在独現地法人・支店・駐在員事務所等）から見ての分類である。サービス提供の場所（課税国）はドイツであり，その意味において，上のドイツ国内サービス提供・受益と同じである。ここのクロスボーダーの意味は，サービス提供者またはサービス受益者，あるいは，その双方が外国の事業者ということである。外国は，他のEU加盟国であるか，第三国（スイス，ロシア，あるいはアメリカや日本等）であるかは問われない。この「クロスボーダーのドイツ国内サービス提供・受益」の場合，具体的な付加価値税の課税処理の観点からは，

① 受益者所在地国原則（基本原則）に基づき，サービス提供の場所：ドイツになる場合

② 例外規定に基づき，サービス提供の場所：ドイツになる場合

の２つを区別すると分かりやすい。前者の受益者所在地国原則（基本原則）に基づきサービス提供の場所がドイツになるのは，サービス受益者がドイツの事業者（日系企業の在独現地法人・支店・駐在員事務所等）の場合のみである。後者の例外規定に基づきサービス提供の場所がドイツになる場合は，ドイツの事業者が，サービ

ス提供者になる場合とサービス受益者になる場合の双方が考えられる。

3　クロスボーダーの外国サービス提供・受益

　ドイツの事業者（日系企業の在独現地法人・支店・駐在員事務所等）の視点から見て，サービス提供の場所が外国になる場合の区分である。この場合も，外国は，他のEU加盟国であるか，第三国（スイス，ロシア，あるいはアメリカや日本等）であるかは問われないが，具体的な付加価値税の課税処理の観点からは，相違が出てくる。この場合も，上の「クロスボーダーのドイツ国内サービス提供・受益」の場合と同様に，

　　③　受益者所在地国原則（基本原則）に基づき，サービス提供の場所：外国になる場合

　　④　例外規定に基づき，サービス提供の場所：外国になる場合

の2つを区別すると分かりやすい。前者の受益者所在地国原則（基本原則）に基づきサービス提供の場所が外国になるのは，ドイツの事業者がサービス提供者になる場合のみである。後者の例外規定に基づきサービス提供の場所：外国になる場合は，ドイツの事業者が，サービス提供者になる場合とサービス受益者になる場合の双方が考えられる。

　ドイツの事業者（在独日系企業の現地法人・支店・駐在員事務所）のもとでドイツ国内での具体的な付加価値税処理が発生するのは，最初の①ドイツ国内サービス提供・受益と②クロスボーダーのドイツ国内サービス提供・受益であり，最後の③クロスボーダーの外国サービス提供・受益においては，サービス提供の場所：外国となることから，ドイツでは不課税取引と見なされて，ドイツの具体的な付加価値税処理はないのであるが，不課税を明確にするという観点から解説を加えておく。

　現在のドイツ（EU）付加価値税の理解のためには，サービス提供の場所（課税国）に基づく区分と同時に，リバースチャージ制度についての突っ込んだ理解が不可欠である。サービスについての具体的な付加価値税処理の説明に入る前に，少し横道に逸れるように見えるかもしれないが，リバースチャージ制度ならびにその他の各種の手続きについてここでまとめておきたい。

②　サービス提供・受益に際してのリバースチャージ制度の適用

　「クロスボーダーのドイツ国内サービス提供・受益」において，受益者所在地国原則（基本原則）の適用の場合には，外国所在のサービス提供者，ドイツ国内のサービス受益者という構図になり，その逆はない。この際本来的には，外国所在の

サービス提供者は，予めサービス提供の場所をドイツとして付加価値税登録を行ない，サービス受益者からドイツの付加価値税を支払ってもらい，ドイツの税務署に納付しなくてはいけない。これは大変面倒なことであり，クロースボーダーのサービス取引の活発化にとって大きな障害となるであろう。この問題を解決しているのが，付加価値税登録の免除を伴う「リバースチャージ制度」の適用である。

1　付加価値税納税義務の本来的原則の確認

　ドイツ（EU）の付加価値税システムにおいて，付加価値税の納税義務を負うのは売上を計上した事業者（会社）である。モノの取引で言えば，モノを販売する者であり，サービス提供・受益で言えば，サービス提供者である。付加価値税は，本来的に最終消費に賦課されるものであるが，最終消費者は様々な意味において分散している。そのため，最終消費者に納税義務を課しても，すなわち，最終消費者に対して，「私は1年間の間にこれだけの金額に相当する最終消費を行ないました。よって，これだけの税額を納付します」という自主申告を期待したとしても，徴税効率がすこぶる悪くなることは容易に想像がつく。その結果，昨今の発達した経済のもとでは，最終消費の前には必ずモノあるいはサービスを有償で販売している者がいる筈である，その販売している者（売上を計上している者）に納税義務を課したら，より効率的になるであろうという前提のもと，売上に対して課税し，「売上を計上する者」（事業者）を納税義務者にしているわけである。これが，ドイツ（EU）の付加価値税システムの「基本的建付け」である。

　納税義務を負っている事業者（会社）は，売上の計上時に，ある意味で無差別的に，付加価値税を賦課した請求書を発行する。そして，その請求書を受け取った者が事業者（会社）であれば，その事業者は，後日，その受け取った請求書をベースにして，一旦支払った付加価値税を税務署から前段階税として還付（相殺控除）してもらい，最終消費にしか賦課されないようにしている。これがドイツでは1968年から導入されて，現在に至っている前段階税控除制度である。数年前後しているが，当時の欧州経済共同体〈EEC〉の加盟国は，同時期に同じ制度を導入している。

　筆者のように実際に還付（相殺控除）の実務の現場を目にしている立場の者でも，「なぜ一旦わざわざ支払わせて，後で還付するという面倒なことをやっているのか」という素朴な疑問を抱いてしまう。一般の人でも，前段階税控除制度の「からくり」が理解できると，事業者（会社）が売上を計上する際に，購入者が最終消費者であるか事業者であるかを確認して，最終消費者であれば付加価値税を賦課した請求書を発行し，事業者であれば，付加価値税を賦課しない請求書を発行するよう

にすればいいのではないか，そうすれば，事業者のもとでのキャッシュ・フローの改善にも繋がるのではないか，と考えるのではないかと思う。しかし，実務的に考えた場合，売上の計上時に，そのつど最終消費者であるか事業者（会社）であるかという購入者のステータスを確認する作業も，かなり手間暇がかかり，非効率に陥る可能性が大きい。そして，税務当局側の観点から見て，それにより「課税漏れ」が発生するのではないかという危惧や懸念も強く，そして，それを無視できず，結局のところ，あくまで「売上を計上する者が納税義務者」という原則が堅持されている。

2 リバースチャージ制度とは？

「リバースチャージ制度〈reverse charge system〉」は，現行のドイツ（EU）付加価値税法においては，「売上を計上する者＝納税義務者」という原則の観点からは，例外的なシステムという位置付けである。一言でいうと，「売上を計上する事業者が負うはずの付加価値税納付義務を，購入者（事業者）に転嫁する」ということである。サービスの提供について言えば，「本来はサービス提供者が負うはずの付加価値税納付義務をサービス受益者（事業者）に転嫁する」ことになる（納税義務転嫁）。上のような「売上を計上する者＝納税義務者」という原則を堅持しつつ，購入者のステータスを確認して，事業者（会社）であるならば，納税義務をその購入者に転嫁して，付加価値税を賦課しない請求書を発行する」ということを実現しているものである。さらに，クロスボーダー取引にこのリバース・チャージ制度が適用される場合，付加価値税登録の義務も免除されるという点も重要である。

リバースチャージ制度が適用される場合，サービス提供者側では，サービス受益者に対する「納税義務転嫁」が行なわれ，サービス受益者側では，「リバースチャージ課税」が行なわれる。第三国の事業者がサービス提供者としてリバースチャージ制度の適用を受ける場合は，基本的にEU加盟国の事業者がサービス提供者の場合と大きな相違はない。しかしながら，EU加盟国事業者がサービス提供者として課せられているサービス受益者のVAT-ID番号（VAT番号）の請求書への記載や「EU加盟国間取引報告書〈european sales listing〉」の提出の義務は免れている。

③ サービス提供・受益に際しての付加価値税上の手続きの区分

モノの売買取引に際しても見られるのであるが，サービス提供のドイツにおける付加価値税上の手続きを明確に理解するために，①申告手続，②前段階税還付手続，③納税義務転嫁（リバースチャージ制度の適用の一環），④リバースチャージ課税

（リバースチャージ制度の適用の一環）に区分を再確認しておきたい。

1　申告手続

　ドイツにおける付加価値税登録を前提にしての月次ごと（または四半期ごと）の仮申告に始まる手続きである。要納付付加価値税の申告／納付と前段階税の申告／控除・還付を同時的に行なう。詳細は，「6　付加価値税登録と申告手続・前段階税還付手続」（247頁以下）を参照。

2　前段階税還付手続

　ドイツにおいて付加価値税登録の必要がない外国（EU加盟国と第三国の双方）のサービス受益者（事業者）において行なわれる付加価値税処理である。付加価値税登録を前提にせず，前段階税の還付だけを申請する付加価値税上の手続きであり，あくまで権利であって，義務ではない。詳細は，「6　付加価値税登録と申告手続・前段階税還付手続」（247頁以下）を参照。

3　納税義務転嫁（リバースチャージ制度の適用の一環）

　「クロスボーダーの外国サービス提供・受益」において，受益者所在地国原則が適用されて「サービス提供の場所：他のEU加盟国」となる場合，ドイツのサービス提供者が，当該EU加盟国での付加価値税登録なしで，しかも，当該EU加盟国での付加価値税の納税義務をサービス受益者に対して転嫁する付加価値税処理である。リバースチャージ制度の適用の一環である。実務的には，付加価値税処理として行なうべきことは以下の通りである。

- ・予め当該EU加盟国のサービス受益者のVAT-ID番号（VAT番号）を連絡してもらう。
- ・発行する請求書に付加価値税を賦課せず，サービス受益者のVAT-ID番号（VAT番号）とリバースチャージ制度適用の旨を根拠条文と共に記載して（納税義務転嫁），サービス受益者に送付する。
- ・ドイツの申告手続の月次申告（四半期申告）の中で不課税取引として申告する。
- ・サービス受益者（事業者名）とそのVAT-ID番号（VAT番号）ならびにサービス報酬額とを記載した「EU加盟国間取引報告書〈european sales listing〉」をドイツ税務当局に対して提出する。

4　リバースチャージ課税（リバースチャージ制度の適用の一環）

　ドイツの付加価値税から見た場合，リバースチャージ制度が適用される場合のサービス受益者（ドイツの事業者または付加価値税登録をしている外国の事業者）のもとで行なわれる付加価値税処理である。サービス提供者からの納税義務転嫁を

受けて，申告手続の一環として行なわれる。実務的には，付加価値税処理として行なうべきことは以下の通りである。

- 予め他のEU加盟国のサービス提供者に対して，自らのVAT-ID番号（VAT番号）を連絡する（第三国の事業者がサービス提供者の場合は，これが省略される）。
- 付加価値税が賦課されていない請求書を受け取る。
- ドイツの申告手続の中の月次申告において，当該受益サービスのネット報酬金額を課税対象の「受益サービス（取得購入）」の欄に記入し，それに賦課される19％の付加価値税額の金額をも記入する。同時に，還付（相殺控除）対象の前段階税をそれと同時で記入する。

上の記述からも分かるように，「19％の受益サービスに対する付加価値税」（加算申告）と「19％の前段階税」（減算申告）が当該申告書上で両建てで記入されることから，このリバースチャージ課税に関係してのキャッシュアウトは発生しない。

④　ドイツ国内サービス提供・受益

「ドイツ国内サービス提供・受益」は，サービス提供者の所在地，サービス受益者の所在地，そして，サービス提供の場所（課税国），さらにはサービスの実際的遂行の場所（物理的・地理的接点）の４つがドイツであることを想定している。すなわち，ごく一般のビジネスマンの感覚で，ドイツ一国内で完結しているサービスの提供・受益である。

この「ドイツ国内サービス提供・受益」の場合は，受益者所在地国原則（基本原則）が適用されてサービス提供の場所（課税国）がドイツ国内になる場合でも，例外規定が適用されてサービス提供の場所（課税国）がドイツ国内になる場合でも，その付加価値税処理において相違はない。受益者所在地国原則（基本原則）が適用される「貨物輸送サービス」の例で見てみる。

【ドイツ国内における貨物輸送サービスの提供・受益】

デュッセルドルフの在独日系企業の現地法人（「会社A」）は，同じくデュッセルドルフに位置する運送会社（「会社B」）に対して，デュッセルドルフからミュンヘンへの貨物輸送を依頼した。

【サービス提供の場所の確定と事実関係の整理】

サービスの内容：貨物輸送サービスの事業者へのサービス提供（B2Bビジネス）

サービス提供者の所在地国：ドイツ（「会社B」の所在地国）

サービス受益者の所在地国：ドイツ（「会社A」の所在地国）

サービスの実際的遂行の場所：ドイツ（デュッセルドルフからミュンヘン）

付加価値税上のサービス提供の場所（国）：ドイツ（受益者所在地国原則の適用）

【具体的な付加価値税処理の概要】

サービス提供者の運送会社「会社B」：

ドイツの19％が賦課された請求書の発行，申告手続（通常，月次）の中での付加価値税納付

サービス受益者の「会社A」：

ドイツの19％が賦課された請求書の受取・申告手続（通常，月次）の中での前段階税としての還付・相殺控除

　具体的な付加価値税処理においては，モノの「ドイツ国内売買取引」の場合と相違はなく，単純にモノがサービスに置き換わっただけである。すべてがドイツ国内で完結しているので，何の違和感もなく当然のように見える。しかしながら，あくまで「サービス受益者」がドイツに位置していて，サービス提供の場所（課税国）がドイツだから，ドイツの付加価値税に服しているという原則の理解が重要である。ちなみに，上の例で，輸送区間がデュッセルドルフから，ミュンヘンではなくてフランスのパリまでだったとしても，付加価値税課税処理はまったく変わらない。

5　クロスボーダーのドイツ国内サービス提供・受益

　ここの「クロスボーダーのドイツ国内サービス提供・受益」は，ドイツがサービス提供の場所になるという点では，上の「ドイツ国内サービス提供・受益」と異なるところはない。相違点は，サービス提供者またはサービス受益者（特定の一部のケースにおいては双方）の所在地国が外国になっている点である。このような「サービス提供の場所＝ドイツ」になる場合には，①受益者所在地国原則（基本原則）が適用されての場合と，②例外規定が適用されての場合の双方が考えられる。付加価値税の実務処理の観点からは，この2つを区別すると理解しやすい。

1　リバースチャージ制度の適用⑴：EU域内事業者がサービス提供者

　上記の「ドイツ国内サービス提供・受益」と同じく，貨物輸送サービスを例に

して解説する。行程（道のり）もクロスボーダーであるが，サービス提供者が外国（フランス：EU域内事業者）の会社という意味での「クロスボーダー貨物輸送サービス」である。

【クロスボーダー貨物輸送サービスの提供・受益】
　ドイツの電子機器製造メーカー（「会社C」）は，フランスの運送会社（「会社D」）に対して，フランスのリヨンからドイツのミュンヘンまで，「会社C」がリヨンのフランス企業から購入した電子部品のトラック輸送を依頼した。

【サービス提供の場所の確定と事実関係の整理】
　サービスの内容：貨物輸送サービスの事業者へのサービス提供（B2Bビジネス）
　サービス提供者の所在地国：フランス（「会社D」の所在地国）
　サービス受益者の所在地国：ドイツ（「会社C」の所在地国）
　サービスの実際的遂行の場所：フランスとドイツ（リヨンからミュンヘンまで）
　付加価値税上のサービス提供の場所（国）：ドイツ（受益者所在地国原則の適用）

【具体的な付加価値税処理の概要】
　サービス提供者のフランスの運送会社「会社D」：納税義務転嫁
　・「会社C」からのVAT-ID番号（VAT番号）の事前入手
　・付加価値税が賦課されない請求書の発行（「会社C」のVAT-ID番号を記載）
　・フランスの申告手続の中での不課税取引として申告
　・フランスにおける「EU加盟国間取引報告書」の提出
　サービス受益者の「会社C」：リバースチャージ課税
　・「会社D」へのVAT-ID番号（VAT番号）の事前連絡
　・付加価値税が賦課されていない請求書の受取
　・申告手続（通常，月次）の中でのリバースチャージ課税

　サービス受益者がドイツ所在であるために，サービス提供の場所：ドイツとなるが，フランス（EU加盟国）の会社にとっての付加価値税登録と申告手続の問題が，リバースチャージ制度の適用により解決されている点が重要なポイントである。

2　リバースチャージ制度の適用(2)：第三国事業者がサービス提供者

　サービス受益者がドイツの会社で受益者所在地原則が適用されてサービス提供の場所がドイツとなるケースでは，第三国の事業者が「サービス提供者」の場合に対しても，ほぼ同様に適用される。ここでは，同様に受益者所在地国原則（基本原

則）に服する「広告宣伝サービス」について，スイスの会社がサービス提供者という事例で解説する。

第三国事業者がドイツの会社にクロスボーダーで「広告宣伝サービス」を提供

在独日系企業の現地法人（「会社E」）は，同社の取り扱い商品をスイスでも販売するために，あるスイスの広告代理店と「広告宣伝代行契約」を締結した。そのスイスの会社が，「会社E」の取り扱い商品の販売促進のために，スイス市場で各種の広告宣伝活動を行なうというものである。

サービス提供の場所の確定と事実関係の整理

サービスの内容：広告宣伝サービスの事業者へのサービス提供（B2Bビジネス）

サービス提供者の所在地国：スイス（広告代理店の所在地国）

サービス受益者の所在地国：ドイツ（「会社E」の所在地国）

サービスの実際的遂行の場所：（敢えて言うならば）スイス

付加価値税上のサービス提供の場所（国）：ドイツ（受益者所在地国原則の適用）

具体的な付加価値税処理の概要

サービス提供者のスイスの広告代理店：納税義務転嫁

・付加価値税が賦課されない請求書の送付

サービス受益者の「会社E」：リバースチャージ課税

・付加価値税が賦課されていない請求書の受取

・申告手続（通常，月次）の中でのリバースチャージ課税

フランス（EU加盟国）の運送会社とスイス（第三国）の広告代理店のどちらの場合も，リバースチャージ制度が適用され，当該外国事業者（会社）の付加価値税登録がサービス提供の場所（課税国）のドイツにおいて回避されるという点では共通である。外国の会社（事業者）がEU加盟国域内の会社（事業者）か第三国の会社（事業者）かの相違は，前者においては，サービス受益者は自らのVAT-ID番号（VAT番号）をサービス提供者に連絡しなくてはいけない点である。また，第三国の事業者の場合，当然のことながら，「EU加盟国間取引報告書」の提出は義務付けられていない。

上の「広告宣伝サービス」（基本原則の適用）の例は，第三国がスイスの広告代理店について解説されているが，日本の会社あるいは親会社が，ドイツの会社あるいはドイツ子会社に対して，サービスを提供する場合も同様に適用される。また，

基本原則が適用されるサービス提供であれば，同様の付加価値税処理になる。

3　サービス提供の場所：ドイツ，但し外国の事業者がサービスの受益者 —例外規定の適用の場合—

　　クロスボーダーでサービス提供の場所がドイツというケースは，「サービス提供の場所の決定原則」の例外規定が適用される場合でも起こり得る。

【ドイツに位置する不動産に関するサービス提供】

　　デュッセルドルフ（ドイツ）の不動産会社（「会社F」）は，これからドイツで物流サービスを展開しようという外国（アメリカ）の物流会社（「会社G」）の依頼を受けて，旧東ドイツ地域のライプツィヒ・ハレ空港の近接地に，空港貨物ターミナルの建設敷地を探し，買収斡旋のサービスを提供した。

【サービス提供の場所の確定と事実関係の整理】

　　サービスの内容：不動産関連サービス

　　サービス提供者の所在地国：ドイツ（不動産会社：「会社F」の所在地国）

　　サービス受益者の所在地国：アメリカ（物流会社：「会社G」の所在地国）

　　サービスの実際的遂行の場所：ドイツ

　　付加価値税上のサービス提供の場所（国）：ドイツ（例外規定：不動産所在地国規定）

【具体的な付加価値税処理の概要】

　　サービス提供者のドイツ不動産会社「会社F」：申告手続

　　・19％が賦課された請求書の送付

　　・申告手続（通常，月次）の中での付加価値税納付（「ドイツ国内サービス提供」の場合と変わりなし）

　　サービス受益者のアメリカ物流会社「会社G」：前段階税還付手続

　　・19％付加価値税が賦課された請求書の受取り

　　・前段階税還付申請を翌年の6月末までに行なう（義務ではなく権利である）

　　上のクロスボーダーでのサービス提供の場所がドイツというケースの付加価値税処理は，他の例外規定，すなわち，2）輸送手段の短期的リース（「引渡地規定」），3）レストラン・ケータリング・サービス（「食事提供地規定」），4）旅客輸送サービス（「行程基準規定」），5）催し物入場チケットサービス（「開催場所規定」）の場合にも全く同様に該当する。特に，日本本社が出張者をドイツに派遣する場合

には，当該出張者は，ホテルに宿泊し（「不動産関連サービス」），レンタカーを借り，レストランで食事・接待を行ない，電車やタクシーを使用することであろう。その際，サービス受益者として，ドイツの付加価値税が賦課された請求書（インボイス）または領収書を受け取る。そして，ある程度の金額になれば，前段階税還付申請を行なうことができる。

4　サービス提供の場所がドイツ，但し第三国事業者による輸送手段のリース—第三国関連の「例外規定の例外規定」の適用の場合—

たとえば，スイスのバーゼルのリース会社（第三国の事業者）が，事業者か最終消費者かも短期的か長期的かも問わず，レンタカーをリースしたが（バーゼルで引渡したが），そのリースされた車がドイツ国内で使用される場合，売上税法第3a条第6項第1号に基づき，サービス提供の場所はドイツとなる。これは「引渡地規定」の例外規定である（使用・利用地規定）。リース車がドイツ国内で使用されるかどうかをどのようにして確定するか等の実務的な問題があるが，バーゼルのリース会社は，ドイツで付加価値税登録を行ない，ドイツの付加価値税19％を賦課した請求書を発行し，ドイツにおける申告手続の中で申告・納付することになる。サービス受益者がドイツの事業者の場合は，ドイツでの申告手続の中で，前段階税の還付・相殺控除を行なうことになる。

⑥　クロスボーダーの外国サービス提供・受益

ここの「クロスボーダーの外国サービス提供・受益取引」は，ドイツの会社（在独日系企業の現地法人・支店・駐在員事務所等）が関与するが，サービス提供の場所は外国となる取引である。ドイツの会社がサービス提供者の場合とサービス受益者の場合の双方が考えられるし，また，外国は，他のEU加盟国の場合と第三国（スイス・ノルウェー，旧ソ連諸国，トルコ，アメリカ，日本等）の双方の場合が想定される。「サービス提供の場所が外国」であることから，ドイツの税務当局の観点からすると，「不課税（nicht steuerbar）」になり，ドイツの付加価値税処理は問題にならない。このようなサービス取引の場合，ドイツ（EU）の付加価値税法でサービス提供の場所（課税国）となる外国において，付加価値税（または，それに類する税金）の処理がどうなるかも同時にチェックしておく必要がある。

1　サービス提供の場所＝第三国(1)：受益者所在地国原則の適用

ドイツから見て「第三国＝サービス提供の場所」で，しかも，受益者所在地国原則（基本原則）が適用されているケースは，在独日系企業においても頻繁に見られ

るものである。その中でも特によく見られるのは，在独現地法人と日本の親会社との間に締結される次のような「業務委託契約」によるサービス提供・受益である。

【第三国の事業者に対するサービス提供】

　ドイツ・デュッセルドルフの在独日系企業現地法人（「会社H」）は，数年の駐在員事務所の期間を経て，日本本社（メーカー）の製品をヨーロッパ（欧州）で販売するために，最近になって設立されたばかりの販売会社である。他方で，日本本社のまだヨーロッパ（欧州）市場では販売されていない商品を取り扱う部署のために，引き続き，現地法人「会社H」がドイツまたはヨーロッパの情報収集活動・市場動向調査を行なうためのサービス契約を日本本社と締結した。

【サービス提供の場所の確定と事実関係の整理】

　サービスの内容：現地法人「会社H」による日本本社のための「情報収集・市場動向調査サービス」の事業者へのサービス提供（B2Bビジネス）

　サービス提供者の所在地国：ドイツ（在独日系企業現地法人「会社H」の所在地国）

　サービス受益者の所在地国：日本（日本本社：メーカーの所在地国）

　サービスの実際的遂行の場所：どのような視点からかにより変わる可能性（敢えて言うならばドイツ）

　付加価値税上のサービス提供の場所（国）：日本（受益者所在地国原則の適用）

【具体的な付加価値税処理の概要】

　サービス提供者の在独日系企業現地法人「会社H」：申告手続

・日本での付加価値税（またはそれに類似した税金）の課税関係の事前チェック

・付加価値税が賦課されていない請求書の送付

・ドイツにおける申告手続（通常，月次）の中での不課税取引としての申告

　第三国の事業者がサービス受益者となるような受益者所在地国原則の適用も，いわゆる「カタログ・サービス」（売上税法第３ａ条第４項）を除き，事業者へのサービス提供（B2Bビジネス）に限定されている。その結果，「会社H」に税務調査が入った場合に，サービス受益者が確かに事業者であることの証明が求められる可能性がある点には留意しなくてはいけない。

２　サービス提供の場所＝第三国の場合⑵：例外規定の適用

　「サービス提供の場所の決定方法」の例外規定あるいは「第三国関連の例外規

定」（売上税法第3a条第7項ならびに第8項：使用・利用地規定）が適用されて「サービス提供の場所：第三国」となる場合，ドイツの会社（事業者）がサービス提供者の場合であれ，サービス受益者であれ，受益者所在地国原則（基本原則）が適用される場合と同様に，ドイツの付加価値税との接点はなくなる。すなわち，ドイツの付加価値税の観点からは「不課税取引」となる。他方で，当該第三国での付加価値税（またはそれに類似する税金）の処理がどうなるか，そのつど確認する必要がある。

3　サービス提供の場所＝他のEU加盟国(1)：受益者所在地国原則の適用

受益者所在地国原則の適用により「サービス提供の場所：他のEU加盟国」になる場合も，同じ理由により「サービス提供の場所：第三国」になる場合と同様に，ドイツの付加価値税から見れば，不課税取引となる。「1　リバースチャージ制度の適用(1)：EU域内事業者がサービス提供者」（305頁以下）のちょうど裏返しの話となる。同様に，受益者所在地国原則が適用される「クロスボーダー貨物輸送サービス」の例で解説する。

【クロスボーダー貨物輸送サービスの提供・受益】

在仏の日系企業販売会社（「会社 J」）は，ドイツの運送会社（「会社 K」）に対して，ドイツのミュンヘンからフランスのリヨンまで，「会社 J」がミュンヘンの電子機器メーカーから購入した電子部品のトラック輸送を依頼した。

【サービス提供の場所の確定と事実関係の整理】

サービスの内容：貨物輸送サービスの事業者へのサービス提供（B2Bビジネス）

サービス提供者の所在地国：ドイツ（運送会社「会社 K」の所在地国）

サービス受益者の所在地国：フランス（在仏日系企業販売会社「会社 J」の所在地国）

サービスの実際的遂行の場所：ドイツとフランス

付加価値税上のサービス提供の場所（国）：フランス（受益者所在地国原則の適用）

【具体的な付加価値税処理の概要】

サービス提供者のドイツの運送会社「会社 K」：納税義務転嫁

・「会社 J」からのVAT-ID番号（VAT番号）の事前入手

・付加価値税が賦課されない請求書の発行

・ドイツの申告手続の中での不課税取引として申告

・ドイツにおける「EU加盟国間取引報告書」の提出

サービス受益者の「会社 J」：リバースチャージ課税

・「会社 K」への VAT-ID 番号（VAT 番号）の事前連絡

・付加価値税が賦課されていない請求書の受取

・フランスにおける申告手続（通常，月次）の中でのリバースチャージ課税

　受益者所在地国原則の適用により「サービス提供の場所：第三国」になる場合と比較して，「サービス提供の場所：他の EU 加盟国」の場合，VAT-ID 番号（VAT 番号）の遣り取り，請求書へのそれの記載，「EU 加盟国間取引報告書」の提出の義務等の話が，追加で加わっている。

4　サービス提供の場所＝他のEU加盟国(2)：例外規定の適用

　ここでは，「サービス提供の場所の決定」の例外規定が適用されて，「サービス提供の場所：他の EU 加盟国」となる場合である。

【短期的輸送手段のリース】

　デュッセルドルフの在独日系企業販売会社（「会社 L」）の従業員は，フランスに3週間の出張に出かけ，そこでレンタカーを借りた。

【サービス提供の場所の確定と事実関係の整理】

　サービスの内容：短期的輸送手段のリースサービス（短期的：30日以内）

　サービス提供者の所在地国：フランス（レンタカー会社の所在地国）

　サービス受益者の所在地国：ドイツ（在独日系企業販売会社「会社 L」の所在地国）

　サービスの実際的遂行の場所：フランス（輸送手段の使用）

　付加価値税上のサービス提供の場所（国）：フランス（例外規定：引渡地規定の適用）

【具体的な付加価値税処理の概要】

　サービス提供者のフランスのレンタカー会社：フランスでの申告手続

・フランスの付加価値税が賦課された請求書の発行

・フランスの申告手続の中でのフランス付加価値税の納付

　サービス受益者のドイツの「会社 L」：フランスに対する前段階税還付手続

・フランスの付加価値税20％が賦課された請求書の受取

・翌年9月30日までのドイツの税務当局を通じてのフランス税務当局に対する

前段階税還付手続（義務ではなく，あくまで権利である）

3　サービス受益時の負担の立替えと付替え

　在独日系企業の現地法人の実務現場においてよく行なわれている経理処理として，日本本社からの出張者の各種の費用（ホテル代・レンタカー代等）を，一旦ドイツ現地法人が負担して，後で日本本社に補填してもらうケースがよくある。また，現地法人がたとえばドイツの会計事務所・法律事務所等からコンサルタントサービスを受け，それを全部日本本社から負担してもらう場合や部分的に負担してもらう場合もあろう。「立替え」あるいは「付替え」と呼ばれているものである。このような経理処理の際の付加価値税の取扱いも，一定の原則に従って行なわれる。「モノの売買」あるいは「モノの売買」と「サービス提供・受益」が混合した「立替え」・「付替え」のケースもあるが，「サービス提供・受益」において，最も頻繁に見られる経理処理である。以下においては，そのサービス提供・受益について，「立替え」・「付替え」時の付加価値税の処理を解説する。

１　立替えと付替えの相違

　以上のような経理処理の付加価値税の取扱いを理解するためには，まず，立替えと付替えをきちんと区別する必要がある。三社（事業者）間のケースで解説する。そしてその際，サービス受益者を示す「請求書宛先」が誰なのかが大変重要である。請求書宛先と単なる「郵送送付先」が異なる場合があるが，重要なのは請求書宛先である。

【立替え】

　実務上，請求書〔コピー〕が現地法人に（一旦）郵送されることはあるかもしれないが，請求書は１つだけしかない。その１つの請求書の「請求書宛先」（サービス受益者）は，あくまで日本本社である。

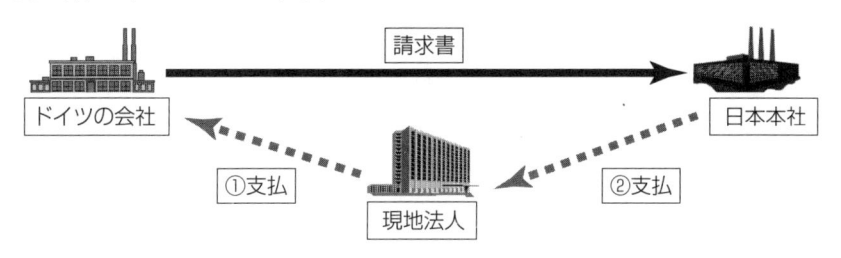

【付替え】

　請求書は，ドイツの会社が発行したものと現地法人が発行したものの２つが存在する。現地法人は，一部を自分で負担し，残りの部分だけを，日本本社に請求することもあるだろう。また，現地法人は，複数のドイツの会社（サービス提供者）から請求書を受け取り，それらをまとめて１つの請求書にして，日本本社に請求するというケースもよく見られる。

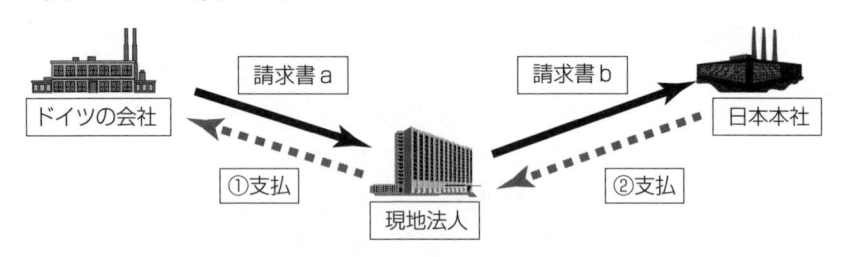

② 付替えに関する付加価値税法上の原則規定

　「立替え」については，その「立替え」を行なう者（立替者）のところでの付加価値税処理は行なわない。そして，「付替え」の経理処理の付加価値税上の取扱いを理解する時に，ドイツ売上税法（付加価値税法）の中の第３条第11項の規定が大変重要である。

> **【売上税法第３条第11項】**
>
> 　その他の役務提供において，事業者が中間介在し，その際，当該事業者が，自らの名義ではあるが，他の者の経済的負担で介在している場合，当該役務提供は，当該事業者に対して提供され，当該事業者により提供されたものとして見なす。

　上の原文規定を，ドイツのサービスプロバイダー，日系現地法人，日本本社の場合に当て嵌めて言い換えると以下のようになる。

> **【売上税法第３条第11項の言換え版】**
>
> 　サービス提供において，事業者（在独日系企業現地法人）が，自らの名義でそれを依頼し，他の者（日本本社）にその経済的負担を付替えた場合，そのサービスは，まず，当該事業者（在独日系企業現地法人）に対して提供され，次には，当該事業者（在独日系企業現地法人）により，他の者（日本本社）に対してなされたものとして，付加価値税の処理を行なう。

サービス費用の「付替え」を行なう在独日系企業の現地法人は，まずは，サービス受益者として行動し，次には，サービス提供者として行動する。特に，中間に介在した在独日系企業の現地法人は，サービス提供者としては，最終受益者である日本本社に対して，あたかもドイツのサービスプロバイダーであるかのごとくサービス提供を行なったと考えて付加価値税処理を行なう。すなわち，ドイツのサービスプロバイダーが法律事務所であれば，在独日系企業の現地法人は，法律事務所として日本本社にサービス提供を行なったと考え，サービス提供の場所の決定を行なうことになる。

③　立替えと付替えの付加価値税処理の具体的な比較

　ここでは，基本原則である受益者所在地国原則が適用される会計事務所等の「税務コンサルタントサービス」と例外規定（引渡地規定）が適用される「短期の輸送手段リース」を例にとって，それぞれ「付替え」と「立替え」の場合の付加価値税処理の有無ならびに内容を解説する。

1　税務コンサルタントサービス費用の付替え

　「税務コンサルタントサービス」（報酬ネット額は10,000ユーロ）に対しては，受益者所在地国原則が適用される。「請求書①」は，ドイツの現地法人宛に出されているものである（「請求書宛先」＝ドイツ現地法人）。その結果，当該ドイツ現地法人がサービス受益者，サービス提供の場所＝ドイツとなり，「請求書①」には19％のドイツ付加価値税が賦課される。そして，同現地法人は，その申告手続（月次申告）の中でその付加価値税（前段階税）1,900ユーロを還付（相殺控除）する。また，「請求書②」は，ドイツ現地法人があたかもコンサルタント会社であるかのごとく，日本本社に対して発行する（「請求書宛先」＝日本本社）。そのため，同様に受益者所在地国原則が適用され，サービス提供の場所＝日本となり，「請求書②」はドイツの付加価値税は賦課されない請求書となる。

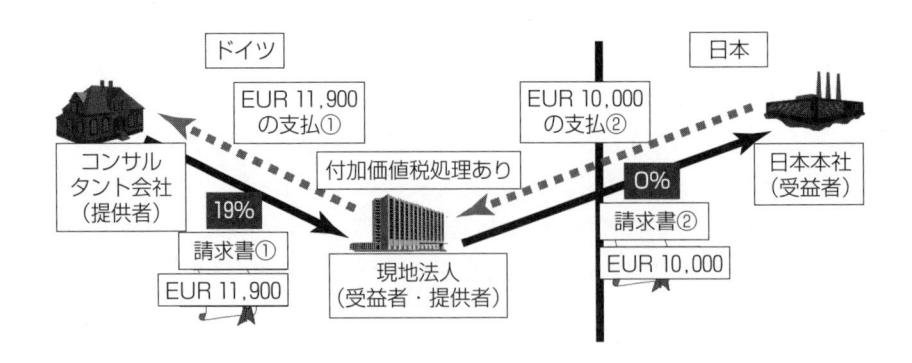

2 税務コンサルタントサービス費用の立替え

　まったく同じ「税務コンサルタントサービス」（ネット報酬額は10,000ユーロ）で「立替え」の場合を考える。「立替え」であることから，請求書がドイツ現地法人のところに郵送されたり，あるいは，コピーがそこに送られることはあるかもしれない。しかしながら，「請求書宛先」はあくまで日本本社であり，サービス受益者は日本本社だけである。ドイツ現地法人はあくまで「立替者」に過ぎない。受益者所在地国原則が適用されることから，サービス提供の場所＝日本となり，ドイツの付加価値税は賦課されない。付加価値税額のやり取りはない取引ではあるものの，ドイツ現地法人のもとでは，付加価値税処理を行なう必要はなく，その売上を（月次）申告手続で考慮しない。

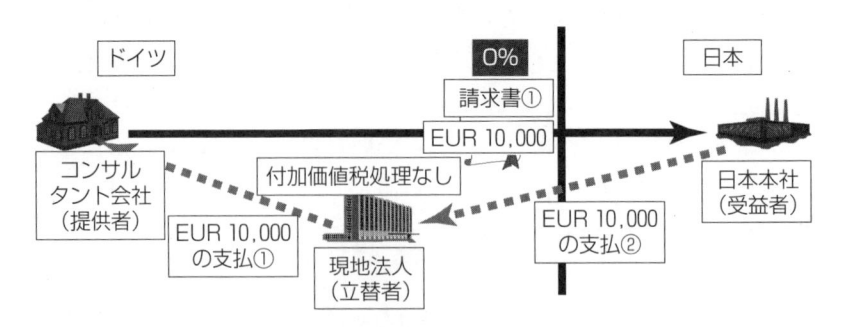

3 短期的輸送手段リース費用の付替え

　レンタカーのリースのような「短期的輸送手段リースサービス」には，例外規定（引渡地規定）が適用される。具体的には，日本本社からの出張者が来独してきて，自分でドイツで2週間レンタカーをリースする，あるいは，その出張者のために，アテンドするドイツ現地法人の駐在員がリースしてというケースである。いずれの

場合でも，レンタカー会社からの「請求書①」は，まずは，ドイツ現地法人宛に出してもらう。2週間のリース料が5,000ユーロであったケースで考える。19％を含めた金額は5,950ユーロとなる。

　この「請求書①」（「請求書宛先」＝ドイツ現地法人）においては，レンタカーを借りたのがドイツ国内であることから，「引渡地規定」（例外規定）に従ってサービス提供の場所＝ドイツとなり，ドイツ付加価値税19％が賦課される。ドイツ現地法人は，その19％の付加価値税950ユーロを（月次）申告手続の中で前段階税として還付（相殺控除）してもらう。また，「請求書②」（「請求書宛先」＝日本本社）においては，ドイツ現地法人は，日本本社に対してあたかもレンタカー会社が「短期的輸送手段リースサービス」を行なうように，付加価値税の処理を行なう。「請求書①」の場合と同様に，「引渡地規定」（例外規定）に従ってサービス提供の場所＝ドイツとなることから，ドイツ現地法人は，サービス提供者として，19％の付加価値税を賦課した請求書を発行しなくてはならず，日本本社から19％分（950ユーロ）も払ってもらわなくてはいけない。そして，（月次）申告手続の中で申告・納付しなくてはいけない。

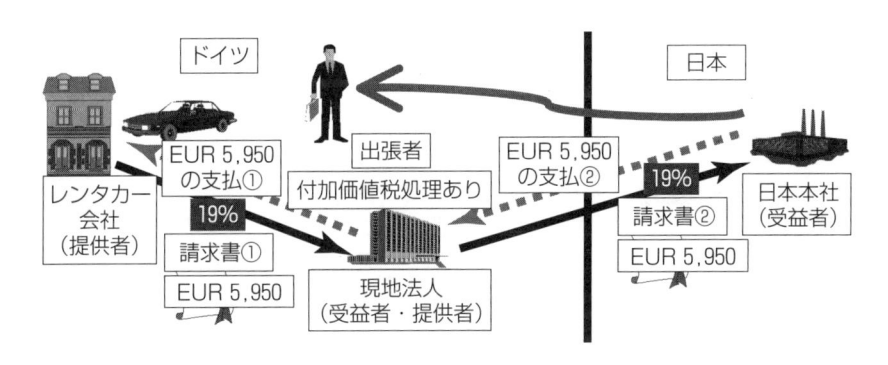

　他方で，19％のドイツ付加価値税を支払った日本本社は，原則として翌暦年6月30日期限の「前段階税還付手続」において，その19％を前段階税として還付してもらうことができる。

4　短期的輸送手段リース費用の立替え

　レンタカー会社の発行する「請求書」は，「郵送送付先」がドイツ現地法人の場合もあるが，サービス受益者を示す「請求書宛先」は日本本社となっている。「引渡地規定」（例外規定）が適用され，サービス提供の場所＝ドイツとなる。そのため，一旦オリジナルの請求書を郵送してもらったか，あるいは，そのコピーを送付

してもらったドイツ現地法人は，19％の付加価値税を含めた金額（5,950ユーロ）をレンタカー会社に支払い，後日，日本本社から同様に19％の付加価値税を含めた金額（5,950ユーロ）を補填してもらう。ドイツ現地法人は，この支払・補填の処理を，（月次）申告手続においてまったく考慮しない（考慮してはならない）。また，19％分（950ユーロ）を支払った日本本社は，「付替え」の場合と同様に，翌暦年6月30日期限の前段階税還付手続において，その19％分を前段階税として還付してもらうことができる。

　よくある誤解として，レンタカー会社に5,950ユーロを支払ったドイツ現地法人が，その950ユーロを月次申告手続で還付（相殺控除）してもらい，日本本社からは，5,000ユーロだけ補填してもらえば，日本本社はわざわざ前段階税還付手続を行なう必要もなく，「合理的」ではないか，というものがある。このような誤解の間違いは，レンタカー会社からの「請求書宛先」は日本本社（サービス受益者）であり，ドイツ現地法人は，自らが「請求書宛先」（サービス受益者）になっていない請求書を申告手続において考慮して，その付加価値税を前段階税として還付（相殺控除）をすることは，ドイツの国庫からの「横領」に該当する犯罪行為になってしまうところにある。

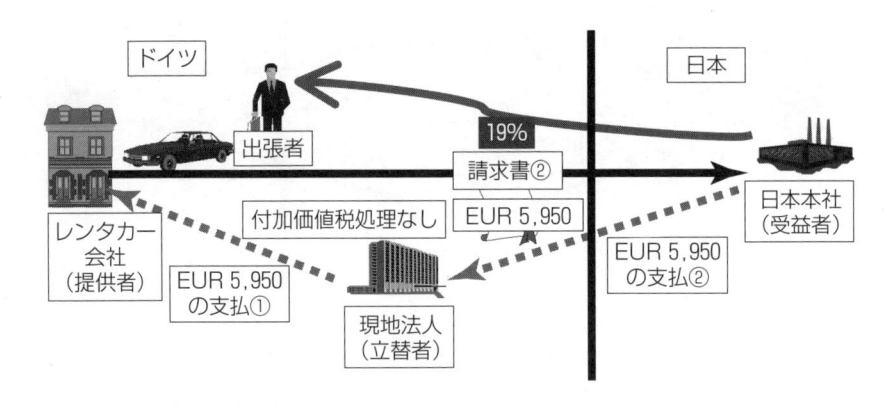

V
駐在員事務所の付加価値税

　駐在員事務所は，補助的なビジネス活動は行なうものの，支店・現地法人（子会社）とは異なり，商品を販売したり，サービスを提供したりすることはないことから，原則として，通常のモノの販売とサービス提供については，付加価値税上の課税対象となる課税売上は発生しない。

1　駐在員事務所における課税売上の発生

　しかしながら，次のようなことを行なった場合，課税売上が発生し，支店・現地法人（子会社）とまったく同様に，駐在員事務所も付加価値税の月次申告または四半期申告（申告手続）を行なわなければならない。

【駐在員事務所資産の売却】

　事務所の備品・社有車や駐在員の社宅の家具などを売却した場合，そこに「課税売上」が発生したと見なされる。買主に対して（買主が他の会社か個人〔駐在員・従業員〕であるかは問題にならない），19％の付加価値税を載せた請求書を作成し，請求しなければならない。付加価値税を請求し忘れた場合で，後日税務調査で指摘されれば，売却額の15.97％（19÷119）を税務当局から請求される。

【カンパニーカーおよび社宅の家具等を駐在員あるいはその他の従業員に貸与している場合】

　カンパニーカーの例でいうと，毎月，カンパニーカーの付加価値税込みの新車登録時のカタログ価格の0.1597％（1％×15.97％）を税務当局に納付しなければならない。これは，ドイツの税法上，リース料に対しては付加価値税が賦課されることを前提にして，従業員（駐在員）に対する「カンパニーカー」貸与を，会社が従業員（駐在員）に対して「勤務」を対価にしてリースしている関係と見なすことからきている。その結果，「みなしリース料」が付加価値税上の「課税売上」として認識され，19％の付加価値税の課税が行なわれる。ただし，上の使用されてい

る「事業資産」の売却時の「課税売上」とは異なり，この場合は，駐在員事務所の経理上の記録の中に売上は計上されない。

上記の使用している「事業資産」の売却は，頻繁にあることではない。しかし，カンパニーカーの貸与は，もしそれが行なわれているとしたら，その付加価値税の納付は毎月発生する。実際に税務署に対して付加価値税を納付する必要があるかは，前段階税として税務署から還付してもらえる付加価値税の金額にもよるが，ほとんどの場合，税務署から還付してもらえる付加価値税（前段階税）の金額の方が大きく，それと相殺されて，還付してもらえる付加価値税（前段階税）の金額が減るというケースがほとんどである。

もし，上のカンパニーカー等の貸与等がなく，課税売上が発生せず，純粋に還付だけの場合は，付加価値税の申告手続を行なう義務はない。前段階税還付手続を通じて還付してもらうことができるというものである。還付される金額と会計事務所等に支払う手数料の金額を勘案して，その経済的合理性から前段階税還付手続を行なうかどうかの意思決定を行なう。ほとんどの駐在員事務所が，多くの還付額が期待されることから，そのような場合でも，前段階税還付手続を行なっている。しかしながら，カンパニーカー貸与等による課税売上が発生している場合には，前段階税として還付される付加価値税の絶対額が小さくて，会計事務所等に支払う手数料の金額を考慮すると，その経済的合理性に合致しない場合でも，申告手続は必須であることには留意しなくてはいけない。

2　駐在員事務所における申告手続と前段階税還付手続

駐在員事務所の場合，支店ならびに現地法人（子会社）の場合と同様の申告手続と，還付してもらえる付加価値税（前段階税）しかない場合の前段階税還付手続とを区別しなくてはいけない。この「申告手続」と「前段階税還付手続」の制度自体の相違やその詳細は，「6　付加価値税登録と申告手続・前段階税還付手続」（247頁以下）において解説しているが，ここでは駐在員事務所における留意点を中心にコメントしておきたい。

「申告手続」は，上記の事業所資産の売却やカンパニーカー貸与による「課税売上」が発生している場合の手続きである。納付する付加価値税額が還付される付加価値税額（前段階税額）より小さく，結果として毎回還付になる場合でも，手続き上は，支店・現地法人（子会社）の場合と同様の申告手続になる。日本本社の駐在

員事務所の場合の担当税務署は，原則としてベルリンのノイケルン税務署である。駐在員事務所が賃金税上登録されている地域の管轄の税務署ではない。また，あくまで申告手続であることから，還付額が大きい場合等，申告後に個別にオリジナル請求書（あるいはそのコピー）の送付が要求されることはあるものの，前段階税還付手続とは異なり，請求書のオリジナルを申告書に添付することはない。

　「前段階税還付手続」は，カンパニーカー貸与等による課税売上が発生していない場合の手続きである。原則として年度還付請求手続きであるが，還付額が一定の金額以上になっている場合，月次還付請求手続きあるいは四半期還付請求手続きを選択できる。年度還付請求手続きの場合，翌年の6月30日まで，ボンの連邦中央税務局に対して，「還付請求申請書」（申告手続の申告書に相当するもの）に請求書オリジナルと居住者証明書を添付して提出する。対象となる請求書オリジナルをすべて添付・提出することが，申告手続ともっとも異なる点である。

第 4 章

個人所得税と賃金税

個人所得と給与に対する課税

在独日系企業がドイツでビジネスを展開する場合，駐在員事務所・支店・現地法人（子会社）という3つのビジネス拠点形態が典型的である。どの進出形態においても，日本から駐在員が送り込まれている限りにおいて，「個人所得税〈Einkommensteuer〉」と「賃金税〈Lohnsteuer〉」の2つの税金に対する対応をどうするかが大きな問題となる。同じことは，現地スタッフ（日本人・ドイツ人その他の国籍の従業員）が雇用されている場合にも該当する。後者の賃金税は，日本であれば「個人所得税の給与所得に対する源泉徴収分」と言っているものである。それをドイツではあたかもひとつの独立した税目のごとく呼んでおり，実質的には同じものである。従って，月次の源泉徴収の段階（賃金税段階）で何をしなくてはいけないのか，そして，年次の「個人所得税年度申告」の段階（個人所得税段階）で何をしなくてはいけないのかという，時間的経過段階の対応の問題である。

　正確に言うと，現地スタッフの個人所得税年度申告は，原則として会社とは関係がなく，あくまで現地採用の日本人スタッフを含めた現地スタッフ個人の問題である。しかしながら，日本からの駐在員の個人所得税年度申告は，ほとんどの駐在員が「ネット給与保証」に服していることもあり，会社を通じて会計事務所等にその申告書の作成を依頼している。その意味では，やはり在独日系企業の会社としての問題でもある。

I

個人所得税上の申告・納税義務の発生と 183日ルール

　日本からの駐在員・出張者あるいは日本人スタッフのドイツにおける個人所得税上の納税義務は，原則としてドイツにおける「居住〈Ansässigkeit〉」と共に始まり，ドイツに「居住」しなくなった時点で終わる。

1　個人所得税上の申告・納税義務：税務上の居住者

　居住あるいは居住者という言葉は，日常生活の中でも使われるものの，税法理論の立派な専門用語である。ドイツの税務上の用語として「ドイツ居住者」という場合，ドイツに「住所〈Wohnsitz〉」を有する場合と，ドイツに「居所〈gewöhnlicher Aufenthalt〉」を有する場合の2つが区別される。

① 税務上の居住者：住所と居所

　前者の住所の認定は，所有・賃借を問わずいつでも使用できる住居を持っていて，実際にそこに住んでいる場合である。後者の居所の認定は，6ヵ月を超えるドイツでの滞在の場合である。簡単に言うと，日本人駐在員がドイツ現地法人への勤務のために来独し，アパートを借りて住み始めた時点で，「住所」を有すると見なされる。また，9ヵ月間のプロジェクトのために日本から来独し，長期出張者用ホテルに住む日本人は，一時的に日本に帰ったりすることはあったとしても，ドイツ滞在が6ヵ月を超えた時点で過去に遡及して「居所」を有していると見なされる（労働・滞在許可証の問題には別途留意が必要）。そして，それぞれドイツの「居住者」として，ドイツの個人所得税の申告・納税義務に服する。

② 税務上の居住者と住民登録の関係

　あくまで実体的な居住という行為が納税義務発生の根拠となっている。住民登録は，有力な傍証ではあるものの，税務上の「居住地認定」あるいは「居住者認定」

の直接的な根拠となっているわけではない。以前，日本でもよく知られたドイツの
テニスプレーヤーのボーリス・ベッカー〈Boris Becker〉は，その現役時代，タックスヘイブンとしても有名なモナコに住民登録をして，そこに住居を持っていた。
他方で，住民登録はしていなかったものの，ドイツのミュンヘンにもアパートを有していた。世界中を飛び回っていた彼ではあったが，「根城」は，ミュンヘンだったようである。税務裁判になり，ミュンヘンのドイツのアパートが「住所」と見なされて「（ドイツ）居住者」の認定が下され，多額の追徴課税に服しなくてはならなかった。

　住民登録は，ドイツの場合，「住民登録局〈Einwohnermeldestelle〉」という市町村自治体の役所で行なわれ，本来，税務署とは関係がない。しかしながら，近年，税務署が「住民登録データ」にアクセスして，当局同志が緊密なネットワークで動いている事例が頻繁に散見されるようになった。このような緊密な協働関係から，住民登録をすることで，税務上「居住」しているかどうか，税務署から照会を受けることがより頻繁になっている点は，留意しておく必要があろう。他方で，アパートの賃貸契約を締結したら，その入居可能日からすぐにそこに「居住」していると見なされるわけでもない。さらに，日本との相違で言うと，国籍や永住意志または長期居住意思は，税務上の納税義務・課税範囲とは原則的に関係がない。日本人駐在員（出張者）は，ドイツに赴任して「住所」を持った時点で，既にたとえば5年以上ドイツに赴任している先輩の日本人駐在員，あるいは，通常のドイツ人・その他の外国人とまったく同じ個人所得税上の扱いを受ける。在独日系企業の駐在員のような「（短期的・一時的）居住者」に対して，優遇措置を講じて，より積極的な外資誘致の推進を図るべきとの議論は，過去に何度かあった。しかし，差別的扱いをよしとしない世論の中で，実現されないままで現在に至っている。

2 「183日ルール」の正確な理解と適用

　日独間だけのテーマではないが，国際税務の領域でよく耳にし，時に誤解されているルールとして，「183日ルール」がある。183日ルールは，給与所得における「勤務地国課税原則」の例外規定である。それゆえ，183日ルールの理解のためには，まず勤務地国課税原則を理解しておく必要がある。この勤務地国課税原則は，日独租税条約では第15条第1項（新日独租税条約第14条第1項：2017年から適用予定）に規定されている。

① 勤務地国課税原則

「勤務地国課税原則」とは，ドイツの税法に従って言えば，「7種類の所得」（農林業所得・事業経営所得・独立労働所得・給与所得・金融資産所得・賃貸借所得・その他の所得：後で詳細に解説）の中のひとつである「給与所得」に関する原則である。給与所得は，会社（雇用主）に雇用される時に得られる対価報酬所得である。「勤務地国」と「居住地国」が異なる場合，その給与所得については，勤務地国で課税が行なわれるというものである（現日独租税条約：第15条第1項，新日独租税条約第14条第1項）。このような原則は，何も日独間だけに適用されているものではなく，国際税務の分野の基本原則のひとつである。島国日本の一般的常識からすると，勤務している国（勤務地国）と居住している国（居住地国）が異なるというのは，すぐには想像しがたいものがあろう。しかしながら，9ヵ国の隣国と陸続きの国境で接しているドイツにおいては，まず「越境通勤者」がこれに該当する。たとえば，オランダに住み，ドイツに位置する会社に勤務する越境通勤者の給与所得は，ドイツで課税される。

しかしながら，勤務地国と居住地国が税務上異なる事例は，このような陸続きの国の間の越境通勤者に限定されるものではない。1万キロの隔たりがあり，国境も接していない日独間でも見られる。具体的には日本からドイツへの出張者のケースである（当然逆のケースもあり得る）。たとえば1週間のドイツ出張で，妻帯者であれば家族のこともあろうし，独身者であっても外国出張のたびごとに日本の住居をわざわざ引き払う人はいないであろう。その結果，「勤務地（出張地）国：ドイツ」，「居住地国：日本」となり，今問題にしている勤務地国課税原則に従えば，当該ドイツ出張者は，給与所得を出張日数で按分した分だけ，ドイツでの個人所得税課税に服し，出張のたびに，いちいちドイツで個人所得税申告しなければいけないことになる。外国出張も，勤務地国課税原則にいう勤務と見なされることがポイントである。しかしながら，勤務地国課税原則もここまで徹底して適用されると，門外漢から見ても実務的でないことは明白である。

② 勤務地国課税原則の例外としての「183日ルール」

このような実務現場での非実務性を解決するために，例外規定として設けられているのが「183日ルール」である（日独租税条約では現第15条第2項・新第14条第2項）。日本から見た場合でより簡略化した形で言うと，日本本社の従業員（日

本の居住者）が，

①　1暦年あたりのドイツ滞在日数が合計で183日を越えずに，（①1年あたりのドイツ滞在日数が合計で183日を超えずに：新租税条約）

②　給与報酬が日本の本社（勤務地国ドイツの非居住者である雇用主）から支払われ（負担され），

③　その給与報酬負担がその日本本社のドイツ支店等に付け替えられずに

ドイツで勤務（出張）していた場合，この勤務（出張）に関するドイツ（勤務地国）での課税を免除するというものである。そして，183日ルールを適用している暦年（1年）あたりの滞在日数だけが問題にされているのではなく，給与報酬負担が居住地国側（日本）で行なわれること，そして，そもそも税務上の居住地国と勤務地国が異なる場合に適用される例外規定である。

③　183日ルールに対するよくある誤解

以前よく，183日ルールに関するこんな確認質問を受けた。「池田さん，うちの駐在員，4年余りの駐在を終えて，来年の3月末に日本に帰任するんですけど，来年，彼は，『183日ルール』を使って，ドイツの個人所得税は非課税ですよね」。この誤解は，本当によく見られるものである。問題となっている駐在員は，間違いなく「居住地国：ドイツ」であり，そして同時に「勤務地国：ドイツ」であろうから，183日ルールの適用対象外である。「183日」という日数だけが問題なのではなく，給与報酬の負担先等の問題と共に，繰り返しになるが，何よりも居住地国と勤務地国が乖離する時にはじめて適用できるルールであるというところが重要である。

④　183日ルールの無意識的利用と計画的利用

183日ルールは，日本本社のスタッフのドイツにおける短期出張の時のように，あるいは，ドイツに赴任してきて，ドイツの「居住者」となった駐在員が，たとえば他のヨーロッパ諸国に出張している時のように，多くの場合，無意識的に使われているものである（「無意識的利用」）。もちろん，ドイツに赴任している駐在員が他のヨーロッパ諸国等に出張する場合，ドイツと他の国が締結している「租税条約」が適用となる。

他方で，「計画的利用」も可能である。2015年時点で有効な日独租税条約の183日ルールは，暦年を単位としている。そのため，7月の初め頃に1年以内に帰国するということで日本を出国し（日本の税務上，日本の居住者のまま），実際に翌年

の6月末前にドイツから帰国するとしよう。他の前提条件も満たしつつ，そして，ドイツにおける「居所」（場合によっては，「住所」）の認定（それに対するドイツ側での手続き）ならびに「滞在許可証」（労働許可証）の問題に留意する必要はあるものの，日本の課税に服したまま，ドイツでの課税がなされずに，ほぼ1年近くのドイツ勤務（長期出張）が可能となる。すなわち，日本本社スタッフ（日本の居住者）の場合の183日ルールのドイツにおける「計画的利用」である。この時のメリットは，日本で課税される方が圧倒的に税負担が軽く，同時に，ドイツでの申告・納付の面倒な手続きを回避できるという点である。

　それに対して，新日独租税条約の第14条第2項（旧第15条第2項の改正）により，その適用が予定される2017年以降は，「183日」の数え方が暦年単位ではなく，自由にその始まりを選択できるいずれの1年単位の中でも183日を超えないことが条件となった。上の7月初め頃に来独し，翌年6月末前に日本に帰国するという場合，その7月1日から翌年の6月30日までの1年間の単位を見ると，当然のことながら，ゆうに183日を超えてしまい，認められないということになる。その意味で，言葉の真の意味で「183日ルール」となり，従来よりはかなり限定されてくるものの，引き続き「計画的利用」は可能である。

II

ドイツ個人所得税の課税対象所得の概要と 税率・申告

　ドイツの所得税法においては，7つの「所得の種類」が列挙されている。しかしながら，日本からの駐在員ならびに在独日系企業で勤務する現地採用日本人スタッフの場合，通常，実際に関係してくる所得の種類は限られている。

1　ドイツ所得税法における7種類の所得

　ドイツの所得税法第2条第1項において，①農林業経営所得，②事業経営所得，③独立労働所得，④給与所得，⑤金融資産所得，⑥賃貸所得，⑦その他の所得という「7種類の所得」が区別されている。日本では，「10種類」であることから（利子所得・事業所得・不動産所得・給与所得・配当所得・譲渡所得・一時所得・退職所得・山林所得・雑所得），「所得の種類」の数だけで言えばドイツの方が少ない。しかしながらこのことは，所得の種類が多い日本の方が，より広範囲の「所得」を課税対象としていることを意味するものではなく，単なる区分の仕方の違いである。

① 7種類の所得の概要

　このドイツの「7種類の所得」のうち，最後の⑦その他の所得は，前の6つのもとで捕捉されないものを取り込む「所得の種類」であり，かなり雑多なものがそこに区分されている。後は，③独立労働所得〈Einkünfte aus selbständiger Arbeit〉を除き，その名称を見ると，正確な概念規定はともかくとしても，概ねその内容についての想像がつくのではないかと思われる。③独立労働所得に区分されるのは，作家・俳優・芸術家等の自営活動からの所得と，弁護士・医師・会計士・建築士等の特定の専門知識を有する資格職業人の自営活動からの所得等が，その代表的なものとして挙げられる。②事業経営所得は，個人事業主から法人企業までのビジネス活動からの所得を包含するものであり，在独日系企業の現地法人や支店が計上する所得も，②事業経営所得に区別される。ちなみに，法人企業の事業所得に

対しては，所得税ではなく「法人税」が課されるという関係になっている。

② 駐在員・日本人スタッフに関連してくる所得の種類

　在独日系企業の日本からの駐在員（出張者）あるいはそこで勤務する日本人スタッフの場合，ほとんどの場合，④給与所得，⑤金融資産所得，⑥賃貸所得，⑦その他の所得の４つの「所得の種類」だけが問題になる。逆に言うと，過去数年の間，厳格になっている後述する「（システマティックな）申告漏れ」＝「脱税嫌疑」を回避するために，少なくともこの４つの所得の種類については，どんなものがそこに区分されるかの概要はぜひ押さえておきたい。

1　「給与所得」

　「給与所得〈Einkünfte aus nichtselbständiger Arbeit〉」は，ドイツ語を逐語訳すれば，「非独立労働からの所得」となる。駐在員（出張者）ならびに日本人スタッフにとって，その個人所得税年度申告で申告されるべき７つの所得の種類の中で，最も重要なものである。但し，原則として月次の源泉徴収（賃金税）に服することから，年度の個人所得税年度申告の中ではじめて申告するものではない。その意味で，給与所得に入るものは，月次の給与計算の段階で，会社（現地法人・支店・駐在員事務所）の責任で，きちんと賃金税の課税処理をしておく必要がある。月次の給与計算は，自社内の人事部で行なわれている場合と，外部にアウトソーシングしている場合があろう。いずれにせよ，それが日本で支払・供与が行なわれていようと，ドイツでの勤務のために，あるいは，それと関連して支払・供与が行なわれる給与・各種手当・その他のフリンジベネフィットについては，月次のドイツでの給与計算に含め，賃金税の課税処理をしておかなくてはいけない。そのために，会社の人事部あるいはアウトソーシング先の会計事務所に正確な情報が漏れなく伝わる体制を確立しておかなくてはいけない。これは会社の長（社長・支店長・所長）の重要な責任のひとつである。

（1）「給与所得」の具体的内容

　ここでは，在独日系企業の駐在員に典型的に見られる給与・手当・その他のフリンジベネフィットの具体的な内容を挙げておきたい。

　①　給与：ドイツ払月次給与，日本払月次給与（住民税・社会／労働保険料等の
　　　控除前の金額，但し，「計算上の所得税」は控除した後の金額），日本払賞与
　　　（対象期間対応：場合によっては帰国後支払い分も），日本払退職一時金

　②　手当：教育手当（学校授業料等），住宅手当（単身赴任の場合等は一定額ま

で非課税），医療費手当，各種クラブ（日本人会・ゴルフクラブ）の会費補填，健康保険料補填（一定額までは雇用主負担分として非課税扱いの可能性），出張時の日当（一定額を超える分），一時帰国費用補填（単身赴任の場合は原則として非課税扱い），語学研修費補填（特定のものは非課税扱い），自宅の駐車場代補填，住居修繕費補填，赴任手当（どの時点で支払われたものが課税対象かについては論争あり），滞在許可証取得手数料補填，税理士費用（年度申告段階で一定額控除），日本留守宅家具保管料補填

③　その他のフリンジベネフィット：カンパニーカー供与，家具貸与，ストックオプション付与，無利子または低利子での従業員貸付金

　これにより網羅的列挙されているわけではない。会社から支給された手当や保証された便宜供与は原則としてすべて給与所得として月次の賃金税課税で処理しなくてはならない。上の列挙リストからも見て取れるように，確かに部分的に「非課税扱い」で支給・供与が可能なものがあり，また，別途に賃金税課税のところで詳細に解説するように，ここでは言及していないまったく非課税扱いの手当・フリンジベネフィットもある。しかしながら，会社が駐在員あるいは他の従業員に対して支給したもの・供与したものは，原則として給与所得と見なされると考えて，社内の人事部に徹底する「体制作り」，あるいは，コンサルタントを依頼している会計事務所等に事前に確認する「体制作り」が，「システマティックな申告（源泉徴収）漏れ」（＝脱税容疑）の回避の早道である。

（2）「累進税率留保」に服する「給与所得」

　税法上の専門用語の中には，一般の人が見ても，概ねそんなものではと想像が付くものも多い。「累進税率留保」は，まったくその逆で，一般の人に中々想像が付きにくいもののひとつである。日本の個人所得税課税と同様に，ドイツの個人所得税課税も「累進税率システム」に服している。後述するように，そのもとでは，所得が増えれば税率も高くなる。それを前提にして，たとえば，ドイツ駐在を終えて2015年9月末に日本に帰任した駐在員のもとで，その9月末までの所得が仮に1,000だったとしよう。そして，日本帰国後の2015年10月～12月の所得（日本での給与所得）が300だったとする。300はドイツで直接には課税しないが，1,000を課税する時の税率決定に使用するから，申告しなさいということになる。たとえば，1,000に対する税率が32％で，1,300に対する税率が35％だとすると，1,000に対して35％の税率を適用する。当然のことながら，税負担が増える。これが「累進税率留保」であり，所得税法第32ｂ条に規定されている。この累進税率留保の

ため，赴任年の「赴任前日本所得」，そして，帰任年の「帰任後日本所得」を，個人所得税年度申告で申告しなくてはいけない。当然のことながら，日本以外の国からのドイツへの赴任あるいはドイツから日本以外の国への転任の場合，当該外国での所得が累進税率留保に服する。

　この累進税率留保の規定の厳密な趣旨からすれば，「赴任前／帰任後日本（外国）所得」という場合，日本（外国）での給与所得に限定されないはずである。しかしながら，今後もそのままという保証はないのだが，これまでのところ，日本本社からの支払い給与の金額を申告することで問題なく通ってきている。

（3）　日本の「役員報酬」の取扱いと新租税条約におけるその変更

　数としては圧倒的に少なくなるが，累進税率留保に服する他の重要な給与所得として「役員報酬」がある。ドイツ現地法人の社長が，ドイツに居住しているが，同時に日本本社の「（商法・会社法上の）役員」であり，日本本社から役員報酬（日本払給与・賞与の全部または一部）が支払われている場合である。日本の会社でいうと，「取締役」ならびに「執行役」は（商法・会社法上の）役員であるが，「執行役員」はそうではないと考えられる。この役員報酬は，日独租税条約現第16条に基づき，日本の課税権に服し，ドイツでは課税されない（法人立地国課税・国外所得免除方式）。但し，この役員報酬も，累進税率留保のために，たとえ日本での課税に服していたとしても，同様に個人所得税年度申告において申告されなければならない。さらに正確を期すならば，赴任前／帰任後日本所得の累進税率留保は，ドイツの国内法に基づくものであるが，この役員報酬に対する累進税率留保は，租税条約に基づくものである（日独租税条約現第23条第１ａ項）。

　他方で，2017年１月１日施行予定の新日独租税条約では，仮にドイツに居住している人が，日本の会社の役員を務め，日本から役員報酬を得ている場合，当該役員報酬は，ドイツの課税対象ともなり，日本で納付された税金はドイツで納付する税金に通算控除される（外国税額控除方式）。すなわち，新租税条約においては，累進税率留保が附随する国外所得免除方式から外国税額控除方式へ変更される。

２　金融資産所得：利子所得・配当所得・株式売却益

　「金融資産所得〈Einkünfte aus Kapitalvermögen〉」においては，ドイツの銀行預金あるいはドイツで保有している株式等について発生したものだけではなく，在日本の銀行の預金に対する利息や日本で管理されている保有株式等からの配当も，申告・納税義務に服する。2015年の基礎定額控除額を含めた非課税限度額は，単身・独身の場合EUR801，夫婦合算の場合EUR1,602となっている。この金融資

産所得は，上の「給与所得」とは異なり，特に外国からのものについては，個人所得税年度申告段階ではじめて駐在員（出張者）の責任で申告するものである。

また，2009年からは，保有株式等の売却益も，この金融資産所得として課税されるようになり，同時に，「総合課税方式」の例外規定としての「金融資産所得25％分離課税制度」が導入されている。その結果，ドイツ国内の金融機関・配当元会社・株式管理会社からの利息や配当あるいは保有株式等の売却益は，上記の非課税限度額を超える分について，その金融機関ならびに配当元会社が25％の源泉徴収を行ない（正確には，連帯付加税と場合によっては「分離教会税」が加わる），個人の「総合課税」には含めない形になっている。そのため，外国（日本）の金融機関ならびに配当元会社からの利息や配当等あるいは保有株式等の売却益は，やはり「総合課税」に含めないことは同じであるが，個人所得税年度申告段階で申告された金額をもとにして25％課税が行なわれる。

3 賃貸所得：日本の持家等から賃貸収入

日本に存在する不動産からの「賃貸所得〈Einkünfte aus Vermietung und Verpachtung〉」は，日独租税条約第6条に基づき，日本に課税権が帰属している。ドイツに居住している日本人駐在員が，日本に所有している持ち家・マンションを，駐在期間中に賃貸して賃貸所得があった場合，あるいは，自分の住居以外の不動産があって賃貸所得があった場合，個人所得税年度申告段階で申告しなければならない。但し，日本での賃貸所得は，ドイツで直接的には課税対象にはならず，上述の赴任前・帰任後日本（外国）所得と同様に，累進税率留保に服する。

この累進税率留保に服する金額は，受け取った「賃貸料」そのものではなく，そこから，建物の減価償却分，住宅ローン利息（元本返済分は控除されない），建物管理費・補修費，日本の固定資産税等を控除した後の金額である。当然のことながら，その金額がマイナスになる場合もある。マイナスになった場合，同じ年の他の不動産物件のプラス分と相殺するか，あるいは，翌年度以降に繰越しすることになる。いずれにせよ，しっかり資料を整えて申告すれば，最終的には追加的課税負担はほんの僅かなものになるケースが大半であるが，累進税率留保ゆえの申告義務が厳然として存在している点には留意する必要がある。

これは日本での税務問題となるが，ドイツに赴任してきている駐在員が日本の持ち家・マンション等を不動産業者等を通じて賃貸している場合，当該不動産業者は，店子から賃貸料を受け取り，自らの手数料を控除する。それと同時に，「ドイツ居住者」（＝「日本の非居住者」）への支払いということで20％の源泉税を差引いて，

口座に振り込んでくる。この20％の源泉税は，当該駐在員が代理人等を通じて日本当局への確定申告を行なうとほとんどの場合還付される。

4 「その他の所得」：老齢年金所得・不動産売却益等

ここでは「その他の所得」と簡単な言い方をしているが，正式には，「所得税法第22条にいうその他の所得〈sonstige Einkünfte im Sinne des §22〉」とちょっと長ったらしい名称になっている。他の6つの所得の種類で捕捉されない雑多なものが含まれている。日本人駐在員のもとで問題になるもので重要なものは，一定の保有期間条件を満たしていない不動産（持ち家・マンション等）の「不動産売却益」，高齢の駐在員の場合に時折見られる日本の社会保険当局等からの「公的老齢年金受給」あるいは「企業年金受給」等である。このその他の所得も，個人所得税年度申告段階で，駐在員（出張者）の責任で申告するものである。

不動産売却益の「一定の保有期間」とは10年である。取得から売却まで10年以内の場合は，当該不動産売却益は課税対象となり，申告しなければならない。但し，自分が居住している持ち家・マンションの10年以内の売却については，原則として非課税扱いとされている。これらはドイツ所得税法の規定である。他方で，不動産売却益は，日独租税条約第13条第1項（新旧とも）に基づき，不動産立地国に課税権が認められている。ドイツに駐在している駐在員がその駐在期間（居住者期間）に日本にある持ち家・マンションを売却して売却益を取得した場合，まずは，もし当該不動産がドイツに位置していたら売却益が課税対象となるかどうか判断する。そして，課税対象となる場合には，累進税率留保に服することから，他のドイツで課税対象となる所得の税率決定のためだけに当該売却益を加算する。

日本の社会保険当局等からの「公的老齢年金受給」あるいは一般の会社からの「企業年金受給」等については，年金の金額だけではなく，どのような「老齢年金」なのか，簡単に言うと，保険料の拠出時に課税されていたのかどうかについての情報も併せて申告する必要がある。これは，ドイツにも様々な種類の老齢年金が存在し，その種類ごとに，個人所得税上の課税処理が異なっているために，それに合わせた課税処理を行なうためである。なお，新租税条約では，源泉地国でも課税できるように変更されている（新租税条約第17条第1項）。新条約施行後は，ドイツに居住している人が日本で公的老齢年金あるいは企業年金を受給している場合，日本で源泉課税されて納付している税金を，ドイツで納付する税金から控除してもらうことになる。

2 個人所得税率と税負担

ドイツ個人所得税の税負担は，最低税率：14％から最高税率：45％（2015年時点）の累進税率システムで，「基本税率表（単身・独身者用）：Grundtabelle」と「夫婦合算税率表：Splittingtabelle」の二つがある。納税義務が発生する「課税最低所得」は，単身・独身の場合でEUR8,354（2014年まで，2015年はEUR8,472，2016年はEUR8,652），夫婦合算の場合でEUR16,708（2014年まで，2015年はEUR16,944，2016年はEUR17,304）である。なお，単身赴任者は，ドイツの所得税法上，独身者と同様に扱われる。

① 平均税率と限界税率

ドイツの所得税法で税率と言う場合，最低税率や最高税率というように，税率の種類には色々あるが，通例，まずは「平均税率」と「限界税率」を区別した議論をする。平均税率は，ある一定期間（通常は1年間）の課税所得（各種の控除額を控除した後の金額）に何％の税負担が賦課されるかというものである。それに対して限界税率は，ある課税所得に「追加課税所得」があった場合に，その追加課税所得に何％の税負担が賦課されるかというものである。

連帯付加税を除いた個人所得税に限った限界税率でいうと，独身・単身の場合でEUR52,882（2016年からはEUR53,666），夫婦合算の場合でEUR105,763（2016年からはEUR107,332）で限界税率の42％に達する。すなわち，これらの課税所得を上回る所得がある場合，その上回った「追加課税所得」には常に42％の税負担が賦課されるということになる。さらに，独身・単身の場合でEUR250,731（2016年からはEUR254,447），夫婦合算の場合でEUR501,462（2016年からはEUR508,894）で，限界税率は45％（最高税率）になる。すなわち，これらの金額を超えた分については，常に45％の税負担が課されるということになる。

限界税率の推移（2015年）

課税所得（EUR）	30,000	40,000	50,000	52,882	70,000	80,000	90,000	105,763
単身・独身	31.5%	36.1%	40.7%	42.0%	42.0%	42.0%	42.0%	42.0%
夫婦合算	24.7%	27.0%	29.2%	-	33.8%	36.1%	38.4%	42.0%
課税所得（EUR）	130,000	170,000	200,000	250,731	300,000	400,000	450,000	501,462
単身・独身	42.0%	42.0%	42.0%	45.0%	45.0%	45.0%	45.0%	45.0%
夫婦合算	42.0%	42.0%	42.0%	42.0%	42.0%	42.0%	42.0%	45.0%

限界税率の45％が再導入されたのは，2007年であった。2004年までは，限界税率の45％が同時に最高税率であり，独身・単身の場合でEUR52,152まで，夫婦合算の場合でEUR104,304まで，カーブ曲線で課税所得の増加と共に限界税率も小刻みに上昇する「建付け」になっていた。2005年に最高税率は42％に引き下げられたのであるが，金持ち優遇減税という世論の抵抗を受けることになり，2007年からは限界税率45％が再度導入されたという経緯がある。この2007年の限界税率45％の導入は，よく「富裕税〈Reichensteuer〉」と呼ばれる。但し，上の表からも見て取れるように，独身・単身の場合で言うと，EUR52,882からEUR250,731までの間の限界税率は，課税所得の増加と共に小刻みに上昇していくのではなく，42％で一定となっている。

　他方で，この限界税率が最高税率に達するEUR250,731またはEUR501,462という課税所得に対する平均税率は約39％であり，最高税率の45％近くに達するにはなお高い所得額にならないといけない。平均税率は，限りなく最高税率の45％に近づくが，理論的には平均税率が45％になることはない。そして，日本人駐在員の平均税率は，家族帯同か単身赴任・独身かによる違いはあるものの，それでもほとんどの場合25％から40％の間に収まると考えてよい。

② ネット給与保証における限界税率

　在独日系企業の日本人駐在員のほとんどは，「ネット給与保証」に服している。ネット給与保証のもとでは，日本とドイツでの手取額（ネット給与額）あるいは各種の手当・フリンジベネフィット（その他の手当）が予め確約される。そして，そのネット給与額ならびに「その他の手当」に対するドイツ個人所得税の税額の変動（増加）のリスクが，会社（雇用主）側が負うというものである。「ネット給与保証のもとでは，税金を会社が負担する」という言い方もなされ，そして，そのように見えることも確かである。しかしながら，ネット給与者の場合もグロス給与者の場合も，駐在員（従業員）に支給される「グロス給与額」から税金が納付されていることから，対税務当局の観点ならびに会社の損益計算書という観点から言うと変わるところはなく，会社が負担しているのはあくまで「人件費」でしかない。相違の本質は，何が確約されているか，どちらにリスクがあるかという点である。

　そのネット給与保証に服する日本人駐在員の所得税（賃金税）の問題の議論の時によく出てくるものとして，「ネット給与保証における限界税率」がある。

【よく問題になる事例】

　賃金税の税務調査において，本人と家族の「一時帰国費用（ホームリーブ）」の月次段階での課税がなされていないことが税務調査官から指摘されて，その費用EUR10,000に対して追徴課税が課された。このネット給与保証のもとにある駐在員についての追加納付税額はいくらになるか。

　追徴課税が課された場合，追加所得があった場合と同じに見なされることから，それに対しては，限界税率が適用される。先の表「限界税率の推移（2015年）」において見ると，駐在員の場合のグロス給与額の多くは，限界税率42％であるEUR52,882からEUR250,731までの範囲が多いことから，限界税率42％で連帯付加税の負担も考慮して計算すると以下のようになる。

　　　グロス所得者の場合の追加所得の税率（限界税率）：
　　　42％＋（42％×5.5％）＝44.31％
　　　ネット給与保証の場合のネット額から見た場合の税率：
　　　44.31％÷（100％－44.31％）＝79.56％

　上の「よく問題になる事例」の場合，10,000ユーロに対する追加納付税額は，約8,000ユーロ（約80％）となる。これがもし，グロス給与ベースで限界税率：45％が適用される課税所得の範囲の駐在員の場合には，以下の計算から分かるように，約9,000ユーロ（約90％）となる。

　　　グロス所得者の場合の追加所得の税率（限界税率）：
　　　45％＋（45％×5.5％）＝47.48％
　　　ネット給与保証の場合のネット額から見た場合の税率：
　　　47.48％÷（100％－47.48％）＝90.40％

　いずれにせよ，「44.31％÷（100％－44.31％）」の計算式から見て取れるように，グロス額から税額を見るのではなく，ネット額から税額を見るという点が重要である。

③　平均税率と課税所得

　前述の通り，ドイツ所得税法には，「基本税率表」と「夫婦合算税率表」の２つの税率表がある。平均税率におけるその２つの税率表は，下記の表からも分かるように，たとえば「基本税率表（独身・単身）」の40,000ユーロに対する税率と「夫婦合算税率表」の80,000ユーロに対する税率が同じという関係になっている。すなわち，極端な例で言うと，奥さんは専業主婦で，夫の方だけが仕事をして，年間

80,000ユーロの課税所得があるという場合，奥さんの課税所得40,000ユーロ，夫の課税所得40,000ユーロと見なしてそれぞれの税額を算定して，それを単純に合計して税額を算定するという仕組みである。

課税所得と平均税率（2015年）

課税所得（EUR）	40,000	60,000	80,000	100,000	120,000	150,000	200,000	400,000
単身・独身	22.4%	28.3%	31.7%	33.8%	35.1%	36.5%	37.9%	41.1%
夫婦合算	13.2%	18.5%	22.4%	25.6%	28.3%	31.0%	33.8%	37.9%

　ちなみに，この課税所得は，「グロス所得額」（グロス給与額）から，次の項で解説する様々な「所得控除額」を引いた後の金額であるが，年間所得ベースでいくら税金が取られるのか，大体の税金額を知りたい場合には，最低限の所得控除額として，夫婦合算・子供なしの場合で5,000ユーロ，単身・独身の場合で3,000ユーロをグロス所得額（グロス給与額）から差し引いた金額だと考えればよい。各種の所得控除額がさらにあれば，もちろん課税所得額はさらに小さくなる。

　日本との比較で言うと，課税所得に対する税率ではそれほど大差はないのだが，日本の「給与所得控除（所得額により異なるが，1,000万円のグロス所得で220万円前後）」に金額的に相当するものがドイツでは存在していないために，平均的サラリーマンの給与所得レベルでは，ドイツのグロス給与（＝税込み給与）とネット給与（＝手取り給与）の開きは非常に大きく，税負担がかなり重いものになっている。

④　税収総額に占める位置

　2014年度のドイツの税収総額（連邦税・州税・地方自治体税の合計）は，6,436億ユーロ（83兆6,705億円：1ユーロ＝130円換算）となっている。その税収総額に対する個人所得税の税収の比率は37.1％で第1位であり，第2位は31.5％で付加価値税，第3位は大きく差があって6.8％の営業税となっている。この個人所得税と付加価値税の2つの税目の税収は，ここ数年の間，順番が入れ替わることもあるが，2つとも30％強あるいは30％前後の比率を占めている点はまったく変わっていない。そして，その2014年の個人所得税の税収37.1％のうち，26.1％が賃金税からの税収であり，給与所得からの源泉徴収が非常に大きなウエートを占めていることが分かる。これには企業の社長・役員に支払われるボーナス（ドイツの言い方では「業績連動報酬」）についても，ドイツでは損金算入が認められ，通常の被用者の給与・ボーナスとまったく同様に所得税源泉徴収の対象となっていること等

も若干寄与しているかもしれない。

3　課税方式と申告義務・申告期限

在独日系企業の日本人駐在員ならびに日本人スタッフにおいて想定される場合についていうと，所得税年度申告義務は，次のようなケースにおいて問題になる。

・ドイツにおいて賃金税が源泉徴収されている「給与所得」以外の所得があり，それが非課税額を上回っている場合。

・ドイツ国内で2人の雇用主から「給与所得」を得ている場合。具体的には，「賃金税クラスI」と「賃金税クラスVI」の組み合わせ，あるいは，「賃金税クラスIII」と「賃金税クラスVI」の組み合わせの場合である。

・ドイツで夫婦共稼ぎであり，夫婦合算課税を望む場合。

・帰任年ならびに赴任年のように，同一暦年の中に帰任後あるいは赴任前の外国所得（累進税率留保に服する所得）がある場合。

・日本に所有する家・マンション等があり，それを賃貸して賃貸所得（累進税率留保に服する所得）を得ている場合。

・ドイツに居住しつつも，日本本社の役員として役員報酬を得ていて，それが日本で課税され，ドイツでは課税されていない場合（累進税率留保に服する所得，但し，新租税条約施行後の変更については，「(3) 日本の「役員報酬」の取扱いと新租税条約におけるその変更」（333頁）を参照）。

・過去における申告書提出義務等から判断して，税務署が申告書の提出を要求してきた場合。

以上のどの所得税年度申告書義務がない場合でも，還付が期待される場合には，管轄の税務署に対して「任意査定〈freiwillige Veranlagung〉」を申請できる（所得税法第46条第2項第8号）。日本人駐在員の場合，赴任年と帰任年以外のその中間の駐在期間については，申告書提出義務がない場合が出てくる。しかしながら，ほとんどの場合に還付が期待されることから，任意査定を申請していることが多い。

①　個人所得税年度申告書の提出期限

他の税目の年度申告書の提出にも該当することであるが，申告義務がある場合のドイツの「個人所得税申告書」の提出期限は，かなり余裕を持って申告書を作成できるように期限が定められている。通常，納税義務者が自ら個人所得税申告書を

提出する場合，翌暦年の５月31日までとされ，会計事務所・税理士事務所を通じて行なう場合には，翌暦年の９月30日までとされている。さらに，ここ数年間は，会計事務所・税理士事務所を通じて行なう場合は，通達でもって，翌暦年の12月31日とさらに延長されている。この辺は，後述の「賦課課税方式」による「査定作業」を税務署の担当者が行なうことと連動しているのかも知れない。なお，申告書提出義務がなく任意査定を申請する場合の期限は４年以内となっている。

② 「総合課税方式」と例外的な課税方式としての「分離課税方式」

ドイツにおける個人所得税課税は，原則として，個人または夫婦で上述の複数の所得の種類をまとめて申告する。そして，税務署側がその申告された数値データをもとに，所得の種類ごとに課税所得を算定して，その複数の所得の種類のそれぞれの課税所得の合計額に税率を乗じて課税する「総合課税方式」となっている。その例外をなしているのは，2009年に新たに導入された金融資産所得についての25％の税率での「分離課税」，そして，それ以前から行なわれている「賃金税上の分離課税処理」の２つである。

「分離課税処理」の具体的内容について，後に少し詳細な解説を加える。ここでは，分離課税（処理）という例外はあるものの，複数の所得の種類，在独日系企業の駐在員と日本人スタッフのほとんどの場合，④給与所得，⑤金融資産所得，⑥賃貸所得，⑦その他の所得の４つが「総合課税方式」に服し，そのため，複数の所得の種類の申告がきちんとなされなくてはいけないという点をご記憶いただきたい。

③ ドイツの個人所得税課税：「賦課課税方式」

税務エキスパートは，先の「総合課税方式」と「分離課税方式」の区別とは別に，よく「申告納税方式」と「賦課課税方式」を区別する。申告納税方式のもとでは，納税義務者（またはその依頼を受けた税理士等）が申告書を作成する段階で税額を計算してそれを申告書の中に記載し，申告書の提出と同時に，納税義務者が計算した税額を納付する。それに対して，賦課課税方式のもとでは，申告書の中に所得の種類ごとの所得額ならびに所得控除額は記載するものの，納付すべき税額は記載しない。別に税理士等が怠惰ということで税額を記載しないわけではない。税務署の担当者が，その申告書の中に記載された所得の種類ごとの所得額あるいは所得控除額をもとに税額を計算して，「査定書〈Steuerbescheid〉」を納税義務者に送付してくる。このような税務署での税額の計算を「査定〈Veranlagung〉」と呼ん

でいる。この査定書は，税務署からの「請求書」のようなものである。査定書を受け取ってはじめて，税金を納付することになる。賦課課税方式と申告納税方式の相違は，申告書の概観だけで見ると，納税額が記載されているかそうでないかの違いだけであるが，その背景には，大きな制度上の原理的相違が隠されている。

　ドイツの個人所得税の申告は，賦課課税方式となっている。ちなみに，在ドイツ日系企業が関係してくるドイツの他の主要な税目（法人税・営業税・付加価値税）については，付加価値税を除き，同様に賦課課税方式である。より正確に言えば，個人所得税の前払税である賃金税も，申告納税方式である。ドイツに駐在員として派遣されてきている人でも，日本での個人所得税申告の経験を有する人はかなり限定されていると思われるが，日本の個人所得税の申告は，申告納税方式である。申告納税方式と賦課課税方式という税法上の専門用語を正確に覚えておく必要はない。しかしながら，この辺の「税制の建付け」の構造を知っていると，ドイツでの会計事務所・税理士事務所あるいは税務署との間の個人所得税申告を巡る「やり取り」がきちんと理解できて，誤解や心配を回避できる。

Ⅲ
賃金税の処理

　在独日系企業の3つの進出形態である駐在員事務所・支店・現地法人（子会社・合弁会社）に共通して課せられている義務として，「賃金税〈Lohnsteuer〉」（支払給与からの個人所得税源泉徴収分）の源泉徴収と管轄税務署への月次の申告書提出・納付がある。

1　賃金税の概要

　日本語の給与所得に相当するのが「Einkünfte aus nichtselbständiger Arbeit」であり，直訳すれば「非独立労働からの所得」となる。給与所得（非独立労働からの所得）があった場合，当該給与の支払者（会社）は，支払給与額から源泉徴収を行ない，管轄税務署に納付する。日本では，これを「給与所得源泉徴収分」と呼んでいるが，ドイツでは「賃金税　〈独：Lohnsteuer，英：wage tax〉」と，あたかもひとつの独立した税金の種類のように呼んでいる。しかし，実態としては，日本の「給与所得源泉徴収分」と同じものと考えて差し支えない。

☐1　賃金税の歴史

　給与所得からの源泉徴収という意味での賃金税のドイツにおける直接的な起源は，第一次世界大戦後のワイマール共和国時代の1920年に施行された所得税法に遡る。1924年までは，会社（雇用主）が源泉徴収したことの証として，スタンプを「賃金税カード」に貼り付けていた。そして，1925年の所得税改革で，ほぼ現在の形を取るようになった。ちなみに，日本の給与所得の源泉徴収制度は，1940年に戦費調達のために導入されているが，当時のドイツのナチスの賃金税システムに倣ったと言われている。

　現在の日本の「給与所得源泉徴収制度」と「年末調整制度」に対しては，日本のサラリーマンの「納税者意識」を押し潰しているのではないかという批判もあ

る。1940年に，当時の日本政府がナチス・ドイツの賃金税制度に強い影響を受けて「給与所得源泉徴収制度」を導入し，1947年には，ドイツの賃金税制度の一環としての「賃金税年度調整〈Lohnsteuer-Jahresausgleich〉」に倣い，年末調整制度を導入したという歴史がある。

② ドイツにおける「賃金税年度調整」と「個人所得税年度申告」

ドイツの賃金税年度調整は，現在ではまだ特別のケースに実施されることはあるものの，日本の現行の年末調整制度のような意義，すなわち，サラリーマンの「個人所得税年度申告の代替物」としての意義は有していない。ドイツにおいて，以前は，課税所得が一定額を超えると，必ず個人所得税年度申告を行なうことが義務付けられていた。しかしながら現在は，給与所得以外の所得も非課税限度額以内に収まるようなサラリーマンは，その給与所得が賃金税として源泉徴収されているという理由から，たとえ高給取りであっても，個人所得税年度申告の義務は免除されている。他方で，サラリーマンの場合でも職業上の「必要経費控除」が実額ベースで認められているために，ドイツの被用者・サラリーマンのほとんどは，証憑類をせっせと集め，翌年の5月31日（税理士・会計士を通じての申告の場合は9月30日，場合によっては12月31日）が締切の個人所得税年度申告を行なっている。

③ 賃金税源泉徴収と会社側の義務

賃金税を経済的に負担するのは，給与を稼得する日本人駐在員も含めた従業員（被用者）である。それに対して，会社（雇用主）は，賃金税を支払給与額から源泉徴収し，管轄税務署に申告・納付する義務を負う。人事部にそれができるスタッフを雇用して自社内でやる場合でも，会計事務所等に業務委託する場合でも，それらの事務作業は，経済的にも大きな負担となる。この賃金税の源泉徴収事務は，税務当局（＝国）が本来行なうべきであり，会社（雇用主）側に不当にその負担が転嫁されているものであるという観点から，カールスルーエの連邦憲法裁判所で争われたことがある。残念ながら，その主張は認められなかった。

1 月次の給与計算と源泉徴収

徴収対象期間単位は，原則として暦月であるが，賃金税の納付年額がわずかな場合には，四半期ごとまたは一年単位での納付が認めれるケースがある。月次納付の具体的なプロセスとして，たとえば10月分の給与が10月25日から31日までの間に従業員に対して振込まれる会社の場合，その給与から賃金税を源泉徴収し，11月

10日（翌月の10日）までに，「賃金税月次申告書〈Lohnsteuer-Anmeldung〉」を
その会社の管轄税務署に提出し，同時に，そこに記載されている賃金税額を税務署
の口座に振込む。毎月振込む代わりに，予め申請しておき，「自動引落し」にして
もらうこともできる。正確に言うと，賃金税月次申告書には，賃金税額の他に，賃
金税額の5.5％に上る「連帯付加税〈Solidaritätszuschlag〉」額と，場合によって
は，「教会税〈Kirchensteuer：州ごとに異なるが，賃金税額の8～9％〉」額が記
載されており，その合計額を税務署に送金することになる。

2 賃金税月次申告書・給与明細書・給与支払台帳

　この翌月の10日までに提出する賃金税月次申告書は，会社（＝事業所）単位で
行なわれ，個々の従業員ごとに行なわれるものではない。たとえば，従業員が100
人いる会社（＝事業所）の場合，申告書の中の賃金税額は，100人の従業員の個人
ごとの賃金税額を合計した総額で，月次申告の時点では，どの従業員がどれだけの
賃金税額を納付したかは税務署には連絡されていない。これをチェックするのが，
通例3～4年に一度入る「賃金税税務調査〈Lohnsteuerprüfung〉」である。その
ため，雇用契約で取決められた給与をきちんと支払っていることの証として，従業
員に対して「給与明細書〈Gehaltsabrechnung〉」を送付することに加えて，税務
上の観点から，会社（雇用主）は，賃金税月次申告書の賃金税総額の内訳（各従業
員ごとの賃金税額）と各従業員の賃金税額の計算根拠が明らかになる資料，すなわ
ち，「給与支払台帳〈Gehaltskonto〉」を作成し，一定の期間保存しておく義務が
負わされている。

3 賃金税年度源泉徴収証明書

　会社（雇用主）の賃金税月次申告義務においては，2005年1月から，原則と
してコンピュータを使用して税務署に対して電送することが義務付けられた。賃
金税月次申告書のオンライン送付である。当然，会社から給与計算業務の委託を
受けた会計事務所等も，そのオンライン送付義務に服する。また，一暦年が終了
すると，翌暦年の2月末までに，会社の人事部または会計事務所等は，駐在員を
含む従業員（被用者）個人ごとに前暦年度の源泉徴収の「年度の締め」を行な
う。そして，その年度の締めの成果である個人ごとの「賃金税年度源泉徴収証明書
〈Lohnsteuerbescheinigung〉」を作成して，やはりオンラインで管轄税務署に送
付する。この賃金税年度源泉徴収証明書は，日本の「給与所得の源泉徴収票」に対
応するものである。

　他方で，それを受け取った会社の管轄税務署は，当該証明書に記載された住所に

もとづき，各々の従業員（被用者）の個人所得税の管轄税務署に転送することになる。通常，各々の従業員（被用者）のもとには，会社の人事部または会計事務所からそのコピーが送付されてくる。以上の作業フローから見て取れるように，駐在員を含む従業員本人が個人所得税年度申告を行なうかどうかに関わりなく，申告書が送付される前に，給与所得からいくら賃金税が源泉徴収されているかは，駐在員・従業員の居住地の管轄の税務署は把握していることになる。

4　賃金税源泉徴収データのオンライン照会と税務ID番号

2013年から，「賃金税源泉徴収データオンライン照会システム」が導入されている。この賃金税源泉徴収データオンライン照会システムのもとでは，最新の「賃金税源泉徴収データ」（氏名・住所・課税クラス・宗教等）が，税務当局内のデータバンクで一括管理されている。当該データは，毎月月初に更新される。給与計算を行なっている会社の人事部の担当者あるいは給与計算業務の委託を受けた会計事務所の給与計算担当者は，月次の給与計算の度にこの税務当局のデータバンクにオンライン・アクセスを行ない，その最新データにもとづき，月次の賃金税源泉徴収額を計算する。

他方で，2007年頃から数年かけて，一時的滞在の外国人はもちろんのこと，生まれたばかりの赤ちゃんも含めたドイツに居住する人全員に対して，11桁のアラビア数字から構成される「税務ID番号〈Steuer-Identifikationsnummer〉」の交付が行なわれている。日本からドイツに赴任して来た駐在員本人と家族全員（配偶者と子供）に対しても交付される。「社会保険番号〈Sozialversicherungsnummer〉」には，当人の誕生日の日付が含まれているが，この税務ID番号には，当人を推測させるような情報データは一切含まれていない。具体的には，住民登録をすると，市町村自治体の住民登録局はそのデータを税務当局のデータベース（連邦中央税務局の管轄）に送付し，連邦中央税務局は，その住民登録を根拠に子供も含めて駐在員家族全員分の税務ID番号を郵送してくる。上の賃金税源泉徴収データオンライン照会システムとの関係で言うと，当該駐在員の給与計算時の賃金税源泉徴収データは，この税務ID番号と誕生日で照合が行なわれるようになっている。そのため，郵送されてきた税務ID番号を，会社の人事担当者あるいは給与計算を委託している会計事務所に連絡しなければならない。

⑤ 賃金税クラス

　「賃金税クラス〈Lohnsteuerklasse〉」は，税率ならびに控除額について，家族状況や共稼ぎ等の個人的な要因を一定度まで考慮して，月次の源泉徴収時に源泉徴収額ができる限り公正になるように配慮した区分である。賃金税源泉徴収データの中の最も重要な項目であり，次のような6つのクラスに分けられている。

【賃金税クラスⅠ】

　独身・単身者，または，寡婦・寡夫，既婚者，離婚者で，「賃金税クラスⅢ」または「賃金税クラスⅣ」の条件を満たさない者に適用される。日本人駐在員で単身赴任している者は，この「賃金税クラスⅠ」に区分される。税率の面では，「基本税率表」がベースになっている。

【賃金税クラスⅡ】

　「賃金税クラスⅠ」に属する者で，所得税法第32条第7項にいう「母子家庭および父子家庭の場合の家政費控除」を受けられる者に適用される。

【賃金税クラスⅢ】

　既婚者で，その配偶者もドイツの無制限納税義務（居住者納税義務）に服する者，ならびに寡婦・寡夫および離婚者で，一定の条件を満たしている者に適用される。配偶者帯同の駐在員について，配偶者が専業主婦という場合，あるいは，配偶者にも給与所得があるが，駐在員本人よりかなり少ない場合，当該駐在員本人は，この「賃金税クラスⅢ」に区分されること，あるいは，区分するように申請することが普通である。税率の面では，夫婦合算税率表がベースになっている。その場合，他方の配偶者（奥さん）は，自動的に「賃金税クラスⅤ」に区分される。

【賃金税クラスⅣ】

　既婚者でかつその配偶者もドイツの無制限納税義務（居住者納税義務）に服する者で，配偶者にも給与所得がある場合の賃金税クラスである。すなわち，双方に給与所得がある「共働き夫婦」の場合の双方に適用される。通常，双方の給与所得がほぼ同じか，相違があるがその差が大きくない場合に適用されている。税率の面からは，「賃金税クラスⅠ」と同じく，「基本税率表」がベースになっている。

【賃金税クラスⅤ】

　「賃金税クラスⅣ」に属する者で，両者の申請により，一方について「賃金税クラスⅢ」での課税を望む場合の他方の配偶者についての賃金税クラスである。夫が駐在員として勤務し，奥さんが専業主婦で給与所得がない場合，実質的な意味はな

いのであるが，奥さんの方はこの「賃金税クラスⅤ」に区分される。

【賃金税クラスⅥ】

　複数の会社（雇用主）に同時に雇用されている者で，二番目以降の雇用関係からの給与所得に適用される賃金税クラスである。

　日本人駐在員の場合は，以下の３つの賃金税クラスの場合がほとんどである。①賃金税クラスⅠ（駐在員が独身者・単身赴任者の場合），②賃金税クラスⅢ（駐在員が既婚で配偶者帯同の場合），③賃金税クラスⅥ（「従業員代表委員会〈Betriebsrat〉」との軋轢等の理由からドイツでの給与支払を２ヵ所に分けている場合や，あるいは，現地法人と駐在員事務所等のようにドイツ国内で２つの雇用主（会社）から給与の支払を受けている場合等の二番目の賃金税クラス）の３つである。最後の③賃金税クラスⅥの場合，賃金税クラスⅠと賃金税クラスⅥの組み合わせ，あるいは，賃金税クラスⅢと賃金税クラスⅥの組み合わせとなる。しかしながら，賃金税クラスⅥのケースは数が少ないので，日本人駐在員の大半は，賃金税クラスⅠか賃金税クラスⅢのどちらかと考えて差し支えない。

　最近の実務においては，配偶者帯同で来独した場合，自動的に夫が賃金税クラスⅣ，奥さんが賃金税クラスⅣに区分されているケースが多い。特に奥さんが専業主婦の場合，居住地の管轄の税務署に対して，夫は賃金税クラスⅢ，奥さんは賃金税クラスⅤに変更してもらう申請を行なう必要がある。

⑥　賃金税源泉徴収に関わるペナルティ

　賃金税の源泉徴収に関しては，①月次申告書の未提出・提出の遅れ，②賃金税納付の未納付・納付の遅滞，③申告漏れの３つの場合に対するペナルティがある。

１　申告書の未提出・遅延ならびに税額の未納付・遅延に対するペナルティ

　賃金税月次申告書を翌月の10日の期限に遅れて提出した場合，あるいは，未提出の場合，納税額の10％または最高で25,000ユーロのペナルティが課される。また，税額の納付期限も翌月の10日であるが，納税の遅滞については，銀行振込みについてだけ３日間の特別猶予期間が保証されている。10日が月曜日の場合，通常13日（木）までに税務署側の口座に到着すればよい。小切手や現金支払については，この特別猶予期間はない。たとえば１月分の納税額をたとえば２月20日に納付した場合，納付税額を50ユーロで割り切れる額まで切り捨て処理を行ない，その金額の１％（１ヵ月分）がペナルティとして課される。もし，その１ヵ月分の納

付が3月20日になった場合，1ヵ月と10日の遅延という2％（2ヵ月分）がペナルティとして課される。

2　（システマティックな）申告漏れに対するペナルティ

過去においては，給与所得の一部を月次の賃金税段階で課税処理せず，個人所得税年度申告段階で申告して，その駐在員の居住地管轄税務署からそのまま受理されていたケースも多々あった。しかし現在は，給与・各種手当・その他のフリンジベネフィットといった月次段階で給与所得として賃金税課税（源泉徴収）されているべきものが課税されないで，年度申告段階で始めて申告されると，原則として「賃金税の申告漏れ」と見なされる。そして，会社の管轄税務署に連絡が行き，「（月次）賃金税申告」の修正が遡及して行なわれる。場合によっては，源泉徴収がそもそもきちんと行なわれていないのではという疑いから，会社の管轄税務署から特別の「賃金税税務調査」が実施されることもある。

このような（月次）賃金税申告の遡及的修正が行なわれて，あるいは，賃金税税務調査が実施されて，会社による更なる「申告漏れ」が発見されたりすると，「システマティックな申告漏れ（源泉徴収漏れ）」と見なされ，「脱税」容疑にも繋がる可能性がある。幸いにも，在独日系企業において，そこまでに至ってしまった事例は聞いていない。しかし，その直前という事例は時折見られる。仮に脱税となった場合，会社の長（現地法人の場合は社長，支店・駐在員事務所の場合は本店・本社の代表者）が個人的に禁固刑に服する，あるいは，罰金を支払うことになる。現在では，脱税に問われる可能性がかなり現実性を帯びていることは，リスクマネジメントの一環として，十分に認識しておく必要がある。

昔の「古き良き時代」を知る者にとって，現在の税務署の対応は過酷のようにも見える。しかし，2015年（月次賃金税段階）に納付される（支払われる）べき1万ユーロが，ほぼ1年遅れての2016年（個人所得税年度申告段階）に支払われることが常態となっていたとしたら，ビジネスの世界の常識ではどうするであろうか。取引を停止したり，ペナルティを仄めかしながら，改善を求めるであろう。その意味では，会社ならびに納税義務者側には厳しくなったが，税務当局もビジネスの世界の通常の感覚で対応するようになったとも言えるかもしれない。

2 賃金税の源泉徴収

月次の賃金税源泉徴収の対象となる給与所得の具体的内容は，「(1) 給与所得の具体的内容」（331頁以下）のところですでに言及しているが，以下のようなものである。

① 月次の賃金税源泉徴収の対象

① 給与：ドイツ払月次給与，日本払月次給与（住民税・社会／労働保険料等の控除前の金額，但し，「計算上の所得税」は控除した後の金額），日本払賞与（対象期間対応：場合によっては帰国後支払い分も），日本払退職一時金

② 手当：教育手当（学校授業料等），住宅手当（単身赴任の場合等は一定額まで非課税），医療費手当，各種クラブ（日本人会・ゴルフクラブ）の会費補填，健康保険料補填（一定額までは雇用主負担分として非課税扱いの可能性），出張時の日当（一定額を超える分），一時帰国費用補填（単身赴任の場合は原則として非課税扱い），語学研修費補填（特定のものは非課税扱い），自宅の駐車場代補填，住居修繕費補填，赴任手当（どの時点で支払われたものが課税対象かについては論争あり），滞在許可証取得手数料補填，税理士費用（年度申告段階で一定額控除），日本留守宅家具保管料補填

③ その他のフリンジベネフィット：カンパニーカー供与，家具貸与，ストックオプション付与，無利子または低利子での従業員貸付金

過去においては，日本本社（親会社あるいはその他の出向元）等から支払われる「日本払月次給与」あるいは「日本払賞与」が，月次の賃金税源泉徴収処理に考慮されずに済まされた事例も存在していた。しかしながら，2004年の税制改正において，日本払給与・日本払賞与の月次の賃金税段階で課税の税法根拠が明確にされた。その結果，日本払月次給与・日本払賞与の課税漏れは，たとえ個人所得税年度申告時に申告したとしても，月次賃金税申告の管轄の税務署（会社の所在地の管轄の税務署）に差し戻され，そこで場合によっては「課税漏れ＝脱税」の容疑での調査が行なわれたりするようになった。「課税漏れ＝脱税容疑リスク」は，賃金税レベルで在独日系企業が留意すべき重要ポイントになっている。

② 月次の賃金税段階における控除項目

賃金税は，通常，月次ベースで計算されるが，あくまで，個人所得税の前払である。そして，個人所得税の控除項目のうち，証憑類の提出なしに給与所得者に関して保証されている控除項目（年額ベース）が月次ベースで考慮された「月次賃金税表〈Lohnsteuer-Monatstabelle〉」が作成されている。「賃金税クラスⅠ」と「賃金税クラスⅢ」について，この月次賃金税表で考慮されている所得税の控除項目（2015年）は以下のようになっている（正確に言うと，2010年から④の金額が変動するようになっている）。

【賃金税クラスⅠ】

① 基本税率表〈Grundtabelle〉の適用（基礎控除額EUR8,354が考慮されている）

② 必要経費控除（年額EUR1,000）

③ 無限定生活支出に関する定額控除（年額EUR36）

④ 将来に備えての費用支出に関する控除（給与額により変動）

【賃金税クラスⅢ】

① 夫婦合算税率表〈Splittingtabelle〉の適用（基礎控除額EUR16,708が考慮されている）

② 必要経費控除（年額EUR1,000）

③ 無限定生活支出に関する定額控除（年額EUR36）

④ 将来に備えての費用支出に関する控除（給与額により変動）

③ 賃金税課税対象フリンジベネフィットと非課税支給項目

会社が従業員のために金銭的な補填を行なった場合はもちろんのこと，従業員に対して会社が「何か」をした場合（何かモノを供与した場合，あるいは，何かサービスを提供した場合），それらの行為は，1）賃金税（所得税）の課税対象，2）社会保険料の賦課対象となる。そして，当該「何か」を金銭的に評価して，月次の給与計算上，課税対象給与所得に含めて源泉徴収を行なう。課税対象のフリンジベネフィットとか現物支給と言われるものである。

1 賃金税課税対象として留意すべき項目

課税対象のフリンジベネフィットあるいは現物支給の中で，日本であれば会社の福利厚生の一環として，非課税で支給できる，あるいは，非課税扱いになっている

ものが，ドイツでは課税対象になっているというケースが多い。そのような観点から，留意すべき会社からの補填・手当等の主なものを以下に挙げる。これらの内容は，「課税漏れの回避」の観点から，きちんと理解しておく必要がある。

① 会社が従業員（駐在員）個人のために支払った個人使用のホテル代・駐車場費用，個人使用の住居の家賃・家賃部分的補填・共益費・電気代・壁塗り替え費・修繕費等の住居関連費用

【例外】

（a） ホテル代または家賃

単身赴任者のホテル代（通例，本来の住居が見つかるまでの仮の住居としてのホテル），または，住居（月額1,000ユーロまで）の家賃は，会社が二重家計経費として非課税で支給可能。会社が非課税で支給補填しなかった場合には，個人所得税年度申告において，必要経費として所得控除可能。

（b） 駐車場費用

職場での駐車場（自宅での駐車場ではない）に関して，会社の名義で賃借し，従業員に使用させた場合は，非課税のフリンジベネフィットとして見なされる。

② 会社所有の家具の従業員への無料貸与

付加価値税額を含む購入価格を償却年数で割った金額を年間の課税対象のフリンジベネフィットとする。

③ 会社所有の乗用車（カンパニーカー）の個人使用

ビジネス用にも使用するが，自由に個人使用もできるという場合（勤務終了後の使用，週末・有給休暇中の使用），付加価値税額を含む新車登録時のカタログ価格の１％を，個人使用部分の１ヵ月あたりのフリンジベネフィット額と見なして課税する（簡便法：１％ルール）。走行記録を作成して，実際のビジネス使用の走行距離と個人使用の走行距離を算定して，それをもとに個人使用部分のフリンジベネフィット額を出す方法もあるが（走行記録法），簡便法：１％ルールの適用が普及している。

④ 会社所有の乗用車（カンパニーカー）の通勤使用

簡便法による月額＝新車登録時のカタログ価格［付加価値税込み］×0.03％×片道距離（キロ数）

【例外】 一旦フリンジベネフィットとして課税し，一定額まで「分離課税処理」（後述）することが可能。

⑤ 従業員個人の乗用車の出張使用時のキロメータ手当：実際の走行キロあたり

EUR0.30を超える会社補填額

⑥　従業員の個人保険料の全部または一部の会社補填額例：グループ事故保険等

【例外】　グループ事故保険については，年間1人当たりEUR62までは，「分離課税処理」（後述）が可能。

⑦　健康保険料会社負担限度超過額および従業員またはその家族の薬代・医療費の会社補填額

【例外】　医療費は，一定限度額を上回る自己負担額について，「通常外負担」として個人所得税年度申告において控除される可能性がある。

⑧　従業員の私用電話につき，会社が負担した電話代

⑨　本人・家族の一時帰国費用（ホームリーブ）の会社負担額

⑩　ドイツの税法上の非課税限度額を越える「日当・食事手当」の支給（各国ごとに異なる1日当たりの非課税額細かく決められている）

【例外】　非課税限度額（非課税額）を越えた場合でも，その非課税限度額（非課税額）と同額までは，「分離課税処理」（後述）が可能。

⑪　従業員（駐在員）個人が加入しているクラブ・団体等の会費や使用料の会社補填額（例：日本クラブ，ゴルフクラブ，テニスクラブ等の会費）

⑫　その他の雇用関係に基づき従業員に対して与えられた給与・便益（例：赴任時一時手当（赴任手当），有給休暇の買上げ額，休暇手当，パスポート・滞在許可証の申請・延長に要する費用，EUR40を越える贈答品の受取り等）

⑬　従業員慰安旅行の費用，社内パーティー費用

【例外】　会社催物〈Betriebsveranstaltung〉の前提条件が満たされれば，「非課税扱い」（非課税額）および「分離課税処理」（後述）が可能

⑭　会社による食事支給

原則として，食事の費用額が課税対象額となる。

【例外】（a）　会社による取引先の接待において，従業員自身が飲食した費用は非課税扱い。

（b）　特定の例外時（緊急勤務時：ITシステムがダウンし，ITスタッフが残業してその復旧に当たらなくてはならないといった場合）は，40ユーロを限度として非課税扱い（非課税許容限度額）。

（c）　一定の条件を満たし，会社がアレンジした食事支給の場合，その食事の実際的費用とは関係なく，「食事支給公定評価額：朝食EUR1.67，昼食・夕食各EUR3.10」（2016年ベース）で課税処理する。場合に

よっては，「分離課税処理」（後述）が可能。

⑮　会社が負担した個人所得税申告のための税理士費用

⑯　無利息または低利子での従業員貸付

市場平均利率（たとえば5.0％）と比較して，その差額と実際の貸付利率の差額分をフリンジベネフィット課税。但し，貸付元金残高がEUR2,600以下の場合は非課税。

2　非課税支給項目の区分

会社からのフリンジベネフィットならびに現物支給は，原則として課税扱いと認識して対処すべきである。しかしながら，会社側が「賃金税」を源泉徴収せずに従業員に対して支給できる例外がいくつかある。そして，その例外について，次のような区分をして整理しておくと概観しやすい。

①　非課税扱い〈steuerfrei〉：常識的範囲内でという前提であるが，特定の金額の制限が付随せずに非課税扱いが認められているもの。

②　非課税許容限度額〈Freigrenze〉：この金額以下であれば，非課税扱いができるのであるが，この金額を超えてしまうと，全部が課税対象になってしまうという金額。

③　非課税額〈Freibetrag〉：この金額を超えるフリンジベネフィット（現物支給）があったとしても，この金額分は非課税扱いができる金額。

④　分離課税処理〈Pauschalierung〉：課税対象ではあるが，色々ある定率の税率で課税し，通常，会社側が税金を負担する。その結果，従業員側から見ると，非課税扱いに見える。

最後の分離課税処理は，あくまで「課税扱い」である。しかしながら，会社が分離課税賃金税を負担する場合，従業員には非課税扱いと同じになることから，上の区分に並べている。

3　非課税支給可能項目の具体例

上の４つの区分が入り混じるが，重要なものを列挙すると以下のようになる。

①　出張旅費

・宿泊代

実費精算。領収書がない場合には定額精算（国ごと，場合によっては都市ごとに，雇用主が補填してもよい非課税額が決められている。この非課税額〔最高額〕を会社は支払わなくてはいけないという意味ではない）。

・移動に要した費用

　公共交通機関による移動＝実費。私有車による移動＝通常はキロメータ当り0.30ユーロまでの定額精算

・日当・食事手当

　時間別・外国の場合には国別に非課税額が設定（「4　出張旅費精算に関わる留意点」（382頁以下）に詳細に解説）。これもこの非課税額を支払わなければならないという意味ではない。

・その他の出張関連費用：実費

② 職業上の理由に基づく引越費用

・移動に要した費用：航空券代・電車代・引越荷物運送費等の実費

③ 職業上の理由に基づく二重家計費用（単身赴任控除）

・ホテル代またはアパート代（諸雑費を含む）：月額1,000ユーロまでの非課税額

・日当・食事手当：1日24ユーロまでで，90日間まで。

④ 幼稚園・保育園の保育料

　既に雇用契約で決められている給与に「追加」で会社が負担した場合，6才までの子供が対象。

⑤ 社内慰安旅行・クリスマスパーティ等の費用

　参加者1人当たり1回の費用110ユーロ（VAT込み）まで（年2回まで）。この限度額を超過する場合，あるいは，年3回開催する場合には，全額課税対象となる（非課税許容限度額：2014年まで）。2015年以降，この110ユーロは，非課税額となった。110ユーロを超えた金額だけが課税対象となる。但し，25％分離課税処理が可能。かなり前までは，宿泊を伴うものは認められていなかったが，2005年11月16日付の連邦税務裁判所の判例より，110ユーロの範囲内であれば，宿泊の可否は問題にされなくなった。

⑥ 社員割引：1,080ユーロ（年額：非課税額）

　自社製造製品・自社販売製品等を無料または割安価格で従業員に供与した場合の差額分。4％の価格減額調整が行なわれ，その金額が1,080ユーロを上回るかを見る。

⑦ 航空会社によるマイレージ：1,080ユーロ（年額：非課税額）

　出張時に貯まったマイレージについて，会社側が従業員の個人使用を許容している前提で，マイレージ使用のチケット代がこの金額までであれば非課税扱いと

なる。この額を超えた場合，その超えた分は課税対象になり，それについては，マイレージを供与した航空会社が，2.25％で分離課税する。あくまで航空会社が賃金税を負担するのであり，マイレージの個人使用を認めた会社（雇用主）が賃金税を負担するのではない。

⑧　出張時利用のために会社が購入した「Bahncard」の個人使用

　　「Bahncard」は，ドイツ鉄道が販売している１年間有効のチケット割引購入特典カードである。出張時の使用で，チケット割引分（25％，50％または100％）がカード購入価格を上回っているのであれば，個人使用したとしても非課税扱いとされている。

⑨　１ヵ月当たり「44ユーロ」までの現物支給：非課税許容限度額

　　適用できるものとしては，スポーツ施設使用料，従業員への贈り物，カンパニークレジットカード，低利子・無利子貸付金の基準利率から差額分等が挙げられるが，あくまで，それらの便宜供与を規定に応じて評価し，その44ユーロまでは非課税扱いになるという意味。翌月への繰越は不可。

⑩　少額贈物〈Aufmerksamkeiten〉：40ユーロ（VAT込み）：非課税許容限度額

　　たとえば，従業員の誕生日に際しての花束・本等の会社からの贈物。購入価格の96％が40ユーロを超えるかどうかを見る。超える場合，全額が課税対象となる。

⑪　会社の経営上の関心からの給付

　　管理職の健康診断の費用，労災防止措置としてマッサージの費用，顧客の飲食接待時の従業員が取る食事・飲物等が挙げられる。

⑫　健康促進目的の助成

　　会社が従業員の健康促進を助成するための措置を講じた場合には，従来まではそれが「会社の経営上の関心からの給付」であると判断される場合にのみ，非課税とする取扱いが可能であった。2009年度の税制改正の中で，従業員の健康促進のために会社が負担した金額は，暦年で500ユーロを超えない範囲で非課税となった（非課税額）。具体的には，マッサージ，腰痛の予防やストレス回避のためのセミナー参加などである。スポーツクラブやフィットネススタジオの会費はその対象とはならない。

⑬　緊急時援助金

　　事故・病気等で従業員が困難な状況にある場合の雇用主から援助金，あるいは，病気療養に対する援助金。年間当たり600ユーロまでは非課税扱い（非課税額）。場合によっては，それを上回る金額でも非課税扱いが可能。また，超える分の一

定額まで25％の分離課税処理の可能性がある。

⑭　出張中の会社アレンジの食事

　一暦日で8時間以上会社または自宅を不在にした日帰り出張，または，複数日に亘る出張に際して，会社が補填した食事費用は，非課税扱いとなる（出張中の会社アレンジの食事）。従業員が出張先で好きなレストランに行なって，自分で払い，会社が事後的に補填する場合でも構わない。金額の制限として，飲み物代を含む食事1回1人当たり60ユーロ以下で（通常の食事），請求書（領収書）は会社宛であることが前提となる。食費手当・日当との併用等について，「4　出張旅費精算に関わる留意点」（382頁以下）に詳細に解説）。

3　賃金税分離課税処理

　ドイツの個人所得税法は，1人の納税義務者（駐在員・在独日系企業のその他のスタッフ）のもとで，7種類の所得をまとめて課税する「総合課税方式」を原則としている。しかしながら，会社（雇用主）による月次の賃金税の源泉徴収・納付に際して，「給与所得」についての各種の「賃金税分離課税処理〈Pauschalierung der Lohnsteuer〉」が認められている。この処理が行なわれた場合，当該従業員（駐在員）は，その給与所得を所得税年度申告で申告する必要はない。これを概観すると以下のようになる。

① 賃金税分離課税処理の特徴

　賃金税分離課税処理は，個人ごとに異なる税率で行なわれる賃金税の通常の源泉徴収処理から分離して行なわれるものである。簡単にまとめると，次のような特徴がある。

①　賃金税を雇用主（＝会社）が負担することができる。

②　特別算定税率（所得税法第40条第1項）と固定税率（所得税法第40条第2項，第40a条，第40b条）

による2種類の方法がある。

　雇用主による賃金税負担は，雇用主（会社）の絶対的な義務ではなく，時折，従業員側が負担しているケースも散見される。しかし，福利厚生等の観点から，雇用主（会社）が負担しているケースが大半である。賃金税分離課税処理の対象となる手当やフリンジベネフィットは，あくまで課税対象である。しかし，雇用主（会

社）が賃金税を負担する場合，従業員側から見れば，非課税扱いと同じになる。賃金税分離課税処理は，会社の福利厚生の充実の重要な手段となっている。

②　特別算定税率による分離課税処理

特別算定税率による分離課税処理について，以下のような2つの具体的なケースがある。

① 基本給以外のその他の給与（手当・フリンジベネフィット等）が多くの従業員に対して支給されている場合

具体例としては，会社設立記念ボーナス支給，休暇手当，クリスマス特別手当等がある。

管轄税務署に申請して，該当従業員の賃金税クラスの区分分けから特別算定税率を計算して課税する。

なお，1人当たり年間の分離課税処理額が1,000ユーロを越えてはならない。社会保険料の納付義務が発生する場合がある。対象者が最低20人前後いることが前提とされている。計算方法がかなり複雑になり，労力およびコストが嵩み，必ずしも会社側にメリットが出るとは限らないので，会計事務所等に前もって照会されることが勧められる。

② 賃金税税務調査において追加納付が発生した場合の処理

賃金税税務調査において，課税漏れが指摘されて追加源泉納付となった場合，理論的には，会社側は従業員から事後的に納付してもらうことが可能である。しかし，会社側の不注意だったかもしれない過去の課税漏れについて，事後的に従業員に負担してもらうのは，道義的に困難な場合も多い。そのような場合にこの「特別算定税率による分離課税処理」が行なわれる。

この「特別算定税率」（賃金税率・連帯付加税税率・教会税率の合計）の算定は，簡単にしていうと以下のようになる。対象となる駐在員・その他のスタッフ全員の個々の限界税率（追加所得に対する税率）を計算し，その限界税率の平均税率を割り出す。他方で，支給する手当・フリンジベネフィット額または課税漏れ額は，ネットと見なされることから，税額の計算においては，支給する手当・フリンジベネフィット額または課税漏れ額に対して「グロスアップ計算」を行なうことになる。

③　固定税率による分離課税処理

固定税率による分離課税処理の中で，在独日系企業に特に関連のあるもの，よく

見られるものを挙げると次のようになる。なお，税率は，賃金税の税率に連帯付加税と教会税の税率が加わる。しかしながら，以下においては煩雑さを避けるために，賃金税の税率だけで表記している。

① 職場における食事の支給：税率25％（＋連帯付加税・教会税）

雇用主（会社）が，職場（社内の食堂等）で，または，雇用主から依頼を受けたレストラン等で，通常勤務に関連して従業員に食事を提供するケースにおいて，「食事支給公定評価額－朝食：EUR1.67，昼食・夕食：EUR3.10」（2016年ベース）の全額，または，従業員が一部自己負担する場合には，食事支給公定評価額から従業員自己負担額を差し引いた残額を，25％の賃金税率で分離課税処理する。

② 会社催物における経費：税率25％（＋連帯付加税・教会税）

従業員のために会社主催のパーティや慰安旅行といった「会社催物〈Betriebsveranstaltung〉」が行なわれた場合，総経費（付加価値税額を含む）を参加者数で除した額が110ユーロ以下であれば，フリンジベネフィットとして見なされず，賃金税は非課税で（非課税額），しかも社会保険料納付義務も発生しない。このような「会社催物」に対する非課税額は，1年2回までとされている。もし，この額が110ユーロを上回った場合には，上回った金額のみが課税対象のフリンジベネフィットとなる。たとえば120ユーロの場合，10ユーロのみが賃金税課税対象となり，社会保険料納付義務が発生する。当該10ユーロは，その駐在員・その他のスタッフの追加所得となる。この場合，10ユーロを賃金税分離課税処理をすれば，社会保険料納付義務も免除され，駐在員・その他のスタッフから見れば非課税扱いと同じになる。

③ 療養補助手当：税率25％（＋連帯付加税・教会税）

医師の証明書により施設療養が必要とされたが，金銭的理由で施設療養が困難な従業員に雇用主が補助を与えた場合，または，労災に関連する療養に雇用主が補助を与えた場合，そのような療養補助手当は非課税扱いとなる。以上の2つの条件を満たしていない場合でも，療養（自宅で有給休暇を取り休養する場合でも構わない）に対する補助は，1年当たりの補助支給が上の額まであれば，25％の税率で分離課税処理ができる。

従業員本人	EUR156
配偶者	EUR104
子女（1人当たり）	EUR52

④　日当・食事手当の非課税額超過分：税率25％（＋連帯付加税・教会税）

　　出張に際して従業員に「日当・食事手当〈Verpflegungsmehraufwendung〉」を支給する場合，「不在時間（1暦日当たりの職場・会社または自宅を不在にしている時間）」に応じて，非課税で支給できる額が決められている。ドイツ国内の例で言うと次のようになる。

不在の時間	「非課税額」（ドイツ国内）
8時間以上～24時間未満	EUR12
複数日出張時の初日・最終日	EUR12
24時間（まる1日）	EUR24

　　外国については別途それぞれの国について，非課税額が決められているが，これらの非課税額を上回る額が「日当・食事手当」として支払われた場合，非課税額を上回る額は，賃金税課税対象となり，社会保険料納付義務が発生する（非課税額が24ユーロのケースで，30ユーロの日当・食事手当が支払われた場合は，24ユーロは非課税・社会保険料納付義務免除であるが，6ユーロが賃金税課税対象となり，社会保険料納付義務が負わされる）。

　　この非課税額を上回る額について，本来の非課税額と同額まで，25％の賃金税率で分離課税処理ができる。上の非課税額24ユーロのケースで言うと，48ユーロまで，従業員はまったく賃金税を負担することなく支給を受けられる。すなわち，最初の24ユーロはまったくの非課税扱いとなり，後の24ユーロについては，賃金税分離課税処理により25％の賃金税を会社が支払う。

⑤　通勤費手当：税率15％（＋連帯付加税・教会税）

　　私有車または社有車（カンパニーカー）で通勤した従業員に対しては，以下の額について，（1ヵ月あたり）15％の賃金税率で分離課税処理ができる。

　　片道距離（km）×EUR0.30×15（日）

　　社有車（カンパニーカー）で通勤する従業員の場合，1％ルールでフリンジベネフィットの計算が行なわれている場合には，一旦，以下の額を1ヵ月あたりの個人使用部分として，賃金税課税対象・社会保険料納付義務に服する所得として見なし，それに対して，上の算定式で計算された額の通勤費手当を分離課税処理することになる。

　　新車登録時のカタログ価格の0.03％×自宅と会社の間の片道距離（km）

⑥　直接保険・年金基金への払込保険料：税率20％（＋連帯付加税・教会税）

　　企 業 年 金 制 度 の 一 環 と し て，一 定 の 条 件 を 満 た し た 「直 接 保 険〈Direktversicherung〉」または「年金基金〈Pensionskasse〉」への保険料が支払われる場合，年間当たりEUR1,752までであれば，20％の賃金税率で分離課税処理ができる。

⑦　グループ事故保険への払込保険料：税率20％（＋連帯付加税・教会税）

　　複数の従業員を一緒にグループ事故保険に加入させている場合，原則として，1人当たりの保険料額が年間当たりEUR62を上回らない場合，20％の賃金税率で分離課税処理ができる。

　分離課税処理は，会社側にとって費用が嵩むものである。他方で，会社の福利厚生の充実のための手段でもある。また，限界税率が最高（42％あるいは45％）に達してしまっている駐在員の場合，ネット給与保証に服している本人にとっては変わらないのであるが，分離課税処理の低い税率が適用できて，コスト削減になるケースがいくつかあることも忘れてはならない。

④　所得税法第37b条に基づく分離課税処理

　上で解説してきた賃金税分離課税処理のひとつであるが，特に2007年以降，賃金税税務調査において追徴課税の対象として大きな注目を集めているテーマとして，「所得税法第37b条に基づく30％分離課税処理」の問題がある。ここでは，ビジネス活動における取引先・顧客等との良好な関係構築・維持のための「贈物の贈答」ならびに「便宜供与」等に対する所得税上の処理が問題にされている。

1　当該分離課税処理問題の背景

　ドイツにおいても，以前から，取引先・顧客との関係を良好に保つ目的で，贈物あるいは旅行への招待，スポーツ大会・コンサート等への招待を行なうことがよく行なわれていた。このような贈物あるいは便宜供与に関して，ドイツ税務当局の基本的スタンスは，受益者（贈られた者・招待を受けた者）の側では，「所得の増加」（収益の増加）となり，その便宜供与を金銭的に評価して，年度の個人所得税（法人税）申告において申告しなくてはいけない，というものであった。

　他方で，受益者（商品等を贈られた者あるいは招待を受けた者）の側にしてみれば，

　・自分で税金を払ってまで便宜供与を受けるのか？

　・仮に申告する場合でも，その受けた便宜供与を自分で金銭的に評価できるの

か？

という根本的な問題が横たわっており，ほとんどの場合，「課税漏れ」状態になっていたと言える。また，税務当局にとって，課税の執行が極めて困難であるとの認識はあったものの，受益者側での非課税扱いを公式に許容した場合，それによる税収逸失が確定することに加えて，その制度が悪用されて，別途の「課税漏れ」が誘発されてしまうことの懸念が大きかった。

他方で，2006年のサッカーのワールドカップの夏の開催日前のその初春に，あるドイツの大手企業の社長が，政治家をその会社が用意したサッカースタジアムの「VIPラウンジ」に招待しようとしたことが，贈収賄問題としてひとつの大きな社会問題となった。この贈収賄問題では，上の受益者（招待を受けた者）の側での個人所得税問題に焦点が当てられていたわけではなかった。しかし，単に政治家を招待する場合だけではなく，取引先等を招待すること自体の問題性，すなわち，招待する側は費用として損金算入し，ほとんどの場合，招待される側では収益認識（所得認識）されていないということにも目が向けられるようになった。いわばそのような社会的状況に乗じて，サッカー・ワールドカップが幕を閉じた後に議会審議が行なわれ，可決されたのが「所得税法第37ｂ条に基づく30％分離課税処理」である。

2　所得税法第37ｂ条の分離課税処理の具体的内容

ビジネス活動における取引先・顧客等との良好な関係の構築・維持のための（狭義の）贈物の贈答ならびに便宜供与等（従業員に対する「便宜供与」〈現物支給〉等も含む）が対象となっている。それに際して，「接待・招待する側」のもとでの「所得税法第37ｂ条に基づく30％分離課税処理」を通じて，「接待・招待される側（受益者側）」の所得税を「接待・招待する側」が負担し，受益者のもとでの所得税問題を解決する。これにより，「接待・招待される側（受益者側）」は，受益することでの個人（法人）所得税問題を危惧する必要がなくなる。この「所得税法第37ｂ条に基づく30％分離課税処理」（「接待・招待される側」の所得税負担を引き受けること）は，あくまで「接待・招待する側」のオプションである。また，「接待・招待される側」には，その会社の従業員も含まれる。

（1）　対象となる行為と具体的処理方法

「所得税法第37ｂ条に基づく30％分離課税処理」の対象となるのは，贈物（商品等）等の贈答と便宜供与（旅行への招待・スポーツ／コンサート／その他の文化的催し物への招待）である。現金の授受は対象外となっている。

具体的処理方法としては，「贈答・接待・招待した側」が，贈物ならびに便宜供

与を金銭的に評価し，1事業年度内に1人につき合計10,000ユーロまで，または，1人1回の費用額が10,000ユーロまでの場合，「贈答・接待・招待した側」は，それに対する30％の所得税（賃金税）を自らの管轄の税務署に納付し，受益者には，その「所得税法第37b条に基づく30％分離課税処理」した旨を連絡する。

（2） 統一的処理の原則

「事業年度内の統一的処理の原則」と「第三者（取引先・顧客）に対してと従業員に対してのそれぞれの中での統一的処理の原則」という2つの「統一的処理の原則」があり，実務現場の具体的な処理において，留意しなくてはならない。換言すると，年度ごとに変更すること，ならびに，同一事業年度内においても，「対第三者」と「対従業員」について別々の処理にすることは可能である。

当該原則により，2015年度（暦年事業年度）において，顧客A氏のインセンティブ旅行への招待については「30％分離課税処理」を行ない，顧客B氏のインセンティブ旅行への招待はそれを行なわないといった恣意的な対応は認められない。すなわち，顧客A氏のインセンティブ旅行への招待について「30％分離課税処理」を行なう場合，当該年度の第三者に対するその他の贈物の贈答ならびに便宜供与すべてについて，「30％分離課税処理」の対象としなくていけない。但し，

- ・飲食接待：飲食接待を受けた顧客・取引先，ならびに，当該飲食接待に居合わせた従業員については，課税対象の便宜供与を受けたとは見なさない（「強制された至富」の考え方）。
- ・外国居住者に対する贈物の贈答・便宜供与については，原則としてドイツに課税権がないという観点から，「30％分離課税処理」の対象から除外できるとされている。
- ・別途の特別の評価原則が定められているもの，具体的には，1％ルール適用の社有車の個人使用部分，「食事公定評価額」による食事供与，「平均公定評価額」適用のフリンジベネフィット，社員割引適用対象の商品・便宜供与等は，「30％分離課税処理」の対象から除外する。
- ・固定分離課税税率適用のフリンジベネフィットも対象から除外する。
  適用除外の主要例：通勤費手当（15％），職場における食事支給・食券（25％），会社催し物（25％），食事手当・日当の非課税額超過分（25％）等

3 賃金税税務調査時の留意点

「所得税法第37b条に基づく30％分離課税処理」は，あくまで「贈答・接待・招待した側」にとってのオプションである。しかしながら，インセンティブ旅行に招

待したり，あるいは，スポーツ観戦に招待したりしていた会社に賃金税税務調査が入った場合には，次の点に留意する必要がある。税務調査官がその旅行・スポーツ観戦への招待の事実を発見し，オプションの行使がなされていないことを確認すると，当該税務調査官は，その「招待された取引先・顧客」の住所等を提示するように求めてくる。それにより，その「招待された取引先・顧客」の管轄の税務署に，そのような招待があったこと（所得の増加）を連絡するためである。この場合，税務調査に入られた会社は，顧客・取引先との関係にネガティブな影響が出ることを危惧しなければならないことから，オプションの行使を半ば強制されるという状況に陥る。これは，この「30％分離課税処理」の会社側にとってのネガティブな側面である。当然のことながら，その際，「統一処理の原則」には留意しなくてはいけない。

IV

個人所得税申告における所得控除の種類と基礎控除額

　日本人駐在員のように給与所得が中心となっている個人の場合の「所得控除」（課税対象とならない費用等）の種類は，大きく言って，①必要経費控除（各々の所得を獲得するために直接的に必要とされる費用の控除），②生活支出控除（生活一般のために費消された費用の控除のための社会政策的観点からの控除項目），③通常外負担控除（天災，重大な病気・けが等について過大な出費があった場合の費用控除項目），④家族控除（家族の扶養を考慮するもの）の４つに分けられる。

1　必要経費控除

　所得の種類によりドイツ語での呼称は異なっているものの「必要経費控除〈WerbungskostenまたはBetriebsausgaben〉」は，前述の７種類の所得すべてに設定されている。

1　必要経費の定額控除

　給与所得（EUR1,000，但し「特定の給与所得」にはEUR102），金融資産所得（EUR801：夫婦合算申告の場合はEUR1,602＝貯蓄者定額控除），その他の所得（EUR102）の３つについては，証憑類がなくてもその額までの控除は自動的に認められる「必要経費基礎定額控除額」がある。強いて言うならば，給与所得の必要経費基礎定額控除額のEUR1,000（13万円：１ユーロ＝130円換算）は，日本の「給与所得控除（所得額により異なるが，1,000万円のグロス所得で220万円前後）」に比較し得るものであろう。但し，その金額の相違は大きく，日独の給与所得者の個人所得税負担の軽重の相違の大きな原因になっている。

② 必要経費の実額控除

　他方で，日本とは異なり，ドイツにおける給与所得については，必要経費の「実額控除」がごく一般的に認められている。EUR1,000以上の必要経費が証明できる場合には，年度申告・査定においてその差額分が追加で控除されることになる。具体的に控除されるものとしては，通勤費用，赴任・帰任時の家族分も含む引越費用，単身赴任費用（ドイツでのアパート代：1ヵ月1,000ユーロまで，家族のもとへの帰省費用等），専門書購入費用，その他の職業関連費用（仕事に使うPCの購入費用など）等が挙げられる。もちろん，「赴任・帰任時の家族分も含む引越費用」は，在独日系企業の駐在員については，会社が直接支払い，月次の賃金税段階において非課税扱いしているケースがほとんどである。この場合は，再度個人所得税年度申告の段階で必要経費控除は認められない。

③ 引越定額控除（赴任と帰任の場合の相違）

　赴任のための日本からの引越しあるいは帰任のための日本への引越しについて，1人当たりの「定額控除」（大人1人：EUR1,390，子供1人：EUR612），日本とドイツではテレビの形式が異なり，場合によってはドイツで新しいテレビを購入しなくてはならないことを想定した「テレビ形式定額」（EUR490.28），電圧が異なることで電化製品の新規購入を想定した「電圧定額」（EUR637.36），赴任前の過去5年間に職業上の理由に基づく引越しがあった場合（日本国内か海外へかは問わない）に追加的に考慮される「多重引越定額」（EUR2,002）がある。これらは，航空機チケット・荷物運送費用等とは別途に控除されるもので，証憑類の提示は必要とされておらず，会計事務所の方で，申告書作成時に考慮する。これらの定額控除は，地域によっては認められないケースも報告されているが，申告の中に含めておくべきであろう。

2　生活支出控除

　「生活支出控除〈Sonderausgaben〉」は，上述の必要経費に含まれない「生活を営むために発生する費用」とも言われている。具体的には，①払い込まれた社会保険料（日本での社会保険料・労働保険料も考慮される）・生命保険料（日本の生命保険会社へのものは除く）や住宅建築積立金等の将来に備えての費用（2010

年査定から原則実額控除），②教会税，③元配偶者への扶養費用等（定額基礎控除額：単身・独身＝EUR36ならびに夫婦合算＝EUR72を上回った場合），④寄附金（税務署が承認した受取団体・機関の発行する寄附金証明書の提出が必要），⑤一定の条件を満たす私立学校（日本人学校等）の授業料（授業料納付証明書の提出），⑥納税義務者本人の研修費用，⑦税理士費用，⑧子供育児費用等がこの中で控除される。駐在員の場合，日本の社会保険料（厚生年金保険・健康保険・介護保険）ならびに労働保険料（失業保険料）の労使双方の負担額が証明できる資料（書類）の提出が不可欠となる。

3　通常外負担控除

「通常外負担控除〈außergewöhnliche Belastungen〉」は，普通とは言いがたい「過大な負担」が納税義務者のもとで発生した場合，それを所得税上考慮しようというものである。その費用負担が所得額と家族構成により定められた一定額（必要経費控除後の所得額の１％から７％）を上回った場合に過大な負担があると見なされる。その上回った額について控除が認められるもの（自己負担医療費，離婚費用，葬祭費用，天災被害，盗難被害等）と，一定の条件を満たした場合に定額の控除が認められているものの２種類がある。

必要経費控除後の年間給与所得額	(1)EUR15,340以下	(2)EUR15,340〜EUR51,130	(3)EUR51,130超
A：未婚者または独身者（同居の子供なし）	5％	6％	7％
B：既婚者（配偶者同居で子供なし）	4％	5％	6％
C：既婚者または未婚者（同居の子供１人又は２人）	2％	3％	4％
D：既婚者または未婚者（同居の子供３人以上）	1％	1％	2％

定額控除の具体例は，単身赴任の場合の日本に残っている配偶者について認められている「配偶者扶養控除」（EUR8,354），18才以上の子女が自宅外通学の場合の「教育費控除」（EUR924）である。この配偶者扶養控除については，最近の傾向として，配偶者であることの「証明書（戸籍抄本または戸籍謄本）」に加えて，当該配偶者が確かに扶養される必要性があることの証明書の提出（所得がないことの証明書）が厳格に要求されている。

4 家族控除

　家族控除は，ドイツの税法上，ひとつの概念として論じられているものではないが，子女とドイツに居住している配偶者のための扶養控除である。ドイツ居住の配偶者（専業主婦）の場合の扶養控除は，「夫婦合算税率表」の適用という形で行なわれる。前述のように日本居住の配偶者については，すなわち，単身赴任者の場合は，ドイツでの税率表上，独身者として扱われて，通常外負担控除の中で扶養控除が行なわれる。しかしながら，夫婦合算税率表の適用の方が有利な控除となっている。これは，ドイツでも単身赴任が年々多くなってきているが，まだ特別なものという考え方の表れなのかもしれない。

　夫婦合算税率表は，たとえ暦年末に結婚したとしても，当該暦年の1月1日から結婚していたものと見なして適用してくれる。その結果，ドイツ人の間でも，節税目的で暦年末の12月27日〜30日の間（役所も普通に開いている）あるいは12月に「駆け込み結婚」がよく行なわれている。これを駐在員のケースに応用すると，9月1日で夫（駐在員本人）が1人でまず赴任してきて，子供の学校等もあり翌年の1月初めに妻と子供（家族）が来独するような場合には，妻と子供の来独をちょっと早めて12月末にして住民登録をすれば，旦那さんがほぼ単身赴任していた最初の年にも，夫婦合算税率表の低い税率が適用され，かなりの節税になる。

　子女に関する控除は，原則として25才未満の子女について考慮されるもので，名目上「子女控除」（EUR4,368：2014年，EUR4,512：2015年，EUR4,608：2016年）と「養育・教育控除」（EUR2,640）の2つに分かれている。どちらも18才未満の子女に関しては無条件に認められる。18才以上25才未満の子女については就学・職業訓練中であることが前提条件になるために「在学証明書」等の提出が必要となる。また子女が日本在住の場合，確かに当該駐在員の子供であることを証明することが必要になり，年度申告時に「戸籍抄本（または戸籍膳本）」を提出する。

　具体例として，日本の大学に通う20才の子供がいる駐在員について言うと，戸籍抄本と在学証明書を日本から入手すれば，「子女控除（EUR4,608）：2016年」と「養育・教育控除（EUR2,640）」，そしてその子供が1人で下宿している場合には，それに加えて通常外負担控除の中の「教育費控除」（EUR924）が考慮される。その結果，合計でEUR8,172が課税対象所得額から控除されることになる（限界

税率42%で計算するとEUR3,432の還付)。

V
その他の個人所得税・賃金税上の留意点

　以上は，在独日系企業の日本からの駐在員あるいは日本人現地スタッフに特に関係するドイツ個人所得税の概要を，少し体系的に解説したものである。ここでは，本章の最後として，

① 駐在員の帰任年の年度申告書の早期提出
② 駐在員の児童手当の受給
③ 駐在期間＝長期出張スキーム
④ 出張旅費精算の留意点

という４つの個別テーマについて，幾分込み入っていて理解しづらいところがあることから，少しまとまった解説を加えたい。

1　帰任年の年度申告書の早期提出

　この問題は，日本からの駐在員のほとんどが服しているネット給与保証とドイツの税法の特殊な規定が微妙に絡まりあった話である。少し回りくどいが，ネット給与保証の説明から始めて解説していく。

１　ネット給与保証

　日本からドイツに派遣されている駐在員の99.9％までが，ネット給与保証に服している。ネット給与保証のもとでは，ドイツに駐在赴任している間の給与は，手取り額ならびにフリンジベネフィットの内容が固定されて，ドイツの個人所得税や社会保険料の負担は会社が面倒を見ることになっている。このようなネット給与保証は，日本本社から見た場合，税率や保険料率がまったく異なる世界各地の国に派遣されている駐在員に対して，グロス給与額で給与額を決めていくと，たまたま派遣された国の税率や社会保険料の相違あるいは変動で，手取り給与額に大きな差が発生して不平等になってしまうという配慮からのものである。

② 更なる還付の発生

ネット給与保証の裏返しとして，個人所得税年度申告で税務署からの税金還付があった場合，原則としてそれは会社に帰属する。ドイツの現行の税制においては，たとえば2014年度についての個人所得税年度申告を2015年の6月に行ない，8月に税金還付5,000ユーロがあったとすると，この5,000ユーロ還付分は，2016年に行なう2015年度についての個人所得税年度申告において考慮する。

たとえば2015年度の月次の賃金税において計算・課税されたグロス給与額が100,000ユーロだったとすると，2015年8月の5,000ユーロの税金還付の会社への帰属の結果として，会社の当該駐在員への2015年の支払グロス給与額は95,000ユーロ（100,000－5,000）となる。しかし，月次の賃金税の段階では，あくまで年間100,000ユーロのグロス給与額があるものとして賃金税額を計算していたことから，そして，それが100,000ユーロではなくて，実際は95,000ユーロとなると，当然のことながら，税金の払い過ぎが発生していたことになる。そして，5,000ユーロの税金還付（「マイナス所得」と呼んでいる）がさらに税金還付を生み出すという結果になる。すなわち，2015年についての個人所得税年度申告を2016年の6月に行なったとすると，たとえば2016年8月に，2015年に行なわれた税金還付に対する「更なる還付」が起こる。実際は，2015年度についての「固有の還付」（2015年について子供の扶養控除を申告して得られる還付等）がそれに加わるので，計算はより複雑なのであるが，大事な点は，ネット給与保証のもとでは，一旦還付があると，年ごとにその額は小さくなっていくのであるが，翌年以降「更なる還付」を発生させるということである。

③ 帰任年の更なる還付

帰任年の「更なる還付」については，ちょっと状況が複雑になる。先ほどの例で，2014年度について，2015年になってから申告して5,000ユーロの税金還付があったとする。その駐在員が2014年に帰任したという想定で考えると，帰任した翌年である2015年には，その5,000ユーロの税金還付（「マイナス所得」）を相殺する「プラス所得」（上の例では100,000ユーロ）は存在していない。もちろん，当該駐在員は，日本での給与所得があるが，ドイツの課税対象となるものではない。通常であれば，ここで5,000ユーロの税金還付に対する「更なる還付」は不可能となる。

他方で，ドイツの税法には「欠損繰戻し１年ルール」というものがあり，法人税の場合でいうと，ある事業年度で欠損が発生すると，EUR1,000,000を限度として，その欠損を１年だけ繰り戻すことができる。すなわち，欠損発生の年度の前年度の利益と相殺して，税金を還付してもらえるという制度である。ネット給与保証のもとでは，個人所得税についてもこのルールは使うことができる。「マイナス所得」を欠損と同じに見なし，今取り上げている例では，5,000ユーロの税金還付（「マイナス所得」）を帰任の年である2014年の「プラス所得」から控除して（相殺して），「更なる還付」を確保することができる。しかしながら，様々な理由があって，帰任年の2014年についての個人所得税年度申告の提出が2016年にずれ込んだ場合，あるいは，2015年内に申告は行なわれたが，2015年の終わりの方で提出されたために，還付が2016年にずれ込んだ場合には，2016年から１年繰り戻した場合でも，もう「（ドイツにおける）プラス所得」がない2015年度への繰戻しということになり，「更なる還付」は失われてしまう。

　還付時期の遅れの原因には色々あり，こうすれば絶対的に大丈夫という方策はないのであるが，駐在員の帰任年の個人所得税年度申告は，意識して早めに書類を準備して，年度申告書の作成を依頼している会計事務所とも緊密な連絡を取り，できる限り，帰任年の翌年の夏前には税務署に提出するように準備する必要がある。

2　児童手当の受給

　「児童手当〈Kindergeld〉」は，少子化対策の一環として，ドイツ政府（管轄は「労働局」）が子供を持つ親に対して毎月支給する補助金である。日本の「子ども手当」に相当する。これは，「労働局〈Agentur für Arbeit〉」の「家族課〈Familienkasse〉」というところに申請をし，そこから支給を受ける。また，子供を持つ親に対しては，個人所得税上，個人所得税年度申告の段階ではじめて考慮してもらえる子供の扶養控除としての「子女控除〈Kinderfreibetrag〉」と「養育・教育控除〈Freibetrag für Betreuung und Erziehung oder Ausbildung〉」というものがある。この管轄は，当然のことながら，親の居住地の「税務署〈Finanzamt〉」である。

① 児童手当と子女控除の金額

児童手当も子女控除（＋養育・教育控除）のどちらも，原則として，子供が18才未満の時に支給・控除されるが，18才以上25才未満の場合でも，通学・職業訓練中であれば支給・控除されることになっている。それぞれの年額（月額）は以下のようになっている。

	2014年まで	2015年	2016年以降
児童手当第1子・第2子	EUR2,208(月額EUR184)	EUR2,256(月額EUR188)	EUR2,280(月額EUR190)
児童手当第3子	EUR2,280(月額EUR190)	EUR2,328(月額EUR194)	EUR2,352(月額EUR196)
児童手当第4子以降	EUR2,580(月額EUR215)	EUR2,628(月額EUR219)	EUR2,652(月額EUR221)
子女控除＋養育・教育控除	EUR7,008	EUR7,152	EUR7,248

児童手当の受給資格と子女控除・養育・教育控除の控除してもらえる前提条件は異なっている。児童手当は，原則としてドイツに子供が住んでいないと受給できない。しかも，住んでいた場合でも，親の滞在資格により，受給資格なしと判断されることもある。それに対して，子女控除・養育・教育控除は，子供がドイツに住んでいる場合だけではなく，外国に住んでいる場合でも考慮してもらえる。

② 社会政策上の児童手当と税法上の子女控除のリンク

1996年以降，児童手当の受給資格を有する親（駐在員）の場合，児童手当と子女控除・養育・教育控除はリンクしている。たとえば子供1人の場合で，月次ベースで児童手当の月額分を受け取ると，上の表からも分かるように，1年間を通じて受給すればEUR2,256を受け取ることになる（2015年ベース）。そして，個人所得税年度申告の段階で，税務署の担当者は，所得控除である子女控除・養育・教育控除の合計額EUR7,152から「予定還付金」を算定する。この予定還付金は，累進税率システムゆえに，所得が多い者ほど多額になる。日本人駐在員の場合，限界税率から見て，予定還付金は約3,000ユーロ弱になる。この予定還付金と月次支給の児童手当の金額EUR2,256とを比較する（「税務署による有利比較計算」）。算定された予定還付金がEUR2,256より小さかった場合には何も起こらないが，大きかった場合には，そのEUR2,256との差額が「個人所得税還付金」として還付される。当然のことながら，児童手当の受給資格のない親の場合，所得控除である子女控除・養育・教育控除のEUR7,152から計算された予定還付金が全額，個人所得税還付金として還付される。

③　駐在員と児童手当の受給資格

　児童手当の受給資格に関する規定は，過去20年近くの間に何度となく改正されている。そして，日本からの駐在員の受給資格の有無についても，紆余曲折があり，裁判で争われたケースもあった。管轄当局内部でも，担当する労働局の家族課ごと，あるいは，極端な例としては，同じ労働局の家族課内でも担当者により客観的判断が異なることも見受けられた。また，税務署の方も，「税務署による有利比較計算」を行なう際，実際に受給した児童手当の金額をベースにする規定から，「受給資格額」でその計算を行なうという変更が加えられている。その結果，非常に見通しの良くない状況であった。しかしながら2009年以降は，駐在員の受給資格の基準ならびに「税務署による有利比較計算」の方法が明確にされ，異なる当局（労働局と税務署）の間でも同一の指針で実務的対応がなされている。特に重要な点は，期間限定の特定の滞在許可証を取得した駐在員を除き，ほとんどの駐在員が受給資格ありと認定されるようになったことと，所得税年度申告の段階での「税務署による有利比較計算」においては，「受給資格額」をベースにすることが明確にされたことである。

④　児童手当＝子女控除からの還付の前受金

　以上のような制度システムのもとで，ネット給与保証に服する駐在員の場合，児童手当を経済的に取得していいのかという問題がある。それに関してまず，ネット給与保証の原理原則からして，受給資格ありと判断されて月次で実際に受給した児童手当は，ネット給与額の決定において子女の帯同が考慮されている限りにおいて，個人所得税年度申告の結果年次ベースで還付される子女控除（＋養育・教育控除）からの「個人所得税還付金」の「前受金」と見なすべきという考え方がある。この場合には，駐在員には児童手当を経済的に取得させないという対応になる。具体的には，①児童手当を会社の口座に振り込ませる，②本人の口座に振り込まれたものを会社に返還させる，あるいは，③会社支払いの月次ネット給与額を，労働局から振り込まれる児童手当金額の分だけ減額する，という具体的対応になる。

　他方で，ドイツの児童手当は，金額は異なるものの，ドイツ駐在に派遣されずに日本に留まっていたとしたら受給できていたであろう日本の「子ども手当」の逸失分の補填という見方も可能である。この場合には，駐在員が児童手当を経済的に取得することは問題ないという結論になる。あるいは，ドイツ駐在のネット給与額の

決定に際して，子供帯同はまったく考慮してないという理由から，ドイツの国家から支給されるものは，経済的に駐在員の懐に入れるのも問題ないとの考え方も可能であろう。これらの駐在員の児童手当の経済的取得をよしとする場合であれ，日本本社の人事部の観点からは，日本からドイツ以外の国に派遣されている駐在員との公平性の問題には留意しなくてはいけない。

⑤ 児童手当：まずは取得申請

　ドイツに派遣されてきている駐在員のネット給与額の決め方は，会社ごとにかなり多様である。ドイツの児童手当の駐在員の経済的取得の適否は，そのネット給与額の決め方に密接に絡んでいることから，ひとつの結論では統一できない。しかしながら，たとえ駐在員が児童手当を経済的に取得することが適正ではないと判断する会社の場合でも，とにかく児童手当の取得申請はしなくてはいけない。そうしないと，個人所得税年度申告時の「税務署による有利比較計算」に際して，あくまで「受給資格額」で判断されるところから，児童手当の金額は，ドイツ国家に寄附した形になる。

3　駐在期間＝長期出張スキーム

　一定の前提条件（後述）を満たした場合，日本からの駐在員のドイツ駐在期間の全期間を「長期出張」と見なして，住居費（宿泊費）・ドイツや欧州での移動交通費・日本への一時帰国費用等の様々な所得控除（節税）が可能になる規定がある。「第一勤務地〈erste Tätigkeitsstätte〉」に関する規定である。この「第一勤務地」は，サラリーマンが毎日通勤する「会社」（オフィス）とは，税務上どのような定義なのかという問題である。その定義の旧規定（「定期的な勤務地〈regelmäßige Arbeitsstätte〉」）は，既に2008年の所得税法基本通達の中に見られたものである。その意味で全く新しいものではない。2014年の税制改正において，所得税法それ自体の中に取り込まれ，新たな衣をまとって，明確に定義づけされたと言える（所得税法第9条第4項）。その新たな「第一勤務地」の定義から，日本人駐在員にとっての「駐在期間＝長期出張」という結論が明確化された。

一般の典型的なサラリーマン（被用者）で考えると，「通勤」は「会社」（オフィス）に行くことであり，「出張」は，その「会社」（オフィス）または「自宅」以外のところで仕事をすることである。税務上の観点からすると，「出張」の場合，会社（雇用主）がその費用（移動の交通費・宿泊の場合のホテル代等）を補填しても，原則として非課税扱いである。しかし，「通勤」の場合は，その「自宅」から「会社」までの交通費を会社が補填すれば，課税対象となるし，通常に通勤している場合の「自宅」の住居費は，個人的なもので勤務に関係のないこととされる。もし会社がその住居費を補填したら，やはり課税対象である。

原則として，毎日「会社」（オフィス）に通う人の場合，それほど大きな問題にはならないであろう。しかしながら，駐在員に限定された話ではないが，そうでない人も結構たくさんいる。在独日系企業においても，ほとんど「会社」（オフィス）に顔を見せることもなく，毎日，（潜在的）顧客を回り歩いている営業マンもいる。コンサルタント事務所のコンサルタントのように，特定期間（数日から数週間，場合によっては，数ヵ月から１年以上），１つのプロジェクトのために，特定の場所で仕事をし，それが終了すると，別のプロジェクトで別の場所に行くという勤務形態の人もいる。他の業種・分野でも，同様の勤務形態に従事している人も多い。これらのことからもすぐ理解できるように，「自宅」・「会社」・「出張先」・「通勤」・「出張」等の概念が，税務上，きちんと明確に定義されてないと，混乱・争いの種になる。残念ながら，これまではそういう状況であった。2014年の税法改正による「第一勤務地」概念の導入は，そのような状況を背景にしてのものであった。

1　所得税法第９条第４項における「第一勤務地」概念の定義

2014年税制改正で導入された所得税法第９条第４項において，「第一勤務地」は，「固定的な事業用施設」であり，雇用主の施設に限定されず，関連会社あるいは第三者の施設であっても構わないとされる。複数存在することはないが，存在しない場合もあると考えられている。雇用契約書あるいはその他の社内規定（就業規則）等における規定あるいは指示により，当該従業員が，その事業用施設に継続的〈dauerhaft〉に帰属することが明確にされていることが前提とされる。雇用関係が無期限の場合あるいはある場所での勤務が48ヵ月を上回る場合，その場所が「第一勤務地」であることが推定されるとしている。もし，雇用契約あるいは社内での明確な規定・指示がない場合，日常的に勤務している場所か，週２日勤務するか，

あるいは，通常の勤務時間の最低3分の1を勤務する事業用施設が「第一勤務地」となる。

　それに対して，「住居〈Wohnung〉」（自宅）は，被用者の生活関心の中心を構成する「所帯〈Hausstand〉」ならびに「二重家計（単身赴任）」の場合の「第一勤務地」の場所にある「宿泊場所〈Unterkunft〉」と定義されている（所得税法第9条第4a項第4文）。また，「出張〈auswärtige berufliche Tätigkeit〉」は，被用者（サラリーマン等）が自分の「住居」外ならびに「第一勤務地」外で勤務活動を行なうことと定義されている（所得税法第9条第4a項第2文）。

　「長期出張」という場合に，どのくらいの期間までの「出張」を「長期出張」と見なすかという問題がある。これも永らく論争の対象となっていた点である。これに関しては，上述の「第一勤務地48ヵ月基準」により明確にされたと考えられている。すなわち，48ヵ月以上の前もって予定された「第一勤務地」以外での同一場所での出張勤務は，そこに「第一勤務地」が移転してしまう可能性がある（所得税法第9条第4項第3文）。逆に言うと，48ヵ月までであれば，「長期出張」と見なせるということである。他方で，連邦財務省通達においてであるが，「48ヵ月以内の出張」を延長することにより，結果として，「長期出張」自体は48ヵ月以上になり得るとも指摘されている。

2　「第一勤務地」概念の日本人駐在員への援用

　上述の「第一勤務地」概念をクロスボーダーで派遣された駐在員に適用した場合の具体例が，連邦財務省通達（2014年10月24日付）に言及されている。

具体例1（通達の例11）

　被用者A氏は，そこで無期限の雇用契約関係にある外国の親会社M社から，2年の予定で，そのドイツ現地法人T社に派遣された。被用者A氏は，この2年の間，ドイツ現地法人T社の本店で勤務することになった。但し，被用者A氏は，ドイツ現地法人T社と独自の雇用契約は締結していない。

解　答：

　被用者A氏は，ドイツ現地法人T社に，所得税法第9条第4項第1文ならびに第3文にいう意味で継続的に帰属させられているわけではないことから，ドイツ現地法人T社は，同氏にとって，「第一勤務地」ではない。その結果，被用者A氏にとって，このドイツでの2年の駐在期間は，「長期出張」と見なされる。

具体例2（通達の例10）

被用者A氏は，そこで無期限の雇用契約関係にある外国の親会社M社から，2年の予定で，そのドイツ現地法人T社に派遣された。被用者A氏は，この2年の間，ドイツ現地法人T社の本店で勤務することになった。被用者A氏は，ドイツ現地法人T社と独自の雇用契約を締結した。

解　答：

被用者A氏は，ドイツ現地法人T社と独自の雇用契約を締結したことにより，同氏にとって，ドイツ現地法人T社の勤務地は，「第一勤務地」と見なされる。

上の具体例において，外国の親会社M社を日本の親会社，ドイツ現地法人T社を在独日系企業のビジネス拠点（現地法人・支店・駐在員事務所）と読み換えることができる。すなわち，在独日系企業の駐在員も，後述する前提条件を満たした場合，その駐在期間を「長期出張」と見なして，「出張」と見なされることのメリットを享受できる。

② 「駐在期間＝長期出張スキーム」のメリットとデメリットの比較

上で解説してきたように，出向元の日本本社が「第一勤務地」と見なされることによって，換言すれば，ドイツの現地法人・支店・駐在員事務所が「第一勤務地」にならないことによって，「駐在期間＝長期出張スキーム」が成り立つ。その「メリット」としては以下のようなものが考えられる。

【住居費（宿泊費）の非課税扱い】

通常，出張期間中の宿泊費［ホテル代］は，雇用主が補填しても，原則として非課税扱いであることから，駐在期間の「住居費（宿泊費）」の非課税扱いが可能になる。この「住居費（宿泊費）の非課税扱い」は，あくまで日本の住居が維持されていて，ドイツの住居（アパート）が追加的に必要になっている場合に限定される。通常，「出張」に際して，いちいち自分の住居を引き払って出張に出かける人はいないであろう。「住居費（宿泊費）」が会社都合の勤務で二重負担になるがゆえに，それを税務上考慮しようという趣旨である。日本に所有している持家・マンションがあるが，駐在期間中それを賃貸している場合には，ここにいう「日本の住居が維持されていて」には該当しない。日本人駐在員のケースで「住居費（宿泊費）の非課税扱い」が典型的に該当するのは，単身赴任のケースである。単身赴任の場合，「二重家計費控除」の中での住居費控除も可能であるが，これは最大月額1,000

ユーロまでに制限されている。「駐在期間＝長期出張スキーム」における「住居費（宿泊費）の非課税扱い」には，この制限がなく，「二重家計費控除」よりも有利になっている。

　他方で，この「住居費（宿泊費）の非課税扱い」は，48ヵ月間までに限定されている。最初の赴任予定期間が3年半（42ヵ月）で，終了間際に2年間（24ヵ月）の延長が行なわれた場合，5年半（66ヵ月）の全期間を通じて「長期出張」であることには変わりはないが，「住居費（宿泊費）の非課税扱い」は，当初の赴任時から4年（48ヵ月）経過した時点で終了する。もし，その時点で「単身赴任控除（二重家計費控除）」の前提条件が満たされているのであれば，引き続き1ヵ月当たり1,000ユーロまでの家賃の非課税扱いは可能となる。この「住居費（宿泊費）の非課税扱い」の48ヵ月という基準値は，「第一勤務地48ヵ月基準」と混同されることがあるので留意する必要がある。

　また，実際的には稀だと思われるが，独身の人が日本の住居を引き払わずにドイツに駐在している場合，あるいは，家族があり家族帯同でドイツに赴任している場合でも，やはり日本の住居が維持されている場合には，「住居費（宿泊費）の非課税扱い」は可能である。但し，このどちらの場合も，「日本に住居が維持されていること」の証明は少し面倒になるし，家族帯同の場合，ドイツでの「住居費（宿泊費）の非課税扱い」の対象は，駐在員本人分（60平方メートルに対応する家賃）だけである。しかしながら，日本的感覚では少し違和感があるかもしれないが，家族帯同それ自体で，「駐在期間＝長期出張スキーム」全体が否認されるのではないことは留意しておく必要があろう。

【通勤費課税の回避（駐在員へカンパニーカー供与が行なわれている場合)】

　「駐在期間＝長期出張スキーム」のもとでは，ドイツの駐在期間中のドイツの住居とドイツのビジネス拠点（現地法人・支店・駐在員事務所）との間の行き来は，「通勤」ではなく，出張期間中の移動と見なされる。特にカンパニーカーを供与されている場合の「通勤部分」のフリンジベネフィット課税（新車登録時のカタログ価格×0.03％×自宅と会社の間の片道距離［キロ数］）が行なわれない。通常，ドイツの住居と会社の間が20キロ以内の場合，この節税メリットはそれほど大きなものではない。しかし，各種の事情から，時にドイツの住居と会社の間が50〜100キロの場合でカンパニーカー供与が行なわれている場合には，ここの節税メリットがかなり大きくなる。

【（ホームリーブ等の）一時帰国費用の非課税扱い】

　駐在期間中の日本への出張の航空チケット等の費用は，業務上の話であるがゆえに，元々非課税扱いになる。「駐在期間＝長期出張スキーム」のもとでは，たとえ個人的な理由であれ，一時的な日本帰国は，「出張先」（ドイツ）から「第一勤務地」（日本）への往復となることから，その費用を雇用主が負担した場合でも非課税扱いとなる。

【食費手当・日当の控除】

　「長期出張」の場合は，３ヵ月（90日）までの期間限定はあるものの，「短期出張」の場合のように，食費手当・日当の非課税支給または年度個人所得税申告時に控除できる。ドイツの場合１日当たり24ユーロとなる。

　以上は，「駐在期間＝長期出張スキーム」のメリットであるが，それに対するデメリットとしては，以下の点が挙げられる。

【引越定額控除の否認】

　個人所得税年度申告時に，通常の赴任であれば（場合によっては帰任時においても），その赴任年（帰任年）について「引越定額控除」（366頁参照）が認められる。しかしながら，「長期出張」なのだから，引越しはないはずであるという考え方から，否認される。

　特に上に挙げたメリットは，駐在員の個々の状況により，定量面で大きく変わってくる。住居費の金額，カンパニーカーの場合の「通勤課税」の金額，（ホームリーブ等の）一時帰国費用の回数と金額等を定量的に算定し，デメリット分を差し引いて，所得控除額あるいは還付予想額（節税額）を割り出してみることが重要である。

③ 「駐在期間＝長期出張」スキームの適用の前提条件の確認

　「駐在期間＝長期出張スキーム」を適用するにあたって，前提条件として明確化されておくべき点，あるいは，留意すべき点は，以下の点である。

【「予定任期○年（４年以内）」という証明書（辞令等）の準備】

　「第一勤務地48ヵ月基準」は，あくまで赴任時（延長時）の予定期間のための基準であり，延長により，期間が長くなり，合計期間が48ヵ月を超えたとしても問題にならない。たとえば当初の予定３年で赴任して，３年経過する直前に，もう２年駐在する（延長する）という場合で，合計すると48ヵ月を超える場合でも，個々

の予定任期（延長任期）が48ヵ月以内であることから，期間全体を通じて，駐在期間＝長期出張と見なされる（「第一勤務地48ヵ月基準」：「2014年10月24日付連邦財務省通達」参照番号17と18）。他の傍証等により，説明できる場合もあろうが，ここのところを明確に主張できるようにしておくために，たとえば「予定赴任任期3年」といった出向元（日本本社）からの「辞令」等が準備されていれば最も確実であると考えられる。

【「駐在員派遣問題」（移転価格税制対応）の観点において，「雇用契約書」なしでの対応策の徹底化】

　2001年11月9日付の「駐在員派遣通達」に基づき，グループ企業間のクロスボーダーの駐在員派遣に際しては，ドイツ現地法人・支店での人件費の損金算入の否認（移転価格税制の適用）に結果するリスクが付きまとっている。それに対する有効策として，特に現地法人への駐在の場合，当該現地法人に対する駐在員の貢献（職務内容）を明確にするために，個別の「雇用契約書」の締結が勧められてきた。この個別の「雇用契約書」の締結は，現在でも有効な対応策であることには変わりがないが，「駐在員派遣通達」公表以降の15年近くに亘る「（移転価格税制）税務調査」において，「出向契約書」（会社間の出向者〔駐在員〕に関する費用負担等を取決めた契約書）ならびにその他の書類・記録等で，「駐在員派遣人件費損金算入問題」を防御することも可能であることが実証されてきた。他方で，現地法人との個別の「雇用契約書」の存在は，「第一勤務地」が現地法人に移転されてしまう契機となっている。現地法人の駐在員における「駐在期間＝長期出張スキーム」の適用に際しては，個別の「雇用契約書」なしでの「駐在員派遣人件費損金算入問題」の対応・防衛が不可欠となる。

【滞在許可証取得時の外国人局からの雇用契約書提出要求への対応（「雇用主証明書」による代替）】

　滞在許可証（労働許可証）の申請時に，現地法人との間の「雇用契約書」の提示を求める外国人局あるいは個別担当者が存在している。ドイツにおける雇用の場合，「（書面での）雇用契約書」の存在がほぼ100％前提とされていることと，勤務場所がそれにより最も明確になることから，提示が要求されているものと考えられる。他方で，駐在員事務所や支店の駐在員の場合には，その駐在員事務所や支店との直接的な「雇用契約書」は存在しておらず，実際に「雇用主証明書」等の代替書類の提出で，勤務する場所を明確にすることが行なわれ，それでもって滞在許可証（労働許可証）が取得が可能となっている。その意味でこの点においても，現地法人の

駐在員の場合，「駐在期間＝長期出張スキーム」の適用に際しては，「雇用契約書」なしの対応が前提となる。

④ 「駐在期間＝長期出張」スキーム：まとめ

「第一勤務地」の概念定義から派生する「駐在期間＝長期出張スキーム」は，上の解説からも見て取れるように，クロスボーダーの駐在派遣のみに対する優遇措置ではない。ドイツ国内での関連会社間の出向等の場合にも，そのメリットが確保されているものである。そして，在独日系企業における駐在員派遣の場合にも，明確な税法上の根拠をもって適用できるものである。

他方で，「駐在期間＝長期出張スキーム」の適用から確保されるメリットは，会社ごとあるいは個別駐在員ごとにかなり異なっている。そのため，具体的に適用するかどうかの判断に際しては，①メリットの定量的分析，②デメリットの定量的分析，③前提条件の確認と前提条件確保のための社内体制の変更の労力の３つを総合的に考える必要がある。

4　出張旅費精算に関わる留意点

出張旅費精算の所得税（賃金税）上の処理は，特に食費手当・日当のところがきわめて事細かく決められており，ドイツ所得税法の中でそれ自体が「ひとつの世界」を形造っているようなところがある。以下において，その食費手当・日当のところを中心にして，まとまった解説を加えておきたい。

① ドイツにおける出張旅費精算の概要

出張旅費という場合，①交通費（移動に要する費用），②宿泊費，③その他の出張関連費用，④食費手当・日当という４つの項目が問題になる。①～③は，基本的に実費精算が原則である。電車代・飛行機チケット・タクシー代・レンタカー代等は，会社が直接振り込む場合でも，従業員が一旦支払って，請求書（領収書）と引き換えに会社が補填しても，フリンジベネフィット課税は起こらない。コスト管理の観点から，会社の規定で，電車は２等，飛行機はエコノミークラスでと制限することは，当然のことながらまったく問題ないが，税務上の観点からは，１等あるいはビジネスクラスであっても問題はない。

② 私有車の出張利用時の費用補填

駐在員を含む従業員が出張に際して自らの私有車を使用した場合，「キロメータ当たりの定額支給」と「キロメータ当たりの実費精算支給」の２つの方法がある。しかしながら，後者の実費精算支給は，走行記録を作成し，費用算定を行なう必要があり，大変面倒であることから，在独日系企業においては，前者の「キロメータ当たりの定額支給」が行なわれていることが大半である。この「キロメータ当たりの定額支給」においては，ドイツ国内・国外を問わず，非課税額として（全行程距離数に対して）１キロ当たり0.30ユーロが適用される。この「キロメータ当たり定額非課税額」は，証憑なし・実際の走行距離の記録なしで適用できる。私有車による出張で同乗者がいた場合，非課税額は１人につき１キロ当たり0.30ユーロから0.02ユーロ上がり１キロ当たり0.32ユーロとなる。この「１キロ当たり0.30ユーロ」は，上限額であり，定額支給する場合に必ずその金額を支給しなくてはいけないという意味ではない。そして，以上の非課税額を超えて補填が行なわれた場合，超えた金額については，フリンジベネフィット課税が行なわれる。

③ 宿泊費用の定額非課税額

宿泊費には，各国ごと（場合によっては都市ごと）に，「定額非課税額」が設定されている。このような定額非課税額支給が考えられるのは，業務出張中に知り合いの自宅に宿泊したケース，あるいは，従業員からのホテル代の「請求書（領収書）」の提示がなされていないケース等である。ドイツ国内の定額非課税額は20ユーロであり，日本については，東京が153ユーロ，東京以外の日本は156ユーロとなっている（2016年）。以前はそれが不可能であったが，現在は，１回の出張において，「実費精算支給」と「定額非課税額支給」を取り混ぜての支給が可能になっている。この定額非課税額は，定額支給の場合にその金額を必ず支給しなくてはいけないというものではない。たとえばドイツの場合，10ユーロであっても15ユーロであっても構わない。非課税額を超えて補填が行なわれた場合，超えた金額については，フリンジベネフィット課税が行なわれる。

④ ドイツ鉄道の「Bahncard」と航空会社のマイレージ

ドイツ鉄道の「Bahncard」については，既に出張時の使用で，通常チケット代金の割引分（50％または25％，場合によっては100％）が購入価格を上回ってい

るのであれば（上回ると予想されるのであれば），そして，会社が許容するのであれば，個人使用したとしても非課税扱いとされるとの通達が公表されている。また，航空機会社の「マイレージ」については，会社が個人使用を認めている場合，年間1,080ユーロまでは非課税扱いにされる。それを超える分については，航空会社が分離課税処理（税率：2.25％）を行ない税金を払う。

⑤ 食費手当・日当と食費の直接的補填

出張旅費精算の中で最も込み入っているのが，出張中の食事の費用の補填に関する所得税法（賃金税法）上の規定である。2014年に大きな改正が行なわれて，現在，食費手当・日当という非課税額の定額支給と会社による直接的補填である実費精算支給のどちらかでの運用，あるいは，その双方の併用が可能となっている。

1 食費手当・日当の定額支給

ドイツ国内出張についても外国出張についても，「基本的な建付け」は同じである。ドイツ国内出張に例を取り解説する。「会社」（「第一勤務地」）および「自宅」（「住居」）からの不在の時間に応じ，1暦日について2つの非課税額が定められている。ドイツ国内出張の場合は，

不在の時間	非課税額
8時間以上で24時間未満（日帰り出張）ならびに2日以上の出張時の初日・最終日（ハーフ非課税額）	12ユーロ
24時間（フル非課税額）	24ユーロ

となっている。この食費手当・日当の非課税額は，会社（雇用主）が補填する用意がある場合に，そこまでは月次に賃金税上非課税扱いで支払うことができるという金額である。会社が支払わなくてはいけないという意味ではない。また，会社（雇用主）が支払わなかった場合，従業員は，年度確定申告でその金額までの必要経費として控除できる。

（1） 外国出張の場合の非課税額

外国についても，国ごとにこの「ハーフ非課税額」と「フル非課税額」が定められている。ハーフ非課税額の金額は，必ずしもフル非課税額の半分になっているわけではない。いくつかの国について具体的金額を挙げると以下のようになる（2016年ベース）。

	フル非課税額	ハーフ非課税額
イギリス	45ユーロ	30ユーロ
ロンドン	62ユーロ	41ユーロ
オランダ	46ユーロ	31ユーロ
ベルギー	41ユーロ	28ユーロ
スイス	62ユーロ	41ユーロ
ジュネーブ	64ユーロ	43ユーロ
日本	51ユーロ	34ユーロ
東京	53ユーロ	36ユーロ

　この各国の非課税額は，部分的に毎年どこかの国のものが変更されている。そして，その変更は，通常，前年の12月に公表される。上のイギリスとロンドンの関係は，ロンドンはフル非課税額が62ユーロで，それ以外のイギリスの地域・都市はフル非課税が45ユーロ，というものである。

（2）　複数の外国を訪問する外国出張時の非課税額

　複数の外国を一暦日で訪問する場合（通過するという意味ではない），24時時点での滞在場所（国）の非課税額がその暦日に対して適用される。たとえば，午前中にドイツを出発して，午後一番のブリュッセル（ベルギー）でのミーティングを行ない，夕方にはパリ入りして，そこのホテルで宿泊した場合，当該暦日には，フランス（正確にはパリ）の非課税額が適用される。ドイツに戻ってくる暦日に，朝パリのホテルを出発して，ブリュッセルでミーティングしてドイツに戻った場合，当該暦日には，ベルギー（ドイツに戻る直前の訪問地国）の非課税額が適用される。また，ドイツから日本へのフライトの場合，翌暦日に日本に到着することが大半である。その場合，出発暦日はドイツの非課税額を，到着暦日は日本の非課税額を適用する。日本からのドイツへのフライトは，同暦日にドイツに到着することが大半であるが，その場合の出発・到着暦日は，日本の非課税額を適用する。

（3）　在独日系企業(特に駐在員事務所)の場合の留意点

　以上の解説からもすぐに見て取れるように，食費手当・日当を支給する場合，従業員（駐在員）に「出張記録」を作成させ，その中に，何月何日の何時に自宅または会社を出発したか，または，帰ってきたか，そして，どこ（どこの国）に行なったのか，どこで宿泊したのか記録をきちんと記載させておくようにしなければならない。

　在独日系企業の現地法人と支店の場合，このドイツの食費手当・日当の非課税額に準じて支払われているケースが多い。しかしながら，日本本社の駐在員事務所の場合，あくまで日本本社の一部だという観点から，日本本社の食費手当・日当の規

定に基づき支払われている場合が多い。その場合でも，ドイツの規定に基づく「出張記録」を作成し，暦日ごとに，日本の規定に基づく支払額とドイツの規定に基づく非課税額を比較し，前者が後者を上回る場合には，その上回った金額を課税対象のフリンジベネフィットとして，当該従業員（駐在員）の課税対象の給与所得に加える処理をしなくてはいけない。

（4）　食費手当・日当の分離課税処理

　ドイツ国内出張であるか外国出張であるかを問わず，上記の非課税額を超えて出張時に食事手当・日当を支給する場合等，超える額が上記の非課税額と同額までの手当に対しては，25％の固定税率（正確には，＋連帯付加税率と分離教会税率）を適用し，会社側が税金を負担することができる（＝賃金税分離課税処理）。たとえばドイツ国内出張の場合で，24ユーロが非課税額だという暦日について，48ユーロを支払う場合，最初の24ユーロは非課税額，後の24ユーロは分離課税対象額で，従業員側から見ると，48ユーロ全額が非課税額と同じ効果を持つことになる。もちろん，後の分離課税対象額は，10ユーロでも20ユーロでも構わず，会社の裁量で決定することができる。なお，この非課税額と同額までの追加の食事手当・日当も，社会保険料の賦課対象にはならない。このような追加の食費手当・日当の支給が行なわれるのは，所得税法（賃金税法）上決められた食費手当・日当の非課税額だけでは，不十分だと会社が判断する場合等である。

2　出張中の食費の実費精算(1)：非課税扱いの場合

　上記の食事手当・日当の非課税額の支給とは別途に，2014年から，「会社アレンジの食事」であり，しかも「通常の食事〈übliche Mahlzeit〉」の範囲内であるという前提条件を満たした場合に，出張中の食費の実費精算が認められ，その実費精算は，原則として非課税扱いになっている。そして，この「食費実費精算」は，双方のメリットを二重に享受できるという意味ではないが，1回の出張における食事手当・日当の非課税額の支給との併用も認められている。

　「業務命令」に基づく出張の中で（「会社アレンジの食事」），その出張先で好きなレストランに行なって，自分で支払い，会社が事後的に（出張旅費精算の中で）補填する場合でも構わない。但し，「通常の食事」ということで，アルコール飲料も含まれていることは問題ないものの，1回（1日ではない！）の食事の値段がVAT込みで60ユーロ以下が条件となる（所得税法第8条第2項第8文）。会社の規定で従業員の自己負担分がある場合，自己負担前の金額が60ユーロ以下という意味である。請求書（領収書）の宛先・住所は会社になっていることが原則であ

るが，外国での請求書（領収書）も含めて，「小額請求書（VAT込み150ユーロ以下）」であれば，会社名・住所なしでも認められる。その結果，実務的には会社名・住所なしでも大丈夫なケースがほとんどであろう。しかし，請求書（領収書）のオリジナルは，会社に保管されていなければならない。

3　出張中の食費の実費精算(2)：課税扱いの場合

　出張期間中の食事は，「会社アレンジの食事」と見なされ，「通常の食事」の枠内である限りにおいて，ほとんどの場合，その実費精算は非課税扱いになる。しかしながら，頻度としては少ないと思われるが，課税扱いになる場合もある。所得税法上，もし，出張した従業員（駐在員）が，問題となる出張日につき，自分の年度個人所得税申告において，食費手当・日当（非課税額）相当額分を「必要経費控除」することが不可能である場合である。具体的には，①日帰り出張で不在時間8時間未満の場合，②同一の場所での長期出張で3ヵ月を超える期間の場合，③日帰り出張で，時間記録を付けていない場合である。

　以上の3つのケースにおいては，実費精算は課税扱いになるが，あくまで「会社アレンジの食事」に該当することから，「通常の食事」の範囲内である限りにおいて，特別の（有利な）評価方法を適用する。すなわち，実際の食事の費用とは関係なく，「食事支給公定評価額」（朝食：EUR1.67，昼食／夕食：EUR3.10＝2016年）による評価が行なわれ（所得税法第8条第2項第8文），その金額でもって課税処理する。「課税処理」の具体的な方法としては色々ある。1ヵ月に1回夕食について課税処理の対象の実費精算があったケースで解説する。最もスタンダードな方法としては，その夕食の評価額：3.10ユーロを当該月（または翌月）の該当する従業員の給与計算の課税対象給与に上乗せする。あるいは，当該従業員のネット給与額あるいはその他の非課税支給額等から，夕食の評価額：3.10ユーロを控除することもひとつの方法である。また，会社側にとって義務ではないが，「25％分離課税処理」も選択できる（所得税法第40条第2項第1a号）。この場合，夕食の評価額：3.10ユーロについて，25％の固定税率（正確には，連帯付加税率と分離教会税率が加わる）で課税し，会社側がその税額を負担する。この分離課税処理対象額は，社会保険料についても賦課対象外となる。

4　食費手当・日当の非課税額と実費精算の併用時の減額処理

　ここで取り上げる「減額処理」は，食費手当・日当の非課税額の支給だけしか行なわれていない場合には，問題にならない。しかし，食費手当・日当の非課税額の支給が原則であるが，部分的に「実費精算」も行なわれている場合，食費手

当・日当の「非課税額（の枠）」の「減額処理」が行なわれる必要がある。たとえば，原則として食費手当・日当の「非課税額」がそのまま支払われている会社を考える。1泊のドイツ国内出張の場合，1日目：12ユーロ，2日目：12ユーロの食費手当・日当が支払われる。しかしながら，2日目のホテルでの朝食：20ユーロを会社が「実費精算」している場合，2日目の12ユーロの食費手当・日当は減額しなければならない。食費手当・日当の「非課税額」の補填のメリットと「実費精算」の非課税扱いのメリットを，従業員側が二重に享受するのは行き過ぎだという趣旨である。

（1） 食費手当・日当の非課税額（の枠）の減額処理

　食費手当・日当の「非課税額（の枠）」の「減額処理」は，次のように行なわれる。ドイツ国内出張・外国出張を問わず，それぞれの国の食費手当・日当の「フル非課税額」（ドイツ国内の場合24ユーロ）の一定の比率で，当該出張日につき会社が非課税で補填できる食費手当・日当の「非課税額の枠」（ドイツ国内の場合は24ユーロか12ユーロ）が「減額処理」される。その一定比率は，朝食：20％，昼食／夕食：40％となっている。ドイツ国内出張の場合の「フル非課税額」は24ユーロであることから，減額される額は，朝食：4.80ユーロ（24ユーロ x 20％），昼食・夕食：9.60ユーロ（24ユーロ x 40％）となる。外国出張の場合は，ドイツ国内の24ユーロの代わりに，当該国の「フル非課税額」を使用して，「減額処理」の金額を算定する。

　上の1泊のドイツ国内出張の場合で，2日目のホテルでの朝食を「実費精算」する場合，2日目について，会社が支給できる食費手当・日当の「非課税額」は，12ユーロではなくて，減額されて7.20ユーロ（12ユーロ－4.80ユーロ）となる。もし，朝食の非課税扱いの「実費精算」が行なわれているにも拘わらず，食費手当・日当が「減額処理」されずに12ユーロそのまま支給される場合には，4.80ユーロは課税処理されなくてはならない。

（2） 非課税額（の枠）の減額処理のその他の留意事項

　食費手当・日当がドイツの所得税法（賃金税法）上の「非課税額」でそのまま支払われることになっている会社においては（多くの在独日系企業に該当），出張中の食事について「実費精算」が併用される場合，「非課税額（の枠）の減額＝会社支給補填額の減額」になるものの，あくまで，「非課税額（の枠）の減額」であることを理解しておく必要がある。また，課税扱いの「実費精算」の場合に使用される「食事支給公定評価額」（夕食・昼食：EUR3.10，朝食：EUR1.67＝2016年）

を，非課税扱いの「実費精算」の場合に起こる「減額処理」のための数値（夕食・昼食：EUR9.60，朝食：EUR4.80＝ドイツの場合）の代わりに使うことはできない。ここのところの混同もよく見られるので留意する必要がある。

　出張中に取引先等を飲食接待する場合，あるいは，飲食接待を受ける場合はよくあることであろう。出張中に取引先等から接待を受けた場合は，「減額処理」は行なわれない。しかしながら，会社側（当該従業員）が取引先を出張中に飲食接待した場合は，それは「会社アレンジの食事」として見なされ，もちろん「通常の食事」の60ユーロの制限は気にかける必要はないものの，「減額処理」が行なわれなければならない。

　また，「減額処理」額の上限の問題がある。ドイツ国内出張の場合で言うと，日帰り出張・複数日出張の初日と最終日は，非課税額が12ユーロのため，「朝食と昼食」や「昼食と夕食」のように当該暦日に２回の「実費精算」が行なわれたり，取引先の飲食接待があったりすると，「減額処理」の合計額が，12ユーロを上回ることが起こり得る。しかしながら，「減額処理」は，該当する暦日（出張日）につき実際に適用される食費手当・日当額の非課税額（の枠）を上回って行なわれることはない（所得税法第９条第４ a 項第８文）。

　さらに，「25％分離課税処理」に基づき追加の食事手当・日当を支給している会社の場合，「減額処理」額と「25％分離課税処理可能額」との関係の問題も留意しなくてはならない。「25％分離課税処理可能額」は，非課税扱いの「実費精算」による「減額処理」前の「非課税額（の枠）」が基準となり，「減額処理」後の「非課税額（の枠）」が基準となるのではない（所得税法第40条第２項第１文第４号）。その結果，ドイツ国内の場合でいうと，「25％分離課税処理可能額」は，常に，「24ユーロまで」か「12ユーロまで」となる。

第 **5** 章

その他の税金と税務調査

第２章から第４章までにおいて，法人税（＋営業税）・付加価値税・個人所得税（賃金税）の主要３税目（グループ）を解説してきた。それらの主要３税目は，在独日系企業がドイツでビジネス活動を展開していく上で，関係者が必ず理解しておかなくてはいけないものである。他方で，関与する頻度は圧倒的に下がるが，やはり在独日系企業のビジネス活動に直接的に関係してくる税目が他にもいくつかある。それに加えて，在独日系企業のビジネス活動との直接的な関連性は薄いが，ドイツの税制概観のために，あるいは，ドイツの税制環境を理解する上で把握しておくと有益な税目がいくつかある。

　さらに，法人税（＋営業税）・付加価値税・個人所得税（賃金税）の主要３税目（グループ）に関して，在独日系企業のドイツ税務当局との最も密度の濃い接触は，税務調査である。日常的な税務当局とのコンタクト，すなわち，月次あるいは年次の各種の申告に関連しての税務署とのやり取りについての様々な留意事項は，既に第２章から第４章までにおいて言及している。本書の最終章である第５章では，上の主要３税目（グループ）以外の知っておくべき税目と，ドイツ税務当局との最も密度の濃い接触である税務調査の概観・対応策について解説したい。

I
ビジネス活動に直接に関係するその他の税金

法人税（＋営業税）・付加価値税・個人所得税（賃金税）の主要3税目グループ以外で，在独日系企業のビジネス活動に直接的に関係してくる税目は，「資本収益税」（ならびにその他の各種の「源泉税」），「不動産税」，「不動産取得税」，「保険税」の4つである。

1 資本収益税ならびにその他の各種の源泉税

厳密にいうと，ここで取り上げる「資本収益税〈Kapitalertragsteuer〉」（所得税法第43条）と，その他の各種の「源泉徴収税〈Abzugsteuer／Quellensteuer〉」（所得税法第50a条）は，税法上の根拠は異なる。しかしながら，支払者のもとで源泉徴収され，独立した固有の税目ではないことでは共通点を有している。在独日系企業の関係者の大多数の人の頭の中では，これらの2つは，「源泉徴収が行なわれる税金」ということで一括りにされているかもしれない。前者の資本収益税は，原則として金融資産からの所得に対する個人所得税ならびに法人税の前払税である。賃金税〈Lohnsteuer〉が給与所得に対する個人所得税の前払税であることと同じ関係になっている。在独日系企業に直接的に関係してくるものは，配当と利子についての資本収益税である。

それに対して，後者の「源泉徴収税」は，その報酬（所得）の受領者が非居住者の場合，すなわち，原則としてクロスボーダーの支払いが行なわれる場合に，ドイツ国内の報酬（所得）支払者に課せられているものである。外国の芸術家・芸能人・スポーツ選手等に支払われる報酬，外国の芸能人事務所・スポーツ選手等のマネージメント会社等への報酬，無形資産等の使用料報酬（ロイヤリティ），監査役報酬について，ドイツ国内の支払者に対してこの源泉徴収税が課されている。換言すると，このような支払がドイツ国内の個人・法人（居住者）に行なわれる場合には，支払者は源泉徴収を行なう義務はない。その点において，上の資本収益税（所

得税法第43条）と少し異なっている。在独日系企業のビジネス活動に直接的に関係してくるものは，ほとんど「無形資産等の使用料報酬（ロイヤリティ）」に限定されるであろう。

① 利子と配当に対する資本収益税

「利子に対する資本収益税」の源泉徴収義務者は，ドイツ国内の「金融機関〈Kreditinstitut〉」のみである。それに対して，「配当に対する資本収益税」（配当源泉税）の源泉徴収義務者は，ドイツ国内の配当を行なう会社すべてである。

1 利子に対する資本収益税の源泉徴収義務

ドイツ国内の金融機関が，外国の個人・法人（非居住者）に利子を支払う場合には，資本収益税の源泉徴収義務は負わされていない。また，金融機関以外のドイツ国内の個人・法人等が利子を支払う場合も，源泉徴収義務は負わされていない。その結果，在独日系企業の現地法人が，ドイツ国内のグループ企業から借入金を融資されていて利子を支払っている場合でも，あるいは，欧州の他のグループ企業（ファイナンス会社等）または日本本社から借入金を供与されて，クロスボーダーで利子を支払っている場合でも，ドイツの税務署に対する源泉徴収義務は存在していない。特に，日本本社への利子支払いは，2016年時点の日独租税条約第11条において，「利子についての源泉税は10％を超えないもの」という規定があるが，ドイツ国内法でクロスボーダーのドイツから日本への利子支払に対する源泉徴収が行なわれないことから，日独租税条約の規定は不必要なものになっている。ちなみに，2017年1月1日施行予定の新日独租税条約では，利子についての源泉税は0％（免税）になっている。

2 利子と配当に対する資本収益税の税率

源泉徴収が行なわれる場合，配当についても利子についても，特定の法人等の場合の15％の軽減税率はあるものの，原則として資本収益税の税率は25％である（所得税法第43a条第1項）。それに，連帯付加税（その税額の5.5％）が加わる。その結果，最終的な税額負担は，

$$25\% + 1.38\%（25\% \times 5.5\%）= 26.38\%$$

となる。この26.38％は，ドイツ国内法に基づく税負担である。特に国外へのクロスボーダーでの配当の場合，租税条約あるいはEU親子会社間配当指令に基づく，源泉徴収時の軽減税率の適用あるいは免税扱いが適用される。

3 クロスボーダーの配当に対する資本収益税と申告・納付

「配当に対する資本収益税」は，通称で「配当源泉税」と呼ばれることも多い。利子の場合とは異なり，金融機関以外の在独日系企業（現地法人・支店）も源泉徴収義務を負わされている。稀なケースだと思われるが，在独日系企業の現地法人（会社Ａ）の直接の100％親会社がやはりドイツの現地法人（会社Ｂ）だという場合，配当会社Ａは，配当額から上記の26.38％を控除した残りの73.62％だけを会社Ｂに送金する。

もし，在独日系企業の多くのケースである在独現地法人の会社Ａの100％親会社が日本本社という場合，日独租税条約第10条にもとづき，ドイツから日本への配当の場合の源泉税は15％が最高限度額とされている（2016年段階）。その結果，配当会社Ａは，予め「軽減税率適用申請」を行ない査定書が取得されている場合，15％分だけを源泉徴収して，残りの85％を日本に送金することになる。もし軽減税率適用申請がなされておらず，配当会社Ａが26.38％で源泉徴収を行なわざるを得なかった場合，日本本社は，後日ボンの「連邦中央税務局」に還付申請を行ない，差額の「11.38％」分を還付してもらうことができる。他方で，2017年施行予定の新日独租税条約の発効により，25％以上の出資で18か月以上の保有期間の場合，15％が０％に引き下げられる。さらに，在独現地法人の会社Ａの100％親会社が他のEU加盟国所在の会社という場合，「EU親子会社間配当指令」に基づき，同様に軽減税率適用申請がなされていることを前提に，現時点でも配当源泉税は０％になっている。

クロスボーダーであるかどうかを問わず，配当に対する資本収益税の申告・納付日については，少し注意しておく必要がある。「配当の日付」が「決議書」の中に明記されている場合は，その配当日と同じ日付で，配当源泉税申告書をオンライン送付すると共に，同日に配当源泉税額をその現地法人（子会社）の地域の管轄税務署に送金する（所得税法第44条第１項第２半文）。もし，「配当の日付」が「決議書」の中に明記されていない場合には，「出資者総会決議書」の日付の翌日が税務上の配当日となる（所得税法第44条第２項第２文）。後述の「使用料に対する源泉徴収税」の申告・納付日と異なっている。

② 使用料（ロイヤリティ）に対する源泉徴収税

「使用料に対する源泉徴収税」は，配当・利子等に対する資本収益税とは異なり，原則として「使用料（ロイヤリティ）」の受取人が外国の会社（非居住者）の場合

に，そのドイツ国内の支払者に源泉徴収が義務付けられているものである。その結果，たとえば在独日系企業がドイツ国内の会社に使用料（ロイヤリティ）を支払う場合には，「使用料に対する源泉徴収税」は問題にならない。「使用料に対する源泉徴収税」の税率は，ドイツ国内法レベルでは，15％になっており（所得税法第50ａ条第２項），それにその税額の5.5％の連帯付加税が加わるところから，合計の税負担は，

$$15.83\% = 15\% + (15\% \times 5.5\%)$$

になっている。

　もし日本への使用料（ロイヤリティ）支払の場合で使用料額を100とした場合，ドイツ国内法の規定をベースにすると，日本への送金は84.17だけとなる。他方で，親会社・関連会社であるか第三者であるかを問わず，日本への使用料（ロイヤリティ）については，日独租税条約第12条により，源泉徴収税は10％が最高限度とされている。軽減税率適用申請がなされ，査定書が交付されていることを前提に，使用料額の支払時に10％の源泉徴収だけでよい。軽減税率適用申請がなされておらず，支払時に「15.83％」が使用料支払人により源泉納付された場合，使用料受取人（日本の会社）は，後日，ボンの連邦中央税務局に還付申請を行ない，差額の「5.83％」分を還付してもらうことができる。他方で，2017年１月１日施行予定の新日独租税条約によりこの10％が０％に引き下げられる。さらに，在独現地法人が他のEU加盟国の関連会社（25％以上の直接・間接の出資・被出資関係）に使用料（ロイヤリティ）を支払う場合は，「EC関連会社間利子・使用料支払指令」に基づき，同様に軽減税率適用申請がなされていることを前提に，「使用料に対する源泉徴収税」は０％になる（いくつかの例外規定あり）。

　使用料源泉徴収税申告書の提出・納付は，配当源泉税の場合と若干異なり，支払日の属する暦月の翌暦月10日までとなっている（所得税法第44条第１項第１半文）。すなわち，当該日付までに，使用料源泉徴収税申告書をオンライン送付（所得税法第45ａ条第１項）して，ボンの連邦中央税務局に使用料源泉徴収税額を納付する。

③ 源泉徴収された配当・利子の受取会社での資本収益税の税務処理

　26.38％の資本収益税の源泉徴収が行なわれた利子あるいは配当の受取人がドイツの会社の場合，当該受取会社のもとで，その「資本収益税」は「前払税」として見なされる。そして受取会社の法人税ならびに連帯付加税の計算において，「税額控除」あるいは「還付」が行なわれる。すなわち，ドイツ国内の受取会社の場合，

利子あるいは配当に対して支払者のもとで賦課された資本収益税は中立化される。具体的には以下のようになる。

1　源泉徴収に服した配当収益のドイツ受取会社での税務処理

　配当収益の場合，ドイツ法人税法に服する法人（会社）のもとでの受取配当収益は，法人税法第8b条第1項に基づき，原則的に非課税扱いとなる。正確に言うと，受取配当収益の5％は直接関連経費と見なされ，損金算入否認が行なわれるために，実質的には95％が非課税扱いとなる。その結果，受取配当収益（資本収益税の源泉徴収前の金額）の5％に対してのみ，法人税15％（＋連帯付加税）で課税が行なわれる。法人税負担は0.75％，連帯付加税負担は0.04％（0.75％×5.5％）である。配当会社が源泉徴収した資本収益税（配当源泉税）の25％は，その前払いと見なされるために，まず，0.75％に通算され，それを上回る部分は還付（他の法人税額と相殺控除）されることになる。また，資本収益税（配当源泉税）の連帯付加税部分1.38％は，0.04％に通算され，それを上回る部分は還付（他の連帯付加税額と相殺控除）されることになる。

2　源泉徴収に服した利子収益のドイツ受取会社での税務処理

　ドイツ国内の金融機関から受け取る利子収益の場合は，受取利子収益（資本収益税の源泉徴収前の金額）に対して，通常の資本収益税の25％，連帯付加税分1.38％（25％×5.5％）で課税が行なわれる。金融機関が源泉徴収した資本収益税の25％とその連帯付加税部分1.38％は，同様に前払いと見なされる。法人税15％と連帯付加税0.83％にそれぞれ通算され，それらを上回る部分は還付（他の法人税額ならびに連帯付加税額と相殺控除）されることになる。

④　個人金融資産所得に対する分離課税

　26.38％の資本収益税の源泉徴収が行なわれた利子あるいは配当の受取人が，ドイツ国内の会社（法人）ではなくて，ドイツ国内の個人の場合（個人金融資産所得），会社（法人）の場合とは異なった税務処理がなされる。すなわち，利子・配当は「個人金融資産所得」と見なされて，同時に，支払者のもとで資本収益税の源泉徴収が行なわれたことにより，「個人所得税の分離課税処理」が行なわれたものと見なされる。その結果，原則として，個人受取人は，その個人所得税年度申告で当該個人金融資産所得を申告する必要はない。何が個人金融資産所得に含まれるかは，所得税法第20条第1項〜第3項に網羅的に列挙されているが，かなり包括的である。利子あるいはその他の「金融商品」からの収益や配当はもちろんのこと，

出資持分（株式）の売却益（キャピタルゲイン）も含まれている。但し，不動産売却益は，この個人金融資産所得には属していない。

　利子あるいは配当等の金融資産所得の受取人がドイツ国内の個人の場合，源泉徴収は，資本収益税と連帯付加税だけでなく，「教会税」の源泉徴収も加わる。もちろん，当該個人受取人が教会に所属していない場合には，教会税の源泉徴収は行なわれない。ドイツの源泉徴収に服さない利子あるいは配当等（たとえば，外国の銀行に預けられた預金に対する利子）については，個人所得税年度申告の査定の中で，25％の分離課税税率（＋連帯付加税と教会税）での課税が行なわれる。もし，外国で源泉課税がなされた場合は，25％までの「税額控除」が可能になっている。さらに，受取人の個人所得税率（正確には，限界税率）が分離課税税率25％を下回る場合，その低い個人所得税率で課税するという「総合課税オプション」も設定されている。

2　不動産税

　「不動産税〈Grundsteuer〉」は，「土地（農地・林業地・その他の更地）」または「建物が付随する土地」を課税対象とする税金である。日本の「固定資産税」に部分的に重なり合っている。ドイツにおいては，営業税と共に，地方自治体の重要な財源になっている。納税者は，原則として対象となる不動産が帰属する人（通常は，所有権者）であるが，その不動産が賃貸されている場合，賃貸借の「付随費用〈Nebenkosten〉」として，所有権者（大家）は店子に転嫁してくるのが普通である。当然のことながら，在独日系企業がオフィス・工場・倉庫等を所有している場合は，自ら納税者となっている。それに対して，在独日系企業がオフィス・工場・倉庫等を賃借している場合，あるいは，駐在員が住居を賃借している場合は，「付随費用」の支払・精算を通じて，最終的に負担していることになる。

① 不動産税の立法・執行・税収

　不動産税は，地方税ではあるものの，基本法（憲法）第105条第2項に基づき，連邦が大枠の税法規定（不動産税法）を定めているため，ドイツ全体で統一的に執行されている税金である。他方で，その具体的な行政上の執行権限のうち，「課税基準価格〈Einheitswert〉」の確定は州政府（税務署）により担われ，税額の査定・徴収は地方自治体（の税務課・出納課）が行なうという分業体制のもとで執行

されている。税収は地方自治体に帰属する。営業税のように，連邦レベルで決められた「基準税率〈Steuermesszahl〉」に地方自治体自身が自らの裁量で決定する税率（乗率〈Hebesatz〉）を乗じて算定される。その結果，評価額が同じような不動産だったとしても，位置する地方自治体ごとに税負担がかなり異なってくる可能性がある。

② 課税基準価格の使用とその歴史的経緯

課税基準価格〈Einheitswert〉は，州の税務当局である税務署が算定する不動産の評価額であり，不動産税の最も重要な基本データのひとつである。過去においては，不動産税だけではなく，「財産税〈Vermögensteuer〉」，「営業資本税〈Gewerbekapitalsteuer〉」・「相続・贈与税〈Erbschaft-und Schenkungsteuer〉」・「不動産取得税〈Grunderwerbsteuer〉」等においても使用されていた。しかしながら，税目が撤廃されたり（営業資本税），1995年の違憲判決（基本法抵触判決）により，徴収停止になったり（財産税），あるいは，その判決により使用が困難になったり（相続・贈与税ならびに不動産取得税）という理由から，現在本来的な意味で使用されているのは，地方税である不動産税と別荘税のみである。

課税基準価格が導入されたのがナチス時代の1935年である。その時に課税基準価格の最初の査定が行なわれている。課税基準価格は，一定の間隔を置いての「査定見直し」が想定されていたのであるが，戦争と戦後の混乱のために，西ドイツ地域ではようやく1964年に抜本的な「査定見直し」が行なわれた。旧東ドイツ地域では，異なる社会システム下にあったこともあり，それに対応する「査定見直し」は行なわれていない。そして，旧西ドイツ地域でも，様々な理由から，1回行なわれただけで，1964年以降には行なわれていない。

1990年に東西ドイツが統一されて以降，旧東ドイツ地域でも不動産税は徴収されている。しかしながら，旧西ドイツ地域では，1964年の見直しされた課税基準価格がベースになり，旧東ドイツ地域では，部分的にではあるが，1935年の課税基準価格がベースになっている。もちろん，インフレ率による修正等の調整は加えられているのであるが，根本的なところでの評価額（課税基準価格）は，1935年あるいは1964年のものであり，現在の不動産の「公正価値」（実勢価格）を大きく下回っていると言われる。そして，1995年の違憲判決も，そこの問題点を指摘したものであった。課税基準価格の新規の「査定見直し」の議論もあるのだが，かなり大掛かりなものにならざるを得ず，実際に使用される可能性も不確定であること

から，政治的な判断が下されていない状況である。

③ 不動産税の基準税率と乗率

不動産税の税率は，営業税と同様に2段階になっている。連邦の法律で定めた「基準税率」と地方自治体が定める「乗率」である。それを式で表すと以下のようになる。

不動産の「課税基準価格」×「基準税率」×「乗率」＝不動産税の税額

「基準税率〈Grundsteuermesszahl〉」は，連邦法の「不動産税法」の中で規定されており，本来的には全国共通になるはずである。しかしながら，課税基準価格のベースが旧西ドイツ地域が1964年に対して，旧東ドイツ地域が1935年になっていることを考慮して，旧東ドイツ地域については，別途の条項が設けられ，相対的に高く設定されている。農業地・林業地であるか，住宅地であるか，その他の建物が建てられているか等に基づき，旧西ドイツ地域では，2.6パーミルから6.0パーミルになっている。それに対して，旧東ドイツ地域では，5.0パーミルから10.0パーミルである。

それに対して「乗率〈Hebesatz〉」は，営業税の場合と同様に，地方自治体が自らの裁量で決定するものである。300％あるいは400％という3桁％の形で表示され，基準税率の乗数となっている。地方自治体は，「乗率A」（農地・林業地）と「乗率B」（その他の不動産）の2つに分けて決めている。いくつかの具体的な都市の2014年の乗率を見ると，ベルリン（A：150％，B：810％），ハンブルク（A：225％，B：540％），ケルン（A：165％，B：515％），ミュンヘン（A：535％，B：535％），デュッセルドルフ（A：156％，B：440％），フランクフルト（A：175％，B：500％）といった具合である。他の都市の乗率も併せて見ると，ミュンヘンのような例外もあるものの，「乗率A」が「乗率B」より低く設定されている傾向，すなわち，農地・林業地が優遇されている傾向は指摘できるであろう。

3 不動産取得税

「不動産取得税〈Grunderwerbsteuer〉」は，①ドイツ国内に位置する不動産が売買された場合，ならびに，②ドイツ国内に位置する不動産を所有する会社（人的

会社・資本会社）の一定比率以上の株主・出資者の変更があった場合に賦課される税金である。この不動産取得税に関する在独日系企業にとっての問題は，後者の株主・出資者の一定比率以上の変更の場合にも賦課されるという点である。組織再編のところでも言及したことであるが，組織再編のアドバイスを請われた税務エキスパートは，組織再編の対象となる会社の中に，繰越欠損金が存在しているかどうか，そして，不動産を所有している会社があるかどうかを，まず最初に質問する。組織再編（合併や分割・株式交換等）に際して，明白な不動産の売買プロセスが存在していないにも拘わらず，たとえば合併により不動産を所有する会社の出資者（株主）が変更されることがよく起こる。その場合に，通常の売買の場合と同じように，不動産取得税が発生してしまう。

☐ 不動産取得税の概要と税率

　不動産取得税の法的根拠は，「不動産取得税法〈Grunderwerbsteuergesetz〉」であり，基本法（憲法）第105条第2項に基づき，連邦法として定められている。他方で，その税収は州政府に帰属し，不動産取得税法で定められた連邦の統一的な税率は売買価格の3.5％（第11条）であるが，2006年以降，各連邦州がそれから乖離した独自の税率を定めることができるようになった。2016年時点で，バイエルン州とザクセン州は3.5％であるものの，ノルトラインヴェストファーレン州・ザールラント州・シュレスヴィッヒホルシュタイン州・ブランデンブルク州の4州は6.5％となっている。その他の州はその間にあって，5％という州が多い。納税義務は，不動産の売却者と購入者が連帯責任者として負うことになっている。通常，原則としては売買契約で納税者として定められている者（ほとんどの場合は購入者）に対して税務署は納税義務を負わせる。しかしながら，購入者が納付できなかった場合には，売却者に納付を負わせることもあり得る。

☐ 不動産取得税と組織再編

　不動産取得税の納付義務は，通常の不動産の売買行為（場合によっては，それに類した法律行為）だけに連動しているのではない。不動産を所有する会社（人的会社・資本会社）の出資者（株主）の構成が変更された場合でも，それが一定比率以上であれば，擬制的に不動産の売買行為もあったと見なされて，不動産取得税の納付義務が発生する。その結果，まずは，単純に不動産を所有する会社が買収されて，新しい出資者（株主）のものになった場合に，原則として不動産取得税の納付義務

が発生する。さらに，「組織再編」においても，それに関与した会社の出資者（株主）は変更されていることが多いことから，不動産所有の会社が組織再編の対象となっている場合には，必ず不動産取得税のことを考えなくてはいけない。

　この（ドイツ国内に位置する）不動産を所有している会社（人的会社・資本会社）の出資者（株主）構成の変更時の不動産取得税の課税を規定しているのは，不動産取得税法第1条第2a項，第3項，第3a項である。その規定によれば，資本会社（有限会社・株式会社・欧州会社・株式合資会社等）ならびに人的会社について，間接・直接を問わず，（5年以内に）出資持分（株式）構成の95％以上に変更があった場合，不動産の所有権の移転が行なわれたと見なされて，不動産取得税の納付義務が発生する。

③　企業グループ条項にもとづく不動産取得税の免除

　他方で，2010年税制改正において，企業グループ内の組織再編に際しての不動産取得税課税の緩和を目指す「企業グループ条項〈Konzernklausel〉」が導入された。そしてそれは，2013年税制改正で，より緩和の方向で改正が加えられている。この不動産取得税についての「企業グループ条項」は，不動産取得税法第6a条に規定されているものである。当該条項によれば，まずは，組織再編法第1条第1項第1号〜第3号の組織再編行為（合併・分割・資産譲渡）ならびに組織再編税法第20条ならびに第24条の組織再編行為（各種の現物出資・株式交換等）について，ならびに，それに対応する「EU（欧州連合）」ならびに「欧州経済領域」の法律に基づく組織再編について，当該組織再編が企業グループ内で行なわれる限りにおいて，不動産取得税の納付義務が免除される。企業グループ内の組織再編とは，「支配会社」と「被支配会社」が関与する組織再編，または，「被支配会社」のみが複数関与する組織再編である。被支配会社の定義は，間接・直接を問わず，または，部分的間接・部分的直接であるかを問わず，組織再編前の5年間そして組織再編後の5年間に亘って（中断することなく合計10年間），支配会社が最低95％以上の出資比率を被支配会社に対して有している場合とされる。

4　保険税

　「保険税〈Versicherungsteuer〉」は，各種の保険契約に基づく保険料に対して賦課される税金であり，その税収は連邦政府に帰属している。2010年6月までは，

地域ごとの税務署が徴収していたが，2010年7月からは，ボンの「連邦中央税務局〈Bundeszentralamt für Finanzen〉」の管轄となっている。すなわち，保険会社は，本来の納税義務者である被保険者（保険料支払者）に代わって，同局に納付する形になっている。法定ならびにプライベートの健康保険・年金保険，生命保険，法定の失業保険，労災保険，再保険等の保険料については，この保険税は免除されている。一般税率は，19％であり，付加価値税の標準税率と同じになっている。他方で，火災保険（の保険税部分）13.20％，火災保険付き家屋保険（の保険税部分）16.34％，火災保険付き家財保険（の保険税部分）16.15％，保険料返還保証の事故保険3.80％等の軽減税率も設定されている。なお，火災保険については，同時に州税である「防火税〈Feuerschutzsteuer〉」も賦課されている。

① 2013年の改正と日系企業に対する影響

　2013年1月1日付で「保険税法〈Versicherungsteuergesetz〉」の改正が行なわれた。特に第三国の保険会社の提供する保険サービスについての課税範囲ならびに納付者の明確化が図られている。この改正は，在独日系企業にも大きな影響を有している。たとえば，日本本社が，「売掛金貸倒補填保険」について，世界中に散らばる外国子会社の貸倒リスクをカバーする包括契約を日本の保険会社と締結しているような場合である。このような場合，日本本社が日本の保険会社に支払う保険料のうち，ドイツ現地法人の貸倒リスクをカバーする保険料部分は，ドイツの保険税の課税対象となる。この原則的な考え方は，2012年までもそうであった。しかし，実際的な徴税の困難さが伴い，その原則的な考え方は貫徹されていなかったと言える。2013年の改正で，第三国の保険会社に支払われるものであっても，ドイツでのリスクをカバーする保険料は，ドイツの保険税の納付義務に服することを明確にすると共に，この場合で言うと，保険サービスの恩恵を受けるドイツ現地法人の「連帯納付義務」を導入した。このドイツ現地法人の連帯納付義務は，日本本社で日本の保険会社に支払われた保険料のドイツのリスクのカバー部分が，現地法人に付替えられているかどうかに関わりなく負わされている。

② 保険料の移転価格税制上の問題

　これはあくまで保険税の問題である。しかしながら，一般的な話として，ドイツ現地法人のリスクをもカバーする包括的な保険料が日本で支払われている場合，それが「移転価格税制」の問題にもなることも留意しておかなくてはならない。金額

にもよりどこまで実際に問題になるかの話はあるだろう。しかしながら，日本本社がドイツ子会社のリスクをもカバーする保険料を支払い，それを按分してのドイツへの付替えを行なわず，日本本社が全額負担していた場合，日本の税務当局からは，付替えるべきとの指摘がなされるであろう。また，按分してドイツ側に付替えられている場合，ドイツの税務当局は，本当にドイツ側のリスクがカバーされているのか，ドイツ側が過大な負担を負わされていないかの吟味を行なってくる可能性がある。いずれにせよ，ドイツ側の今後の税務調査において，まずは保険税の「連帯納付義務」の観点から，日本本社（場合によっては，他の関連会社）によってドイツ側のリスクをカバーする保険料の支払いがなされていないか，調査項目のひとつとして吟味がなされる。そして同時に，移転価格税制上の考慮もきちんと準備しておくことが求められるであろう。

II
その他の税金

　ここでは，在独日系企業のビジネス活動に直接的な関連は極めて薄いと言えるが，こういう税金もドイツでは徴収されていることを知識として知っておくべき税目をいくつか取り上げておきたい。

1　連邦税・州税レベルのその他の税金

１　教 会 税

　「教会税〈Kirchensteuer〉」については，個人所得税あるいは賃金税のところで若干ではあるが言及している。教会税は，個人所得税あるいはその前払税である賃金税に対する付加税として，ほとんどの場合，国家（連邦州）の当局である税務署により，個人所得税・賃金税と一緒に徴収されている。但し，例外的に不動産税の付加税として徴収されている地域もある。また，法的には連帯付加税に対する付加税としても徴収が可能であるが，実際にはその徴収は行なわれていない。

　ここでいう「教会」は，「公法上の団体〈öffentlich- und rechtliche Körperschaften〉」として承認された宗教団体のことであり，現在6団体が登録されている。通称名で言うと，カトリック教会・プロテスタント教会・古カトリック教会・ユダヤ教会等である。たとえば宗派としてカトリック系であるが，別途の宗教団体を組織していて，税務署を通じての教会税をその収入源とせず，信者・教徒の会費・寄付だけで運営されているところもある。教会税の徴収事務に関して，州ごとに異なるものの，教会側は，教会税収入の2％～4.5％の事務委託経費を国家（連邦州）に支払っている。

　教会税の徴収は，教会に属しているか，属していないかに応じて個人ごとに行なわれる。通常，地方自治体で行なわれる住民登録に際して，基本データ欄には「宗教上の帰属」を記入する欄が設けられている。給与所得者の場合，他の住民登

録データと共に，「宗教上の帰属」に関するデータは，住民登録局から税務当局の
データベースにオンライン送付される。そこで「賃金税源泉徴収データ」として記
憶・管理され，月次の賃金税源泉徴収はそれに基づいて行なわれる。また，個人所
得税年度申告書にも，「宗教上の帰属」を記入する欄があり，給与所得以外の所得
しかない場合は，その申告情報をベースに課税が行なわれる。

　税率は，州ごとに異なっているが，所得税額（賃金税額）の8％（バイエルン州，
バーデンヴュルテンブルク州）または9％（その他の州）となっている。バイエル
ン州を除く州では，一定の課税所得額以上の場合，税率を引き下げている（2.75％
～4％）。また，所得税・賃金税の「分離課税処理」が行なわれる場合についても，
4％～7％の間の州ごとに異なる軽減税率が設定されている。

　現在はそれほど大きく問題にされてはいないが，国家の当局（連邦州の役所で
ある税務署）が宗教団体の収入源である「教会税」の徴収を行なっていることの
問題性は，「国家と宗教の分離」の観点から，よく議論されてきた。特に1970年代
に，当時の「自由民主党〈FDP〉」により，教会税の国家による徴収からの撤退が
提唱された。同党は現在も党プログラムの中にそれを謳っている。他の政党（「緑
の党」や「左派党」）でも同様の意見が見られる。また，他の宗教団体からも，同
様の意見が提唱されている。他方で，そのような議論とは別に，教会内のスキャン
ダルや教会の現実世界からの乖離に失望した信者・教徒が，教会を大量に脱退して
いる事実が指摘されている。

② エネルギー税

　「エネルギー税〈Energiesteuer〉」は，以前は「鉱油税または石油税
〈Mineralölsteuer〉」と呼ばれていた。2006年に石炭の消費をも課税対象に加え
ると共に，現在のエネルギー税の名称に改称された。EUの「エネルギー税指令」
に準拠したものになっている。その税収は連邦政府だけに帰属する。税務署（州政
府の役所）ではなくて，連邦政府の役所である「税関〈Zoll〉」が管轄当局になっ
ている。税収全体に占めるエネルギー税の税収比率は，6.1％（2014年）となっ
ており，法人税の税収3.1％（2014年）よりも大きく，営業税の税収6.8％（2014
年）とほぼ同じレベルである。税目ごとの税収比率ランクで言うと，1位・2位
との差は大きいものの，所得税（賃金税を含む：37.1％），付加価値税（31.5％），
営業税（6.8％）に次ぐ第4位の税収比率を有する重要な税金となっている。

　エネルギー税は，石油・ガソリン・天然ガス等のエネルギー源としての最終消費

に対して課される消費税である。付加価値税の場合と同様に，最終消費者に課税すると徴税効率が低下するとの観点から，最終消費の前段階の販売（販売者）に納税義務を課すという形になっており，「間接税」である。具体的な課税対象は，まずは，軽油，重油，ディーゼル，天然ガス，液体ガス，石炭であり，それに加えて，エネルギー源として消費される場合においての植物油・バイオディーゼル・バイオエタノール等である。たとえば，ガソリンに対する「エネルギー税」は１リットル当たり65.45セントとなっている。ガソリンの末端価格が１リットル当たり1.5ユーロとすると約44％は税金ということになる。さらにこの1.5ユーロには，19％の付加価値税（正確には19÷119％）が含まれているために，ガソリン価格は市場動向に影響されて変動が激しいものではあるものの，ガソリン価格の半分以上（60％前後）は税金ということになる。また，付加価値税の19％は「エネルギー税」を含む価格に対するものとなっているため，二重課税が発生している。

　ドイツでは，1999年４月に「環境税〈Ökosteuer〉」が導入されたということになっている。しかし，環境税という独自の税目があるわけではない。ドイツでは，1998年９月に，保守・中道連立政権から社会民主党・緑の党の左派連立政権への政権交代があった。当該新政権は，環境問題への配慮からエネルギー消費，特に化石燃料の消費を抑制するために，電力消費に対して課される「電力税〈Stromsteuer〉」の1999年の導入と「エネルギー（石油・鉱油）税」のその1999年時点からの段階的引上げを決定した。それらを総称して「環境税の導入」と呼んでいる。

③　自動車税

　「自動車税〈Kraftfahrzeugsteuer〉」は，原則としてドイツ国内で登録された乗用車・トラック・バス・バイク・キャンピングカー・トレーラー等の保有（所有）に課される税金である。その保有者（所有者）が納付義務を負う。どういう目的であれ，在独日系企業（現地法人・支店・駐在員事務所）がそれらの車両を保有（所有）する場合，この自動車税を直接的に納付する。リース車の場合，リース会社が納付するが，当然のことながらリース料は自動車税をコストとして反映したものになっている。

　乗用車・バスやバイクの場合の税額は，基本的には「排気量」を基準として，同時に「有害物質排出量」をも考慮に入れて決定される。「排気量」が大きければ大きいほど，あるいは，「有害物質排出量」が多ければ多いほど，税額は大きくなる。

トラック・電気自動車等のその他の車両については，総重量を基準としているが，3.5トンを超えるものについては，「有害物質排出量」ならびに「騒音発生量」をも考慮して決定される。

　過去において自動車税は，州税であり，その税収は州政府に帰属し，州の当局である税務署が徴収を行なっていた。2009年7月1日付で，連邦税に変更され，その税収も連邦政府に帰属するようになった。他方で，2009年7月1日〜2014年6月30日の間，徴収事務は当局内部の業務委託という形で，州の当局である税務署が引き続き徴収を行なっていたが，2014年7月1日からは，その徴収事務も連邦政府の当局である税関に移管された。

④　連邦ならびに州のその他の消費税

　保険税・エネルギー税・自動車税という「連邦消費税」については既に言及した。それ以外の連邦消費税としては，「環境税」の一環として1999年に導入された「電力税〈Stromsteuer〉」がある。この電力税は，電力の最終消費あるいは自家消費に賦課されるものである。管轄当局は税関であり，その税収は，2014年ベースで約66億ユーロ（約8,629億円：税収比率1.0％）である。それ以外で，ある程度の税収額になっているのが「たばこ税〈Tabaksteuer〉」である。2014年ベースで146億ユーロ（約1兆8,996億円：税収比率2.3％）の税収である。たばこの消費は年々減少傾向にあるものの，たばこ消費の健康問題に対する配慮のための誘導政策のもと，税率の引上げが数年ごとに行なわれており，税収は安定している。ガソリンの場合と同様に，付加価値税も併せた末端価格に対する税負担は75％前後になっている。

　税収比率（税収比率0.5％未満）においても税収絶対額においても大きくはないが，税関が管轄当局となっているその他の連邦消費税としては，「関税〈Zollabgabe〉」・「核燃料税〈Kernbrennstoffsteuer〉」・「ブランデー税〈Branntweinsteuer〉」・「発砲ワイン税〈Schaumweinsteuer〉」・「コーヒー税〈Kaffeesteuer〉」・「中間アルコール飲料税〈Zwischenerzeugnissteuer〉」・「混合アルコール飲料税〈Alkopopsteuer〉」等が挙げられる。これらは，税関が徴収を行ない，連邦政府の税収となる。それに対して「ビール税〈Biersteuer〉」は，税関が徴収を行なうが，その税収は州政府に帰属する。

　変わったものでは，「競馬」あるいは「他のスポーツ競技についてのギャンブル」ならびに「宝くじ」の「賭け金（参加費）」に対する「ギャンブル・宝くじ税

〈Rennwett- und Lotteriesteruer〉」がある。あくまで「賭け金（参加費）」に主催者を通じて課税する間接税である。当たった人が得る「賞金」には，課税済みの「賭け金（参加費）」からのリターンということで所得税上の課税は行なわれない。州の役所である税務署が「査定書」を発行して課税する。また，保険税と同様に保険料に対して課され，そして保険税と一緒に「連邦中央税務局」によって徴収されるが，州政府の税収となるものとして，「防火税〈Feuerschutzsteuer〉」がある。その保険料に対する税率は，火災保険8.80％（保険税部分13.20％と合計すると22.00％），火災保険付き家屋保険2.66％（保険税部分16.34％と合計すると19.00％），火災保険付き家財保険2.85％（保険税部分16.15％と合計すると19.00％）となっている。

2　地方自治体の各種の税金

基本法（憲法）第106条第6項には，「地域的消費・奢侈税〈örtliche Verbrauch- und Aufwandsteuer〉」の税収は，それが徴収されている場合，地域の市町村自治体あるいは郡自治体またはその連合体に帰属することが謳われている。そして，その徴収は，地方自治体（またはその連合体）の裁量あるいは州政府の統一的な立法に基づき行なわれると理解されている。地域ごとに色々な歴史的経緯がその背景にあることが多い。そして，どこでも徴収されているというわけではないが，よく見られるものとして，犬の保有に対して課される「犬税〈Hundesteuer〉」，「第2住居税（別荘税）〈Zweitwohnungsteuer〉」，酒類かどうかを問わない飲物一般の販売に対して課される「飲物税〈Getränkesteuer〉」，飲食店・居酒屋等での酒類の販売に対して賦課される「酒類販売許可税〈Schankerlaubnissteuer〉」，狩猟区・漁区での狩猟や漁獲行為に対して課される「狩猟・漁業税〈Jagd- und Fischereisteuer〉」，映画館・ディスコ・ゲームセンター等での遊興行為に対する「歓楽税〈Vergnügungsteuer〉」等が挙げられる。

III

ドイツにおける税務調査

　第2章から第4章までにおいて詳細に解説した法人税（＋営業税）・付加価値税・個人所得税（賃金税）の主要3税目（グループ）に関して，毎年あるわけではなく数年に一度の頻度ではあるものの，在独日系企業のドイツ税務当局との最も密度の濃い接触は，「税務調査〈Betriebsprüfung〉」である。税務調査は，脱税等の「刑法犯罪」の捜査を前提にした「税務査察〈Steuerfahndung〉」とは異なるものである。1つの例外を除き，基本的に調査官がいつ会社にやってくるかの税務署からの事前連絡がある。そして，調査を受ける会社と調査官との間の遣り取りも，尋問・押収といったものではなく，紳士的ルールに基づき，月次・年次の申告書の提出だけでは明確にできない事実関係を究明するというのがベースである。

　ドイツでも，税金以外の分野において，調査のために当局の調査官が会社を訪問しての調査は色々ある。しかしながら，ビジネス活動を営む会社にとっての税金に関わる税務調査は，法人税（営業税）が中心ではあるが，収益（利益）・売上・配当・補助金の収受を全般的に対象とした「一般税務調査」（内容からして「法人税一般税務調査」と呼ぶべきであろう）と，特定の税目に限定された「特別税務調査」の2つに大別される。しかしながら，日本との相違で留意すべきは，ドイツにおいては移転価格だけに限定した税務調査はなく，移転価格に関する調査は，法人税一般税務調査の枠内で行なわれる。

1　ドイツにおける税務調査の概観

　「法人税一般税務調査」は，在独日系企業の法的形態で言うと，現地法人（子会社）と支店のみに関わるものである。駐在員事務所に対しては，この法人税一般税務調査が行なわれることはない。法人税・営業税・連帯付加税という企業収益課税に関わる調査が中心であるが，付加価値税・資本収益税（配当源泉税）・源泉徴収税・投資補助金等の受領（その使途）も調査対象項目となっている。通常3年〜4

年の間隔で行なわれることが多い。他方で，小規模な在独日系企業の場合，法人税一般税務調査が行なわれない年度もある。さらには，提出された「法人税・営業税年度申告書」を，税務署が査定後数年して再度吟味して問題ないと判断した場合，査定書が交付されている２～３年度に関して，「仮確定の撤回〈Aufhebung des Vorbehalts der Nachprüfung〉」という通知を会社側に送付してくることがある。この場合，原則として該当年度に関しては，法人税一般税務調査が行なわれない。

それに対して，特定の税目に限定された特別税務調査としては，「付加価値税特別調査〈Umsatzsteuer-Sonderprüfung〉」・「賃金税調査〈Lohnsteueraußenprüfung〉」・「関税調査〈Zollprüfung〉」が重要である。最後の関税調査は，原則として駐在員事務所に対して行なわれることはないし，場合によっては，現地法人ならびに支店においても，輸出入取引をやっていないといったビジネス内容次第で，行なわれないこともある。しかし，「付加価値税特別調査」と「賃金税調査」は，現地法人・支店・駐在員事務所が等しく対象となる可能性がある。それどころか，付加価値税特別調査は，ドイツにビジネス拠点を直接的には有せず，「付加価値税登録」だけを行なっている日本本社あるいはその他のEU加盟国の関連会社に対しても行なわれる。その場合，オリジナル請求書や取引契約書のコピーの提出あるいは取引内容が分かるその他の関連書類の提出とその税務署による吟味（税務署内での書類の精査）が中心となる。

2　法人税一般税務調査

ここでは，１）法人税一般税務調査がどのように進められるのか，２）税務調査の前提となる調査官の税務関連の電子データへのアクセス権，３）調査対象項目の概要，４）税務調査後の負担の４つの点を中心にして解説する。調査の対象となるのは，現地法人と支店である。

1　法人税一般税務調査の進行の概要

法人税一般税務調査は，具体的な調査ごとでそれと異なる経過を辿ることはあるものの，概ね次のような形で進められる。ちなみに，州ごと（場合によっては地域ごと）に微妙に異なるが，法人税一般税務調査の場合，通常，査定を担当する税務署（査定担当税務署）と税務調査を担当する税務署（調査担当税務署）は異なっている。

（1）　事前予告

　多くの場合，調査開始数ヵ月前に，会社または税務代理人となっている会計事務所に対して，税務調査官から電話等で，税務調査の実施・対象期間・開始予定日の予告がなされる。この際，調査対象会社側は，担当者の休暇等による不在，長期プロジェクトによる対応不可等を理由に，開始予定日の変更を申し出ることも可能である。申告書を提出した暦年末から数えて4年経過すると年度申告書は確定してしまう（時効となる）ことから，4年経過による1年分の「確定（時効）」を回避するという目的から，暦年年度末に「駆込み」で「税務調査実施通知書」を送ってきて，当該暦年年度末までに，まずは1回のミーティングを行ない，確定（時効）の延期を確保するという場合もある。

（2）　税務調査実施通知書〈Prüfungsanordnung〉の送付

　税務調査実施のための正式通知であり，対象税目・対象期間・調査開始予定日・調査官名等が明記されている。対象期間は，3年間が原則だが4年間というのも時折見られる。これを2年間ほどに短縮するという税務当局側の意向は公表されているものの，まだ実現に至っていない。電話等での事前予告なしに，最初からこの「税務調査実施通知書」が送られてくることもある。いずれにせよ，この段階でも，開始予定日の変更を申し出ることは可能である。法人税一般税務調査は，「税務調査法」に基づき，原則として調査対象会社のオフィスにて行なわれる。また，この税務調査実施通知書の中に，「移転価格報告書」の提出が明記されていることが多い。明記されている場合，60日（場合によっては30日）以内に移転価格報告書を調査官に提出しなくてはいけない。

（3）　第一回目のミーティング(調査開始)

　税務調査官，調査対象会社の代表者（経理・税務担当者），そして，会計士・税理士が出席し，調査日程（調査官の会社訪問の日程）や必要書類が確認され，調査官側から調査の概略が説明される。税理士・会計士の関与は義務ではなく，経験豊富な現地スタッフ・マネージャーがいる場合等は，会社だけで対応しているケースも時折見られる。調査官側からの出席者は，多くの在独日系企業の場合，担当調査官（場合によっては，そのアシスタント）と上司という2人（場合によっては3人）のケースが多い。この時点で移転価格報告書の提出を要求されることもある。また，特定の業界（たとえば薬品業界）の会社の場合，連邦政府の当局（連邦中央税務局等）からの専門家が調査に加わることもある。また，最近の傾向として，移転価格を専門とする調査官がアシストに加わるケースも多い。

（4）　実質的調査（書類精査）の開始

　第一回目のミーティングの当日に直ちに書類の精査が開始されるケースが多い。税務調査官のための特別の部屋（可能な限り施錠ができる部屋）が確保されていることが望ましい。他方で，後述する「調査官の電子データアクセス権」により，税務調査官は会社側から必要なデータをUSBスティックやCD－ROMの形で受け取ることもできるために，後述するように，調査官が会社にて書類精査する実質的滞在期間は，以前に比較すると格段に短縮されている。また，税務当局内部で税務調査手法の開発が進められており，「電子データ税務調査（デジタル税務調査)」ということが言われている。それは，元々カナダで年度決算監査のために開発された「IDEA」というソフトウエアに，税務調査に適するような改良を加え，会社側から入手できる電子データをインプットして，データ分析を行ない，税務調査の効率を上げようというものである。会社側の税務調査対策も，そのような税務当局内部の状況も踏まえたものにしていくことが重要になっている。

（5）　税務調査の進行

　調査官側からの質問，それに対する会社または会計事務所側からの回答の繰り返しになるが，簡単な質問に対しては口頭で回答がなされる。簡単に回答ができないような質問については，会社と会計事務所側で打合わせをした後，書面で回答することも多い。必要に応じてミーティングが持たれる。調査官が調査対象の会社のオフィスに実際に来て関係書類の精査を行なう期間は，会社の規模により異なるが，多くの在独日系企業の場合，1週間から1ヵ月くらいである。しかし，調査官の他の税務調査の日程や調査対象会社側での書類準備あるいは年度決算・会計監査等で中断が入ったりするので，関係書類の精査だけで足かけ数ヵ月かかることもある。また，基本的関係書類の精査は終了しているが，調査官と調査対象会社（会計事務所）との間で見解の相違があり，そのために意見書のやり取りやミーティングを行なったりすることから，それらを含めると，調査開始ミーティングから「税務調査報告書〈Prüfungsbericht〉」が送られてくるまで，半年から1年ほど（場合によってはそれ以上）かかることもある。

（6）　最終ミーティング

　調査官側から最終的な調査結果が提示される。この段階でも，追加納税額に関する交渉が行なわれることも多い。また，この後，非公式のレポート（「税務調査報告書ドラフト」）が会社側に送られてきて，再度最終ミーティングの合意内容が確認されることも多い。

（7） 調査官からの税務調査報告書の送付

　最終ミーティングに基づき，最終ミーティングから通常1ヵ月以内に税務調査報告書が送付されてくる。「税務調査担当税務署（調査官）」は，税務調査報告書を「査定担当税務署」にも送付する。査定担当税務署は，その送られてきた税務調査報告書に基づき，更正（修正）があった該当年度の「修正査定書」を会社側に送付してくる。あくまで修正査定書は，年度ごとに交付されることから，税務調査報告書の内容が間違いなく反映されているか，きちんとチェックする必要がある。税務調査報告書の送付から会社側に修正査定書が送られてくるまで数ヵ月かかることも多い。追加納税がある場合には，修正査定書が送付されてきてから1ヵ月以内に納付する。この追加納付に同意できない場合には，1ヵ月以内に「異議申立て」を査定担当税務署に対して行なうことになる。この場合，「支払猶予」の申請が同時に行なわれることが多い。また，同じ案件（テーマ）に関して，他の納税義務者が既に税務裁判所で係争中の場合等，それに言及して「異議申立てに対する決定の先送り」を申請することがある。この異議申立ては，あくまで税務当局（行政側）に対してなされるものである。

（8） 異議申立てに対する決定

　異議申立てがなされた場合，「異議申立てに対する決定〈Einspruchsentscheidung〉」が，査定担当税務署から送付されてくる。その「異議申立てに対する決定」にも不服な場合には，「税務裁判所〈Finanzgericht〉」に提訴する。この「異議申立てに対する決定」は，原則として査定担当税務署の中の査定担当部署とは異なる部署の責任者により行なわれるが，あくまで税務当局側（行政）の判断である。

（9） 税務裁判所への提訴

　税務裁判所は二審制になっている。第1審の判決に不服な場合には，最終審（第2審）である「連邦税務裁判所〈Bundesfinanzhof〉：ミュンヘン」に上告することになる。「税務裁判所（司法）」での判断は，税務当局側（行政）の見解から独立して，そして，税務当局（行政）の内部指針である「通達」等とは無関係に，あくまで税法規定の客観的な解釈に基づいて行なわれる。

（10） 相互協議の申請

　移転価格が問題になっている税務調査結果においては，ドイツの税務当局と問題になっている関係会社の所在地国の税務当局との間の「相互協議〈Verständigungsverfahren〉」を申請することができる。この相互協議の申請は，税務裁判所への提訴あるいは連邦税務裁判所への上告と並行して行なうことができ

る。相互協議の申請は，ボンの連邦中央税務局に対して行なう。

（11） 連邦憲法裁判所ならびに欧州司法裁判所での審査

　これは税務調査の結果としての修正査定書だけではなく，他の通常の査定書にも該当することであるが，連邦税務裁判所の判断結果にも不服の場合，それが基本法（憲法）抵触あるいはEU法抵触の内容である限りにおいて，連邦憲法裁判所への違憲審査または欧州司法裁判所へのEU法抵触審査（先決裁定手続）の道が残されている。通常，後者のEU法抵触審査（先決裁定手続）は，税務裁判所あるいは連邦税務裁判所がEU法抵触疑念があると判断した場合，審理を中断して直接に欧州司法裁判所に申請することが多い。

② 税務調査時の税務調査官の電子データへのアクセス権

　2002年1月1日以降の年度を対象にした税務調査においては，税務調査官の電子データへのアクセス権が認められるようになっている。これに関する費用は，納税義務者の負担とされている。

1 電子データへのアクセス権の適用範囲と行使

　電子データへのアクセス権は，「課税上意義をもつデータ」（「税務関連データ」）に範囲が限定される。これにより，総勘定元帳，資産台帳，賃金台帳などの電子ファイルはデータアクセスの対象として提供されなければならない。「電子データ処理装置（コンピュータ）」の他の領域に「税務関連データ」が含まれている場合には，税法上の「課税上重要なその他の資料」に該当し，納税義務者は，税務調査官の指示に従って，適当な方法により電子データアクセスができるようにしなければならない。具体例としては，契約や発注に関する資料，輸出入関連資料，価格表などが挙げられる。

　これに対して，課税上関連のある情報を含んでいない資料は，保管義務の対象とはならない。その例としては，完成品および仕掛品の評価計算に使われているもの以外のコスト計算，会社内のEメール，実現には至らなかった事業計画などが挙げられる。これらの保管・提出義務のない資料についても税務調査官はその提出を要求できる場合があるが，これらのものについての「電子データへのアクセス権」までも要求されるものではない。従って，たとえ税務調査の中で，このような資料のハードコピーの提出を税務当局が要求できるとしても（「税務関連データ」以外のものでも，利用可能な情報の一覧表などは税務調査官として要求することができる），税務調査官がこれらの電子データにアクセスする権利はない。場合によって

は，明確に区分するのが困難な場合もあるが，税務調査官がアクセスできる（してもよい）データとそうではないデータを，税務調査前にきちんと分けておくことは，税務調査前の最も重要な準備作業のひとつである。

2　税務調査における電子データアクセスの可能性と会社の協力義務

電子データへのアクセス権の行使にあたっては，租税通則法に基づき，税務調査官は以下の3つの手段を用いることができる。どのデータアクセス手段を用いるかの決定は，税務調査官の裁量事項となっている。また，法律上，納税義務者は調査官による電子データへのアクセス権の行使にあたり調査官に協力しなければならず，それぞれの3つの手段ごとにこの協力の内容は異なってくる。具体的には，以下のとおりである。

（1）　直接的データアクセス

税務調査官は，調査対象会社の「電子データ処理装置」（コンピュータ）に直接にアクセスすることができる。ここにいうアクセスとは，読取り専用形式で電子データを読み，また，マスターデータおよびリンクを含め，保存されたデータを調査のために用いることができることをいう。但し，調査官による電子データ処理装置に対するいわゆる「遠隔アクセス（オンラインアクセス）」は一切認められない。読取り専用アクセスとは，読むだけではなく，場合によっては「電子データ処理装置」にインストールされているデータ分析機能を利用してフィルター，ソートをかけることも含まれる。

直接的データアクセスにおいては，会社は調査官に対してデータアクセスに必要な補助手段を提供しなければならず，電子データ処理装置への読取専用アクセスの方法を教えなければならない。その意味で，税務対象期間について，現在会社が使用しているハードウェアあるいはソフトウェアとは異なるものを過去に使用していた場合，税務調査が終了するまで，過去のものを保存しておく必要が出てくる可能性もある。すべての税務関連データへのアクセスが調査官に認められなければならず，アクセス権には電子データ処理装置に含まれている分析機能の利用も含まれる。電子的に保存されたデータに，他の情報も含まれているような場合，調査官が会社の税務関連データにのみアクセスできるようにするのは，会社者側の責任で行なわなければならない。

（2）　間接的データアクセス

税務調査官自身がデータ処理を行なう代わりに，それと同様の作業を会社に対して，会社自身もしくは委託を受けた第三者により電子データ処理装置を用いてデー

タ処理を行なうことを要求することができる。但し，この要求は，会社もしくは第三者の電子データ処理装置にすでにインストールされているデータ分析機能を利用して行ない得る分析に限る。間接的データアクセスにおける会社の協力内容としては，電子データ処理装置の操作が行なえる人員の提供も含まれる。

（3） データのコピーの提出

　税務当局は，保存されているデータ類を電子データ処理装置を用いて利用できるデータのコピーとしての提出を要求することができる。データ分析のために提出されたデータのコピーは，遅くとも税務調査に基づいて作成される修正査定書の拘束力が生じた時点（税務調査の終了時点）で会社に返却するか，もしくは消去されなければならない。データのコピーの提出にあたっては，単にデータのコピーだけでなく，場合によっては，データの分析に必要なすべての情報（データ構造，データフィールド，外部リンクに関する情報等）がその取扱い説明文書とともに提供されなければならない。

　実際のところ，最近の税務調査の現場においては，「（3） データのコピーの提出」がほとんどである。他方で，原則として2013年度分から「Ｅ－バランス」ということで，会社側は，法人税年度申告書の提出に際して，税務当局側が指定した分類基準に基づき，「貸借対照表」や「損益計算書」等の財務書類をオンライン送付している。その結果，税務調査官は，以前であれば法人税一般税務調査の時点で初めて入手できていた財務書類の電子データを，2013年度以降分については，既に年度申告の段階で入手できている。すなわち，「Ｅ－バランス」のオンライン送付と上述の税務調査用ソフトウエアであるIDEAの投入により，税務調査官の法人税一般税務調査時のアプローチが少しずつ変わってきている。いずれにせよ，法人税一般税務調査開始前に，会社側は，税務調査期間中に税務調査官に不必要な電子データを渡さない対策をきちんとしておく必要がある。

③　調査対象項目の概要

　法人税一般税務調査の対象税目は，法人税・営業税・連帯付加税・付加価値税・資本収益税（配当源泉税）・使用料に対する源泉徴収税・投資補助金の受領等であり，多岐に亘っている。また，「移転価格」に対する税務調査も，その中に包摂されている。調査の対象テーマは，投資補助金等を除き，それぞれの税目の解説のところ（第2章と第3章）で言及してきた。ここでは，概観できるようにという観点から，すべてを網羅しているのではないものの，そして，部分的に繰り返しになる

が，キーワードの形で在独日系企業によく見られる重点項目を，移転関連項目とそれ以外の項目とに分けて列挙しておきたい。

1　移転価格関連の調査対象重点項目

　在独日系企業（現地法人・支店）に限定されたことではないが，多国籍企業の法人税一般税務調査は，実質的に「移転価格調査」である。「税務調査対策＝移転価格対策」とも言えるであろう。項目ごとの詳細な内容は，「4　ドイツで問題にされる移転価格税制の具体的テーマ」（148頁以下）で解説している。概観を得られるようにという観点から，キーワード形式で列挙すると以下のようになる。

- ・商品の関連会社からのクロスボーダー仕入価格
- ・商品の関連会社へのクロスボーダー販売価格
- ・関連会社間のクロスボーダー取引における販売リスク・売掛金回収リスク・在庫リスク・製品保証リスク・為替差損リスクの負担の内容
- ・関連会社間のクロスボーダー・サービス提供受益時の報酬（サービスの具体例：販売・営業支援サービス，マネージメント・管理・一般業務サービス等）
- ・関連会社間のクロスボーダー資金融資時の利子率・融資条件
- ・関連会社間のクロスボーダーリース時のリース料（オフィス・事務機器・その他の資産等のリース）
- ・関連会社間のクロスボーダーの無形資産供与時の使用料（ロイヤリティ）
- ・関連会社間のクロスボーダーの無形資産の譲渡価格ならびに事業譲渡価格
- ・関連会社間でのクロスボーダーの特定の費用の負担の有無・分担比率（特定の費用としては，市場参入・開拓費用，広告宣伝費用，在庫関連費用，親会社規制対応費用，企業グループ全体の統一的システム等の導入費用等が主要なものとして挙げられる）
- ・関連会社間でのクロスボーダーでの駐在員派遣（具体的には，人件費負担）
- ・機能移転課税（関連会社間でのクロスボーダー機能移転時の対価の有無・適正性）
- ・多国籍企業グループの会社（現地法人・支店）の場合の創業期損失と慢性的赤字体質

　以上の項目には「クロスボーダーの関連会社間」という限定がついている。しかしながら，「クロスボーダーの本支店間」での以上のような取引関係も，移転価格税務調査（法人税一般税務調査）の調査対象項目となることには，留意しておかなくてはならない（参照「2　AOAのドイツ国内法への導入」：144頁以下）。

2　移転価格以外の調査対象重点項目

　在独日系企業の法人税一般税務調査において税金の「追加納付」に結果する指摘事項は，ほとんどの場合，上記のような「移転価格関連項目」である。しかしながら，それ以外の点も，当然のことながら調査対象となっている。そして実際に，在独日系企業においても，指摘事項として散見されるものである。「第2章　法人税と営業税—企業収益に対する課税」と「第3章　付加価値税—売上に対する課税」の中で解説されていることが遵守されていない場合，ないしは，ドイツの税法規定に即したものでない限り，それらがすべて指摘事項となり得る。しかしながらここでは，概観が得られるようにという観点から，よく話題になる項目を列挙しておきたい。

- ・飲食接待費の請求書（領収書）の形式要件と追加的記録（接待参加者・接待目的・場所等）
- ・贈り物に関する受取人・金額等についての追加的記録
- ・付加価値税上の観点からの請求書（領収書）の形式要件
- ・営業税の加算項目・減算項目（特にファイナンス費用部分の加算処理）
- ・減価償却処理の妥当性（償却方法・償却年数）
- ・固定資産・流動資産の評価減の根拠（長期的価値下落の証明）
- ・少額資産処理の妥当性
- ・出資者貸付金の評価減
- ・売掛金に対する包括的評価減と個別評価減
- ・引当金計上の妥当性
- ・返済または履行までの期間が1年以上の負債・引当金における現在価値割戻し処理の遵守
- ・受取配当・売却益・売却損の税務処理
- ・出資持分（株式）の評価損の計上
- ・外国支店の損益の処理（外国税額控除方式の適用か国外所得免除方式の適用）
- ・外国支店のもとで利益が発生した場合の振戻し課税処理の適用可否
- ・外国支店の最終欠損のドイツ本店への取込み
- ・クロスボーダーで会社内（本支店間）で移転された資産の含み益課税
- ・個別費用項目の損金不算入処理（接待飲食費の30%，年間1人当たり35ユーロ以上の贈物等）
- ・組織再編時の税務処理の具体的内容

- ・利子損金算入制限の遵守状況
- ・繰越欠損使用制限の適用
- ・オルガンシャフト適用時の前提条件と運用状況
- ・タックスヘイブン対策税制の適用の有無
- ・配当源泉税に関する軽減税率適用申請の有無・配当受取会社の実態
- ・使用料支払に対する源泉徴収税の納付ならびに軽減税率適用査定書の有無

　これですべてを網羅しているわけではないが，在独日系企業の法人税一般税務調査で見られるものは，かなりの程度をカバーしていると言えるであろう。

④ 税務調査後の負担

　移転価格関連のテーマかそれ以外のテーマかに関わりなく，上記のような指摘事項があった場合，調査対象年度の課税所得が修正されることになる。理論的には，課税所得の減額修正になることもあり得る。実際に，筆者の個人的な経験においても，税務調査後に，調査結果に基づき課税所得の減額修正が認定され，納め過ぎていた税金が還付された事例がこれまでに２例ほどあった。しかしながら，ほとんどの場合は，繰越欠損金がすべてまたは部分的に否認されて将来的な節税機会が（部分的に）失われてしまうか，あるいは，即時の「追加納付」となるかの課税所得の増額修正である。

1　課税所得の増額修正の概要

　この課税所得の増額修正について，ドイツの税務調査（法人税一般税務調査）においては，次のような３種類の形で会社側に負担が課される。

- ①　益金増加認定または損金算入否認による課税所得の増額修正
- ②　「隠れた利益分配」の認定による課税所得の増額修正と配当源泉税の賦課（移転価格税制の適用）
- ③　追加納付利子の賦課（追加納付の税額発生暦年の終了15ヵ月後から年利６％で計算）

　「① 益金増加認定または損金算入否認による課税所得の増額修正」は，移転価格関連以外のテーマの指摘事項の場合である。この場合，税務調査後に直ちに追加納付が賦課されるかどうかは，繰越欠損金の有無・その金額高にかかっている。「課税所得の増額修正」が認定されたが，繰越欠損金が減少するだけであれば，税務調査後の即時の「追加納付」は発生しないが，当該年度以降の利益計上の場合の税金納付の時期が早まる。また，減価償却年数についての修正を指摘された場合，たと

えば5年間で処理して申告していたものを15年間の償却とされた場合（一時差異＝期ずれ問題），税務調査直後には，追加納付あるいは繰越欠損金の減額となる場合でも，その追加負担等は翌年度以降で相殺されることになる。

「①益金増加認定または損金算入否認による課税所得の増額修正」の場合でも，「②隠れた利益分配の認定」の場合でも，日本の「重加算税」のような税務当局側の裁量により賦課される懲罰的な負担はない。しかしながら，5年から7年程遡っての調査が通常であることから，「追加納付利子」が発生することには留意しなくてはならない。ある会社の法人税一般税務調査において，各種の事情から10年以上も遡る事業年度が調査対象となり，当該年度に追加納付が認定され，追加納付全額の5分の2強が「追加納付利子」というケースがあった。年利6％ということで，かなりの負担になることがある。

2　隠れた利益分配の認定（移転価格税制の適用）

法人税法第8条第3項に基づく「隠れた利益分配」は，現地法人に移転価格税制が適用された場合の追加負担の法的根拠である（詳細は，「3　ドイツにおける移転価格税制の法的根拠」（140頁以下）を参照）。この「隠れた利益分配」は，ドイツ税務当局にとって，ドイツ国内のビジネスしか行なっていない，あるいは，資本関係がドイツ国内で完結している法人企業（会社）に対しても，その課税所得額の修正を迫る最も有効な武器となっている。そして同時に，在外国の関係会社との取引関係・資本関係がある在独日系企業の現地法人（子会社）のような多国籍企業に対しては，移転価格税制を執行する手段となっているものである。

「隠れた利益分配」認定時の追加負担は，「①課税所得の増額による法人税・営業税・連帯付加税」の納付（全国平均約30％：2008年以降2016年時点まで），「②配当源泉税」（ドイツ国内：26.38％，日本親会社の場合：15％〔2016年時点〕，EU加盟国の親会社の場合：0％）の2つからなる。「隠れた利益分配」の認定の場合でも，繰越欠損金が調査対象年度時点でたくさんあり，「隠れた利益分配」の認定額より大きい場合には，この①法人税・営業税・連帯付加税は発生しない。また，②配当源泉税は，親会社側の負担であることから，ドイツ現地法人が負担した場合，グロスアップが行なわれ，負担額が大きくなる。日本親会社の場合の15％〔2016年時点〕とEU加盟国の親会社の場合の0％の2つは，調査対象年度についての3年間有効の軽減税率適用申請が予め提出され，当局から査定書が送付されている場合の税率である。通常の日本親会社の場合，2015年7月に実質合意がアナウンスされた「（新）日独租税条約」で配当源泉税率0％が，2017年1月1日か

ら施行されれば，それ以降の年度を対象とする税務調査においては，ここの②配当源泉税の負担も０％になる。

3　付加価値税に関する税務調査

付加価値税（売上税）は，所得税（賃金税を含む）に次ぐドイツの租税収入の中で２番目に重要な税目である。租税収入全体の約30％前後を占めている。この付加価値税は，法人税一般税務調査の中においても，調査対象税目となっている。しかしながら，そこでは収益課税（法人税・営業税・連帯付加税），あるいは在独日系企業のような多国籍企業の場合，移転価格問題に重点が置かれていることから，付加価値税（売上税）だけに焦点を絞った，そして，税務当局内の付加価値税専門の調査官による付加価値税調査も，法人税一般税務調査とは別途に行なわれている。付加価値税調査は，「付加価値税特別調査」と「付加価値税査察」の２つに区分される。調査の対象となるのは，現地法人，支店，駐在員事務所，そして，ドイツにビジネス拠点を有しないが，付加価値税登録だけは行なっているような日本の会社（本社）ならびにその他の外国の会社である。

［1］　通常の付加価値税特別税務調査

「付加価値税特別税務調査〈Umsatzsteuer-Sonderprüfung〉」は，事前予告があり，原則として，会社のオフィスで行なわれるという点では，法人税一般税務調査と変わるところはない。他方で，付加価値税（売上税）という１つの税目の調査に限定されており，対象年度の話として，たとえ大規模な会社でも，間隙なく調査が行なわれるという性格のものではない。特定の１年間（場合によっては，それより短い数ヵ月間）だけが対象にされたりという具合である。付加価値税特別税務調査が行なわれる契機（理由）としては，色々なものが想定されるが，以下のようなものが主要なものである。

・買収等を含む新会社（現地法人）の設立
・支店や駐在員事務所の新規開設
・ビジネス拠点を有しない会社の新規の付加価値税登録
・月次段階での付加価値税（前段階税）の還付（相殺控除）額が大きい場合，あるいは，還付だけの月次申告が継続している場合
・月次申告書の内容（特に売上額・仕入額）の変動が大きい場合

・免税取引（輸出取引・EU域内納品取引）が多い場合

・取引先（顧客・納入業者）において疑念のある取引が発覚した場合

　新会社（現地法人）の設立の場合の付加価値税特別税務調査においては，どのような「ビジネスモデル」のもとでビジネス活動が営まれているかがよく問題にされる。調査官に対して取引契約書ならびにその他の関連書類を提示して説明することが多い。付加価値税（前段階税）の還付（相殺控除）額が大きい場合には，オリジナル請求書を入念に吟味されることが多い。

② 付加価値税登録のみの会社の付加価値税特別税務調査

　日本の親会社が種々の理由からドイツ取引に直接関与する必要がある場合，その前提として，ドイツにおいて「付加価値税登録」が必須となる。在独日系企業の場合，他のEU加盟国に位置する関連会社が，ドイツ取引への直接関与のために，ドイツに付加価値税登録することも時折見られる。そのようなドイツに「ビジネス拠点」なしの付加価値税登録だけの会社に対しても，付加価値税特別税務調査が行なわれる。多くの場合，付加価値税登録ならびに申告手続きを代行している会計事務所のところに，実際の取引が開始されて数ヵ月間の申告書が提出された時点で「税務調査実施通知」が送付されてくることが多い。税務調査実施通知が送付されてこずに，オリジナルの請求書を提出してくれという要請（税務署によるその吟味）で終わることも多い。

　このようなドイツにビジネス拠点なしの付加価値税登録だけの会社に対する付加価値税特別税務調査は，オリジナル請求書の提出，関連書類（取引契約書）のコピーの送付，税務調査官からの質問リストに対する書面回答，電話での遣り取り（回答）の形で進められる。該当ビジネスについて，入念に事前調査して付加価値税エキスパートのアドバイスに基づき行なっている場合には，問題なくクリアできる調査であるが，これらの時間・費用等も予め考慮に入れておくことが重要である。ちなみに，付加価値税登録をしている会社が日本本社の場合，管轄がベルリンのノイケルン税務署であることから，原則として「付加価値税特別税務調査」も同税務署によって行なわれる。

③ 付加価値税査察

　「付加価値税査察〈Umsatzsteuer-Nachschau〉」は，2002年に売上税法第27 b条に基づき導入された付加価値税調査のひとつである。通常の付加価値税特別税

務調査との違いは，事前予告なしに調査官が会社のオフィスに訪れ，調査を行なう点である。事前予告なしに行なわれるということで，2002年の導入時に，各方面から様々な批判があった。内容的には，付加価値税特別税務調査の場合とほぼ同じである。特別の脱税の嫌疑を前提にして行なわれる「税務査察」とは異なり，原則として月次申告書の背景にある付加価値税取引がきちんと税法規定通りに行なわれているか確認するものである。この「付加価値税査察」の導入の背景は，1993年の「EU域内市場の確立」以降に跋扈している「付加価値税（前段階税）詐欺」である。付加価値税（前段階税）詐欺は，ペーパーカンパニーと架空請求書を巧みに組み合わせて，税務当局から不当に付加価値税（前段階税）を還付するという犯罪行為である。これによる租税収入の逸失は，年間数兆円に上る時もあるとの推定値が出されている。

4　賃金税税務調査

　日本の個人所得税給与所得源泉徴収分に相当するドイツの賃金税は，付加価値税と並んで，ドイツ国家の税目の中で最も重要な2つのうちの1つである。なお，この「賃金税税務調査」は，在独日系企業の3つの進出形態である，現地法人・支店・駐在員事務所のすべてに対して行なわれるものである。

① 賃金税税務調査の意義
　賃金税に関しては，通常3〜4年のサイクルで「賃金税税務調査〈Lohnsteuerprüfung〉」が実施されている。この賃金税税務調査の実施理由は，賃金税月次申告はあくまで源泉徴収・納付する事業所の賃金税総額での申告であり，税務署では，その額が適正なものであるかどうかについて，源泉徴収段階ではチェックできていないという点に求められる。また，賃金税の税収総額に占める割合が30％前後であり，最大規模の租税収入となっているという点も重要である。賃金税の源泉徴収義務者は雇用主であることから，賃金税税務調査は，雇用主である会社が対象となる。

② 賃金税税務調査の進行過程
　賃金税税務調査は，法人税一般税務調査と基本的なところでは同じであるが，以下のような形で進められる。

（1） 事前予告

　会社または会計事務所に対して税務調査官から電話または書面で，税務調査の実施，対象期間ならびに開始予定日の予告がなされる。この際，調査対象会社側は，担当者の不在等を理由に開始予定日の変更を申し出ることも可能である。法人税一般税務調査は，あくまで事業年度単位で調査対象年度が設定されているが，賃金税税務調査は，たとえば８月に調査が行なわれるという場合，その暦年の３月分までという調査対象期間の切り方が行なわれる。

（2） 税務調査実施通知書〈Prüfungsanordnung〉の送付

　税務調査実施のための正式通知であり，対象期間，調査開始予定日，調査官名が明記されている。この段階でも，開始予定日の変更を申し出ることは可能である。「税務調査法Betriebsprüfungsordnung〉」に基づき，調査対象会社の事務所にて行なわれることが原則であるが，税務調査官の了解が得られれば，給与計算を委託している会計事務所の一室に関係資料を全部取り揃えて，そこで調査が行なわれることもある。税務調査を担当するのは，法人税一般税務調査とは異なり，ほとんどの場合，会社の源泉徴収担当の税務署所属の調査官である。

（3） 第一回目のミーティング（調査開始）

　税務調査官，調査対象会社の代表者（経理担当者あるいは人事担当者），そして，会計士・税理士が出席し，調査日程（調査官の会社訪問または会計事務所訪問の日程）や必要書類が確認され，調査の概略が説明される。

（4） 実質的調査の開始

　第一回目のミーティングの当日に直ちに書類の精査が開始されるケースが多い。

（5） 税務調査の進行

　調査官側からの質問，会社・会計事務所側からの回答の繰り返しになるが，簡単な質問に対しては口頭で回答がなされる。簡単に回答ができないような質問については，会社と会計事務所側で打合わせをした後，書面で回答することも多い。必要に応じてミーティングが持たれる。通常，数日から２週間（会社の規模により異なる）で終了するが，必要な資料が提出できなかったりした場合，中断する形で終了するまで足かけ半年あるいは１年に及ぶこともある。

（6） 最終ミーティング

　調査官側から最終的な調査結果が提示される。この段階でも，追加納税額に関する交渉が行なわれることも多い。また，この後，非公式のレポート（確認書）が送られて再度最終ミーティングの合意内容が確認されることも多い。

（7） 調査官からの税務調査報告書の送付

　最終ミーティングに基づき，通常，最終ミーティングから通常１ヵ月以内に「税務調査報告書」が送付されてくる。法人税一般税務調査の場合とは異なり，この税務調査報告書には，「追加源泉徴収査定書」，「追加納付査定書」，「賃金税確定査定書」が添付されていることが多い。３つのうちのどの査定書が送付されるかは，賃金税税務調査の調査結果に拠るが，実際には１つの書式にまとまっている。「追加納付」があった場合には，それを１ヵ月以内に納付する。これに同意できない場合には，１ヵ月以内に「異議申立て」を税務署に対して行なうことになる。この場合，「支払猶予」の申請が同時に行なわれることが多い。また，同じ案件に関して既に税務裁判所で係争中の場合等，「異議申立てに対する決定の先送り」を申請することがある。

（8） 異議申立てに対する決定

　異議申立てがなされた場合，「異議申立てに対する決定〈Einspruchsentscheidung〉」が，税務署から送付されてくるが，その決定にも不服な場合には，「税務裁判所〈Finanzgericht〉」に提訴する。

（9） 税務裁判所への提訴

　税務裁判所は二審制になっており，第一審の判決に不服な場合には，最終審（第２審）である「連邦税務裁判所〈Bundesfinanzhof：ミュンヘン〉」に上告することになる。

③　賃金税税務調査の場合の査定書

　賃金税税務調査が終了した場合の「査定書」には原則として３種類あり，結果次第で異なった査定書が送付されてくる。

（1） 追加源泉徴収査定書〈Haftungsbescheid〉

　従業員の給与からの源泉徴収漏れがあったことから，追加で源泉徴収すべきことを指示した査定書である。もちろん，当該査定書に基づく税務署に対する納付は，一定の期限内に行なわなければならないが，それとは別に，従業員からの源泉徴収を実施する必要がある。通常，次回の税務調査に際してそれがチェックされ，源泉徴収されていない場合には，会社側がその賃金税を肩代わりしたと見なされ（すなわち，未徴収の源泉徴収額がネット給与支給されたと見なされる），追加の税金の請求が行なわれる。

（2） 追加納付査定書〈Nachforderungsbescheid〉

基本的に，会社側が納付義務を負う賃金税（分離課税処理の際の賃金税）の追加納付について出される査定書である。

（3） 賃金税確定査定書〈Bescheid über Aufhebung des Vorbehalts der Nachprüfung〉

従業員からの追加源泉徴収（同時に，税務署への追加納税）も，会社側からの追加納税もない場合に，調査対象期間の賃金税納付が確定したことを確認する査定書である。

なお，賃金税の追加納付については，法人税一般税務調査後の追加納付とは異なり，「追加納付利子」の賦課は行なわれない。

4 賃金税税務調査の主要な調査対象項目

「(1) 給与所得の具体的内容」（331頁以下）のところで言及した給与ならびにフリンジベネフィットの項目の「源泉徴収漏れ」がすべて調査対象項目となる。概観ができるようにという観点から，特に在独日系企業が留意すべき項目をここで強調しておきたい。

- ・日本払月次給与と日本払賞与：特に，帰任後の日本払賞与についても，ドイツ駐在期間に対応する場合（部分）は，ドイツの賃金税課税に服する。
- ・日本で支払われる退職金：駐在期間中（ドイツ居住者期間中）に，役員昇格や日本の組織再編等で支払われた退職金は，原則として賃金税課税に服する。
- ・会社からの各種の手当の課税漏れ：教育手当（学校授業料等），住宅手当（単身赴任の場合等は一定額まで非課税），医療費手当等
- ・各種クラブ（日本人会・ゴルフクラブ）の会費補填ならびに健康保険料補填（一定額までは雇用主負担分として非課税扱いの可能性）の非課税処理
- ・出張時の食事手当・日当（一定額を超える分）：特に，日本の規定で手当てが支給される駐在員事務所の場合に課税漏れが多い。
- ・一時帰国費用補填（単身赴任の場合は原則として非課税扱い）の非課税扱い
- ・語学研修費補填（特定のものは非課税扱い）
- ・赴任手当（どの時点で支払われたものが課税対象かについては論争あり）
- ・滞在許可証取得手数料補填
- ・税理士費用（年度申告段階で一定額控除）
- ・日本留守宅家具保管料補填

・その他のフリンジベネフィット：カンパニーカー供与，家具貸与，ストックオプション付与，無利子または低利子での従業員貸付金等の課税処理

　上記の在独日系企業の賃金税税務調査でよく指摘されるテーマとは別途に，特に2007年以降，追徴課税の対象として大きな注目を集めているテーマとして，「所得税法第37ｂ条に基づく30％分離課税処理」の問題がある。ここでは，ビジネス活動における取引先・顧客等との良好な関係構築・維持のための「贈物の贈答」ならびに「便宜供与」等に対する所得税上の処理が問題にされている。この問題については，「④ 所得税法第37ｂ条に基づく分離課税処理」（361頁以下）で詳細に解説していることから，同所を参照していただきたい。

あとがき

　筆者の日常的な仕事は，ドイツあるいは欧州に進出されている日系企業の関係者の方に，ドイツ・欧州のビジネス環境（会計・税務・会社法・経営制度・労働法・社会保障制度・出入国管理関連法）について，分かりやすく解説して，そこで発生している様々な問題の解決の手助けをすることである。分かりやすく説明することが使命とも言える仕事である。

　難しい内容を難しいように解説する（あるいは，難しいように書く）ことは，確かに，専門用語を覚えなくてはいけないことから，大変なところはあるものの，難しい内容を情報量レベルを下げることなく分かりやすく解説することから比較したら，ある意味で簡単である。難しい内容を分かりやすく解説しようとする場合，専門用語で表現されている内容をきちんと理解すると同時に，その専門用語の後ろにある背景情報まで把握し，そして，できる限り日常的な言葉で表現し，場合によっては，聞き手（あるいは読み手）の前知識がどこまでなのかを常に考えながら話すこと（書くこと）が要求される。

　学生時代に勉強していた西洋経済史の分野での著名な大家が，大学を卒業して，ある東京の私立大学の教職につき，夜間の学部の講義をも担当した時，昼間の仕事で疲れている学生を相手に，どのように講義をしたら，学生の集中力を落とさせず，中身が伝わる講義ができるかを色々考えたという。考えた末，まだ若かったその大家は，寄席に通い，落語家の話術を一生懸命学んだという話を読んだことがある。大学での実際の講義を落語調でやったわけではないであろうが，話す時の強調・抑揚・表現の選び方等は，落語家から大変多くを学び取ることができるのであろう。そして，その分かりやすく話すことの努力が，その大家が書く著作にも反映され，多くの読者を惹きつけたという。

　筆者もその読者の１人であった。その大家が行った努力には到底及びもしないことしかやっていない筆者が，この話を引用するのはおこがましい限りである。しかし，本書を執筆している間にも，この西洋経済史の大家の努力の話が，分かりやすく解説することの努力を私が継続することの糧になっていたことも確かである。分かりやすく書くことの努力が，ひとつの作品として，それなりに実を結んでいるか，読者のご批判をお願いしたい。

本書は，ドイツの税制・税金についてだけ書かれた著作である。EU（欧州連合）の最大の経済大国であり，こちら（ドイツ・欧州）にいると，政治・経済その他の様々な面で，ドイツなしでEU（欧州連合）は回らないということは明白であり，その影響力の大きさは肌で感じ取れるのであるが，日本から見た場合，ドイツは，数ある欧州域内の国のあくまで一国でしかないであろう。その一国の税制・税金だけに限定して書かれた著作は，少しマニアックなところがあるかもしれない。

　他方で，在独日系企業のコンサルタントとして，日常的にその在独日系企業の関係者と接している筆者としては，そのような「マニアックな著作」に対するニーズは，それなりに大きいものがあると確信してはいた。しかし，いざ出版となると様々な要因が絡んでくる。そのような著作の出版を快くお引き受けいただいた株式会社税務経理協会には深くお礼を申し上げたい。具体的な編集作業においては，前著同様に，同社の吉冨智子氏に懇切丁寧にお世話いただいた。最後に，同氏にも感謝の意を記しておきたい。

索　　引

〔さ〕

〔な〕

著者紹介

池田　良一（いけだ　りょういち）

1956年　山形県生まれ。
1979年　新潟大学人文学部卒業。
1983年　東京大学大学院農学系研究科農業経済学専攻修士課程修了。
1985年　ゲッティンゲン大学留学。
1993年　プライスウォーターハウス（現：プライスウォーターハウスクーパース）・デュッセルドルフ事務所に入社。

以来，デュッセルドルフ地区を中心に在独の日系企業の会計・経理・税務・会社法・人事問題を中心に，個々の専門分野を超えた包括的なソリューションを提供するビジネス・コンサルタント活動を展開。ドイツ・日本を中心としてのそれらのテーマに関するセミナー活動に加えて，「月刊国際税務」，「国際商事法務」，「月刊監査役」といった日本の専門雑誌を中心に，実務現場のコンサルタントの立場から数多くの執筆活動も行っている。

現在，プライスウォーターハウスクーパース・デュッセルドルフ事務所勤務。

著書：『ドイツ進出企業の会計・税務・会社法・経営〔改訂版〕』（税務経理協会，2014年），『欧州ビジネスのためのEU税制』（税務経理協会，2013年）

著者との契約により検印省略

平成28年4月1日　初版発行

**ドイツ進出企業の
税制と実務**

著　者　池　田　良　一
発行者　大　坪　嘉　春
印刷所　税経印刷株式会社
製本所　牧製本印刷株式会社

発行所　〒161-0033 東京都新宿区
　　　　下落合2丁目5番13号　　　株式会社　税務経理協会

振　替　00190-2-187408　　　電話　(03)3953-3301（編集部）
ＦＡＸ　(03)3565-3391　　　　　　　(03)3953-3325（営業部）
URL　http://www.zeikei.co.jp/
乱丁・落丁の場合は，お取替えいたします。

ISBN978-4-419-06345-0　C3034